海南省潜在滨海旅游区研究

陈扬乐　陈曼真　编著

海洋出版社

2013年·北京

图书在版编目（CIP）数据

海南省潜在滨海旅游区研究/陈扬乐，陈曼真编著.
—北京：海洋出版社，2013.9
ISBN 978-7-5027-8643-4

Ⅰ.①海… Ⅱ.①陈… ②陈… Ⅲ.①滨海旅游-旅游资源开发-研究-海南省 Ⅳ.①F592.766

中国版本图书馆 CIP 数据核字（2013）第 206770 号

责任编辑：朱 瑾
责任印制：赵麟苏
海洋出版社 出版发行
http://www.oceanpress.com.cn
北京市海淀区大慧寺路 8 号 邮编：100081
北京旺都印务有限公司印刷 新华书店北京发行所经销
2013 年 9 月第 1 版 2013 年 9 月第 1 次印刷
开本：889 mm×1194 mm 1/16 印张：15.75
字数：403 千字 定价：98.00 元
发行部：62132549 邮购部：68038093 总编室：62114335

《海南省潜在滨海旅游区研究》编委会

主　　编　陈扬乐　陈曼真

编写组成员　陈扬乐　陈曼真　陈　刚　李福德　张秋艳　王同行

前 言
Foreword

自1998年建省以来，海南旅游业得到了长足发展。2012年游客接待量达到3 320.37万人次，其内地游客3 238.81万人次，占97.54%，入境游客81.56万人次，占2.46%；实现旅游总收入379.12亿元，其中，国内旅游收入356.79亿元，占94.11%，旅游外汇收入34 802.8万美元。

滨海地区是海南旅游业发展的关键区域。2012年，在全省过夜游客接待量中，滨海市县接待量占94.42%，其中东部6个市县占85.48%，西部6个市县占8.94%，而中部6个市县仅占5.58%；入境游客在各区域的分布更加不平衡，滨海地区占98.95%，其中东部6个市县占98.86%，西部6个市县占0.09%，中部6个市县占1.05%。因此，从区域差异的角度分析，海南旅游在本质上是滨海旅游。

事实上，海南最具吸引力的旅游资源是阳光、沙滩、椰风、海韵，而且，随着休闲度假旅游的兴起，优美的环境、清洁的空气、蔚蓝的海水、灿烂的阳光、洁白的沙滩以及高档的旅游设施所构成的海岛型滨海旅游区所产生的旅游吸引力日益增强。

因此，对海南省滨海旅游区和潜在滨海旅游区进行研究，总结滨海旅游区开发的成功经验和教训，选划一批具有开发潜力的滨海旅游区，对促进海南国际旅游岛建设无疑具有重要意义。

本书是国家海洋局908专项“潜在滨海旅游区评价与选划（HN9080201）”和“海南省潜在滨海旅游区研究（HN9080406）”两个项目的主要研究成果。参与前一个课题研究的核心成员有陈扬乐、陈曼真、王琳、王凤霞、范士陈、侯佩旭等，参与后一个课题研究的核心成员是陈扬乐和陈曼真。

全书共分为9章，由陈扬乐负责设计编写提纲和统稿，各章节完成人为：陈扬乐负责第一、二、三、六、七、八章，陈曼真负责第三、四、九章。在编写过程中，参阅了大量文献，得到了海南省“908专项”办公室的大力支持和有关专家的建设性建议，在此谨致衷心的谢意。

由于编著者水平有限，再加之时间跨度较长，书中错误在所难免，诚请读者批评指正。

陈扬乐

2013 年 3 月

目次

CONTENTS

海南省潜在滨海旅游区研究

绪 论

1 基本说明

2007 年 4 月，中国共产党海南省第五次代表大会正式提出建设海南国际旅游岛。2008 年 3 月，国务院发文支持海南“进一步发挥经济特区优势，在旅游业对外开放和体制机制改革等方面积极探索，先行试验”。2009 年 12 月 31 日，国务院颁发了《国务院关于推进海南国际旅游岛建设发展的若干意见》（国发 2009［44］号），标志着海南国际旅游岛建设升格为国家战略。国际旅游岛建设不仅为海南经济社会发展带来了千载难逢的历史机遇，更为海南旅游业的发展壮大带来了活力，海南的旅游业必须乘势而上，真正发展成为现代服务业的龙头产业，成为战略性的支柱产业和人民群众更加满意的产业。

海南的旅游业，是以滨海旅游开发为基础和主体的。统计数据表明，海南省滨海市县旅游饭店接待人次数占全省总量的比重，各年份基本上在 95% 以上，其中东部 6 个滨海市县（指海口、三亚、文昌、琼海、万宁、陵水）的旅游饭店接待人次数占全省 90% 以上。再加上海南“岛屿省份”的属性，海南的旅游业在本质上就是滨海旅游业，至少可以说，海南省旅游业以滨海旅游业为主体的。因此，本项目研究对于挖掘海南省潜在的滨海旅游资源具有重要的实践意义。

2008 年 12 月，与海南省海洋与渔业厅签订了“908”专项任务合同——“潜在滨海旅游区评价与选划”（HN 908 - 02 - 01）。该项目是“中国近海海洋综合调查与评价”项目中的国家规定的评价项目之一，其目的在于，依据综合调查和历史资料取得的自然环境等方面的成果，结合海南热带海洋生态特色和开发条件，选划一批有比较丰富的旅游资源、有较大开发潜力的潜在滨海旅游区，形成新的海洋经济增长点，为海南海洋经济可持续发展开拓新领域，为扩大沿海地区就业机会，实现社会稳定和经济持续稳定增长做出新贡献。

2010 年 5 月，与海南省海洋与渔业厅签订了“908”专项合同——“海南省潜在滨海旅游区研究”（HN 908 - 04 - 05）。该项目在“（海南）潜在滨海旅游区评价与选划”专项研究及其他“908”专项研究成果的基础上，全面收集、统计和整理海南滨海旅游资源及其开发条件、开发历史和现状等资料，通过综合分析、集成处理和适当的补充调研，编制出版资料可靠、内容翔实、案例经典、图文并茂、特色鲜明、对策可行，能全面反映海南滨海旅游发展历史、现状和趋势的，在国内达到领先水平的滨海旅游区评价专著。通过本项目研究，为海南国际旅游岛建设提供翔实、准确的最新资料和依据，找准海南国际旅游岛建设的关键环节，突出解决海南国际旅游岛建设中的关键问题；为促进海洋环境保护和资源可持续利用，为国家和海南省委、省政府制定有关法律法规、政策和规划，为加快实现我国旅游业转型升级，为推进我国从旅游大国向旅游强国转变，提出较强操作性的对策建议。

本书是在“潜在滨海旅游区评价与选划”的研究报告的基础上，是对整个研究过程和研究成果的展示。希望通过本研究报告，能为海南省滨海旅游资源评价、海南省滨海旅游区评价、海南省滨海旅游发展的环境影响评价、海南省滨海旅游市场评价等方面，提供技术和方法上的参考以及更为完整的数据资料。希望通过对现有的和潜在的滨海旅游资源、滨海旅游区的评价以及滨海旅游产业的评价，找出海南省滨海旅游业发展存在的主要问题，在此基础上提出具有可操作性的解决方案和建设性的参考意见。希望通过对潜在滨海旅游区的评价，选划一批能够带动海南省滨海旅游业发展，从而为促进海南省旅游产业转型升级、为海南国际旅游岛建设的发展提供帮助。

除绪论外，全书共分为10个主体部分：

第一部分为绪论，主要包括基本情况说明和基本概念。

第二部分为海南省滨海旅游资源，主要包括海南省滨海旅游自然环境、海南省滨海旅游资源概况、海南省滨海旅游资源分类、海南省滨海旅游资源评价、海南省滨海旅游资源分布等。

第三部分为海南省滨海旅游开发历史与现状，主要包括海南省滨海地区旅游接待情况、海南省滨海地区旅游景区发展状况、海南省滨海地区旅行社发展状况、海南省滨海地区酒店业发展状况、海南省滨海地区高尔夫球场建设与经营状况等。

第四部分是海南省滨海旅游发展评价，主要包括海南省滨海旅游业发展的积极意义、海南省滨海旅游业发展的消极影响、海南省滨海旅游开发中存在的主要问题。

第五部分为海南省滨海旅游市场分析，主要包括滨海旅游是现代旅游的热点和主流、海南滨海旅游需求分析、海南滨海旅游市场时间变化分析、海南滨海旅游市场地区结构分析。

第六部分位海南省滨海旅游业开发环境影响评价，主要包括海南省滨海旅游资源开发的环境影响分析、海南省滨海旅游环境保护的相关法规、海南省滨海旅游环境保护的对策与建议。

第七部分为海南省滨海旅游产业发展战略研究，主要包括海南省滨海旅游产业发展的战略目标、战略原则、空间布局、重点任务、保障措施等。

第八部分是海南省潜在滨海旅游区选划，主要包括评价指标体系及其说明、指标权重计算、数据获取与处理、主要结论等。

第九部分是海南省潜在滨海旅游区评价，主要包括开发比较成熟的滨海旅游区开发现状与对策、正在建设的滨海旅游区开发现状和对策、初级开发的滨海旅游区开发现状与对策、待开发滨海旅游区开发潜力与对策、潜在滨海旅游区开发时序安排。

第十部分是海南省潜在滨海旅游区开发案例，主要阐述了海棠湾国家海岸的规划背景与原则、区域概况、总体定位与发展战略、用地布局、道路交通规划、公共设施规划、绿地系统规划、城市设计与景观系统规划、市政工程设施规划、开发管控措施等。

梅花香自苦寒来。为圆满完成研究任务，课题组全体成员“行万里路，读万卷书”。为了学术上的问题，课题组成员有时会争得面红耳赤；为了获得更加精确的数据和影像，课题组成员时不时地冒着相当大的风险；为了精益求精，课题组成员逐字推敲，不知熬了多少个不眠之夜。

为确保研究工作的质量，组建了以海南大学科研处处长牵头的校级质量保障小组和旅游学院院长牵头的院级质量保障小组。两个小组都对研究工作的开展给予了大力的指导和帮助。

在研究过程中，得到了省内外许多专家的指导和帮助，尤其是毕华、赵全鹏、杜娜、罗艳菊等专家为滨海旅游资源单体评价以及滨海旅游区评价给予了无私的援助。

本专著的完成和完善与众多专家的精心指导密不可分。2010 年 2 月，课题组聘请了院内专家对“潜在滨海旅游评价与选划”的研究成果进行了内部验收；2010 年 3 月，海南省“908”专项办公室组织专家对“潜在滨海旅游评价与选划”研究成果进行了省级内部验收；2010 年 12 月，海南省“908”专项办组织专家对“潜在滨海旅游评价与选划”课题质量进行了认真细致的评估；2011 年 3 月，海南省“908”专项办组织专家对“潜在滨海旅游评价与选划”课题进行了最终验收评审。2011 年 11 月，课题组聘请院内专家对“海南省潜在滨海旅游区研究”的成果进行了内部评审；2011 年 12 月，海南省“908”专项办组织专家对“海南省潜在滨海旅游区研究”进行了质量评估和成果验收。所有与会专家都对本研究的进一步完善提出了非常宝贵的意见和建议。

海南省海洋与渔业厅以及海南“908”专项办公室为本课题的圆满完成不仅发挥了强有力的领导功能，而且在资料的提供、研究成果的汇交等方面表现出了很强的组织能力。

尽管本研究中许多关键资料属于第一手资料，但仍有相当一部分资料来源于相关文献，如有关政府部门的官方网站，公开出版的统计资料、著作和论文。可以说，这些资料是本研究得以圆满完成的基石，不仅充实了本研究的资料，更重要的是为本研究的开展提供了思路和方法等方面的借鉴。

在此，衷心地感谢为本研究做出努力、提供帮助、给予指导、提出意见、奉献建议的所有人。要特别感谢国家海洋局为本项目研究提供经费支持，也要感谢各级地方政府（如海洋主管部门、旅游主管部门）为本课题在资料获取、野外考察、座谈等方面提供的帮助。

2 基本概念

2008 年 12 月，通过招标，海南大学与海南省海洋与渔业厅签订了“潜在滨海旅游区评价与选划”任务合同，该项目是国家海洋局“908”专项“潜在滨海旅游区评价与选划”子课题之一。标志着对海南省潜在滨海旅游区评价与选划的研究工作正式启动。2010 年 3 月，又与海南省海洋与渔业厅签署了“海南省滨海旅游区研究”任务合同。在国家海洋局“908”专项办和海南省海洋与渔业厅“908”专项办以及海南大学科研处等相关单位的具体指导下，在项目负责人陈扬乐教授的精心组织下，经过三年的艰辛努力，在上述两个课题的支撑下，完成了该专著。

潜在滨海旅游区评价、选划和研究是一个崭新的课题，有必要先界定几个基本概念。

2.1 滨海地区

滨海，靠近海边、沿海的意思。是沿海岸线向海、陆两侧延伸一定宽度的带状区域。其中，海岸线即是陆地与海洋的分界线，一般指高潮所到达的界线。滨海地区的宽度界限尚无统一标准，随海岸地貌形态和研究领域不同而异。例如，我国在进行海岸带调查时，规定调查范围为：由海岸线向陆方向延伸 10 km 左右，向海至水深 10 ~ 15 m 等深线处；在河口地区，向陆延伸至潮区界，自海方向延至浑水线或淡水线。

从研究需要出发，本研究将滨海地区界定为从海南岛海岸基线分别向海延伸 12 海里和向陆延伸 10 km 的带状区域。而研究重点区域是离海南岛岸线向海、陆两侧分别延伸 3 km 的区域。

2.2 滨海旅游资源

关于旅游资源，曾经有过许多解释。例如：

“凡是构成吸引旅游者的自然和社会因素，亦即旅游者的旅游对象或目的物都是旅游资源。”（邓观利，1983）

“凡是能为人们提供旅游观赏、知识乐趣、度假休闲、娱乐休息、探险猎奇、考察研究以及人民友好往来和消磨闲暇时间的客体和劳务，都可称为旅游资源。”（郭来喜，1985）

旅游资源是指“客观地存在于一定的地域空间并因其所具有的审美和愉悦价值而使旅游者向往的自然存在、历史文化遗产和社会现象”。（谢彦君，2001）

“凡是能够造就对旅游者具有吸引力的环境的自然事物、文化事物、社会事物或其他任何客观事物，都可构成旅游资源……甚至可以简单地说，凡是对旅游者具有吸引力，能够吸引旅游者来访的各种客观事物，均可构成旅游资源。”（李天元，1993）

“凡是能激发旅游者的旅游动机，为旅游业所利用，并由此产生经济价值的因素和条件即旅游资源。”（邢道隆，1986）

“自然界和人类社会中凡能对旅游者产生吸引力，可以为旅游业开发利用并可产生经济效益、社会效益、环境效益的各种事物和因素都可视为旅游资源。”（《中国旅游资源普查规范》，1992）《旅游资源分类、调查与评价》（GB/T 18972—2003）也完全接受了这一定义。

尽管对旅游资源的各种定义有所不同，但是所有定义都有一个共同点，即都强调了旅游资源对旅游者具有吸引力这一根本特征。如果仔细研究就可发现，几乎所有关于旅游资源的认识和解释基本上属于两大类：一类是从需求角度认识和解释旅游资源，认为旅游资源是拉动旅游者来访的吸引源；另一类是从供给角度去认识和解释旅游资源，认为旅游资源是旅游业能够借以开展经营活动的凭借物。

李天元在其颇有影响的教科书《旅游学概论》中指出，从供给角度去认识和解释旅游资源“恐怕难以经得住推敲”，并列举了两个原因：其一，某些事物作为旅游资源的存在是以旅游者对其感兴趣为前提的，而不是以能够“为旅游业所利用”为前提的；其二，某些事物作为旅游资源的存在，也并非是以能够带来或“产生经济价值”或“经济效益”为前提，否则就会得出没有旅游业就没有旅游资源的推论，这显然是错误的。因此，他指出：“对于‘旅游资源’这一概念宜从需求角度去认识和解释。如果从供给角度去认识，所理解和解释的结果通常都会是‘旅游业资源’，而不再只是旅游活动的客体。”

马克思在《资本论》中说：“劳动和土地，是财富两个原始的形成要素。”恩格斯指出：“其实，劳动和自然界在一起才是一切财富的源泉，自然界为劳动提供材料，劳动把材料转变为财富。”西方经济学认为，“资源”是“生产过程中所使用的投入”，本质上是生产要素的代名词。

所以，严格地说，旅游资源是指在当前社会经济和技术条件下一切可被人类用于旅游开发的物质、能量和信息的总称。

对于这一定义，有几点需要说明：

第一，旅游资源是一个动态的概念，是与特定的经济技术条件相结合的。一种物质、能量和信息也许在当前不能被人类用于旅游开发，但随着技术的进步和社会经济的发展，也许在未来的某个时期能够被人类用于旅游开发。因此，尽管在当前来看只是旅游环境的一部分，而在未来来看则是旅游资源。同样，一种资源如果当前能够对旅游者产生吸引力，它就是旅游资源，但如果有朝一日失去了对旅游者的吸引力，也就不再是旅游资源了。

第二，旅游资源的开发与利用并不一定能带来“经济效益”。事实表明，某些原本认为是能够“产生经济价值”或“带来经济效益”的旅游资源开发项目，开发之后并没有能够带来“经济效益”。

第三，“被人类用于旅游开发”包含多层含义。既可以是能够吸引旅游者，又可以是能够被旅游企业开发利用，当然也可以是二者兼而有之。也就是说，“旅游开发”既可以是旅游企业将旅游资源转化成旅游产品，也可以是旅游者直接享受旅游资源。例如，三亚天涯海角优美的自然风光，在旅游企业进行投资开发之前，就吸引了众多的旅游爱好者。

第四，旅游资源的范畴相当广泛。既包括有形的客观存在物，如沙滩、海水等，又包括无形客观事实和现象，如意识形态和经济体制等，还包括能量和信息，如阳光和商业信息等。

然而，从我国当前的情况来看，旅游资源是一个约定俗成的特定概念，与西方国家的“tourism resources”以及上述的概念有所区别。可以说，国人日常生活和学术研究中所使用的，即将旅游资源视为吸引旅游者来访的凭借物，强调旅游资源是旅游者活动的对象物。在我国，几乎没有谁会将饭店、机场、飞机、公路以及其他各种旅游基础设施和上层设施等为旅游业所使用的资源称之为旅游资源。

本研究所采用的是具有“中国特色”的“旅游资源”的概念。既有单体旅游资源，也有组合旅游资源，既有自然旅游资源，也有人文旅游资源。也就是说，饭店/酒店、机场、码头、车站/公路以及其他各种旅游基础设施和上层设施等为旅游业所使用的资源不在本研究范围之内，而是将它们作为旅游资源开发的条件给予分析。

根据以上分析，可以将滨海旅游资源界定为，存在于广大滨海地区、在当前社会经济和技术条件下，能够对游客产生吸引力并可被人类用于旅游开发的自然事物、自然现象、人文事物和人文现象的总称。

2.3 滨海旅游区

根据国家海洋局“908”专项办颁发的《潜在滨海旅游区评价与选划技术要求》，旅游区是指以旅游及其相关活动为主要功能或主要功能之一的空间或地域。并对旅游区进行了以下分类。

滨海旅游区：是指位于沿海地区、以旅游及其相关活动为主要功能或主要功能之一的空间或地域。

潜在滨海旅游区：适于发展旅游项目，但目前尚未开发或开发程度较低的滨海空间或地域。

生态滨海旅游区：以保护自然环境和满足当地人民生活需要的旅游活动为主要功能的滨海空间或地域。

休闲渔业滨海旅游区：以海洋渔业和现代旅游相结合的活动为主要功能的滨海空间或地域。

观光滨海旅游区：以观光、游览自然风光和名胜古迹为主要功能的滨海空间或地域。

度假滨海旅游区：以度假休闲为主要功能的滨海空间或地域。

游艇旅游区：以游艇旅游活动为主要功能的滨海空间或地域。

海岛综合旅游区：依托海岛及其周围海域，提供多种形式旅游活动的空间或地域。

第 1 章 海南省滨海旅游资源调查与评价

海南省管辖约 200×10^4 km^2 海域，约占全国海洋总面积的 2/3。海南省沿岸拥有丰富的海滩、海湾、海岛以及海洋生物等海洋旅游资源，具有优势非常突出的发展海洋旅游业的条件。但目前海南的海洋旅游开发还处于初级发展阶段，旅游产品结构层次低，旅游线路相对单一，旅游开发还主要集中在海岸带附近，远洋和海岛旅游开发还较少，滨海旅游景观价值也未能充分体现，而且海洋旅游收入占海南 GDP 的比重还偏低，这与海南作为全国海洋大省的地位极不相称。因此，加快海洋旅游资源开发不仅是海南国际旅游岛建设的要求，更是全省经济社会健康持续发展的重要途径。为此必须建立科学的滨海旅游资源分类和评价指标体系，对海南省滨海旅游资源作出准确、科学的评价，并制订科学的海洋旅游发展规划，为海南省海洋旅游指出正确的发展方向。

1.1 海南省滨海旅游自然环境概况

海南岛有 1 822.8 km 的海岸线，周边拥有 240 多个岛屿（另有西沙群岛、中沙群岛和南沙群岛等岛礁）、80 多个海湾以及独特的珊瑚礁和红树林海岸。海南省滨海旅游资源丰富，特色鲜明。海域海水清澈湛蓝、沙滩细腻洁白、岸边椰林婆娑、海底世界缤纷多姿，到处充满了阳光、海水、沙滩、椰树和清新的空气，其景观质量在国内首屈一指，是极为理想的度假休闲胜地，是“椰风海韵醉游人”的理想旅游目的地。

1.1.1 气候条件

海南岛年平均气温 23.8℃，虽然长夏无冬，但由于海洋的调节作用，盛夏无酷暑，冬季风和日丽，冬季气温一般在 18℃以上。海岸带和海区的年均风速较大，一般约为 3 m/s，年均大风天数在 55 d 左右。年均降雨量在 1 500 ~2 500 mm 之间，其中 6—10 月的降雨量占全年降雨量的 80% 以上。

1.1.2 海洋生物

海南岛沿岸海域浮游动物种类较多，已鉴定的有 200 多种，其中桡足类和水母类所占比例较大。浮游动物年均生物总量为 300 mg/m^3，其中春季为 295 mg/m^3，秋季为 305 mg/m^3，总平均生物数量为 152 $ind./m^3$。

海南岛海区底栖生物平均生物量为 10.53 g/m^3，其分布呈现出西部大于东部、远岸大于近岸的特点，且不同海区的底栖生物组成存在明显差别，东南部海区以甲壳类和软体类为主，南部海区以甲壳类和鱼类为主，西部海区以海胆类为主，北部海区以软体类和多毛类为主。

海南岛经鉴定的潮间带生物共有6类100科340种。共有鱼类702种，虾类37种。全海区游泳生物年均生物量为20.176 kg/ha（公顷），其中东南部海区比东北、西北海区高，春夏季比秋冬季高。

1.1.3 海洋环境

根据《2009年海南省海洋环境状况公报》，2009年海南省管辖海域的海洋环境概况如下：

1）海水温度

2009年，海南岛近岸海域的年平均表层海水温度为26.4℃，其中北部近岸海水表层年均水温25.2℃，南部近岸海水表层年均水温27.2℃；西沙群岛附近海域为27.8℃，南沙群岛附近海域为28.4℃。

2）海浪

海南岛近岸海域的实测年平均波高为0.7 m（1/10大波波高，下同），西沙群岛附近海域为1.4 m，南沙群岛附近海域为1.4 m。

3）潮汐

海南岛近岸海域的年平均潮位18 cm（榆林76基面，下同），年最高潮位191 cm，年平均潮差113 cm。

4）盐度

海南岛近岸海域海水盐度较低，年均在21.58～33.30，其中以西沙群岛近岸海域海水盐度最高，年均33.43，月均最低为32.93。

5）海水水质

海南省管辖海域海水水质总体良好。其中，远海海域海水水质符合清洁海域水质标准，水质优良；近海海域海水水质符合清洁海域水质标准，水质优良。据《2009年海南省海洋环境状况公报》，近岸海域监测总面积393 km^2，大部分监测海域的海水水质符合清洁海域水质标准，水质状况总体优良。在所监测的393 km^2近岸海域中，清洁海域约355.2 km^2，占90.39%，较清洁海域约25.55 km^2，占6.50%；轻度污染海域约3.71 km^2，占0.94%；中度、重度污染海域约8.54 km^2，占2.17%。据2005—2009年海南省近岸海域水质状况统计，总体趋势为清洁海域面积有增加趋势，较清洁海域面积减少，污染海域面积增加。未达到清洁海域水质标准的海域主要分布在人口密集、船只活动频繁的港口区、江河入海口邻近海域和入海排污口等局部近岸海域。

1.1.4 滨海旅游区环境质量

1）海水浴场环境质量状况

2009年继续开展海口假日海滩和三亚亚龙湾海水浴场的环境质量监测。其中，三亚亚龙湾海水浴场水质状况优、良、差的比例为98.0%、2.0%和0；游泳健康指数全部达到优良水平；适宜或较适宜游泳天数占85.9%，不适宜游泳天数占14.1%。造成浴场不适宜游泳的主要原因是中等以上降水及风浪偏大；海口假日海滩海水浴场水质为优、良和差的比例分别为0、100.0%和0；游泳健康指数为优、良和差的比例分别为9.1%、81.8%和9.1%；适宜和较适宜游泳天数占77.5%，不适宜游泳天数占22.5%。

2）滨海旅游度假区环境质量状况

2009年继续开展旅游度假区环境监测，并发布三亚亚龙湾旅游度假区水质指数、海面状况指数。亚龙湾旅游度假区水质极佳和水质优良的比例分别为98.0%和2.0%，适宜开展海上休闲娱乐活动；海面状况极佳、优良或良好的比例为85.9%，一般或差的比例为14.1%。影响亚龙湾旅游度假区海面状况的因素主要是中等以上降水和风浪较大。

其他重点海域的海水环境质量见表1.1。

表1.1 2009年海南省重点监测海域海水水质

监测海域	监测面积/km^2	清洁海域/(%)	较清洁海域/(%)	轻度污染海域/(%)	中度污染海域/(%)	污染因子
海口湾	60	95.32	1.28		3.40	无机氮
文昌清澜湾	40	96.75		2.00	1.25	无机氮
琼海博鳌	10		25.40	22.30	52.30	无机氮
陵水湾		100.00				
乐东莺歌海		100.00				
东方近岸海域		100.00				
临高后水湾		100.00				
儋州洋浦湾	25	91.24	2.96		5.80	无机氮
澄迈近岸海域	23	6.50	93.50			溶解氧
三亚近岸海域		100.00				
昌化江口		100.00				
万宁近岸海域		100.00				

资料来源:2009年海南省海洋环境状况公报,http://dof.hainan.gov.cn/hyhb/detail.asp? gid=4446

1.2 海南省滨海旅游资源概况

在海南岛1 822.8 km的海岸线中，有50%以上是可供旅游业开发的优质沙质岸线。滨海地区风光秀丽，阳光明媚，海水清澈，沙滩宽阔平坦，洁白如银，细软如毯，气候温暖。滨海旅游资源品质一点也不逊色于美国的夏威夷、印尼的巴厘岛、泰国的巴蒂亚、澳大利亚的黄金海岸和西班牙的太阳海岸。

在海南省80多个海湾中，有60多个可辟为滨海浴场。著名的有亚龙湾、三亚湾、海棠湾、大东海、石梅湾、清水湾、香水湾、美丽沙、棋子湾和龙沐湾等。在海湾中，风平浪静，波光粼粼，水面湛蓝，清澈见底，水底深处，珊瑚遍布，色彩斑斓，形态各异，鱼虾穿梭，五颜六色，宛如一幅幅美妙的龙宫胜景。

海南热带海岛资源较为丰富，在海南岛周边有大小海岛242个，另有西沙群岛、中沙群岛和南沙群岛。这些海岛风景优美，碧海银沙，椰风海韵，渔歌晚唱，断岸激浪，更有海底色彩斑斓、五光十色的珊瑚礁景观。主要海岛有蜈支洲岛、分界洲岛、西岛、大洲岛、加井岛、东排、西排、东锣、西鼓等，是休闲度假、科考探险的理想胜地。

红树林和珊瑚礁等海洋生态系统和珍稀海洋生物更是海南海洋旅游资源的重要构成部分，具有很高的观赏价值和科学研究价值，著名的有海口东寨港国家级红树林自然保护区、三亚国家级珊瑚礁自然保护区、大洲岛国家级海洋生态自然保护区、铜鼓岭国家级自然保护区等。

热带滨海温泉是海南滨海旅游资源又一特色，已发现的滨海温泉有30多处，著名的有琼海的官塘温泉、万宁的兴隆温泉、三亚的南田温泉、儋州的蓝洋温泉等。海南的滨海温泉具有矿化度低、温度高、水量大、水质佳等特点，大多数属于治疗和疗养性温泉，而且滨海温泉多与秀丽的风景紧密结合。

海南独特的地域文化为海南滨海旅游资源增色不少。黎族文化（如黎锦、黎陶、黎族纹身）、南海丝路文化、妈祖文化、长寿文化、红色文化等，吸引着为数众多的国内外游客。

海上餐饮已成为海南滨海旅游资源的独特内容。国内外游客来海南“看大海、吃海鲜”几乎成了最基本的旅游需求。

1.3 海南省滨海旅游资源分类

对旅游资源进行科学的分类是做好旅游资源评价、规划与开发的基础，《旅游资源分类、调查与评价》（GB/T 18972－2003）对规范旅游资源调查分类和评价具有重要意义。因此，在进行滨海旅游资源分类时，参照《旅游资源分类、调查与评价》，对海南滨海地区进行旅游资源普查，并在普查的基础上选取典型旅游资源单体进行详查。

《旅游资源分类、调查与评价》依据旅游资源的性状，即现存状况、形态、特性、特征等，将滨海旅游资源分为“主类”、“亚类”、“基本类型”3个层次。

2009年7月29日—9月2日，课题组参照《旅游资源分类、调查与评价》对全部沿海12个县市的滨海地区进行了旅游资源普查，共调查旅游景点259个，调查旅游资源单体近600多个，并在此基础上选取了部分具有较高开发价值的典型旅游资源单体进行了详查。

在进行资源调查时，强调整个运作过程的科学性、客观性、准确性，并尽量做到内容简洁和量化，充分利用与旅游资源有关的各种资料和研究成果，完成统计、填表和编写调查文件等项工作。并逐个对旅游资源单体进行现场调查核实，包括访问、实地观察、测试、记录、绘图、摄影、录像，必要时进行采样和室内分析，保证成果质量。为便于旅游资源评价、旅游资源统计、区域旅游资源开发评价等工作的需要，将整个海南滨海旅游调查区按照滨海市县行政区划分为12个“调查小区”。

在调查过程中，一般选取符合下列条件的单体进行重点调查：具有旅游开发前景，有明显经济、社会、文化价值的旅游资源单体；集合型旅游资源单体中具有代表性的部分；反映调查区形象的旅游资源单体。对下列旅游资源单体暂时不进行调查：明显品位较低，不具有开发利用价值的；与国家现行法律、法规相违背的；开发后有损于社会形象的或可能造成环境问题的；影响国计民生的；某些位于特定区域内的。

滨海旅游资源调查结果表明，海南省滨海旅游资源类型齐全。海南拥有地文景观、水域风光等8大主类旅游资源，占全部大类的100%；除冰雪地亚类和草原与草地亚类外，海南省拥有综合自然旅游地、综合人文旅游地等其余29个亚类的滨海旅游资源，占全部31个亚类的93.55%；拥有滩地型旅游地、沼泽和湿地等112个基本类型的滨海旅游资源，占全部155个基本类型的72.26%（表1.2）。

表1.2　海南省主要滨海旅游资源分类表

主类	亚类	基本类型	典型代表
A地文景观	AA综合自然旅游地	AAA 山丘型旅游地	鹿回头、南山、铜鼓岭
		AAB 谷地型旅游地	蝴蝶谷、兰花谷、长寿谷
		AAC 沙砾石地型旅游地	棋子湾、大花角
		AAD 滩地型旅游地	亚龙湾、海棠湾、三亚湾
		AAE 奇异自然现象	铜鼓岭风动石
		AAF 自然标志地	分界洲岛、牛岭
		ABC 节理景观	棋子湾（大角）
		ABF 矿点矿脉与矿石积聚地	文昌石英砂矿
	AC地质地貌过程形迹	ACA 凸峰	峻灵王石
		ACB 独峰	天涯海角石
		ACC 峰丛	天涯海角
		ACE 奇特与象形山石	天涯海角龟形石
		ACF 岩壁与岩缝	天涯海角石、棋子湾（大角）
		ACG 峡谷段落	南山长寿谷
		ACM 沙丘地	昌江滨海沙地
		ACN 岸滩	昌化江入海口、万泉河入海口
		ADC 地震遗迹	海口海底村庄
		ADE 火山与熔岩	儋州峨蔓海岸
	AE岛礁	AEA 岛区	蜈支洲岛、西岛、海甸岛
		AEB 岩礁	大铲礁、黄岩礁
B水域风光	BA 河段	BAA 观光游憩河段	三亚河、万泉河、南渡江
	BB天然湖泊与池沼	BBA 观光游憩湖区	东方水库
		BBB 沼泽与湿地	东寨港红树林、八门湾红树林
		BDB 地热与温泉	南田温泉、九龙温泉
	BE 河口与海面	BEA 观光游憩海域	三亚湾、亚龙湾、日月湾
		BEB 涌潮现象	万泉河、三亚河、昌化江
		BEC 击浪现象	日月湾、大花角
C生物景观	CA 树木	CAA 林地	石梅湾青皮林、昌化大岭龙血树
		CAB 丛树	东郊椰林
		CAC 独树	大榕树
	CB 草原与草地	CBA 草地	昌江草地
	CC 花卉地	CCA 草场花卉地	三亚兰花谷
		CCB 林间花卉地	三亚兰花谷
	CD野生动物栖息地	CDA 水生动物栖息地	石岛、三亚珊瑚礁保护区
		CDB 陆地动物栖息地	海口野生动物园
		CDC 鸟类栖息地	海口野生动物园
		CDE 蝶类栖息地	三亚蝴蝶谷

续表 1.2

主类	亚类	基本类型	典型代表
D 气候景观	DA 光现象	DAA 日月星辰观察地	三亚湾观日出（日落）
		DBC 避寒气候地	全省
		DBD 极端与特殊气候显示地	石梅湾青皮林
E 遗址遗迹	EA 史前人类活动场所	EAA 人类活动遗址	三亚落笔洞、大港村新石器遗址
		EAB 文化层	三亚落笔洞
	EB 社会经济文化活动遗址遗迹	EBA 历史事件发生地	临高角（解放海南登陆地）
		EBB 军事遗址与古战场	临高角（解放海南登陆地）
		EBC 废弃寺庙	文笔塔
		EBD 废弃生产地	儋州千年古盐田
		EBF 废城与聚落遗迹	三亚崖州古城
		EBG 长城遗迹	昌江昌化镇古城墙
F 建筑与设施	FA 综合人文旅游地	FAA 教学科研实验场所	海南大学
		FAB 康体游乐休闲度假地	亚龙湾、南田温泉、海棠湾
		FAC 宗教与祭祀活动场所	南山文化旅游区、峻灵王庙
		FAD 园林游憩区域	南山文化旅游区、天涯海角
		FAE 文化活动场所	三亚美丽之冠
		FAF 建设工程与生产地	莺歌海盐场
		FAG 社会与商贸活动场所	海口会展中心、三亚免税商场
		FAH 动物与植物展示地	海口万绿园
		FAI 军事观光地	三亚榆林基地
		FAK 景物观赏点	海口西海岸
	FB 单体活动场馆	FBA 聚会接待厅堂（室）	海南新国宾馆
		FBB 祭拜场馆	文昌孔庙
		FBC 展示演示场馆	三亚贝壳馆、三亚美丽之冠
		FBD 体育健身馆场	鹿回头高尔夫球会
		FBE 歌舞游乐场馆	海口白沙门公园
	FC 景观建筑与附属型建筑	FCA 佛塔	南山海上观音、南山佛塔
		FCB 塔形建筑物	海口钟楼
		FCC 楼阁	海口会展中心、瑞吉大酒店
		FCE 长城段落	儋州中和镇古城墙
		FCG 摩崖字画	天涯海角
		FCH 碑碣（林）	峻灵王碑刻
		FCI 广场	亚龙湾中心广场
		FCK 建筑小品	三亚滨海地区的各类雕塑

续表 1.2

主类	亚类	基本类型	典型代表
	FD 居住地与社区	FDA 传统与乡土建筑	文昌铺前骑楼、海口骑楼老街
		FDB 特色街巷	海口骑楼老街
		FDC 特色社区	演丰生态文明村
		FDD 名人故居与历史纪念建筑	陈策将军祖居、海口五公祠
		FDE 书院	儋州东坡书院
		FDF 会馆	博鳌论坛永久会址
		FDG 特色店铺	三亚免税商场
		FDH 特色市场	万宁奥特雷斯购物广场
	FE 归葬地	FEA 陵区陵园	解放海南岛战役烈士陵园
		FEB 墓（群）	三亚伊斯兰墓地
	FF 交通建筑	FFA 桥	海口世纪大桥
		FFB 车站	海口火车站
		FFC 港口渡口与码头	海口秀英港
		FFD 航空港	海口美兰机场、三亚凤凰机场
		FFE 栈道	三亚热带森林公园栈道
	FG 水工建筑	FGA 水库观光游憩区段	高坡岭水库
		FGB 水井	汉马伏波井
		FGD 堤坝段落	万宁日月湾
		FGF 提水设施	海口自来水厂
G 旅游商品	GA 地方旅游商品	GAA 菜品饮食	文昌鸡、嘉积鸭、和乐蟹
		GAB 农林畜产品与制品	椰子、香蕉、芒果、荔枝
		GAC 水产品与制品	石斑鱼、龙虾
		GAD 中草药材及制品	海南五月茶、苦丁茶
		GAE 传统手工产品与工艺品	黎锦、黎陶、椰雕、贝壳工艺
		GAF 日用工业品	椰树牌矿泉水、椰汁
		GAG 其他物品	旅游宣传册
H 人文活动	HA 人事记录	HAA 人物	陈策、苏东坡、海瑞
		HAB 事件	琼崖纵队、解放海南
	HB 艺术	HBA 文艺团体	海南琼剧团
		HBB 文学艺术作品	琼剧、我爱五指山我爱万泉河
	HC 民间习俗	HCA 地方风俗与民间礼仪	老爸茶
		HCB 民间节庆	军坡节
		HCC 民间演艺	临高哩哩美、儋州调声、琼剧
		HCD 民间健身活动与赛事	昌江划龙船、七仙岭登山活动
		HCE 宗教活动	南山佛事活动
		HCF 庙会与民间集会	海南“公期”
		HCG 饮食习俗	打边炉
		HGH 特色服饰	黎族服饰
	HD 现代节庆	HDA 旅游节	海南岛欢乐节
		HDB 文化节	昌江木棉节
		HDC 商贸农事节	乐东香蕉节、昌江芒果节
		HDD 体育节	环海南岛自行车赛
数量统计			
8 主类	29 亚类	112 基本类型	

调查统计资料表明，在所评价的571个海南滨海旅游资源单体（或组合）中，共有地文景观类308个，占53.94%，建筑与设施类81个，占14.19%，第三是水域风光类102个，占17.86%（表1.3）。

表1.3　海岸带旅游资源类型分布表

资源主类	资源数量/个	所占比重/（%）
地文景观	308	53.94
建筑与设施	81	14.19
旅游商品	25	4.38
人文活动	20	3.50
生物景观	20	3.50
水域风光	102	17.86
遗址遗迹	14	2.45
气象气候	1	0.18
合计	571	100.00

需要说明的是，水域风光类旅游资源虽然所占比例较低，仅占17.86%，但实际上，海南滨海旅游景区大部分景点都是和水域风光紧密结合在一起的，如滨海地区大量优良海湾，在进行分类时，把这些景点归类为地文景观类中的滩地型旅游地，而实际上，海湾内的海水风光也是非常优美，具有很高的观赏价值和使用价值，故在对海湾类旅游资源进行分类时，把它们划为地文景观和水域风光两种主类。

生物景观，虽然占全部调查评价景点的比例也偏低，仅占3.50%，但实际上海南大部分滨海海底以及山地丘陵都分布有大量的生物景观旅游资源，只是因为其他景观相比较而言更加突出，故没有把它们列为生物景观。

关于遗址遗迹，因为海南属于孤岛型旅游地，远离经济文化发达的长江流域和黄河流域，故遗址遗迹旅游景点和资源相对占的比例偏低。

另外，天象与气候景观、旅游商品、人文活动类型的旅游资源，海南也有很多，但这些旅游资源很少是以景区（点）的形式存在，往往是和上述五类旅游景区（点）旅游资源紧密结合在一起的。

1.4　海南省滨海旅游资源的评价

海南省滨海旅游资源不仅类型齐全，数量丰富，而且品质高，许多滨海旅游资源堪称世界一流。

1.4.1　评价指标体系

以《旅游资源分类、调查与评价》（GB/T 18972－2003）为依据，根据“旅游资源共有因子综合评价系统”赋分，设“评价项目”和“评价因子”两个层次。

评价项目又分为“资源要素价值”、“资源影响力”和“附加值”。其中，“资源要素价值”包含“观赏游憩使用价值”、“历史文化科学艺术价值”、“珍稀奇特程度”、“规模、丰度与几率”、“完整性”5 项评价因子。“资源影响力”包含“知名度和影响力”、“适游期或使用范围”2 项评价因子。“附加值”包含“环境保护与环境安全”1 项评价因子（表 1.4）。

表 1.4　旅游资源评价赋分标准

评价因子	评价依据	赋值
观赏游憩使用价值（30 分）	全部或其中一项具有极高的观赏价值、游憩价值、使用价值	30 ~ 22
	全部或其中一项具有很高的观赏价值、游憩价值、使用价值	21 ~ 13
	全部或其中一项具有较高的观赏价值、游憩价值、使用价值	12 ~ 6
	全部或其中一项具有一般观赏价值、游憩价值、使用价值	5 ~ 1
历史文化科学艺术价值（25 分）	同时或其中一项具有世界意义的历史价值、文化价值、科学价值、艺术价值	25 ~ 20
	同时或其中一项具有全国意义的历史价值、文化价值、科学价值、艺术价值	19 ~ 13
	同时或其中一项具有省级意义的历史价值、文化价值、科学价值、艺术价值	12 ~ 6
	历史价值、或文化价值、或科学价值，或艺术价值具有地区意义	5 ~ 1
珍稀奇特程度（15 分）	有大量珍稀物种，或景观异常奇特，或此类现象在其他地区罕见	15 ~ 13
	有较多珍稀物种，或景观奇特，或此类现象在其他地区很少见	12 ~ 9
	有少量珍稀物种，或景观突出，或此类现象在其他地区少见	8 ~ 4
	有个别珍稀物种，或景观比较突出，或此类现象在其他地区较多见	3 ~ 1
规模、丰度与几率（10 分）	独立型旅游资源单体规模、体量巨大；集合型旅游资源单体结构完美、疏密度优良级；自然景象和人文活动周期性发生或频率极高	10 ~ 8
	独立型旅游资源单体规模、体量较大；集合型旅游资源单体结构很和谐、疏密度良好；自然景象和人文活动周期性发生或频率很高	7 ~ 5
	独立型旅游资源单体规模、体量中等；集合型旅游资源单体结构和谐、疏密度较好；自然景象和人文活动周期性发生或频率较高	4 ~ 3
	独立型旅游资源单体规模、体量较小；集合型旅游资源单体结构较和谐、疏密度一般；自然景象和人文活动周期性发生或频率较小	2 ~ 1
完整性（5 分）	形态与结构保持完整	5 ~ 4
	形态与结构有少量变化，但不明显	3
	形态与结构有明显变化	2
	形态与结构有重大变化	1
知名度和影响力（10 分）	在世界范围内知名，或构成世界承认的名牌	10 ~ 8
	在全国范围内知名，或构成全国性的名牌	7 ~ 5
	在本省范围内知名，或构成省内的名牌	4 ~ 3
	在本地区范围内知名，或构成本地区名牌	2 ~ 1
适游期或使用范围（5 分）	适宜游览的日期每年超过 300 天，或适宜于所有游客使用和参与	5 ~ 4
	适宜游览的日期每年超过 250 天，或适宜于 80% 左右游客使用和参与	3
	适宜游览的日期超过 150 天，或适宜于 60% 左右游客使用和参与	2
	适宜游览的日期每年超过 100 天，或适宜于 40% 左右游客使用和参与	1

续表 1.4

评价因子	评价依据	赋值
环境保护与环境安全	已受到严重污染，或存在严重安全隐患	-5
	已受到中度污染，或存在明显安全隐患	-4
	已受到轻度污染，或存在一定安全隐患	-3
	已有工程保护措施，环境安全得到保证	3

资料来源：《旅游资源分类、调查与评价》（GB/T 18972—2003）。

1.4.2　等级划分

评价项目和评价因子用量值表示。资源要素价值和资源影响力总分值为 100 分，其中，“资源要素价值”为 85 分，“资源影响力”为 15 分。“附加值”中“环境保护与环境安全”根据不同情况分别赋值。

根据对旅游资源单体的评价，得出该单体旅游资源共有综合因子评价值。然后依据旅游资源单体评价总分，将其分为五级，从高级到低级依次为：

五级旅游资源，得分值域大于等于 90 分。

四级旅游资源，得分值域大于等于 75～89 分。

三级旅游资源，得分值域大于等于 60～74 分。

二级旅游资源，得分值域大于等于 45～59 分。

一级旅游资源，得分值域大于等于 30～44 分。

此外还有未获等级旅游资源，得分小于等于 29 分。

其中：五级旅游资源称为“特品级旅游资源”；五级、四级、三级旅游资源被通称为“优良级旅游资源”；二级、一级旅游资源被通称为“普通级旅游资源”。

1.4.3　海南省滨海旅游资源的定量评价

根据上述定量评价方法，请 9 位专家独立地分别对所提供的旅游资源列表中的旅游资源打分，最后取平均值，得出海南主要滨海旅游景区（点）及相关旅游资源单体的分值（图 1.1）。

从表 1.5 可见，海南省滨海地区共有五级旅游资源单体 32 个，占全部调查评价旅游资源单体的 5.60%；四级旅游资源单体 117 个，占全部调查评价旅游资源单体的 20.49%；三级旅游资源单体 179 个，占全部调查评价旅游资源单体的 31.35%；二级旅游资源单体 123 个，占全部调查评价旅游资源单体的 21.54%；一级旅游资源单体 120 个，占全部调查评价旅游资源单体的 21.02%。其中，优良级旅游资源单体（五级、四级、三级）总共有 328 个，占全部调查评价旅游资源单体的 57.44%，普通级旅游资源单体（二级、一级）共 243 个，占全部调查评价旅游资源单体的 42.56%。可见，海南省滨海旅游资源总体上具有品质高的特点。

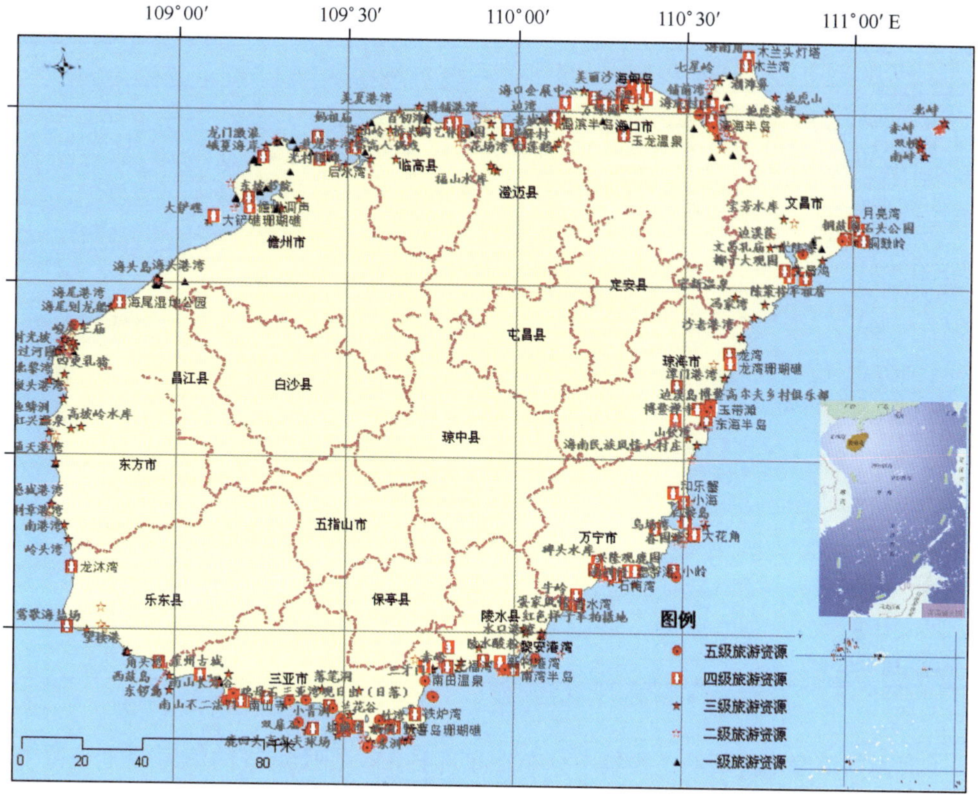

图 1.1　海南岛及周边海区滨海旅游资源分级分布图

表 1.5　海南省滨海旅游资源评分等级统计表

等级	数量/处	占总量的比例/（%）
五级	32	5.60
四级	117	20.49
三级	179	31.35
二级	123	21.54
一级	120	21.20
合计	571	100

1.5　海南省滨海旅游资源分布

综合分析表 1.6 可以得出以下几点结论：

表 1.6　海南滨海旅游资源等级与分布统计表

单位：个

市县	五级	四级	三级	二级	一级	小计
合计	32	117	179	123	120	571
海口市	3	18	13	11	8	53
文昌市	3	13	22	33	16	87

续表 1.6

市县	五级	四级	三级	二级	一级	小计
琼海市	3	8	5	3	13	32
万宁市	1	16	13	9	3	42
陵水县	2	7	10	10	2	31
三亚市	16	15	30	23	6	90
东部六市县小计	28	77	93	89	48	335
乐东县	0	3	3	4	8	18
东方县	0	0	14	6	3	23
昌江县	1	1	9	5	2	18
儋州市	0	6	8	8	52	74
临高县	0	6	14	7	7	34
澄迈县	0	3	11	4	0	18
西部六市县小计	1	19	59	34	72	185
三沙市	3	12	16	0	0	31
全省范围均有分布	0	9	11	0	0	20

①海南的滨海旅游资源主要集中分布在东部县市。在所调查的滨海旅游资源单体中，位于东部6个县市的约占60.80%，而位于西部市县以及三沙市的仅占39.20%。

②海南省优良级滨海旅游资源单体更加集中分布在东部县市。东部6个县市共有优良级滨海旅游资源单体198个，占全部优良级旅游资源单体总数的64.29%，西部6个县市仅有优良级滨海旅游资源单体79个，仅占25.65%，三沙市有优良级旅游资源单体31个，占10.06%。

③海南省滨海旅游资源在沿海县市的分布相对集中。其中以三亚市最多，占所调查和评价的总量的约15.76%，最少的是澄迈县，仅占总量的3.15%。

④海南省优良级滨海旅游资源在沿海县市的分布更为集中。其中三亚约占总量的18.60%，而最少的乐东县仅占总量的1.83%。

⑤特品级（即五级）旅游资源集中分布在东部市县。占87.51%，又高度集中在三亚，占50.01%，其次是海口、文昌、琼海和三沙市，各有3个。

1.6 海南省滨海地区典型旅游资源简介

海南省滨海地区拥有丰富多彩的旅游资源。按照国家旅游局颁布的旅游资源分类标准，可以分为8个大类29个亚类和112个基本类型。在海南省滨海地区的这些旅游资源中，有些是全国其他地区所没有而独具海南特色的旅游资源，主要包括以下一些类型。

1.6.1 珊瑚礁旅游资源

海南岛珊瑚礁的分布，呈现出断断续续的特点。在北岸，西起峨蔓港，向东依次在兵马角－谢屋角、邻昌礁、将军印、红桃咀、雷公岛、林梧和抱虎港等地有分布；在东岸，北起邦塘，向南在冯家湾、沙老、潭门、大洲岛等地见到；在南岸，东起南湾角，向西在新村港、蜈支洲、后海、亚龙湾、东岛、野猪岛、东排、西排、榆林港、大东海、小东海、鹿回头、东瑁洲和西瑁洲等地发育；在西岸，南起岭头—双沟港，向北在八所，沙渔塘—南罗、海头—南华、干冲和神尖咀等岸段皆有分布（图1.2）。

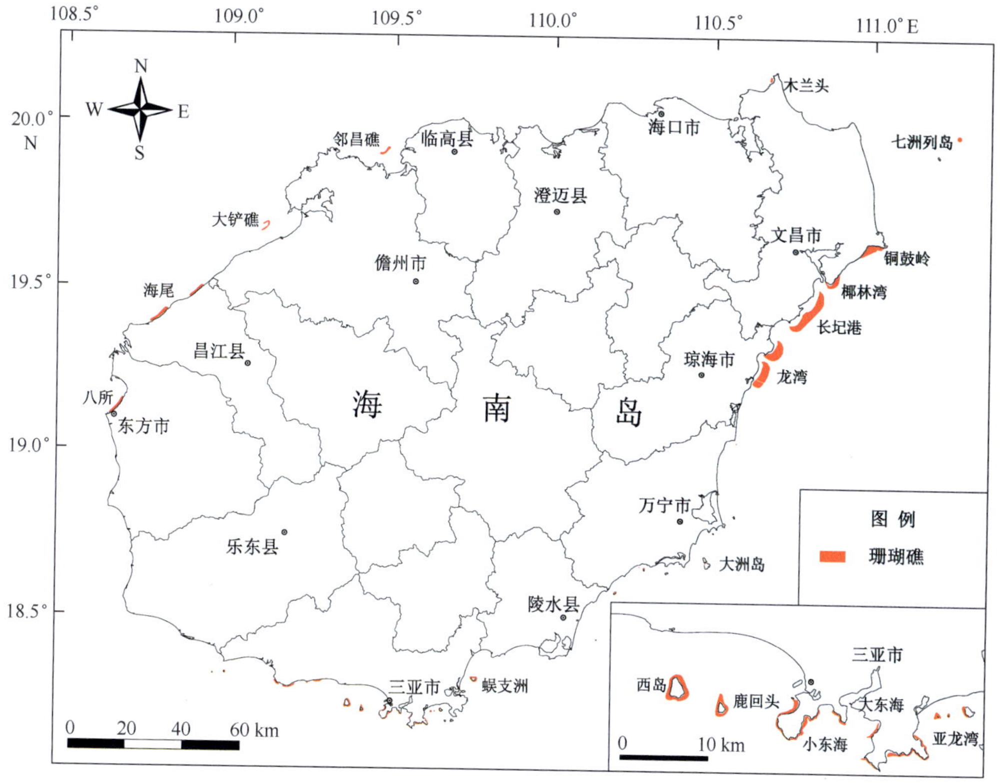

图1.2 海南省主要海湾地理分布

海南省珊瑚礁面积占全国珊瑚礁总面积的98%以上，西沙群岛、中沙群岛和南沙群岛多由珊瑚礁组成，所占分量最多。海南岛沿岸的14.15%都分布有珊瑚礁，岸段长达228.90 km，并以裙礁为主（亦称岸礁），占总礁量的92.44%，堡礁次之，占总礁量的6.88%，环礁仅占总礁量的0.68%。

海南省珊瑚种类繁多，据统计共有110个种和5个亚种，其中有1个新种，分别属于13科34属和2亚属，主要种类有滨珊瑚、蜂巢珊瑚、角状蜂巢珊瑚、扁脑珊瑚等巨人珊瑚块体，还有成片生长的鹿角状珊瑚、牡丹珊瑚、陀螺珊瑚、杯形珊瑚等。海南岛周边还有各种软珊瑚、柳珊瑚及与珊瑚礁相互依存的丰富的海洋生物。

2009年最新调查统计全岛活珊瑚分布面积可以达到上百平方千米，其中文昌分布面积最大。海南沿海各市县均有珊瑚礁分布，以文昌市的面积最大，达1.5×10^4 hm^2，其次是儋州市和澄迈县，均为0.2×10^4 hm^2，岸礁长度以文昌市和儋州市最长，分别达158 km和150 km，其次是琼海市和三亚市，分别为65 km和55 km。在三亚附近海域生长着大片美丽的珊瑚礁，吸引着大批中外游人。为了保护这里珍贵的珊瑚礁资源，1990年9月国务院批准将三亚附近海域定为国家级珊瑚礁自然保护区。

越来越多的潜水观光游客在寻找珊瑚礁这种风情万种的旅游资源，它集热带风光、海洋风光、海底风光、珊瑚花园、生物世界于一体，是发展生态旅游的绝好胜景。珊瑚那多姿多彩的形态，颜色各异，黄、红、橙、白、紫、蓝、绿各色应有尽有，美丽非凡，构成仙境般的水下奇观，很有观赏价值，为海南很有特色的旅游资源。海南三亚国家级珊瑚礁自然保护区的珊瑚礁构造十分发达，既有色彩缤纷、千姿百态的水中珊瑚丛，又有五颜六色的海洋生物遨游其中，好一派生机盎然的海底龙宫景象，目前已被开发为闻名中外的潜水生态旅游区。观光生态旅游目前正是一兴盛且获利良好的产业，珊瑚礁所构成的巨大吸引力更应被人们所关注。目前比较有影响的珊瑚礁潜水观光旅游区有大东海旅游区、小东海旅游区、蜈支洲岛旅游区等。

珊瑚礁生态系统具有较高的旅游观赏价值，近几年，利用珊瑚礁海域开展的旅游活动方兴未艾。通过“政府管理，企业参与”的适度开发模式，有效地制止部分珊瑚礁区域的抛锚、炸鱼活动，同时，也有利地提高当地居民的珊瑚礁保护意识。应该说，这对珊瑚礁及珊瑚礁鱼类得到了较好的保护与恢复。

但旅游开发活动如不严格管理，将会对海底珊瑚及其生态造成很大程度的破坏。游船会产生少量的含油污水，对局部区域水质造成影响，而游船活动产生的噪声及水流扰动对珊瑚礁生态也会有一定的干扰影响。另外，各种游船尤其是半潜船在营运过程中如果操作不当还有可能发生碰触珊瑚的事故。钓鱼活动，会明显减少该区的鱼类种类和数量，应有一定的限制。水肺潜水（包括岸潜和船潜）的游客往往是初学者，接受珊瑚礁保护的教育不够，会碰触珊瑚，干扰或破坏珊瑚生长等。潜水旅游者可能会不小心踩在珊瑚礁上弄碎了珊瑚，或撞坏了珊瑚，或用手直接触弄珊瑚，许多旅游观光客低估了珊瑚的脆弱，潜水者只要触碰到珊瑚就有可能磨掉了珊瑚用以抵御外界侵袭的保护层。还有一些见利忘义的小商贩偷采珊瑚礁制作旅游纪念品出售，在海南的一些市场上这类事件屡见不鲜，特别是活体珊瑚的“地下买卖活动”时有发生。

1.6.2 红树林旅游资源

红树林（Mnagrove）是指热带海岸潮间带的木本植物群落，由于温带洋流的作用，有些种可分布到亚热带。据研究，全世界有红树植物23科81种，海南有23科41种，其中东寨港有红树林12科19种。

海南省是红树林分布较丰富的地区。在我国7个省级以上的红树林自然保护区中，海南省就占了其中2个。据2001年红树林资源调查统计，全国有红树林面积220 249.0 hm^2，红树林宜林地58 848.2 hm^2（不含港、澳、台地区）（国家林业局森林资源管理司，2002）；海南岛的红树林林地面积为13 539.7 hm^2，红树林有林面积为3 930.3 hm^2，占全国红树林面积的17.9%，红树林宜林地9 609.4 hm^2，占全国红树林宜林面积的16.3%。海南省红树林及宜林地滩涂分布于全岛各沿海地区，主要分布在北部的海口、东部的文昌、西部的临高、儋州及南部的三亚、陵水。其中东北部东寨港和东南部清澜港是海南最大的红树林分布区，面积为2 956 hm^2，占海南现有红树林面积的75%。海南东部沿海海岸曲折，海湾多且面积大，红树林分布广，种类多。一些嗜热窄布种类如瓶花木、水椰、红揽李、红树等仅出现在东部，西南部沿海多为砂岸和岩岸，岸线较平直，红树林面积小，组成种类也较简单。

由于海岸不合理开发对红树林的破坏越来越严重，在过去50多年里，海南失去60%以上的红树林。20世纪50多年代中期海南岛全岛共有红树林总面积9 992 hm^2。到了2001年，红树林总面积只有 3 930.3 hm^2。其中以三亚市红树林面积减少最多，消失面积达 94%，昌江、乐东一带原有的红树林，也已消失殆尽；琼海、万宁、儋州、澄迈等市县的红树林由于长期的不合理开发和利用，导致了红树林生长质量下降，面积减小，残次林比重增大。

据有关研究，海南红树林保护区红树林面积为 2 958.95 公顷（表 1.7）。

表 1.7　海南红树林保护区红树林面积统计表

保护区名称	保护区面积/hm^2	红树林面积/hm^2
东寨港	3 337.6	1 558.63
清澜港	2 906.57	983.56
三亚河	631.4	12.53
青梅港		57.53
新英	133	114.59
新盈、彩桥	350	78.17
花场湾	150	153.94
合计	7 508.57	2 958.95

根据文献资料和 2009 年对海南红树林保护区的实地考察，海南红树林区共有真红树植物 11 科 24 种，有半红树植物 10 科 12 种，有生长于林缘或林下的伴生植物 63 种。红树林湿地作为一种特殊的生态交错带，含有海洋生态体系、淡水生态体系及陆地生态体系，能融合各种各样的生物，养育着特殊的动植物群落，因此，红树林湿地不但具有红树植物群落物种多样性，而且还具有丰富的生物多样性。

长期以来，红树林在海南沿岸防浪护堤、防灾减灾方面等起到重要作用。但在 20 世纪 60—70 年代，海南围垦发展养殖业，使红树林遭到严重破坏，特别是 20 世纪 80 年代以来，随着沿海社会经济的迅速发展，毁林养殖、挖捕林区经济动物、污染压力等，致使红树林资源面临更大的威胁。这些现象引起国家和海南省政府、海南林业部门的重视，先后建立了 8 个以红树林湿地为主要保护对象的自然保护区，并制定了有关保护红树林及其保护区的法规、规章若干，如《海南省森林保护管理条例》、《海南省自然保护区管理条例》、《海南省红树林保护规定》。海南省东寨港红树林自然保护区是我国第一个以红树林生态系统为主要保护对象的国家级保护区，也是我国第一个被列入国际重要湿地名录的红树林湿地。

红树林是海岸生态旅游重要景点之一，成为热带、亚热带海岸线上旅游亮点和海岸自然景观中最美的艺术奇葩，并随世界生态游的兴起而逐渐发展起来。其中东寨港凭借其丰富多彩的红树林、明朝海底村庄、野菠萝岛等旅游资源和优良的区位条件，被《海南国际旅游岛建设发展规划纲要（2010—2020）》定为海南国际旅游岛重点建设的 17 个旅游区之一。

1.6.3　海岛旅游资源

据 1980 年《中国海洋岛屿简况》统计，海南岛沿岸有海岛 231 个。据 1994 年海南省海岛资源综合调查结果统计，海南岛沿岸面积大于 500 m^2 的海岛 181 个（含海南岛、不含邻昌礁）。据海南省近海海洋环境综合调查与评价专项（简称“908 专项”）之“海岛（岛礁）综合调查”成果统计，在海南岛沿岸海域分布有着 242 个海岛（不含海南岛），其中高潮时面积大于500 m^2 的海岛有237 个，高潮时面积不足500 m^2 的海岛（微型岛）5 个。此外，还有许多岛礁，其主体为干出礁，明礁部分面积小，因此数量难以统计。海南岛周边的242 个海岛总面积为41.995 52 km^2，岸线总长250 665 m。海南岛海区的海岛分布见图1.3。

图1.3　海南岛海区海岛分布图

2012 年6 月12 日，国务院批准设立地级三沙市，三沙市管辖西沙群岛、中沙群岛和南沙群岛，海岛面积约13 km^2。

从海岛面积来看，海南岛沿岸没有特大岛（面积≥2 500 km^2）和大岛（100 km^2≤面积<2 500 km^2），有中岛（5 km^2≤面积<100 km^2）2 个，即海甸岛和新埠岛；绝大部分海岛为小岛（500 m^2≤面积<5 km^2），共235 个，占海南岛沿岸海岛数量的97.11%；微型岛（面积<500 m^2）5 个，占海岛总数的2.07%。

根据海岛的物质组成可以分为基岩岛、泥沙岛和珊瑚岛三类。基岩岛是由固结的沉积岩、变质岩和火山岩组成的岛屿，共149 个，占海南岛沿岸海岛总数的61.57%，以花岗岩和玄武岩为主，比较典型的有大洲岛、西瑁洲、牛奇洲和分界洲等。泥沙岛是指由未固结铝硅酸盐碎屑堆积形成的岛屿，共91 个，占海岛总数的37.60%，主要为河口冲积岛，如海甸岛、新埠岛、海头岛、东屿岛、边溪崀，其次为海湾或沿岸海积岛，如北港岛。

从海岛的社会属性来看，海南岛沿岸海岛绝大多数为无居民海岛，仅5 个有居民海岛。其中，海口市的海甸岛、新埠岛和儋州市的海头岛为乡镇级岛，海口市的北港岛和三亚市的西瑁洲为村级岛（表1.8）。2009 年海岛户籍总人口55 988 人。

表 1.8 海南岛沿海县市海岛统计

行政区划	海岛数量/个			面积/km²	岸线长度/km
	总数	有居民岛	无居民岛		
海口市	17	3（海甸岛、新埠岛、北港岛）	14	20.257 476	44.345
文昌市	51		51	3.737 785	46.657
琼海市	17		17	2.927 582	20.249
万宁市	17		17	5.023 624	24.714
陵水黎族自治县	11		11	0.432 333	6.524
三亚市	42	1（西瑁洲）	41	5.919 219	46.64
乐东黎族自治县	9		9	0.115 403	5.123
东方市	5		5	0.185 851	3.229
昌江黎族自治县	8		8	0.484 945	6.944
儋州市	53	1（海头岛）	52	2.719 717	37.381
临高县	10		10	0.149 077	7.671
澄迈县	2		2	0.042 507	1.188
合计	242	5	237	41.995 52	250.665

海南岛周边海岛以自然旅游资源为主，包括地文景观、水域风光、生物景观、天气与气候景观等4大主类15个亚类50多个基本类型（表1.9）。人文旅游资源数量较少，类型比较单一，具有较大开发利用价值的不多见。

在无居民海岛及其周边海域拥有一定数量的特品级旅游资源，如蜈支洲岛周边海域的珊瑚及珊瑚礁生态系统，大洲岛的金丝燕及其生态系统。而大多数无居民海岛因面积狭小，生态系统脆弱，基础设施建设几乎是空白，目前旅游开发价值并不高。

2011年4月我国公布的首批可利用的176个无居民海岛中，海南有6个，即三亚市蜈支洲岛、东锣岛、西鼓岛和小青州以及万宁市的加井岛和洲仔岛。这6个无居民海岛的规定用途都是旅游娱乐。

表 1.9 海南岛周边海岛旅游资源类型

主类	亚类	基本类型
A 地文景观	AA 综合自然旅游地	AAA 山丘型旅游地、AAC 沙砾石地型旅游地、AAD 滩地型旅游地、AAE 奇异自然现象、AAF 自然标志地
	AB 沉积与构造	ABA 断层景观、ABB 褶曲景观、ABC 节理景观、ABD 地层剖面、ABF 矿点矿脉与矿石积聚地、ABG 生物化石点
	AC 地质地貌过程形迹	ACD 石（土）林、ACE 奇特与象形山石、ACF 岩壁与岩缝、ACG 峡谷段落、ACK 堆石洞、ACL 岩石洞与岩穴、ACM 沙丘地、ACN 岸滩
	AD 自然变动遗迹	ADA 重力堆积体、ADC 地震遗迹、ADD 陷落地、ADE 火山与熔岩
	AE 岛礁	AEA 岛区、AEB 岩礁

续表 1.9

主类	亚类	基本类型
B 水域风光	BA 河段	BAA 观光游憩河段、BAB 暗河河段
	BB 天然湖泊与池沼	BBA 观光游憩湖区、BBB 沼泽与湿地、BBC 潭池
	BD 泉	BDA 冷泉、BDB 地热与温泉
	BE 河口与海面	BEA 观光游憩海域、BEB 涌潮现象、BEC 击浪现象
C 生物景观	CA 树木	CAA 林地、CAB 丛树、CAC 独树
	CB 草原与草地	CBA 草地
	CC 花卉地	CCA 草场花卉地、CCB 林间花卉地
	CD 野生动物栖息地	CDA 水生动物栖息地、CDB 陆地动物栖息地、CDC 鸟类栖息地、CDE 蝶类栖息地
D 天象与气候景观	DA 光现象	DAA 日月星辰观察地、DAB 光环现象观察地
	DB 天气与气候现象	DBA 云雾多发区、DBC 避寒气候地、DBD 极端与特殊气候显示地

1.6.4 海湾资源

海南岛海岸曲折，港湾（海湾）众多。据“908 专项”海岸带调查，海南岛拥有大小港湾（海湾）68 个，详见表 1.10。其中沿海重点海湾基本信息见表 1.11，海湾的地理分布见图 1.4。

表 1.10 海南沿海海湾行政分布

行政区划	海湾名称	个数	主要海湾	海涂面积 /km^2
海口市	海口湾、南渡江口	2	海口湾、南渡江口	68.56
文昌市	铺前港湾、东寨港湾、木兰湾、抱虎港湾、淇水湾、大陆湾、邦塘湾、八门湾、高隆湾、冯家湾	10	铺前港湾、东寨港湾、八门湾、高隆湾、冯家湾	90.29
琼海市	沙老港湾、龙湾（龙湾河）、博鳌港湾、潭门港湾	4	博鳌港湾、潭门港湾、龙湾	25.41
万宁市	小海、老爷海、乌场湾、春园湾、大花角湾、南燕湾、石梅湾、日月湾	8	小海、老爷海、乌场湾、石梅湾	14.11
陵水县	陵水湾、新村湾、黎安湾、土福湾、水口港湾（陵水河）、香水湾	6	陵水湾、新村湾、黎安湾	20.24
三亚市	崖州湾、三亚湾、榆林湾、亚龙湾、海棠湾、铁炉湾、坎秧湾、竹湾、红塘湾、角头湾	10	三亚湾、榆林湾、亚龙湾、海棠湾	25.06
乐东县	岭头湾、莺歌海湾、望楼河口、龙沐湾、东锣湾	5	莺歌海湾	3.01
东方市	北黎湾、墩头港湾、感城港湾、南港湾、通天港湾、利章港湾	6	北黎湾	13.47
昌江县	昌化港湾（昌化江）、海尾港湾、棋子湾	3	棋子湾	19.98
儋州市	洋浦湾、后水湾、海头港湾（珠碧江）、峨蔓港湾	4	洋浦湾、后水湾	149.33
临高县	新盈湾、黄龙港湾、博铺港湾（文澜河）、金牌湾、抱吴港湾、美夏港湾	6	金牌湾、新盈湾、博铺港湾	39.69
澄迈县	澄迈湾、马袅湾、花场湾、边湾（东水港）	4	澄迈湾、马袅湾、边湾	19.78

表 1.11 海南省沿海重点海湾基本信息表

海湾名称	隶属		面积 总面积	面积 0 m线	面积 5 m线	面积 10 m线	岸线长度/km	口门宽度/km	最大水深/m	潮差/m 平均		潮差/m 最大	海岸类型	开发利用现状
海口湾	海口市		42	5.8	29.2	7	20.5	12.5	8	秀英	1.11	3.6	沙质	港口及航运、海水养殖、旅游
										海口	0.82	3.31		
铺前湾	文昌市		145	42	36	63.5	37.5	19	11	0.83		2.05	沙质、粉砂淤泥质	港口、海水养殖、旅游、晒盐
清澜湾	文昌市		40	10	29.5	0.5	48.5	5.2	9	0.75		2.06	沙质、红树林、珊瑚礁等海岸	港口及航运、养殖、旅游、自然保护区
小海	万宁市		43	3.4	39.6	0	41.5	0.15	1.5	0.71		1.97	沙质、泥质	港口、海水养殖
新村湾	陵水县		22.6	10.1	7	5.1	28.5	0.25	11.2	0.69		1.55	沙质、泥质	港口及航运、海水养殖、旅游
亚龙湾	三亚市		50.2	0.6	2	5.3	20.4	10.2	30.5	0.93		3.14	基岩、沙质、珊瑚礁海岸	港口及航运、旅游
榆林湾	三亚市		37.2	1.5	4.8	3.4	37.2	7.7	30.4	0.85		2.14	基岩、沙质、珊瑚礁海岸	港口及航运、自然保护区
三亚湾	三亚市		68.6	1.6	15.4	34.9	27	15	20.6	0.85		2.14	沙质、珊瑚礁海岸	港口及航运、自然保护区、旅游
洋浦湾	儋州市	内湾	38	31	6	1	70.8	8	24.4	1.81		3.59	基岩、泥质、珊瑚礁海岸	港口及航运、海洋渔业\临海工业开发、自然保护区、旅游
		外湾	71	13	20.5	34								
后水湾	儋州市		127	36	15	68	75.4		13	1.89		3.94	沙质、基岩、珊瑚礁海岸	渔港、海洋渔业、度假旅游
澄迈诸湾	澄迈县	东水港	4.5	0.5	4	0	19	0.25	2	1.71		3.18	基岩、沙质、泥质海岸	港口及航运、旅游、海洋渔业、临海工业区
	澄迈县	花场湾	128.9	13	21	24	51.2	23.8	31					
	澄迈和临高	马袅湾	26.2	6	7	10	22.5	6.3	17					
	临高	金牌湾	32.5	6.5	4	12	26.4	11.2	1.5					

图 1.4　海南省主要海湾地理分布图

海南岛海岸线长 1 822.8 km，海岸线系数为 0.053 6，是全国海岸线系数的 25 倍，居我国沿海省份的首位。从地域分布看，琼北岸段，包括海口市、文昌市、澄迈县和临高县沿海部分沿海，有 15 个海湾；琼东岸段，包括琼海、万宁沿海及文昌、陵水县的部分沿海，多达 24 个海湾；琼南岸段，包括三亚和陵水，乐东县部分沿海，有 12 个海湾；琼西岸段，包括儋州市、昌江县、东方县沿海和乐东县部分沿海，有 17 个海湾。

从行政区划分布看，三亚市和文昌市海湾最多，各有 10 个，其海湾海涂总面积分别为 25.06 km^2、90.29 km^2；其次是万宁市，有海湾 8 个，海湾海涂总面积为 14.11 km^2；陵水县、东方市、临高县有海湾数量都为 6 个；而海口市、琼海市、乐东县、昌江县、儋州市、澄迈县海湾数量相对较少，2～5 个之间，但其中儋州市海湾海涂总面积为全省最大，达到 149.33 km^2，乐东县海湾海涂总面积为全省最小，为 3.01 km^2。

瑰丽的热带滨海风光，是海南得天独厚的旅游资源，在我国自然风景资源中，其特色乃其他省、市、区无可比拟的，鲜明地表明海南旅游资源特色的海湾，集阳光、海水、沙滩、绿林和奇石为一体，彼此相映成趣，构成风姿多彩的画景。东寨港的红树林、石梅湾的青皮林、新村港的南湾猕猴、亚龙湾的眉月状沙滩、三亚湾的珊瑚礁、棋子湾的鹅卵石以及清澜湾的茫茫椰海等，都充满了绚丽的热带滨海风光，洋溢着海南海湾的独特韵致，对国内外游客颇有吸引力。

第 2 章　海南省滨海旅游开发历史与现状

海南省有着得天独厚的发展旅游业的优势。自 1988 年建省办经济特区以来，海南省的旅游业得到了长足发展，已成为国民经济的重要支柱产业。中共海南省委第五次代表大会将旅游业定位为国民经济主导产业的现代服务业中的龙头产业。而纵观海南旅游业的发展历史，滨海旅游业又一直是旅游业的最为重要的组成部分，所接待的旅游人次数以及所创造的旅游收入都占全省总量的 90% 以上。目前滨海旅游业已与海洋渔业、海洋运输业、海洋天然气化工业一起共同成为海南省的四大海洋产业。随着海南国际旅游岛建设上升为国家战略，滨海旅游开发必将成为今后海南旅游开发的重中之重。

2.1　海南省滨海地区旅游接待情况

反映一个旅游目的地旅游接待情况的指标主要有旅游人次数、人均停留天数、旅游收入、人均旅游消费支出等几个指标。

2.1.1　旅游接待量

旅游接待量可以从接待总量、国内游客数量和海外游客数量三个方面进行考察。都以“人次数”为计量单位。

从 1988 年建省办经济特区以来，海南滨海旅游接待人次数总体上呈现快速增长的趋势，从 1987 年的 75.08 万人次快速增长到 2012 年的 3 320.37 万人次，其中入境游客从 1987 年的 17.31 万人次增长到 2012 年的 81.56 万人次。

2.1.1.1　旅游接待总量及其变化

从 1988 年至 2012 年的 26 年间，海南的旅游接待总人次数除 1989 年和 2003 年因故较上年有所减少外，其他年份都是呈明显的增长态势，2009 年接待的旅游总人次数相当于 1987 年的 44.22 倍，年均增长速度达到 16.37%，远高于国民经济增长速度（表 2.1）。

表 2.1　海南省 1987—2009 年旅游接待人次数构成与时间变化

年份	总接待量/万人次	环比增长率/（%）	国内游客/万人次	环比增长率/（%）	海外游客/万人次	环比增长率/（%）
1987	75.08		57.77		17.31	
1988	118.54	57.89	98.08	69.78	20.46	18.21
1989	88.05	-25.72	77.01	-21.49	11.05	-46.02

续表 2.1

年份	总接待量/万人次	环比增长率/(%)	国内游客/万人次	环比增长率/(%)	海外游客/万人次	环比增长率/(%)
1990	113.46	28.86	94.59	22.84	18.87	70.86
1991	140.61	23.93	112.89	19.35	27.72	46.85
1992	247.37	75.92	220.38	95.21	26.98	-2.63
1993	279.41	12.95	255.44	15.91	23.97	-11.21
1994	289.6	3.65	264.87	3.69	24.73	3.17
1995	361.01	24.66	328.24	23.92	32.78	32.55
1996	485.8	34.57	451.9	37.67	33.9	3.45
1997	791	62.82	749.72	65.90	41.28	21.8
1998	855.97	8.1	816.55	9.1	39.42	-4.5
1999	929.07	8.5	883.58	8.2	45.49	15.4
2000	1 007.57	8.40	958.89	8.50	48.68	7.01
2001	1 124.76	11.63	1 079.08	12.53	45.68	-6.16
2002	1 254.96	8.1	1 216.03	9.0	38.93	-14.77
2003	1 234.1	-1.7	1 204.77	-0.93	29.33	-24.6
2004	1 402.89	13.7	1 372.03	13.88	30.86	5.2
2005	1 516.47	8.1	1 473.28	7.4	43.19	40.0
2006	1 605.02	5.8	1 543.33	4.8	61.69	42.8
2007	1 845.51	15.0	1 770.20	14.7	75.31	22.1
2008	2 060.00	10.0	1 962.07	10.8	97.93	30.04
2009	2 250.33	9.2	2 195.18	11.9	55.15	-43.7
2010	2 587.34	14.98	2 521.03	14.84	66.31	20.24
2011	3001.34	16.00	2 919.88	15.82	81.46	22.85
2012	3320.37	10.63	3238.80	10.92	81.56	0.12
年均增速/%	16.71		17.98		5.41	

资料来源：根据海南省旅游发展委员会资料整理。

需要强调的是，1989 年游客接待总量较 1988 年下降了 25.72%，而且，1990 年也仅仅是回复到 1988 年的水平，这一现象进一步表明了政治稳定是旅游业快速发展的前提和保障。

若以旅游接待总量为因变量（Y），以年份为自变量（X），并以 1987 年 =1，1988 年 =2，以此类推，进行时间序列分析，则回归方程为：

$Y = 118.179 \times X - 480.578$

回归方程的决定系数 $R^2 = 0.919$

回归分析表明，海南省旅游接待总量呈现线性增长的态势。从图 2.1 也能很清楚地看出海南旅游接待总量的线性变化趋势。

2.1.1.2　国内游客接待量及其变化

国内游客接待量与游客接待总量的时间变化具有很强的相关性，二者的相关系数达到 1。

从表 2. 2 可见，国内游客接待量占游客接待总量的比重自 1993 年以来一直保持在 90% 以上，自 2009 年来所占比重更是高达 97% 以上。

表 2. 2 海南省国内游客接待量占接待总量的比重及其变化

年份	国内游客占总接待量的比重 /（%）	年份	国内游客占总接待量的比重 /（%）	年份	国内游客占总接待量的比重 /（%）	年份	国内游客占总接待量的比重 /（%）
1987	76. 94	1993	91. 42	1999	95. 10	2005	97. 15
1988	82. 74	1994	91. 46	2000	95. 17	2006	96. 16
1989	87. 46	1995	90. 92	2001	95. 94	2007	95. 92
1990	83. 37	1996	93. 02	2002	96. 90	2008	95. 25
1991	80. 29	1997	94. 78	2003	97. 62	2009	97. 55
1992	89. 09	1998	95. 39	2004	97. 80	2010	97. 44
						2011	97. 29
						2012	97. 54

资料来源：根据海南省旅游发展委员会资料整理。

同旅游接待总量的变化趋势一样，国内游客接待量也只是在 1989 年和 2003 年有所下降，只是国内游客接待量的下降幅度要小于游客接待总量，更小于海外游客接待量的下降幅度。

总体上，国内游客增长速度要快于游客接待总量的增长速度，国内游客接待量从 1987 年的 57. 77 万人次增加到 2012 年的 3 238. 80 万人次（图 2. 1，表 2. 1），增长了 56. 06 倍，高于游客接待总量的 44. 22 倍，期间国内游客接待量的年均增长速度高达 17. 48%，高于游客接待总量的 16. 37%。

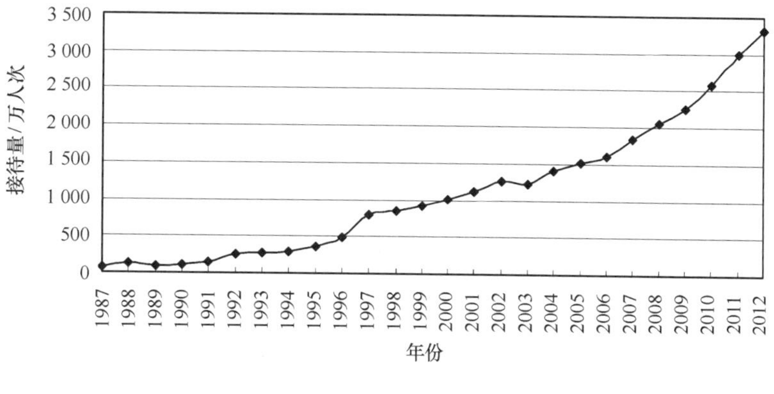

图 2. 1 海南省 1985—2012 年游客接待总量变化曲线

以与游客接待总量相同的方法对国内游客接待量进行时间序列分析，可得到回归方程如下：

$Y = 115.638 \times X - 489.354$

回归方程的决定系数 $R^2 = 0.918$

回归分析同样表明国内游客接待量呈现线性增长态势。

2.1.1.3 海外游客接待量及其变化

提高海外游客接待量，即游客国际化程度的提高，是海南国际旅游岛建设的重要内容之一。然而，从1987年以来，来琼海外游客呈现出明显的波动态势。分析表2.1和图2.2可以得出以下几点结论：

1）海南海外游客接待量的增长速度比较迟缓。

海南海外游客的年接待量从1987年的17.31万人次增长到2012年的81.56万人次，26年间仅增长了4.71倍，远低于国内游客接待量的增长速度，期间的年均增长率也仅为6.40%，只相当于国内游客接待量的增长速度的36.60%，甚至低于国民经济增长速度。

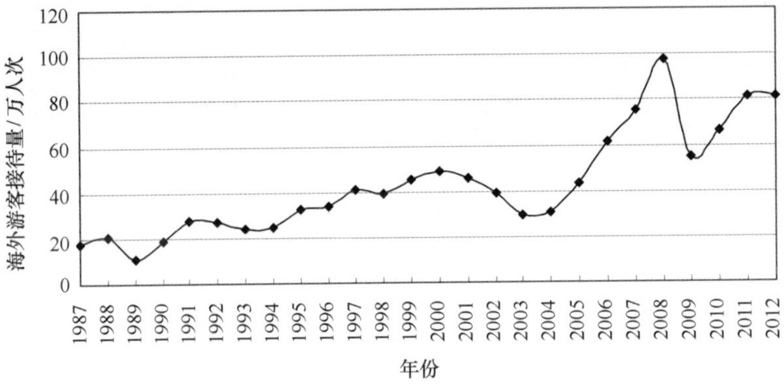

图2.2　海南省海外游客接待量及其变化趋势

2）海南海外游客接待量年际波动明显。

从建省办经济特区至2012年，海南接待的海外游客最高达到97.93万人次（2008年），而最低仅为11.05万人次（1989年），极值相差7.86倍，标准差达到22.47万人次，标准离差率达到52.16%。如果按照考察游客接待总量的方法对海外游客接待量进行时间序列分析，得到的回归方程为：

$$Y = 2.541 \times X + 8.777$$

回归方程的决定系数为 $R^2 = 0.748$

从回归分析表明，尽管总上体海外游客接待量随着时间的推移而呈现增长的态势，但年际波动也是很明显的。

2.1.1.3 滨海地区接待游客的空间分布

2.1.2 旅游收入

与游客接待人次数相类似，旅游收入也可以从旅游总收入、国内旅游收入和旅游外汇收入三个方面进行分析。总体上而言，旅游收入增长速度明显快于旅游接待人次数的增长速度。

2.1.2.1 旅游总收入及其变化

建省办经济特区以来，海南省旅游总收入呈现出快速增长势头，从1987年的1.14亿元迅速增长到2009年的211.72亿元，23年间增长了185.72倍（见表2.3），年均增长速度达到36.34%。

表 2.3　海南省 1987—2009 年旅游收入构成与时间变化

年份	旅游外汇收入/万美元	环比增长率/（%）	国内旅游收入/亿元	环比增长率/（%）	旅游总收入/亿元	环比增长率/（%）
1987	1 150		0.7		1.14	
1988	1 547	34.52	2.3	228.57	2.87	151.75
1989	2 002	29.41	2.39	3.91	3.14	9.41
1990	2 717	35.71	2.79	16.74	4.09	30.25
1991	3 821	40.63	3.14	12.54	5.17	26.41
1992	5 715	49.57	6.3	100.64	9.44	82.59
1993	6 155	7.70	34.2	442.86	37.74	299.79
1994	7 560	22.83	41.81	22.25	47.99	27.16
1995	8 098	7.12	45.77	9.47	52.39	9.17
1996	8 542	5.48	49.87	8.96	57.23	9.24
1997	10 121	18.49	53.27	6.82	61.67	7.76
1998	9 624.9	-4.90	58.97	10.70	66.96	8.58
1999	10 505.99	9.15	63.78	8.16	72.46	8.21
2000	10 882.94	3.59	69.51	8.98	78.56	8.42
2001	10 602.36	-2.58	79.1	13.80	87.89	11.88
2002	9 199.03	-13.24	87.74	10.92	95.38	8.52
2003	7 973.81	-13.32	86.95	-0.90	93.55	-1.92
2004	8 179.49	2.58	104.24	19.88	111.01	18.66
2005	12 800.64	56.50	114.56	9.90	125.05	12.65
2006	22 857.58	78.57	123.57	7.86	141.43	13.10
2007	28 578.56	25.03	149.63	21.09	171.37	21.17
2008	39 798.39	39.26	165.01	10.28	192.33	12.23
2009	27 667.98	-30.48	192.82	16.85	211.72	10.08
2010	32 227.65	16.48	235.61	22.19	257.63	21.68
2011	37 814.25	17.33	299.47	27.10	324.04	25.78
2012	34 802.80	-7.96	356.79	19.14	379.12	17.00
年均增速/（%）	15.55		29.10		26.80	

资料来源：根据海南省旅游发展委员会资料整理。

注：2003 年以后的旅游外汇收入按当年平均汇率计算。

如果以年份为自变量（X），且令 1987 = 1，1988 = 2，以此类推，以旅游总收入为因变量（Y），进行时间序列分析，得到回归方程为：

$Y = 11.949 \times X - 57.799$

回归方程的决定系数 $R^2 = 0.832$

回归分析表明，旅游总收入有 83.20% 的可能性呈现线性增长态势。

从表 2.3 还可以看出，旅游总收入的环比增长率除 2003 年出现了负增长外，其余年份都是正增长，其中，环比增长速度最快的是 1993 年，达到了 299.79%，最慢的是 1997 年，为

7.76%。这与旅游接待总量形成了比较明显的区别，也在一定程度上说明了人均天消费支出的增加。

2.1.2.2 国内旅游收入及其变化

国内旅游收入的增长速度明显快于旅游总收入的增长速度，更快于旅游外汇收入的增长速度（见表2.3）。国内旅游收入从1987年的0.7亿元增长到2012年的356.79亿元，增长了509.70倍，年均增速达到28.32%。若按照与旅游总收入相同的方法对国内旅游收入进行时间序列分析，得到的回归方程是：

$Y = 10.986 \times X - 54.835$

回归方程的决定系数 $R^2 = 0.818$，说明国内旅游收入有81.80%的可能性是按照线性趋势增长的。

与旅游总收入相类似，国内旅游收入也在2003年出现了负增长，比2002年减少了0.90%，说明2003年的SARS对海南旅游业的发展同样带来了较大的损失，也进一步说明了旅游业的脆弱性。

国内旅游收入构成了海南旅游收入的主体部分，国内旅游收入占旅游总收入的比重最低也达到60.74%（1991年），最高时达到94.11%（2012年），1987年至2012年间的国内旅游收入总值占旅游收入总值的比重达到90.30%，尤其是从1993年以来，国内旅游收入占旅游总收入的比重一直保持在86%以上（表2.4），并且呈现出提高的趋势。

表2.4 国内旅游收入占旅游总收入的比重及其变化

年份	国内旅游收入占旅游总收入比重/（%）	年份	国内旅游收入占旅游总收入比重/（%）	年份	国内旅游收入占旅游总收入比重/（%）	年份	国内旅游收入占旅游总收入比重/（%）
1987	61.40	1994	87.12	2001	90.00	2008	85.80
1988	80.14	1995	87.36	2002	91.99	2009	91.07
1989	76.11	1996	87.14	2003	92.94	2010	91.45
1990	68.22	1997	86.38	2004	93.90	2011	92.42
1991	60.74	1998	88.07	2005	91.61	2012	94.11
1992	66.74	1999	88.02	2006	87.37		
1993	90.62	2000	88.48	2007	87.31		

资料来源：根据海南省旅游委官方网站相关数据整理。

2.1.2.3 旅游外汇收入及其变化

2008年，海南省旅游外汇收入达到39 798.39万美元，相当于1987年的1 150万美元的34.61倍，即便是2009年受全球"金融风暴"的影响，旅游外汇收入减少到27 667.98万美元，但仍相当于1987年的24.06倍。说明旅游外汇收入总体上呈现明显的增长态势。但是，1987—2012年旅游外汇收入的年均增速仅为14.61%，要明显慢于国内旅游收入年均增速的28.32%和旅游总收入年均增速的26.15%。

海南省旅游外汇收入的增长大致可以分为两个阶段：2004年及其以前，旅游外汇收入增长相对缓慢，仅从 1987 年的 1 150 万美元增加到 2004 年的 8 179.49 万美元，年均增速为 12.23%；2004 年以来旅游外汇收入增长速度明显加快，从 2004 年的 8 179.49 万美元迅速增加到 2008 年的 39 798.39 万美元，年均增速高达 48.52%，增速甚至快于国内旅游收入的增速。2004 年到 2012 年，年均增速达到 19.84%，而同期国内旅游收入的年均增速仅为 16.63%。图 2.3 也很形象地说明了这一特点。究其原因，主要是从 1995 年起，海南省旅游局等有关部门加大了对俄罗斯市场的开通力度，使得俄罗斯旅游市场得到了快速拓展。

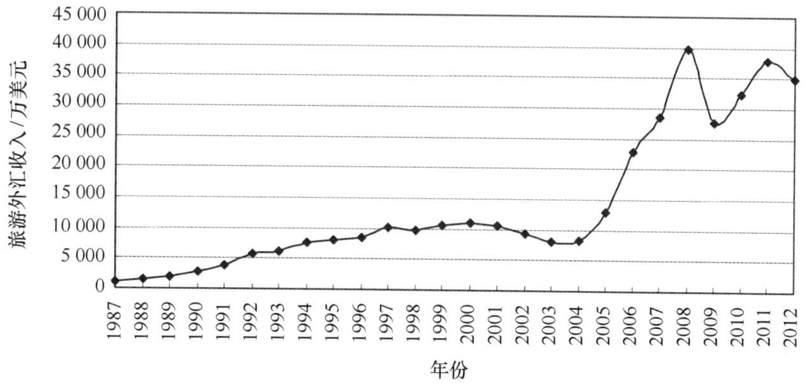

图 2.3　海南省旅游外汇收入变化趋势图

从图 2.3 可以看出，旅游外汇收入出现了两个明显的下降期：一是 2001 年、2002 年和 2003 年，分别比上年减少了 2.58%、13.24% 和 13.32%，旅游外汇收入从 2000 年的 10 882.94万美元减少到 2003 年的 7 973.81 万美元，三年间减少了 26.73%。二是 2009 年这一短暂而又大幅度地下降年，旅游外汇收入较 2008 年减少了 30.48%。

2.1.3　人均旅游消费支出

通常从国内游客人均消费支出和海外游客人均消费支出两个角度进行考量。由于缺乏有关游客人均旅游消费支出的历史统计资料，所以根据以下方法进行测算：

$$来琼入境游客人均旅游消费支出 = \frac{旅游外汇收入}{来琼入境游客总量}$$

$$来琼国内游客人均旅游消费支出 = \frac{国内旅游收入}{来琼国内游客总量}$$

测算结果见表 2.5。再根据表 2.5 绘制来琼游客人均旅游消费支出图（图 2.4 和图 2.5）。

表 2.5　来琼游客人均旅游消费支出及其变化

年份	入境游客人均消费/美元	环比增长率/（%）	国内游客人均消费/元	环比增长率/（%）
1987	66.44		121.17	
1988	75.61	13.81	234.50	93.53
1989	181.18	139.62	310.35	32.34
1990	143.99	-20.53	294.96	-4.96
1991	137.84	-4.27	278.15	-5.70

续表 2.5

年份	入境游客人均消费/美元	环比增长率/（%）	国内游客人均消费/元	环比增长率/（%）
1992	211.82	53.67	285.87	2.78
1993	256.78	21.22	1338.87	368.35
1994	305.70	19.05	1578.51	17.90
1995	247.04	-19.19	1394.41	-11.66
1996	251.98	2.00	1103.56	-20.86
1997	245.18	-2.70	710.53	-35.61
1998	244.16	-0.41	722.18	1.64
1999	230.95	-5.41	721.84	-0.05
2000	223.56	-3.20	724.90	0.42
2001	232.10	3.82	733.03	1.12
2002	236.30	1.81	721.53	-1.57
2003	271.87	15.05	721.71	0.03
2004	265.05	-2.51	759.75	5.27
2005	296.38	11.82	777.58	2.35
2006	370.52	25.02	800.67	2.97
2007	379.48	2.42	845.27	5.57
2008	406.40	7.09	841.00	-0.51
2009	501.69	23.45	878.38	4.44
2010	486.01	-3.12	934.58	6.40
2011	464.21	-4.49	1 025.62	9.74
2012	626.71	-8.08	1 101.61	7.41
年均增速/%	7.72		9.23	

资料来源：根据海南省旅游委相关资料整理。

注：2003 年及其以后的旅游外汇收入根据当年平均汇率计算得出。

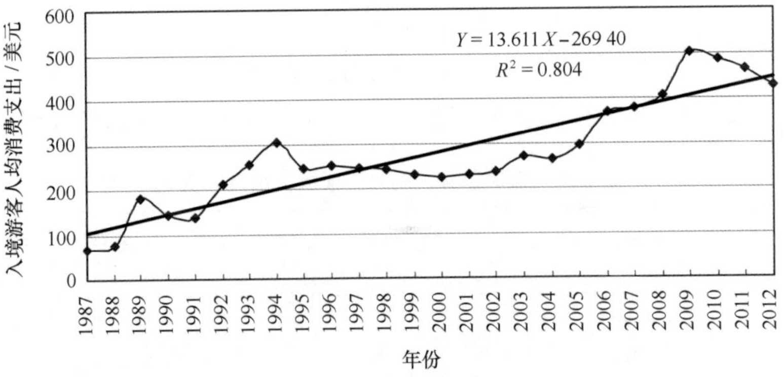

图 2.4　来琼入境游客人均旅游消费支出变化趋势

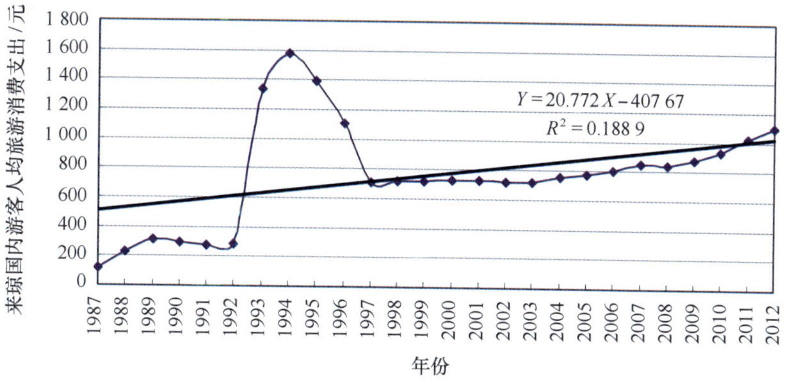

图 2.5 来琼国内游客人均旅游消费支出变化趋势

从表 2.4 可见，来琼入境游客人均旅游消费支出从 1987 年的 66.44 美元增长到 2009 年的 510.69 美元，年均增速达到 9.63%，其中增速最快的是 1989 年，比 1988 年增长了 139.62%。但入境游客人均旅游消费支出也有过两次大幅度的降低，一是 1990 年，比 1989 年降低了 20.53%，二是 1995 年，比 1994 年降低了 19.19%。入境游客人均旅游消费支出总体上呈现快速增长的态势，而且有 80.40% 的可能性呈线性增长。1987—2012 年来琼海外游客的人均消费支出波动幅度小于来琼国内游客，1987 ~ 2012 年来琼海外游客人均旅游消费支出的标准离差率为 42.17%，而来琼国内游客的人均旅游消费支出的标准离差率为 47.62%。但是，波动频率却明显大于来琼国内游客。如果不考虑 1993—1996 年这一特殊时期人均旅游消费支出异常的高，来琼国内游客的人均旅游消费支出基本上是稳步增加的，而来琼海外游客的人均旅游消费支出却出现了几次较大幅度的下降。例如，1999 年较 1998 年降低了 5.41%，2000 年又进一步降低了 3.20%，2004 年较 2003 年降低了 2.51%，2012 年在前两年都下降的情况下，进一步下降了 8.08 个百分点，又基本上回到了 2008 年的水平。(表 2.5)。

从表 2.5 可见，来琼国内游客人均旅游消费支出从 1987 年的 121.17 元提高到 2012 年的 1 101.61 元，年均增速为 9.23%，高于来琼入境游客人均旅游消费支出的增速，其中增速最快的是 1993 年，环比增长率达到 368.35%。从图 2.5 可见，来琼国内游客的人均旅游消费支出出现了比较特殊的现象，即 1993—1996 年间出现了不正常的高消费，因而导致国内游客人均旅游消费支出按照线性趋势增长的可能性仅为 18.89%。但如果不考虑这几年的不正常的高消费，则国内游客人均旅游消费支出按照线性趋势变化的可能性达到 93.01%。也就是说，如果不考虑 1993—1996 年间的特殊情况，国内游客人均旅游消费支出比入境游客人均旅游消费支出的增长趋势更为稳定。

1993—1996 年来琼国内游客人均旅游消费支出都在 1 100 元以上，其中 1994 年达到最高峰（1 578.51 元），呈现出非常特殊的变化。其原因主要有两个方面：一是 1993 年海南的房地产市场几乎达到了巅峰期，受房地产市场的影响，游客的消费水平明显提高；二是海南旅游产品开发在这几年内出现了明显的进展，例如，南山生态文化旅游区 1988 年正式开业，经过一段时间的推出期，到 20 世纪 90 年代中期进入了成熟期，游客接待量大增。1994 年海南房地产泡沫彻底破灭，不仅给海南经济社会发展带来了不可低估的影响，也使来琼游客的信心遭受了严重的打击，因此，从 1995 年开始，来琼国内游客的人均旅游消费支出持续下降，直至 1997 年才恢复到正常水平。

1997 年以来，来琼国内游客的人均旅游消费支出保持缓慢增长态势，从 1997 年的 710.53 元增长到 2012 年的 1 101.61 元，增长了 55.04%，年均仅增长 2.97%，远远低于全国 GDP 的增长速度，也明显低于居民人均收入增长速度。

2.1.4 滨海市县旅游发展不平衡

理论上，衡量县域旅游发展的指标有旅游接待量、旅游收入等指标。限于资料来源，此处采用主要旅游饭店接待量这一指标来衡量市县旅游经济发展的空间差异。

如前所述，滨海地区一直是海南旅游发展的中心，又集中表现在滨海县市接待的游客数量占全省游客接待总量的 95% 以上。

而在滨海县市中，旅游业发展也存在显著的空间差异，形成南部的三亚和北部的海口两大龙头。以 2012 年为例，全省 12 个滨海县市的主要旅游饭店共接待游客 2 285.86 万人次，其中最多的是三亚市，为 920.69 万人次，占滨海县市总量的 40.28%，其次是海口市，为 604.64 万人次，占滨海县市总量的 26.45%，这两个市合计接待量占所有滨海县市的比重达到 66.73%。其余县市的接待量仅占所有滨海县市总量的 33.27%，尤其是位于西部的 6 个县市，主要旅游饭店接待量仅占所有滨海县市的 6.66%（图 2.6）。

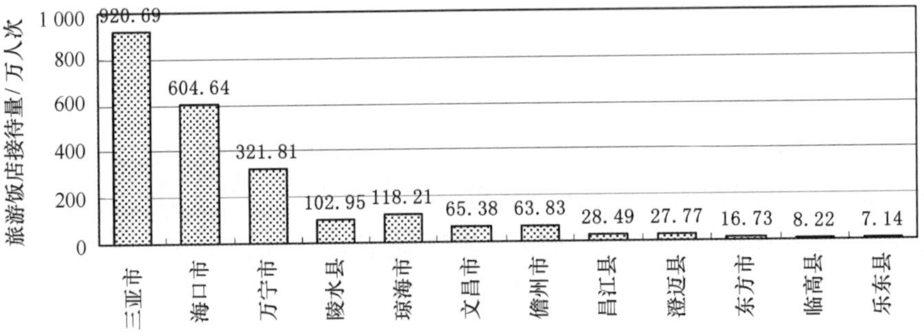

图 2.6 2012 年海南省滨海各市县旅游饭店接待量

如果以 2004—2012 年间的 9 年内主要旅游饭店接待总量进行考量，三亚和海口这两大龙头的地位依然无法动摇，接待量最多的依然是三亚市，占所有滨海县市总量的 38.96%，其次是海口市，占全部滨海县市接待总量的 27.65%，二者合计占全部滨海县市的 66.61%，而西部 6 个县市的接待量仅占所有滨海县市总量的 5.89%（图 2.7）。

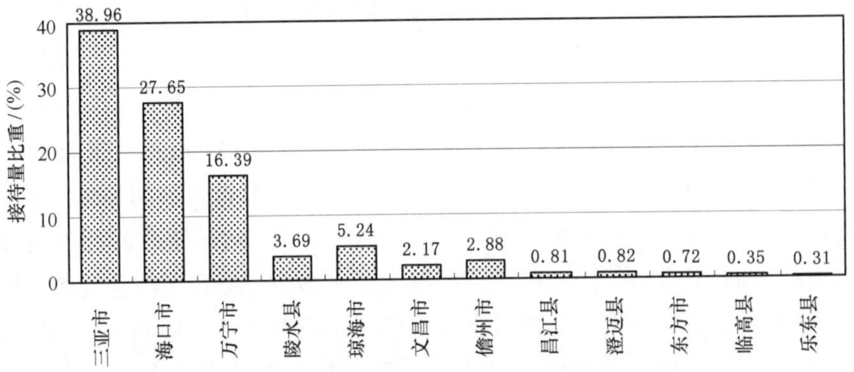

图 2.7 2004—2012 年海南省滨海各市县旅游饭店接待量占所有滨海市县的比重

不同县市旅游业发展速度也存在一定的差距，主要表现在主要旅游饭店接待量的增长速度的差异上。2004—2012 年，增长速度最快的是陵水县，从 2004 年的 8.76 万人次迅速增长到 2012 年的 102.95 万人次，年均增速高达 36.07%，其次是澄迈县，从 2004 年的 2.69 万人次增长到 2012 年的 27.77 万人次，年均增速为 33.88%。增长速度最慢的是万宁市，从 2004 年的 218.62 万人次增长到 2012 年的 321.81 万人次，年均增速仅为 4.95%，年均增速低于 10% 的县市还有海口市、儋州市、琼海市和琼海市（图 2.8）。

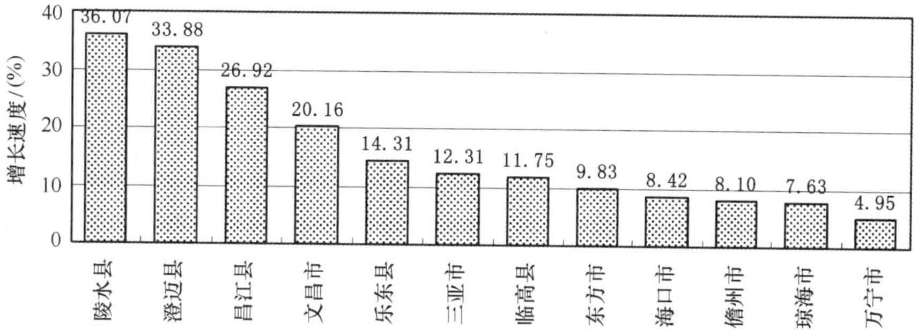

图 2.8 2004—2012 年海南省滨海市县旅游饭店接待量的年均增长速度

2.2 海南省滨海地区旅游景区发展状况

海南省滨海旅游景区集中了绝大多数海南省旅游资源的精华，且开发历史较早，旅游产品和线路相对成熟。

2.2.1 海南省滨海旅游景区建设的主要成效

1）旅游景区数量众多

截止到 2012 年，全省共有旅游景区约 106 家，其中位于滨海县市的有 92 家。共有 A 级旅游景区 35 家，其中位于滨海地区的有 29 家。在全省全部 A 级景区中，5A 级景区 3 家，位于滨海地区的有 2 家，4A 景区 13 家，位于滨海地区的有 11 家，3A 级景区 13 家，位于滨海地区的有 11 家，2A 级景区 6 家，位于滨海地区的有 5 家（表 2.6、图 2.9）。滨海地区 A 级旅游景区及其所在县市情况详见表 2.7。

表 2.6 海南省及其滨海地区主要旅游景区统计

小计	景区总数	A 级景区总数				
		小计	5A 级	4A 级	3A 级	2A 级
全省/家	106	35	3	13	13	6
滨海县市/家	92	29	2	11	11	5

资料来源：根据省旅游委有关资料整理。

图 2.9 海南省 A 级旅游区分布图

表 2.7 海南省滨海地区 A 级旅游景区名录（截至 2009 年 12 月）

序号	景区名称	等级	所在县市	序号	景区名称	等级	所在县市
1	三亚南山文化旅游区	5A	三亚	17	博鳌东方文化苑	3A	琼海
2	三亚南山大小洞天旅游区	5A	三亚	18	红色娘子军纪念园	3A	琼海
3	海南热带野生动植物园	4A	海口	19	兴隆亚洲风情园	3A	万宁
4	雷琼海口火山群世界地质公园	4A	海口	20	东山岭风景名胜区	3A	万宁
5	海口假日海滩旅游区	4A	海口	21	日月湾海门公园	3A	万宁
6	天涯海角风景区	4A	三亚	22	海南天涯雨林博物馆	3A	万宁
7	亚龙湾国家旅游度假区	4A	三亚	23	兴隆热带药用植物园	3A	万宁
8	三亚蜈支洲岛度假中心	4A	三亚	24	松涛天湖风景区	3A	儋州
9	三亚大东海旅游区	4A	三亚	25	儋州石花水洞地质公园	3A	儋州
10	博鳌亚洲论坛永久会址	4A	琼海	26	东坡书院	3A	儋州
11	兴隆热带植物园	4A	万宁	27	海瑞墓	2A	海口
12	南湾猴岛生态景区	4A	陵水	28	三亚美天涯热带海洋世界	2A	三亚
13	分界洲生态文化旅游度假区	4A	陵水	29	海南京润珍珠博物馆	2A	三亚
14	五公祠	3A	海口	30	博鳌海洋馆	2A	琼海
15	鹿回头公园	3A	三亚	31	万泉湖旅游区	2A	琼海
16	文昌椰子大观园	3A	文昌				

资料来源：根据省旅游委有关资料整理。

2）旅游景区基础设施逐步完善

滨海市县旅游景区尤其是A级景区针对基础设施存在的薄弱环节，投入资金按标准进行改造或重建。近年来，几乎所有A级旅游景区都投入资金对景区的游客中心、医务室、标示牌、景物介绍牌、导览图、游客公共休息场所等配套设施进行改造和更新，而且配套设施造型特色突出，所采用的建筑材料与环境相协调，设计精美，艺术感和文化气息浓厚。部分景区还新增了娱乐活动项目，加强宣传网络和电子商务建设，同时对旅游厕所进行改造，并新建了一批高档次的旅游厕所。

3）生态环境保护受到普遍重视

滨海市县旅游景区尤其是A级旅游景区，从规划设计到建设再到运营，都能坚持可持续发展理念，十分重视生态环境保护和恢复。在硬件设施建设时，无论是建筑风格的甄选还是建筑材料的选择，都注重与生态环境保持和谐协调；无论是建设过程的管理还是经营环节的管理，都比较重视环境保护。例如，南山生态文化旅游区是我国首家同时通过ISO14000和ISO9000的旅游景区，为全国旅游景区的建设和发展发挥了良好的榜样作用。

4）管理水平和服务质量不断提升

滨海旅游景区严格按照A级旅游景区的标准进行标准化和规范化管理，制定了一套具有自身特点的、科学实用的、规范合理的规章制度。同时，坚持以人为本，强化以游客为中心的服务意识，努力为游客提供人性化服务，特别是注重对老、幼、残等特殊人群的细微服务，营造家庭式的旅游环境，使游客有宾至如归的感觉，赢得了国内外游客的普遍赞赏。

此外，滨海各景区还加大了服务技能与职业道德的培训力度，专门成立培训机构，组织实施形式多样的培训考核。A级旅游景区在打造旅游品牌的同时，加强了对外宣传和市场营销力度，在游客心目中塑造了良好的形象。

2.2.2 海南省滨海旅游景区建设和经营存在的主要问题

概括起来，海南省滨海旅游区建设和经营中存在的主要问题主要集中表现在以下几个方面。

1）服务设施不健全。

部分旅游景区的服务设施不全，如个别景区的旅游厕所明显偏少，布局也不是很合理；景区内的部分服务配套设施如同虚设，如个别景区的游客中心没有真正发挥作用。部分景区的配套设施档次低，公共信息图形符号不规范，所采用的建设材料与环境不协调，维修保养不到位。

2）人才队伍素质偏低。

表现在人才结构不合理，又主要表现为高级管理人才短缺，一线服务人员的素质不高，旅游景区讲解员的外语水平偏低，难以为游客提供优质服务。例如，作为5A级景区的南山文化生态旅游区，中高层管理人员的学历水平普遍偏低，大多数没有大学学历，景区内的一线员工大多数只有大专及其以下学历，能够以流利的外语进行沟通的工作人员少之又少。

3）景区内的二次消费水平低。

在大多数景区内，参与性较强的娱乐项目和富有景区特色的旅游纪念品相对较少，难以激发游客的二次消费欲望，由于旅游纪念品的同质化，压价竞争现象也比较严重。大多数景区的收入主要来源于门票收入，这不仅是造成景区门票价格偏高的主要原因，也是导致景区入园人数偏少的主要原因，其结果必然是旅游景区的经济效益差，有少数景区甚至出现连年亏损的局面。

4）管理水平有待提高。

在滨海旅游景区中，像南山文化生态旅游区、大小洞天旅游区、博鳌水城、南湾猴岛等特色鲜明的旅游景区不多，尤其是在管理水平、规模、档次等方面都达到国际水准的更少。旅游景区的管理规章制度不健全的现象也很为常见。例如部分旅游景区对外承包购物、餐饮、照相等部门，而对这些部门的管理却存在明显的不到位现象。再如部分旅游景区的员工没有统一着装和佩带工牌上岗；商品的标价不规范、摆放零乱，脏、乱、差现象比较突出。

2.2.3 加大旅游景区建设力度

海南国际旅游岛建设客观上要求塑造、树立和维护良好的旅游目的地形象，而旅游景区质量的高低是旅游目的地形象的最为关键的影响因素。因此，加大旅游景区建设力度是海南国际旅游岛建设的基本要求和重要途径。

1）建设一批高水平的旅游景区。

最近十年内，海南在旅游景区建设方面存在一个误区，认为海南的目标是将海南建设成为国际性的休闲度假型旅游目的地，而在观光旅游产品的开发上尤其在旅游景区的建设上处于滞后状态，而事实上，休闲度假与观光不仅不矛盾，而且相辅相成，互相促进，消费观光旅游产品是休闲度假旅游者在休闲度假期间旅游消费的重要内容。因此要高水平规划、建设和经营一批新的旅游景区，在“十二五”期末，使滨海地区5A景区的数量达到5家左右，4A景区的数量达到20家左右。根据《海南国际旅游岛建设发展规划纲要》，到2020年前，海南将抓好17个重点旅游区的建设，其中位于滨海县市的有14个，直接临海的有10个（表2.8）。

表2.8 海南省2020年前重点建设的旅游景区和度假区

序号	单位名称	序号	单位名称
1	海口国家地质公园	10	三亚海棠湾“国家海岸”休闲度假区＊＊
2	海口国家湿地公园＊＊	11	三亚亚龙湾国家旅游度假区＊＊
3	文昌航天科技主题公园＊＊	12	乐东莺歌海度假旅游区＊＊
4	文昌木兰头国际体育休闲园＊＊	13	昌江棋子湾度假养生区＊＊
5	定安南丽湖/白玉蟾风景区＊	14	昌江霸王岭旅游区
6	琼海博鳌国际会展即文化产业园＊＊	15	儋州东坡文化园
7	万宁石梅湾/神州半岛休闲度假区＊＊	16	五指山民族风情园＊
8	万宁兴隆旅游度假区	17	保亭七仙岭温泉旅游度假区＊
9	陵水黎安港旅游区＊＊		

注：带“＊”的位于非滨海县市，带“＊＊”的为直接临海的旅游景区。

2）实现旅游景区“创先争优”活动的常态化。

近年来，尽管海南滨海地区的旅游景区建设取得了一定的进步，但游客对旅游景区的口碑并没有大幅提高。尤其是在国际旅游岛建设的战略背景下，游客的期望更高了，这就更加要求在经济社会不断发展的前提下，切实解决旅游景区卫生脏乱差、欺客宰客等最基本的问题。当然，“创先争优”不仅要对不好的进行整治，还要树立标杆，争创新争优秀。要通过

“争先创优”活动对景区做“加法”与“减法”，切实改善景区基础设施，细化服务标准，打造具有海南本土特色的旅游景区集群。所谓做“加法”是指加大对原来有一定影响力和市场吸引力、有品牌优势的4A以上的景区的政策支持力度，甚至通过设立专项扶持资金帮助它们推进改造和提升进程，从而进一步提升它们的吸引力和游客满意度和赞誉度；所谓做“减法”是指关、停、转、并那些规模小、水平低、同质化严重的景区，从而净化海南旅游景区产品市场，提升海南旅游景区的整体质量水平。

3）梳理现有旅游景区，重新进行市场定位。

海南滨海地区的旅游景区中，多数是观光型景区，规模小、同质化严重，给游客留下的印象仿佛就是在海南“看了若干个亚龙湾”。因此，需要尽快对老景区进行分类与梳理，在充分展示景区各自特色的基础上，重新进行市场定位，通过创新手段把原来单一的或以观光为主的景区提升为集观光、休闲和度假为一体的复合型旅游区，从而事半功倍地提升海南滨海旅游景区吸引力。

4）努力提升旅游景区的服务质量。

每个景区要做到基础设施标准化、产品特色化、服务高水平化。每个景区要有各自的特色，否则就无法满足游客追求新奇特的要求；同时，景区的服务要与产品相吻合，服务标准并不一定要千篇一律，但服务水平必须要保持高要求。每个景区要硬件建设和软件服务“两手抓”，要有危机意识，要提升旅游产品品质，打造旅游特色，尤其要抓细节，抓服务，深度挖掘本土文化，彰显本土特色。

2.3 海南省滨海地区旅行社发展状况

1956 年，海南第一家旅行社——海南华侨旅行服务社成立，旧址位于海口市中山路。它主要为华侨探亲服务，部分体现了现代旅游的功能。1974 年，海南中国旅行社成立，开始有组织地接待华侨和国内外旅游团，标志着海南旅行社业的萌芽。经过多年发展，海南旅行社行业的发展对促进海南旅游业尤其是滨海旅游业的发展起到极大的促进作用。

概括起来，海南滨海地区旅行社的发展存在以下主要问题：

首先，竞争激烈，经济效益不高。20 世纪 90 年代，海南经批准注册的国内、国际旅行社多达 1 000 多家，由于受经济效益小这一客观因素的制约，已有数量众多的旅行社停业。截至 2012 年底，海南省共有旅行社 276 家，全部位于滨海县市，其中位于海口的有 183 家，位于三亚的有 87 家，位于琼海的有 3 家，儋州有 2 家，文昌有 1 家。共有 10 家旅行社具有经营出境旅游业务和入境旅游业务资格，139 家具有经营入境旅游业务资格（表 2.9）。海南的各家旅行社所推出的旅游路线不仅长时间没有多大变化，而且彼此间具有显著的替代性，基本上是海南东线的“四天三晚游”。所以所面临的市场竞争十分激烈，其结果是彼此压价，这是形成“零负团费”的重要原因。

表 2.9 海南省旅行社分布与业务范围分类

旅行社数量	地区分布					业务范围		
	海口	三亚	琼海	儋州	文昌	出境、入境、国内	入境、国内	国内
276	183	87	3	2	1	10	139	127

其次，旅行社规模偏小，难以形成规模效应。2012 年，海南共接待国内外游客 3 320. 37 万人次，其中散客至少占 50%，因此，每家旅行社的平均接待量较低，无法形成良好的规模经济。旅行社规模小以及旅游线路策划和设计成果保护力度不高等特点，决定了旅行社难以形成垄断势力，而是处于激烈的市场竞争状态下，因此增大了扩大旅行社规模的难度。

再次，市场秩序较乱，旅游形象受损。“零负团费”尽管不是海南旅行社的发明，但却在海南旅行社行业中长期存在并得到不断“发展”，旅游行政管理部门曾专门针对“零负团费”采取了多种措施，但几乎可以用“屡禁屡兴”来描述。“零负团费”带来了一系列比较严重的恶果，如黑导、黑车、黑社、欺客、宰客、甩客，这些现象尽管只是偶有发生，但对海南旅行形象的影响却是非常深远的。

最后，优秀员工流失，服务质量难有保障。导游的工资体系很不健全，基本工资标准很低，没有“五险一金”，再加之“零负团费”以及旅行社行业的服务性性质，旅行社行业很难留住优秀员工，人才流失十分严重。人才流失将引致一系列问题，如企业机密泄露，客户流失，成本上升等。

2.4　海南省滨海地区酒店业发展状况

建省办经济特区以来，海南省在旅游资源非常丰富多彩等优势基础上，大力发展旅游业，截止到 2012 年底，形成了约 4 000 人次的旅游接待能力，酒店业的发展更是走在海南旅游业和全国酒店业的前列。总体上说，海南滨海地区酒店业的发展具有以下几方面特点（图 2. 10 ~ 图 2. 14）。

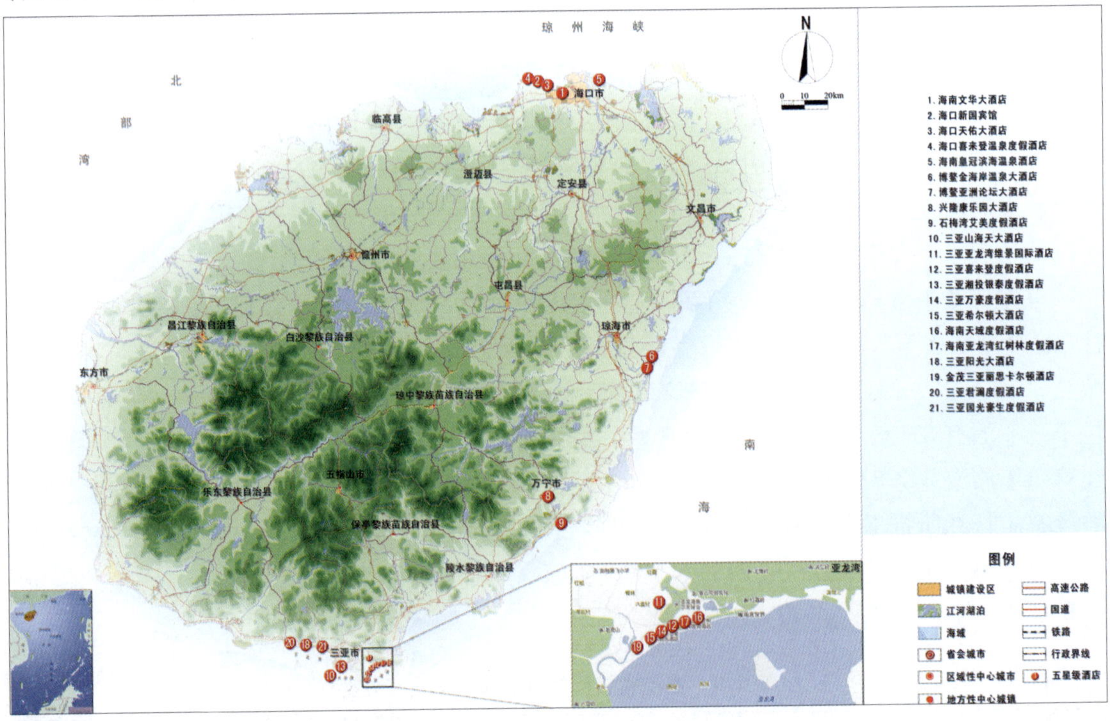

图 2. 10　海南省五星级酒店分布图

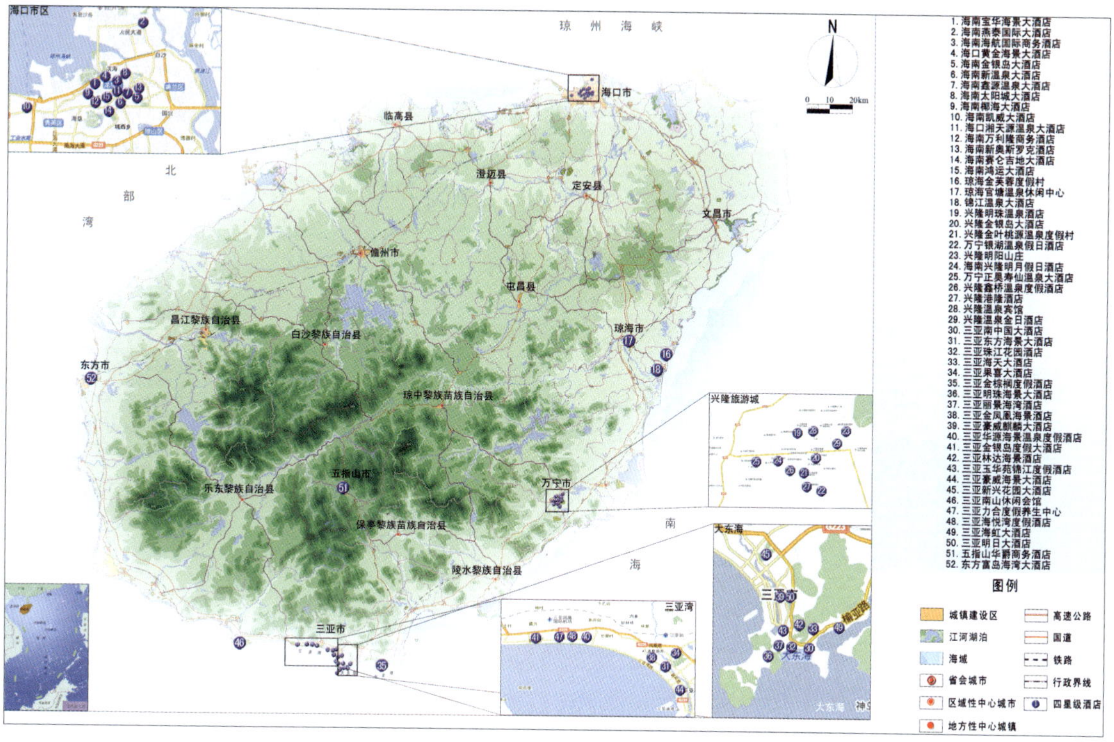

图 2.11　海南省四星级酒店分布图

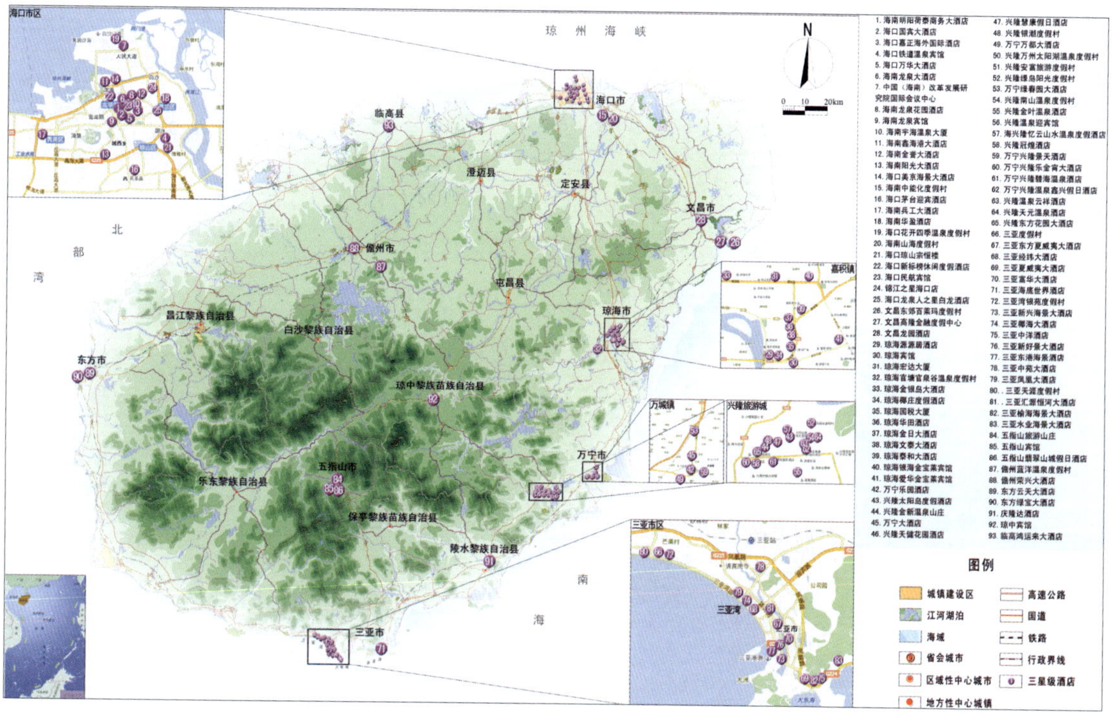

图 2.12　海南省三星级酒店分布图

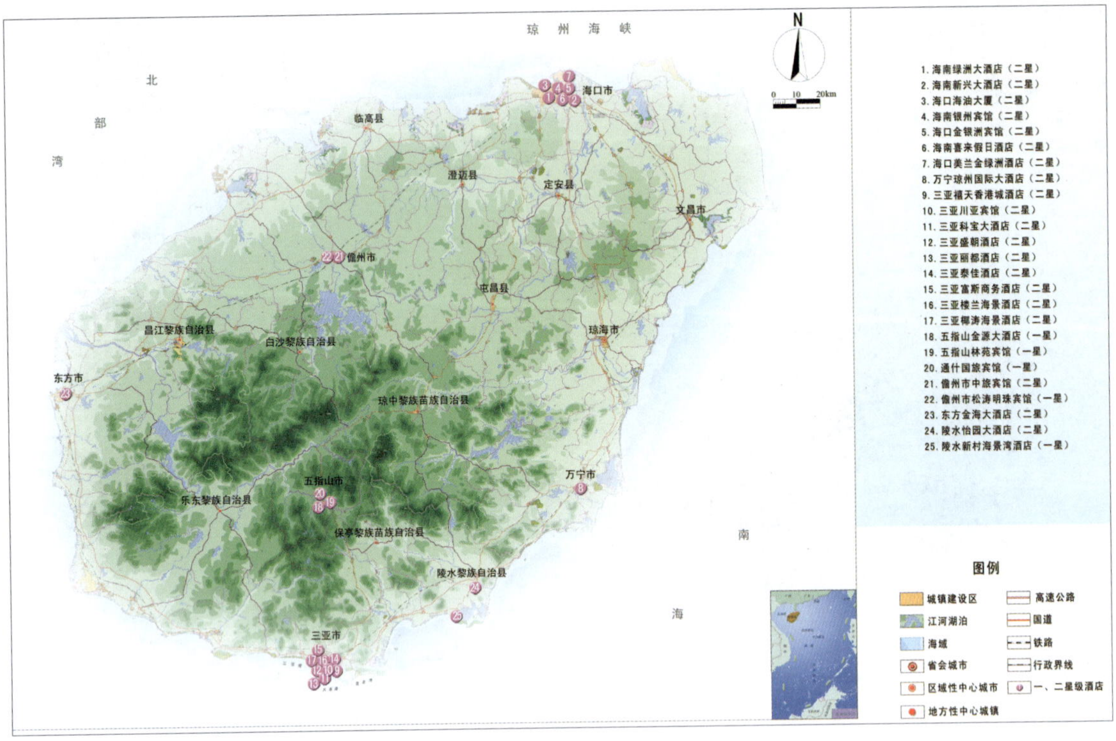

图 2.13　海南省一星级和二星级酒店分布图

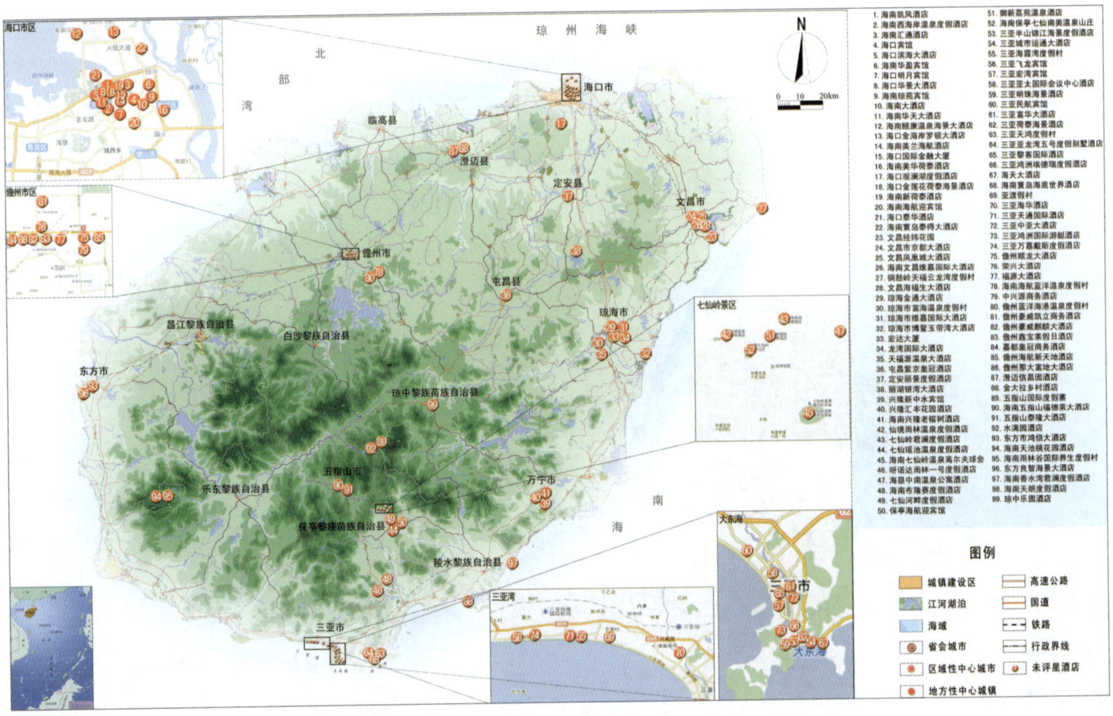

图 2.14　海南省未评星酒店分布图

2.4.1　星级酒店规模大

根据海南省旅游发展委员会统计资料，截止到 2011 年底，全省共有星级宾馆 191 家，其中五星级宾馆 21 家，四星级宾馆 52 家，三星级宾馆 94 家。一星级和二星级酒店 24 家（图 2.10 ~ 图 2.14）。星级酒店的客房数 32 084 间，床位数 58 531 张，2012 年全省旅游饭店客房的平均出租率为 58.40%。此外，海南省还有达到星级酒店标准的酒店 218 家，其客房数和床位数分别为 30 112 间和 54 202 张。统计数据表明，海南已超过北京和上海，成为全国星级酒店密度最高的省级行政区。

2.4.2　星级酒店空间分布比较合理

从表 2.10 可见，2011 年底，海南省共有星级酒店及未评星酒店 409 家，这两类酒店共拥有房间数 62 196 间，拥有床位 112 733 张；而且，无论是酒店数量还是酒店房间数和床位数，在空间分布上都具有不均衡性，集中分布在三亚市、海口市和万宁市，这三个市的该两类酒店的数量分别占滨海市县总量的 48.70%、19.17% 和 10.62%，该两类酒店的房间数分别占滨海市县 55.68%、19.79% 和 11.54%，该两类酒店的床位数分别占全省的 55.25%、19.24% 和 12.55%。但这种分布上的不均衡性并不能说明分布上的不合理性。事实上，2011 年，三亚市、海口市和万宁市的游客接待量分别占滨海市县的 40.60%、26.02% 和 15.40%。

为便于进一步研究，此处引用星级酒店地理集中指数的概念。星级酒店地理集中指数是指星级酒店在地理空间上的集中程度，计算公式为：

$$G = \sqrt{\sum_{i=1}^{n}\left(\frac{x_i}{\bar{x}}\right)^2}$$

式中，G 为星级酒店的地理集中指数；x_i 为第 i 个滨海市县所拥有的星级酒店的数量或房间数或床位数；$\bar{x}$ 为海南省滨海市县平均拥有的星级酒店数量或房间数或床位数；n 为滨海市县的个数，对海南而言，$n = 12$。如果星级酒店在滨海市县之间是绝对地均衡分布，则 G 值为 $\sqrt{n}$，如果星级酒店极端地集中于 1 个市县，则 G 值为 n。也就是说，对于海南省的滨海地区而言，G 值介于 12—3.46 之间，其中位数是 7.73，也就是说，如果计算出的地理集中指数高于 7.73，说明分布比较不均衡，但如果低于 7.73，说明是比较均衡的。

计算结果见表 2.11，从中可见，星级酒店及其房间和床位的空间分布总体上是比较均衡的，地理集中指数都没有超过对海南而言两种极端情况下的中位数，即都没有超过 7.33。但未评星级酒店及其房间和床位的空间分布表现出比较明显的不均衡性，地理集中指数都超出了 7.33 的中位数。

星级酒店及未评星级酒店在空间分布上是否合理，最重要的指标是它们的空间分布与游客接待量的空间分布的一致性。为此，可以将游客的地理集中指数与星级酒店的地理集中指数进行比较。从表 2.11 可见，游客接待量的地理集中指数和星级酒店及未评星级酒店的地理集中指数基本上处于同一水平，说明海南星级酒店及未评星级酒店的空间分布于游客接待量的空间分布是比较一致的。因此，海南星级酒店及未评星级酒店的空间分布总体上是比较合理的。

表 2.10　海南省 2011 年底星级酒店及未评星酒店的空间结构

市县	酒店数量/家							酒店房间数/间			酒店床位数/张		
	五星	四星	三星	一、二星	星级	未评星	合计	星级	未评星	合计	星级	未评星	合计
海口市	5	15	26	6	52	22	74	8 474	3 505	11 979	14 796	6 310	21 106
三亚市	12	21	18	9	60	128	188	13 300	20 395	33 695	23 888	36 711	60 599
琼海市	2	3	13		18	7	25	2 055	1 115	3 170	3 618	2 008	5 626
万宁市	2	11	24	1	38	3	41	6 508	478	6 986	12 904	860	13 764
文昌市			3		3	6	9	265	956	1 221	511	1 721	2 232
陵水县			1	2	3	2	5	203	319	522	401	574	975
五指山市		1	3	3	7		7	545	0	545	1 003	0	1 003
屯昌县					0	1	1	0	70	70		127	127
定安县					0	2	2	0	141	141		253	253
保亭县					0	11	11	0	773	773		1 392	1 392
琼中县			1		1	1	2	80	70	150	148	127	275
儋州市			2	2	4	12	16	350	785	1 135	695	1 413	2 108
东方市		1	2	1	4	4	8	248	262	510	476	471	947
乐东县					0	3	3		196	196		353	353
临高县			1		1		1	56	0	56	91	0	91
澄迈县					0	16	16		1 046	1 046		1 884	1 884
海南省	21	52	94	24	191	218	409	32 084	30 112	62 196	58 531	54 202	112 733

注：未评星酒店是指硬件和软件设施基本达到星级酒店标准但并未参与评星级的酒店。资料来源：根据海南省各市县旅游委（局）提供的数据整理。

表 2.11　2011 年海南星级酒店数、房间数、床位数和游客数地理集中指数

五星	四星	三星	一、二星	星级小计	未评星	合计
7.60	6.64	5.60	6.44	5.91	7.80	6.51
星级房间	未评星房间	房间合计	星级床位	未评星床位	床位合计	游客接待量
6.56	8.59	7.26	6.51	8.59	7.22	6.14

2.4.3　星级酒店的市场竞争比较激烈

统计资料表明，截止到 2011 年，海南滨海地区的星级酒店以及按照星级酒店标准建设的酒店总数已达到 386 家，其客房数为 60 516 间，床位数为 109 685 张。按照床位出租率 70% 计算（据研究，当客房出租率达到 50% 时，酒店基本保持盈亏平衡，如果达到 70%，具有较好的经济效益），海南滨海地区仅星级酒店及相当标准的酒店的年接待能力就达到 2 800 万人天。然而，海南 2011 年滨海市县接待的游客总量仅为 2 114.62 万人次。也就是说，海南滨海地区星级酒店的接待能力已超过了游客实际接待量，历史资料也表明，自建省办经济特区以来，海南旅游饭店的开房率大多数年份未超过 60%（表 2.12）。如果出租率保持 60% 左右，则星级酒店的利润率相对较小。就旅游饭店的客房开房率而言，海南旅游饭店的平均开房率约为 58.17%，只是在个别年份，如 1988 年和 1992 年开房率超出了 70%。

表 2.12 海南省历年宾馆开房率

%

年份	宾馆开房率	年份	宾馆开房率
1987	58.8	2000	55.4
1988	71.9	2001	58.7
1989	59.6	2002	57.9
1990	57.5	2003	56.2
1991	60.03	2004	54.3
1992	73.3	2005	53.6
1993	78.67	2006	52.49
1994	57.35	2007	57.31
1995	52	2008	59.18
1996	53.6	2009	59.18
1997	51.2	2010	60.37
1998	45.5	2011	62.37
1999	54.2	2012	58.40

资料来源：根据海南省旅游发展委员会官方网站有关数据整理。

正是由于酒店的开房率不高，酒店的客源市场比较紧张，导致酒店之间的竞争比较激烈，尤其在旅游淡季，酒店客房的折扣率较高，通常低至 3 ~5 折，从而进一步降低了酒店的利润空间。

2.4.4 国际酒店品牌大量进驻海南滨海地区

目前在海南滨海地区经营或管理星级酒店的国际酒店集团主要有洲际饭店集团、万豪国际、雅高、希尔顿饭店集团、希尔顿集团、凯悦国际等 14 个，经营或管理的酒店主要有希尔顿、万豪、丽丝卡尔顿、文华东方、索菲特等高星级酒店。

国际酒店品牌的大量进驻，给海南酒店管理带来了国际化理念，提升了海南酒店经营与管理的总体水平，从而使海南酒店业不仅在海南旅游业发展中走在前列，而且在全国酒店经营与管理实践中也走在前列。例如，国家旅游局推行的星级酒店管理办法就是以海南星级酒店管理办法为基础制定的。

2.4.5 酒店的服务水平有待提高

海南滨海地区酒店的硬件设施在全国走在前列，基本达到了国际酒店的水平。然而，海南滨海地区酒店的软件建设却还存在较大的问题，突出表现在服务质量偏低，难以满足国内外（境内外）游客的需要。具体表现在服务意识比较淡薄、服务态度比较生硬、服务手段不够先进、服务技巧不够娴熟、服务价格有待规范、服务内容比较单一、服务设施比较缺乏。直接结果是游客满意度相对较低，进而直接影响了游客的消费水平和酒店的效益，并直接影响着海南滨海旅游形象。

酒店服务水平偏低的原因自然是多方面的，但最直接而且也是最为重要的原因就在于人才队伍建设存在偏差。突出表现在人才队伍短缺、人才流失现象严重、人员整体素质偏低且与相关行业人才素质的差距呈拉大趋势。

需要指出的是，酒店人才队伍建设问题，在根源上不是酒店管理人才教育和培养上的问题，而是酒店在用人机制、社会在对酒店从业人员的态度等方面的问题。例如，海南大学旅游学院自2000年建院以来，已培养酒店管理人才约5 000人（指毕业生），但就业信息显示，毕业后从事酒店管理的仅占30%左右，绝大部分流失到相关行业。

2.5 海南省滨海地区高尔夫球场建设与经营状况

海南省旅游资源丰富，气候条件优越，特别是冬季气候温暖，非常适宜度假和健身运动。海南高尔夫球场建设也正是因为上述优越条件而快速发展。

1992年，海口美兰区建起了海南第一家高尔夫球场——海南台达高尔夫球会。此后，东山、伊必朗、南丽湖等球场相继问世，掀起了海南第一轮高尔夫球场建设热潮。这些球场都有一个共同的特点，就是都由台商投资，加之当时海南土地便宜，这些球场很快便收回了投资。

1996年1月1日，我国推出了“度假休闲游年”，并在亚龙湾举行开幕式，在这一形势下，海南掀起了第二轮高尔夫球场建设热潮，涌现了博鳌乡村、亚龙湾、南燕湾、美视、西海岸、红峡谷等高尔夫球场。与早期的球场不同，这些球场是为高端度假客源打造的新产品。

伴随着大特区开放开发与建设，海南旅游业蒸蒸日上，与此同时，海南高尔夫球场数量和球洞数量也呈现不断增长的趋势。截止到2012年底，全省已开业的高尔夫球场约50家，拥有高尔夫球场数量仅次于广东、北京和上海，居全国各省级行政单元的第4位其中位于滨海市县的有46家。这些球场以三亚和海口为中心（表2.13），主要集中分布在东海岸沿线的风景名胜区、旅游度假区，逐渐形成了海口、博鳌、兴隆、三亚四大片区，拥有滨海型、田园型、湖滨型、岛屿型、山地型、综合型、火山岩型等不同类型、各具特色的球场。

表2.13 海南省滨海地区主要高尔夫球场（球会）

高尔夫球场名称	所在市县	高尔夫球场名称	所在市县
海南东山高尔夫俱乐部	海口	亚龙湾高尔夫球会	三亚
观澜湖高尔夫球会1－10号球场	海口	三亚湾高尔夫俱乐部	三亚
美兰高尔夫俱乐部	海口	三亚鹿回头高尔夫球会	三亚
美视五月花国际高尔夫球会	海口	日出高尔夫球场	三亚
海南台达高尔夫球会	海口	三亚神泉国际高尔夫俱乐部	三亚
海口西海岸高尔夫球会	海口	博鳌高尔夫乡村俱乐部	琼海
海南依必朗高尔夫球会	海口	博鳌亚洲论坛高尔夫球会	琼海
海南月亮湾高尔夫球会	海口	南燕湾海滨高尔夫球会	万宁
南洋河高尔夫球场	海口	海南神州半岛高尔夫球场	万宁
东山湖高尔夫乡村俱乐部	海口	兴隆康乐园温泉高尔夫球场	万宁
甘什岭高尔夫球场	三亚	康乐园橡树林高尔夫俱乐部	万宁
海中海高尔夫球场	三亚	康乐园太阳河高尔夫球场	万宁
三亚红棠湾国际高尔夫俱乐部	三亚	鉴湖蓝湾高尔夫球场	陵水

续表 2.13

高尔夫球场名称	所在市县	高尔夫球场名称	所在市县
古盐田高尔夫球会	儋州	海南清水湾高尔夫球会	陵水
亚龙湾红峡谷高尔夫俱乐部	三亚	香水湾高尔夫俱乐部	陵水
龙泉谷高尔夫球场	三亚	棋子湾高尔夫球场	昌江
		海南文昌高尔夫球会	文昌

据海南高尔夫球场协会统计，目前海南本地常打球的高尔夫人口在 3 000 ~ 5 000 人之间，狭小的本地球手市场难以支撑海南高尔夫球场对市场的需求，因此岛外客源市场的开拓就成为海南高尔夫球会获得良好经营效益的重要前提。海南拥有良好的自然环境、优美的自然风光、完备的度假设施，因此高球场会逐渐走出了一条“旅游度假型球会”的经营之路。旅游产业的脆弱性，同样也体现在旅游度假高尔夫产品中——淡旺季分明：旺季时各球场人满为患，难以保证打球的品质；淡季时又“吃不饱”，相互打价格战。每年的 12 月至翌年 2 月，由于国内北方和亚洲北部地区球场因下雪基本上处于封场状态，大批高尔夫球爱好者纷纷来到四季如春的海南打球，这 3 个月便成为海南球场的经营旺季；而每年的 4 月至 9 月，因国内北方和亚洲北部地区的球场具有气候条件优良等优势，成为海南高尔夫球场的经营淡季；而 3 月、10 月则为经营平季。

2.6　海南省滨海地区游艇码头建设现状和趋势

海南省发展游艇产业具有得天独厚的自然条件，且区位优势明显，对国内外的游艇旅游度假爱好者极具魅力，被公认为是中国最适合发展游艇经济的地区。但海南省游艇码头建设起步较晚，三亚鸿洲国际游艇会是海南省最早的游艇码头，2005 年筹建，2008 年建成。

目前海南省已建成三亚鸿州游艇码头、三亚瑞吉酒店游艇码头、海口美源游艇码头，海口新埠岛游艇码头、文昌高隆湾游艇码头、琼海博鳌游艇码头。一些旅游度假项目、房地产项目建有小型游艇会，拥有几艘豪华游艇供游客消费，如海口贵族游艇会就是一家会所制国际游艇俱乐部。还有些游艇码头项目正在进行前期工作，如海口美丽沙游艇码头、三亚凤凰岛游艇码头、三亚半岛帆船游艇码头、陵水清水湾游艇码头等。据统计，截止到 2011 年底，海南已有 70 多家与游艇销售、服务相关的企业登记注册，登记注册的游艇俱乐部（游艇会）35 家，约有 150 艘游艇；与此同时，出入境游艇逐年增加，从 2009 年的 14 艘次，到 2010 年 120 艘次，2011 年 150 艘次。截止到 2011 年底，海南已建成的游艇泊位 831 个，在建的游艇泊位 1075 个，游艇码头发展水平、规模已处于全国领先水平。

近两年来，随着海南国际旅游岛建设相关政策的获批，长期受制于政策瓶颈的海南游艇业迎来了难得的发展机遇，2010 年 11 月出台的《海南省游艇管理试行办法》共有 15 项政策突破。另外，海口游艇主题论坛、三亚“海天盛筵”的举办，提高了海南游艇产业的知名度和美誉度。

根据《海南省游艇码头总体规划》，海口市规划 6 个游艇码头区，分别是金沙滩游艇码头、海口湾游艇码头、美丽沙游艇码头、新埠岛游艇码头、西马坡游艇码头、北港岛游艇码头，远期发展规模为 1300 泊位，以上游艇码头泊位依次为 250 个、300 个、150 个、200 个、

100 个、300 个。三亚市规划 10 个游艇码头，分别是崖州湾游艇码头、红塘湾游艇码头、三亚湾中西部游艇码头、三亚河口游艇码头、凤凰岛游艇码头、鹿回头游艇码头、小东海游艇码头、太阳湾游艇码头、亚龙湾游艇码头、铁炉湾游艇码头，三亚市游艇码头远期规模发展 2100 个泊位，以上码头泊位数依次为 150、200、250、300、300、150、100、100 和 300 个。陵水县规划 6 个游艇码头，分别是土福湾游艇码头、赤岭游艇码头、凌水湾游艇码头、新村港游艇码头、黎安港游艇码头、香水湾游艇码头，远期规模 1000 个，以上游艇码头泊位数依次为 150、150、300、75、75 和 250 个。万宁市规划 3 个游艇码头，分别是石梅湾游艇码头、神州半岛老爷海游艇码头和港北小海游艇码头，远期规模 500 个，分别为 250、150 和 100 个。琼海市规划 2 个游艇码头，为博鳌滨海度假区中部游艇码头、万泉河口区游艇码头，远期规模 250 个，分别为 200 和 50 个。文昌市规划 3 个游艇码头，分别是木兰湾游艇码头、铜鼓岭游艇码头和高隆湾游艇码头，远期规模 500 个，分别为 200、100 和 200 个。澄迈县规划 2 个游艇码头，分别为盈滨半岛外海游艇码头和盈滨半岛内海游艇码头，远期规模 200 个，各 100 个。临高县规划 2 个游艇码头，分别为文澜河口游艇码头和马袅港游艇码头，远期规模 200 个，各 100 个。儋州市规划 2 个游艇码头，分别是排浦港游艇码头和光村游艇码头，远期规模 250 个，分别为 150 和 100 个。昌江县规划 1 个游艇码头，为棋子湾游艇码头，远期规模 150 个。东方市规划 2 个游艇码头，分别是墩头港游艇码头和八所滨海旅游区游艇码头，远期规模 300 个，分别为 100 个和 200 个。乐东县规划 2 个游艇码头，分别是龙沐湾游艇码头和龙栖湾游艇码头，远期规模 250 个，各 125 个。

根据规划，到 2015、2020 和 2030 年，海南游艇消费数将分别达到 1 374 艘、2 790 艘和 6 998 艘。规划至 2015 年全省建成游艇码头泊位 1 500 个，至 2020 年建成泊位 3 000 个，至 2030 年建成泊位 7 150 个，基本满足国际旅游岛游艇发展的需求，全省游艇码头形成层次清晰、功能完善、高效运行的格局。

第 3 章　海南省滨海旅游业发展评价

海南省拥有数量丰富、类型齐全、品质优良、地域组合良好、开发条件优越的旅游资源尤其是滨海旅游资源。海南省委、省政府长期以来一直重视旅游业的发展，随着海南国际旅游岛建设上升为国家战略，旅游业已经成为海南经济结构中至关重要的产业部门，已成为现代服务业这一海南省特色经济结构中的主导产业中的龙头产业，对全省社会经济的发展发挥着举足轻重的作用。但在旅游业的发展过程中，也出现了一些问题，有些问题甚至是长期制约海南旅游业乃至全省社会经济发展的重要瓶颈。

3.1　海南省发展滨海旅游业的积极意义

海南旅游业经过 20 余年的发展，已发展成为海南特色经济结构中的支柱产业，成为现代服务业这一海南省特色经济结构中的主导产业中的龙头产业，对海南特色经济结构的构建发挥着重要作用。而作为海南旅游业的最为重要的构成部分，滨海旅游业所发挥的作用自然不容小觑。

3.1.1　带动了海南省经济发展

滨海旅游业发展对海南省经济发展的带动作用主要表现在以下几个方面。

3.1.1.1　增加外汇收入

在创汇的意义上，接待国际入境旅游同向海外出口商品并无区别。也就是说，对于旅游目的地来说，接待国际入境旅游也是一种出口，可称之为“旅游出口”。与传统的商品出口有所不同的是，在旅游出口中，旅游目的地所出口的是旅游产品——即旅游者在旅游目的地获得的旅游经历。由于旅游者必须前来旅游目的地进行消费，因此旅游者的流向和付款流向是相同的，而传统的商品出口的商品流向与付款流向是相反的。而且，与传统商品出口相比，旅游出口具有很多无可比拟的优势，表现在旅游出口换汇率高、旅游出口结算及时和旅游出口免受关税壁垒影响等方面。正因为如此，世界上绝大多数国家和地区，尤其是发展中国家和地区都非常重视发展旅游业尤其是入境旅游业。

统计资料表明，2005—2012 年间海南省共创旅游外汇收入 236 547.85 万美元，占期间出口总值 819 730 万美元的 28.86%，旅游外汇收入占出口总值的比重基本上保持上升趋势（图 3.1）。

3.1.1.2　拉动内需，回笼货币

一个国家或地区经济增长的“三驾马车”分别是投资、消费和出口。其中消费即指“内

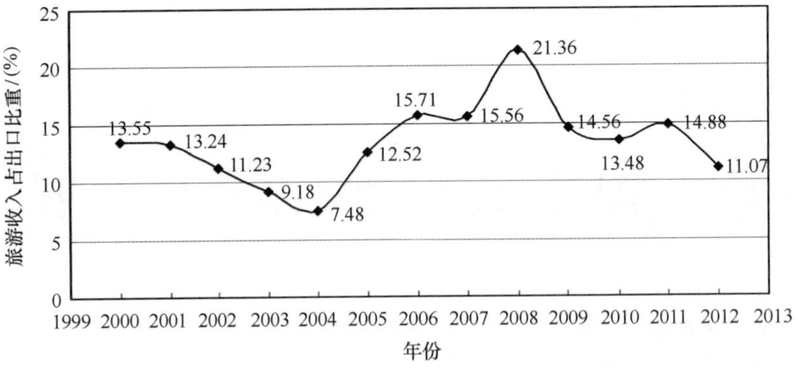

图 3.1　2000—2012 年海南旅游外汇收入占出口总额的比重变化趋势

资料来源：根据海南省旅游发展委员会官方网站和海南省经济和社会发展统计公报有关数据整理。

需”。国内旅游发展对旅游目的地经济发展的一项重要作用就在于拉动内需，从而拓宽货币回笼渠道，加快货币回笼速度，扩大货币回笼量，进而促进整个经济得以正常运转。

回笼货币的方法，一是向市场投放相应数量的物质商品，二是增加服务性消费品的投放量。在物质商品的生产和供应能力有限、一时难以扩大投放量的情况下，设法转移人们的消费兴趣，鼓励人们多消费服务性产品——例如鼓励人们多消费旅游和娱乐服务，就成为必要的货币回笼渠道。

面对世界经济不景气的严重局面，中央政府提出了增加内需、带动经济发展的策略。大力发展旅游业，通过提供各具特色、富有吸引力的旅游产品吸引旅游者，成为各地各级政府部门拉动内需的重要组成内容。

2000—2012 年海南省共创国内旅游收入 2 065 亿元，占同期全社会消费品零售总额 2 896.98 亿元的 40.38%，其中所占比重最高的 2004 年达到 47.55%（表 3.1）。即便是所占比重最低的 200 年，也达到了 36.07%。反映出旅游业对拉动内需和回笼货币所发挥的重要作用。

表 3.1　2000—2009 年海南省国内旅游收入及其占全省社会商品零售总额的比重

年份	国内旅游总收入/亿元	全社会消费品零售总额/亿元	国内旅游收入占全省消费品零售总额比重/（%）
2000	69.51	172.48	40.30
2001	79.1	187.46	42.20
2002	87.74	204.4	42.93
2003	86.95	191.64	45.37
2004	104.24	219.23	47.55
2005	114.56	268.55	42.66
2006	123.57	308.3	40.08
2007	149.63	361.97	41.34
2008	165.01	448.44	36.80
2009	192.82	534.51	36.07
2010	235.61	623.82	37.77
2011	299.47	741.13	40.41
2012	356.79	852.34	41.86

资料来源：根据海南省历年社会与国民经济统计公报有关资料整理。

3.1.1.3 增加经济收入，带动相关产业发展

发展旅游业首先能够带来直接的经济收入，统计资料表明，2000—2012 年海南省共实现旅游总收入 2 269.08 亿元，占同期全省 GDP 13 688.71 亿元的 13.44%。尽管旅游总收入占 GDP 的比重随着时间的推移有所下降，但基本上保持在 13% 左右（表 3.2）。

表 3.2 2000—2009 年海南省旅游总收入及其占全省 GDP 比重

年份	旅游总收入/亿元	全省 GDP/亿元	旅游总收入占 GDP 比重/（%）
2000	78.56	518.48	15.15
2001	87.89	566.05	15.53
2002	95.38	623.45	15.30
2003	93.55	698.3	13.40
2004	111.01	790.12	14.05
2005	125.05	905.03	13.82
2006	141.43	1 031.9	13.71
2007	171.37	1 223.28	14.01
2008	192.33	1 459.23	13.18
2009	211.72	1 646.6	12.86
2010	257.63	2 052.12	12.55
2011	324.04	2515.29	12.88
2012	379.12	2 855.26	13.28

资料来源：根据《海南省统计年鉴》相关数据整理。

事实上，旅游业在增加旅游目的地经济收入方面不仅仅是带来直接的经济收入，更重要的是对旅游目的地经济增长的乘数效应。显然，对于旅游目的地而言，无论是入境旅游消费还是国内旅游消费，都是一种经济“注入”，从而对旅游目的地经济收入产生乘数效应。

受资料来源限制，我们难以计算海南旅游发展对全省经济增长的乘数效应。但有研究表明，旅游消费对经济收入增长的乘数效应是相当大的。例如，杭州旅游业界基本认同旅游业的乘数效应为1:7，即旅游业获得1 元的利润，可带动相关行业产生7 元的经济效益。我国旅游界普遍认为，我国旅游业的乘数效应为 1:5，即旅游业获得 1 元的利润，可带动相关行业产生 5 元的经济效益。

显然，旅游者的旅游消费需求要求旅游业提供足够的设施、设备和消耗物资，旅游业也因此成为许多其他行业产品的购买者或生产性消费市场，从而刺激这些相关行业扩充其生产规模。例如，海鲜几乎是来琼游客必需的消费品。据保守估计，来琼游客人均餐饮消费海产品为 0.5 kg（鲜品），人均即食和礼品水产品消费量约为 10 kg（鲜品），则 2009 年来琼游客（2 250 万人次）对海鲜产品的消费量达到 $24\ 000 \times 10^4$ kg（鲜品），约占 2009 年全省水产品总产量的 10%。海南房地产业的发展更是对旅游业具有很强的依赖性。最为典型的案例是 2009 年 12 月 31 日《国务院关于推进海南国际旅游岛建设发展的若干意见》颁发后的 3 个月时间内，海南房地产价格基本上翻了一番。

3.1.1.4 增加政府税收

无论在理论上还是在现实中，旅游业对扩大政府税收来源和增加政府税收的作用都是非常显著的。旅游业对增加政府税收的作用也可以从直接和间接两个角度考虑。政府直接得自于旅游业的税收主要涉及三个方面：一是得自于旅游者的税收，如签证费、海关税、机场税、消费税等，例如，游客在三亚住宿每晚收取6元消费税；二是得自于旅游企业的营业税、所得税以及各种执照费；三是得自于旅游从业人员的个人所得税。

由于旅游业对相关行业或产业具有乘数效应，能够带动和刺激相关行业或产业的发展，显然，当这些相关行业或产业因旅游业的发展而得以扩大规模时，政府可以从中获得更多的税收。例如，海棠湾定位为“国家海岸”，要建成世界一流的休闲度假海岸，正是在这一背景下，海棠湾的土地价格从之前每亩[①]不到100万元快速攀升到每亩300万元，政府通过征用农村集体所有的土地，并进行土地拍卖，获得了相当可观的财政收入。

3.1.1.5 平衡地区经济发展，缩小城乡差距

旅游者的旅游活动实际上是将部分客源地的财富转移到旅游目的地，这在客观上起着对社会财富进行再分配的作用。海南作为我国的欠发达省份，凭借旅游资源和旅游环境等方面的优势，实施海南国际旅游岛建设战略，将旅游业作为特色经济结构中主导产业的龙头产业优先发展，到2009年形成了约3 500万人次的年接待能力，2009年共接待游客过夜人数2 250.33万人次，实现旅游收入211.72亿元。这对于提高全省人民的收入水平、生活质量具有重大意义。

滨海旅游业发展对平衡地区经济发展的作用是显而易见的。例如，陵水县曾经是海南经济发展水平比较低的县，但随着南湾猴岛、香水湾、清水湾、黎安港等旅游景区的建设和开发，经济社会都实现了跨越式的发展，跃居为全省人均收入水平较高的县市。

滨海旅游业的发展对缩小城乡差距的功能也十分强劲。例如，三亚市20年前还是一个很不起眼的小渔村，在过去20多年的发展中，三亚将建设国际一流滨海旅游城市作为自己的发展目标，大力发展滨海旅游业，不仅城市规模发展到40多万人口，而且城市用地也不断拓展，城市基础设施不断完善，尤其是旅游酒店、旅游景区和相关旅游配套设施不断完善，不仅每年接待了将近700万人次的国内外游客，成为海南省旅游接待量、旅游总收入、旅游外汇收入最多的城市，而且人们的生活水平和生活质量得到了明显改善，被联合国评为世界上最宜居的城市之一。旅游业的大力发展为三亚经济社会发展带来了巨大的经济“注入”，旅游业创造的生产总值也占全市60%以上，成为名副其实的旅游强市。

3.1.1.6 增加就业机会

我国是世界上劳动力资源最为丰富的国家之一，缓解就业压力一直是各级党委、政府十分关心的问题。旅游业在提供就业机会和解决就业问题方面具有重要意义。一方面，旅游业属于劳动密集型产业，在旅游接待工作中，许多工作必须靠员工手工操作，且需要面对游客提供富有人情味的直接服务，因而需要大量劳动力；另一方面，旅游业的就业岗位层次众多，

① 亩为非法定计量单位，1亩≈0.0667公顷。

特别是旅游业中的许多服务岗位的工作并不需要高难的技术，所以可以为广大不具备技术专长的人们提供就业机会。据研究，我国饭店业每增加1间客房就可以提供1.9个饭店业就业机会，并引致其他类型的旅游企业提供2.5～3个直接旅游业就业机会，而每1个旅游业直接就业机会就可以引致约5个间接就业机会。可见，旅游业对解决就业问题具有重要意义。根据世界旅游理事会的估算，全球因旅游业的发展而带来的就业机会（包括直接旅游就业机会和间接旅游就业机会）约占全球就业总量的8%～10%。

海南滨海星级酒店的客房数超过52 000间，再加上一般饭店、家庭旅馆等旅游住宿设施，客房数估计在80 000间左右。根据上述研究结论，海南滨海旅游业发展所创造的旅游直接就业机会达到35万～40万个，而创造的间接旅游就业机会达到170万～200万个，直接旅游业就业机会约占2009年全省就业总量415万的8.5%～9.5%，因发展旅游业所创造的就业机会（包括直接旅游就业机会和间接旅游就业机会）约占2009年全省就业总量的40%～50%。

3.1.1.7 改善投资环境，拓展投资领域

一方面，旅游业发展有利于海南树立、塑造和维护良好的形象，提高了知名度、美誉度和认可度；另一方面，旅游业发展要求加强基础设施建设，提高金融、通信、社会治安等服务等软实力。因此旅游业发展对于改善海南投资环境具有非常积极的意义。

如果回到10多年前，海南要争取一笔投资是难上加难的，而随着旅游业的发展，尤其是随着海南国际旅游岛建设战略的落实和推进，要求来海南投资尤其是投资旅游业的社会资金越来越多，海南目前要考虑的不是投资资金短缺，而是如何选择投资资金的问题。根据《海南国际旅游岛建设发展规划纲要》，2010—2012年全省总投资将达到35 200亿元，相当于海南2009年GDP总值的21倍，《海南国际旅游岛建设发展规划纲要》提出了17个重点旅游景区，每个景区的投资规模都在上百亿元。

海南国际旅游岛建设战略的推进不仅吸引了大量资金，而且极大地拓展了投资领域。除与旅游业直接相关的旅游景区建设、酒店建设等外，房地产业、高速公路、高速铁路等基础设施、医院等基本条件建设也成为社会资金和政府资金投资的热点领域。

3.1.2 促进了海南省社会进步

旅游活动是一种以不同地域、不同民族、不同社会背景和具有不同文化传统的人群之间的交往和接触为基本特征的访问活动。了解海南的社会和文化既是旅游者的旅游动机之一，也是旅游者的旅游活动的客观结果。同时，旅游者在海南的旅游过程中，也会以自己有意无意地“示范”行为影响海南。尽管单个旅游者似乎不足以对海南的社会和文化产生实质性的影响，但每天成千上万外来游客不可避免地会对海南的社会和文化产生一定的影响。

3.1.2.1 提高了海南人口素质

海南省是远离大陆的岛屿省份，不仅海南居民具有比较典型的“岛民”特征，而且海南的经济社会发展水平也在全国处于相对落后状态，例如，在建省办经济特区之初，海南人们的市场经济意识比较淡薄，居民的受教育水平相对较低。

旅游业的发展，尤其是滨海旅游业的发展，对提高海南人口素质的意义主要表现在以下几个方面。

1）来琼游客的“示范”行为有利于提高海南人口素质。

“岛民”特征再加上海南整体教育水平偏低，尤其是中等教育水平偏低，因此海南人口的受教育水平与内地相比偏低。相反，游客的整体素质一般较高，他们在琼停留和旅游过程中自觉不自觉的“示范”行为能够带动海南人口的文明程度的提高。

2）旅游企业的管理层的“示范”行为有利于提高海南人口素质。

海南旅游企业的管理层大多数来自岛外，尤其是酒店的管理层，有相当一部分来自国外。他们先进的管理理念和管理技术不仅为海南滨海旅游业的发展发挥着重要作用，而且对海南人口素质的提升也有着不可替代的作用。

3）旅游就业竞争有利于提高海南人口素质。

海南旅游企业的从业人员中有相当部分来自岛外，他们与本地劳动力形成比较激烈的就业竞争关系。为了能够谋得一个比较好的职位，为了能够不断提升，需要不断参加各种形式的培训，需要不断学习、进取。这种自觉地“干中学”和主动地参与培训，对于提高人口素质来说是非常重要的。

4）旅游企业的培训活动有利于提高海南人口素质。

旅游企业为了树立良好的企业形象，吸引更多的游客，得到游客的赞誉，就需要为游客提供更加优质的旅游产品。为此，旅游企业就必须不间断地对员工开展各种形式的培训、竞赛等活动，这无疑能带动海南人口素质的提升。

5）滨海旅游业发展为大力发展海南教育事业打下了夯实的基础。

这些基础包括就业基础、经济基础、师资基础等。从目前的情况看，旅游专业是海南高等教育和职业教育的特色专业，全省所有的高等院校和职业院校都开设了旅游管理、酒店管理、会展经济与管理、高尔夫管理、邮轮经营与管理等与旅游业直接相关的专业或方向。国际经验也表明，在知名的旅游目的地必定有知名的旅游院校。

3.1.2.2 改善了海南居民生活环境

为了发展旅游业，近年来海南努力改善基础设施和旅游设施。例如修建了海口至三亚的高速铁路（全程只需 100 min），新建了三亚凤凰机场、三亚凤凰岛国际邮轮港等一系列基础设施，在三亚、海口、琼海和万宁设立了 4 个免税店，开辟了亚龙湾、海棠湾等一系列旅游景区。这些设施的修建在客观上改善了海南居民的生活环境，方便了海南居民的生活。

3.1.2.3 促进了民族文化的保护与发展

民族文化是海南重要的旅游资源。例如黎族文化作为海南的本土文化，就具有非常大的开发价值。由于旅游业的发展和接待旅游者的需要，黎族文化这一曾经未曾引起足够重视的资源得到了开发，成为游客喜闻乐见的、来海南旅游几乎必前往欣赏的文化节目。在三亚槟榔谷旅游区，不仅集中展示了黎族的建筑风格、生产方式、生活习惯、风俗礼仪，而且集中展示了黎锦、黎陶、黎族纹身等非物质文化遗产。三亚槟榔谷不仅因此吸引了大量国内外游客，而且很好地保护和发扬了黎族文化的精髓。再如儋州调声、临高哩哩咪、海南广为流传的公仔戏等，也在旅游业发展过程中，得到不断发扬光大。

文化是旅游产品、旅游景区乃至旅游目的地的灵魂。没有文化的旅游吸引物是没有生命力的，必将遭到市场的淘汰。海南作为一个以自然旅游资源见长的国际性旅游目的地，在旅游策划、旅游规划、旅游开发和旅游运营中必须重视对本土文化的挖掘。这必将进一步促进具有海南本土特色的文化的保护和发展。

3.1.2.4　拓展了科技和对外交流平台

1）旅游业的发展促进了科学技术的交流和应用。

现代旅游业发展的基本趋势是“低碳”、“清洁”和“可持续”，这在客观上要求旅游业广泛运用现代科学技术，并不断创新管理技术。例如，为了为旅游者提供更为便捷的信息，三亚运用现代信息技术花重金启动了“天涯通”项目，这在客观上促进了信息技术的进步和发展。而且，现代商务旅游、专题会议旅游等旅游活动也在客观上起到了传播和交流知识和技术的作用。例如，海南凭借得天独厚的资源优势，尤其是冬季无可比拟的气候优势，承接了众多国内外高水平的学术会议，对于科学技术的发展和应用所起的作用是不容低估的。

2）旅游业的发展促进了国际间的交流。

《国务院关于推进海南国际旅游岛建设发展的若干意见》明确指出，发挥海南对外开放排头兵的作用，依托博鳌亚洲论坛的品牌优势，全方位开展区域性、国际性经贸文化交流活动以及高层次的外交外事活动，使海南成为我国立足亚洲、面向世界的重要国际交往平台。事实上，在全国主要城市中，像三亚、博鳌这样如此频繁地接待外国元首的城市除北京、上海外并不多。如果说北京是我国对外交流的政治平台，上海是我国对外交流的经济平台的话，那么海南（尤其是三亚和博鳌）就是我国对外交流的生态平台。

3.1.3　改善了海南自然和社会生活环境

这里所说的环境既包括自然环境，也包括社会生活环境。显然，如论是自然旅游资源，还是历史遗留下来的和当代新建的人造旅游资源，其本身就是旅游目的地环境的重要组成部分，因此，环境不仅是吸引旅游者的重要决定因素，而且其质量还将影响旅游者的旅游经历和满意度。事实上，海南最具有吸引力的正是由气候条件、植被条件等构成的环境因素，可以说，良好的环境是海南的核心吸引物和核心竞争力。

旅游开发和旅游活动的开展对环境既有直接的积极影响，也存在间接的和诱导性的积极影响，主要表现在以下几方面。

首先，增加了休闲和娱乐场所以及相关设施的数量。为满足旅游者的旅游需求，海南滨海地区建设了大量休闲与娱乐设施，如三亚免税店、蓝田温泉、美丽之冠、海口印象海南岛等，这些设施客观上丰富了人们的生活。

其次，改善了道路、交通运输等基础设施，如环岛高速公路、美兰机场、凤凰机场、东环高铁等，在客观上改善了人们的生产和生活条件。

再次，改善了卫生环境。为了塑造、树立和维护良好的旅游形象，无论是三亚、海口等旅游城市，还是南山旅游区、亚龙湾旅游区等旅游景区以及各旅游酒店都十分重视卫生环境的改善。

3.2 海南省滨海旅游业发展的消极影响

海南省滨海旅游业发展在对海南经济、社会和环境产生巨大积极作用的同时，也带来了一些不容忽视的消极影响，主要表现在以下几个方面。

3.2.1 引起物价上涨

海南省是一个经济欠发达省份，居民的收入水平和购买能力相对较低。从城镇居民人均可支配收入看，2012 年海南省比全国平均低 3 647 元，仅相当于全国水平的 85.15%。从农村居民年人均纯收入看，2000 年和 2001 年海南省明显高于全国平均水平，但 2002 年以来却是全国平均水平高于海南省，而且差距越拉越大，从 2002 年的 46 元拉大到 2012 年的 869 元，2012 年海南省仅农村居民人均纯收入仅相当于全国平均水平的 89.02%（表 3.3）。

表 3.3　2000—2012 年海南省与全国居民收入比较

年份	城镇居民年人均可支配收入/元			农村居民家庭年人均纯收入/元		
	全国	海南	全国—海南	全国	海南	全国—海南
2000	6280	5358	922	2253	2920	-667
2001	6860	5839	1021	2366	2993	-627
2002	7703	6823	880	2476	2430	46
2003	8472	7259	1213	2622	2588	34
2004	9422	7736	1686	2936	2818	118
2005	10493	8124	2369	3255	3004	251
2006	11759	9395	2364	3587	3256	331
2007	13786	10997	2789	4140	3791	349
2008	15781	12608	3173	4761	4390	371
2009	17175	13751	3424	5153	4774	379
2010	19109	15581	3528	5919	5275	644
2011	21810	18369	3441	6977	6446	531
2012	24565	20918	3647	7917	7048	869

资料来源：根据中国国民经济与社会发展统计公报、海南省国民经济与社会发展统计公报整理。

一般而言，由于旅游者的收入水平较高，或者为了实现外出旅游而动用长期积蓄的缘故，旅游者的消费能力通常高于旅游目的地居民。而且旅游者在旅游期间有支付高价的心理准备。而海南作为一个国内外知名的旅游目的地，从 2000 年以来，每年接待的游客数量都在 1 000 万人次以上，2012 年的接待量更是达到了 3 320.37 万人次。因此，旅游业的发展尤其是滨海旅游业的发展，势必引起海南总体物价水平的上涨。图 3.2 描述了海南省 2000—2012 年居民消费价格指数，从中可见，除 2001 年和 2002 年居民消费物价有小幅度下降外，其余年份都有明显上升，其中涨幅最高的是 2008 年，达到 6.9%。通过计算可以发现，海南省 2012 年的物价水平比 2000 年上涨了 38.37%（图 3.2）。

实地调查表明，三亚作为国际性滨海旅游城市，游客川流不息，物价水平也是居高不下，即便是与海口相比，生活用品的物价水平也明显偏高，例如 2009 年三亚的猪肉价格比海口高出约 20%。

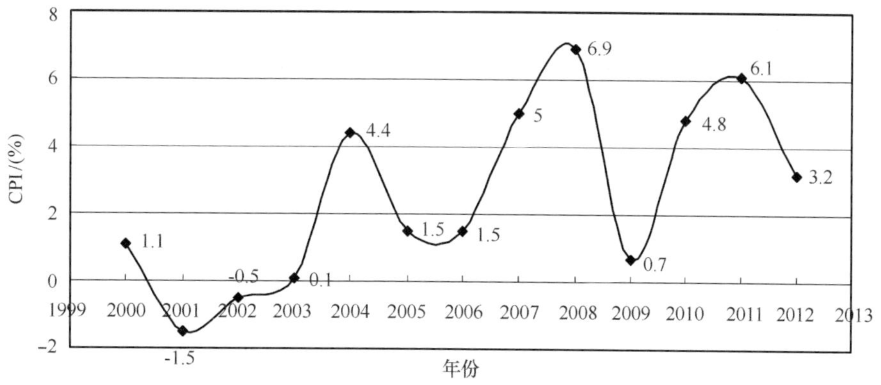

图 3.2　2000—2012 年海南省全年居民消费价格指数（CPI）

资料来源：根据海南省国民经济与社会发展统计公报整理。

物价水平上涨最为显著的表现即是房地产价格上涨。2009 年 12 月 31 日《国务院关于推进海南国际旅游岛建设发展的若干意见》颁发，在随后的 3 个月内，海南的房地产价格基本上翻了一番，三亚的平均房价从 1 万元左右上涨到 2 万元左右，海口的平均房价也从 5 500 元左右上涨到 11 000 元左右。

3.2.2　带来不良的社会影响

1）不良的“示范效应”。

尽管旅游者和当地居民可以相互影响，但研究表明，旅游者对当地居民的影响要远大于当地居民对旅游者的影响。这主要是因为旅游者与当地居民的接触是短暂的、局部的，而当地居民与旅游者的接触则是长期不断的，所接触的是旅游者群体。也就是说，旅游者“示范”行为自然会对当地居民产生“潜移默化”的影响。例如，通过对旅游者进行观察，当地居民开始对传统的生活方式和生产方式感到不满，在装束打扮和娱乐方式等方面盲目模仿，继而发展到有意识的追求，并有可能出现赌博、卖淫、诈骗、偷盗、贪污受贿、走私、贩毒等犯罪行为，影响社会秩序。

2）传统文化过度商品化。

黎族文化是海南独有的，具有很高的研究价值和旅游开发价值。近年来，随着旅游业的发展，黎族文化被不断开发成旅游产品，如黎族村落被旅游化改造，黎族老人被“请”上了舞台，黎锦、黎陶等手工艺品转为大批量生产，很多粗制滥造的产品充斥于市，这些产品实际上已经不能再表现黎族的传统风格和制作技艺。再如南山生态文化旅游区，在开发之初曾提出“大生态、大文化、大旅游、大教育”的理念，但为了迎合旅游者的需要，已越来越向“佛教”景区转化，各种道场每天都在“上演”，不仅偏离了当初的理念，也偏离了“佛教”的本意，而仅仅是一种商业行为而已。

3.2.3　自然环境遭到破坏

由于成千上万的游客源源不断地涌向海南，来海南享受“阳光、沙滩、海水”，对海南的环境尤其是自然环境带来了不可低估的负面影响。如海水污染，沙滩退化，珊瑚礁及其生态系统遭受破坏，等等（详见第5章）。

3.3 海南省滨海旅游开发存在的主要问题

海南省建设国际旅游岛有着突出的优势，但同时也有明显的不足，与夏威夷、巴厘岛、普吉岛、济州岛等世界著名的旅游岛屿相比，海南省旅游产业发展还存在国际知名度不高、规划水平较低、旅游精品不多、产业规模偏小、旅游服务不配套等突出问题，具体表现在以下几个方面：

3.3.1 远离欧美客源市场，存在一定的区位劣势

区位的优势和劣势是并存的。海南省是岛屿省份，位于中国的最南端，距离主要客源市场较远，加之海南在国际上的知名度还不高，境外游客来海南旅游增长缓慢。海南目前的入境客源主要来自港澳台、俄罗斯、韩国、日本和东南亚地区，国内客源主要来自“珠三角”、“长三角”、环渤海等地区。无论是国外客源还是国内客源，除了“珠三角”、港澳台和部分东南亚国家以外，均距离海南较远，特别是目前世界主要客源地欧洲、美洲地区，距离海南遥远，来海南旅游旅途花费时间较长。此外，海南与大陆之间被琼州海峡天然隔开，如果乘坐火车或轮船，则耽搁的时间更长，对于休假时间相对有限的游客来说，距离和时间无疑是一大障碍。

3.3.2 旅游产业经济基础薄弱，旅游基础设施和配套设施不够完善

海南经济属典型的岛屿经济，与其他沿海省份和发达地区相比还相对落后。海南工业基础薄弱，人均收入和消费水平还不高，全省GDP和财政收入有限，还不能为国际旅游岛建设提供大量的资金支持。海南旅游企业大部分规模偏小，经济基础薄弱，企业管理、服务水平低，市场竞争能力较低，抗风险能力差，企业效益不高。海南旅行社的经营情况与全国一样存在“小、散、弱、差”的状况。2008年，海南有两家国内旅行社进入“2008年度全国百强国内旅行社”，而没有一家国际旅行社进入全国百强。海南旅游企业经济效益不理想，削弱了整个旅游业的竞争力，同时企业也缺乏发展的后劲，没有形成有效的规模经济，缺乏品牌旅游集团企业。

尽管海南旅游接待人数和收入基本上年年递增，但入境游客平均逗留时间和人均消费均低于全国平均水平，接待国际游客总量在全国排名也比较靠后。2008年，海南接待入境旅游人次数为706 492人次，排列全国第23名；接待入境旅游人天数为1 824 840人天，排列全国第20位；全年国际旅游外汇收入约为3.14亿美元，名列全国第20位，与排名第一的广东（旅游外汇收入约为91.75亿美元）相差甚远。2008年，海南共接待国内外游客2 060万人次，全省旅游总收入只有185亿元。2009年1—7月，由于受到金融危机的影响，海南接待入境旅游人次数和人天数均出现大幅度降低，同比降幅分别为48.54%和43.19%，排列全国第24名、第23名。通过这些数据我们可以看出，海南旅游产业规模偏小，在全国排名比较靠后，这与建设国际旅游岛的目标还存在较大差距，还没有形成以旅游业为主体的产业链和产业群，产业经济基础相对薄弱。同时，海南旅游业地区发展也不平衡，旅游企业和旅游景点

主要集中在东部沿海和海口、三亚等市县，西部、中部地区旅游开发缓慢，对当地经济的“乘数效应”较小，产业带动作用不明显。

由于经济还不发达，进驻海南的世界著名企业还不多，海南本地还缺乏国内外知名的品牌企业，如 2009 年海南只有海航集团、海马投资集团两家企业进入中国企业 500 强名单。而在景区的基础设施建设方面，除了部分知名景区外，大部分景区的交通、通信、供水供电、环卫、医疗、安全设施等还不够完善，景区的配套住宿、餐饮、娱乐和购物设施也不健全。特别是环境卫生方面，旅游景区、车站以及高速公路服务站的公厕基本设施跟不上、垃圾污染严重、缺乏人性化服务等问题突出，影响了旅游地的良好形象。

3.3.3　旅游市场秩序有待进一步规范

海南省有关部分对旅行社、导游、旅游车司机和景区景点的管理还有些粗放，各职能部门对旅游市场齐抓共管互相配合还不够。海南省旅游市场还不同程度地存在着低价格竞争、低质量服务、低素质从业、低水平管理、低效益运营等问题，影响了海南的旅游形象。如一些景点的开发建设缺乏远期发展规划，项目雷同或重复建设，经营者不是靠旅游产品的吸引力和提供优质服务来吸引客源，参与市场竞争，而是靠提供高额回扣的竞争来争夺客源，然后依靠游客在景区的购物、娱乐等消费来弥补门票损失，导致欺诈、宰客、强买强卖等现象的发生。而部分旅行社为了招徕客源，不惜以低于成本的价格接待团队游客，然后依靠加点、回扣、购物等方式来填坑，导致游客投诉，严重影响了海南良好的旅游形象。

3.3.4　旅游产品知名度不高，宣传促销薄弱

同国际著名的旅游岛屿如夏威夷、巴厘岛等相比，海南岛的知名度在国际上还不高，还缺乏在国际上享有盛名的王牌旅游产品或旅游景区。国际著名旅游专家马塞尔·施奈德曾一针见血地指出：“欧美游客只知道中国有悠久的历史文化，却不知道在它南端还有这么美丽的热带岛屿，他们更愿意选择知名度高的普吉岛、芭提亚。”国际知名度不高的直接反映就是入境游客总量占全省游客总数和全国入境游客总量的比重都很小。2012 年海南省共接待国内外游客 3 320.37 万人次，而接待入境游客为仅为 81.56 人次，入境游客占接待游客总数的比重仅为 2.46%。而国际上许多著名的旅游岛屿，接待的主要是国外游客，入境游客占接待游客总数的比重在 60% 以上。

此外，海南有国际影响力的品牌景区还不多，旅游产品结构相对单一，低端观光型产品居多，而高端的休闲度假产品偏少，特别是景区配套的娱乐演艺、康体健身、商务会议、休闲购物等设施还不健全，缺乏世界著名的高档精品旅游度假区，难以吸引大量的国际游客。尽管海南有黎苗文化、红色文化、海洋文化，有五公祠、海瑞墓、秀英炮台、东坡书院、宋氏祖居等文物古迹，但同其他文化底蕴深厚的旅游文化大省相比，海南历史文化底蕴还不够深厚，文化的沉淀和挖掘开发还十分有限。除了南山文化旅游区开发相对成功以外，大部分文化旅游景点产品单一，项目缺乏新意和特色，游人稀少，景区效益欠佳，还缺乏国内外知名的旅游文化精品景区和名牌景区。

而在宣传促销方面，海南投入的促销经费和设施还不足，市场营销缺乏创新，还没有建立完善的网上预订系统，和主要客源国家和地区的交流联系还不够，亟待加强。

3.3.5 国际性旅游氛围不浓，旅游服务功能建设滞后

国际性旅游氛围包括语言环境、国际旅游要素、公民国际素养、国际亲和力、运行国际惯例等，海南在这些方面均存在一定差距。如景区和道路的中外文标志、多语种的外语导游培训、国际游客接待中心、当地居民的普通话和日常外语水平、外文旅游网站建设以及配套的国际游客接待设施等，还不能满足接待大量国际游客的需求。政府的公共服务职能没有充分体现，政府主导的作用没有充分发挥出来，对企业、行业的管理与市场经济发展不相适应，市场管理粗放，职能部门办事效率和服务态度有待加强。在饭店、景区、交通、娱乐、购物等旅游企业从事服务工作的员工，服务水平、服务意识和技能还存在一定差距，还不能满足国际旅游岛建设对旅游服务的要求。

与蓬勃的旅游产业相比，海南的旅游服务功能建设相对滞后。按照国际惯例，游客中心、旅游交通和旅游厕所被视为旅游城市三大必备设施。在海南，旅游交通、旅游厕所刚刚起步，游客中心尚属空白。国外实践证明，游客中心不仅可以为游客提供旅游信息咨询、旅游产品展示、游人集散、购物休闲等多功能服务，而且也为商务考察提供良好的接待环境。随着大批散客和国际高端客源进入海南，建立包括游客中心、旅游呼叫中心、旅游调控中心在内的旅游服务体系已迫在眉睫。

此外，游客通关速度缓慢、旅游车辆与高端客源难以对接、缺少多语种旅游标识指示牌、外语导游人员短缺等问题，也都给海南国际旅游岛建设提出了严峻的挑战。

3.3.6 教育水平相对滞后，缺乏高层次旅游人才

百年大计，教育为本。多年来，海南的整体教育水平还不是很高，与其他旅游发达地区还存在较大差距。旅游业是海南的优势产业和支柱产业，但海南高素质旅游人才和人才培养院校还较少，其旅游院校和学生数在全国排名还比较靠后，还没有旅游专业的博士点，在国内外享有盛名的旅游专家学者还很少。在旅游一线从事管理和服务工作的从业人员，平均学历还偏低，特别是高学历、高素质、懂经营、会管理的高端旅游管理人才还比较紧缺，人才的数量和质量与海南旅游业的快速发展以及国际旅游岛的建设要求不相适应。此外，旅游从业人员的待遇偏低，流动性大，旅游旺季景区和酒店等旅游企业用工紧缺，也是制约海南旅游业持续、快速发展的一大因素。

3.3.7 旅游危机管理机制还不健全

旅游危机是指扰乱旅游业正常经营，影响旅游者旅游信心的各种难于预见的事件。旅游危机事件一般可分为：不可控制的自然危机，如地震、台风等自然灾害；人为导致的自然危机，如水源污染、大气污染等问题；人为导致的社会危机，如民族冲突、恐怖事件等。随着海南旅游业的快速发展，旅游危机也成为一个越来越重要的问题。目前海南旅游面临的危机主要包括：台风、泥石流、山洪、金融危机、社会治安、交通事故、安全事件、突发公共卫生事件（如重大传染病疫情、群体性不明原因疾病、重大食物和职业中毒等）。这些旅游危机具有突发性和持续性的特点，对旅游业的正常经营和游客的心理，都将产生重要影响，也给海南国际旅游岛建设提出重大挑战。海南目前应对旅游危机的管理机制还不健全，对于一些突发事件还缺乏快速反应机制和措施。因此，海南当务之急是要建立旅游危机防范和管理

机制，尽量消除旅游危机的潜在发生源，把旅游危机的影响降到最低。

此外，对于一些突发交通事故和突发公共卫生事件的处理方面，海南还存在着救治服务总体水平偏低、缺乏统一协调机制、救治能力严重不足、分布不均衡、应对重大灾害事故的处置能力不强等状况，已成为建设国际旅游岛的主要瓶颈问题之一。因此，海南还需要加强医疗保障建设，建立全省统一协调指挥、布局合理的急危重症救治信息网络平台，并通过现代化的急救网络体系、突发事件医疗救治体系和急救医疗质量体系的建设，打造全省急危重症救治服务体系，为海南国际旅游岛建设创造一个良好的医疗救治环境。

3.3.8 面临周边国家和地区的竞争

海南省建省办经济特区以来，旅游业从一个不起眼的小行业发展成为支柱产业，产业规模不断壮大，基础设施日趋完善，经济总量不断提高。但是，海南发展国际旅游，也面临着周边国家和地区的竞争，如韩国、日本、东南亚各国、港澳台地区等。这些国家和地区的旅游业大部分发展历史较早、产业基础雄厚，旅游景点的知名度较高，并有着成熟的管理体制，旅游业已经成为这些地区的重要支柱产业。而海南旅游业目前还处于起步阶段，旅游产业发展还存在国际知名度不高、规划水平较低、旅游精品不多、产业规模偏小、旅游服务不配套等突出问题。因此，海南在与上述这些国家和地区的竞争中，还有一定的差距，特别是对国际游客的吸引力方面，还有待于进一步加强。如2008年韩国接待外国游客约464.2万人次，旅游收入约90.2亿美元，其中，济州岛共接待游客约582.2万人次，其中外国游客约54万人次，旅游业产值超过6.2万亿韩元（约合310亿元人民币），占岛内生产总值的81.5%左右，就业总人口中有超过75%的人与旅游行业相关。2007年访问日本的外国游客人数首次突破800万大关，2010年预计到日本旅游的外国游客数量将增加到1 000万人次以上；2008年，澳门入境旅客突破3 000万人次，较上一年增加11%。而海南在2008年，接待入境游客为706 492人次，其中外国游客为530 762人次，全年国际旅游外汇收入约为3.14亿美元。通过数据比较分析，可以看出，海南无论在接待外国游客的数量方面，还是旅游外汇收入方面，与周边其他国家和地区还存在一定差距，面临着这些国家和地区的挑战和激烈竞争。

与东南亚各国的竞争方面，由于海南与东南亚各国同处热带，在资源条件、文化习俗、产业结构等方面都有很大的相似性，经济发展水平也比较接近，客观上存在的竞争大于互补。因此，海南建设国际旅游岛，也面临着这些国家的挑战和竞争。如新加坡、马来西亚、泰国、印尼等，都是传统的国际旅游度假胜地，每年都吸引了大量的欧美游客和亚洲游客前去休闲度假。而海南由于经济发育程度低，产业基础薄弱，具有竞争力的产品还不多，在与这些国家和地区的竞争中，不占优势。

就国内同业竞争方面，海南建设国际旅游岛还面临东部沿海诸省的有力竞争，如“长三角”、“珠三角”、环渤海、海西经济区等。这些地区的经济和旅游业发展水平均强于海南，在与这些地区的竞争中，海南也还存在较大的差距。这些差距主要体现在国际旅游者人数、城市经济的旅游特征、旅游资源的国际竞争力以及政府旅游相关部门的职能发挥能力。同时，海南的国际游客在旅游商品、服务的人均花费上也还不及全国平均水平。这些都将成为海南建设国际旅游岛所面临的挑战。因此，海南国际旅游岛建设应该结合自身资源优势，突出特色，努力提高服务水平和质量，以积极的姿态迎接国际竞争与挑战。

不仅面临周边国家和地区的竞争，海南发展滨海旅游还面临世界著名旅游岛屿和度假胜地的竞争。在南北回归线之间，与海南地理位置、气候条件相似的岛屿星罗棋布，如美国的夏威夷、印尼的巴厘岛、泰国的普吉岛、马尔代夫、加勒比海地区岛屿等都是享誉世界的著名旅游岛屿。这些岛屿的旅游资源与海南岛的旅游资源有很强的相似性，海南发展国际旅游，需要面对的是这些同质旅游地的竞争。海南岛在国内旅游市场中最有特色的热带海洋旅游优势，和这些著名旅游岛屿相比较，并没有特别突出的优势。特别是海南旅游产业起步晚，旅游景区的国际知名度较低，旅游企业规模偏小，缺乏大型品牌旅游集团企业，大部分旅游企业的经营管理水平、服务质量还不高，而其他国际著名旅游岛屿均已具备较高的国际知名度，拥有较成熟的营销网络，其接待国外游客人数和旅游收入也高于海南。例如土地面积不到海南20%，人口数量不到海南40%的巴厘岛，每年接待境外游客超过150万人，旅游收入超过20亿美元，旅游业对GDP的贡献率超过50%。因此，海南在建设国际旅游岛时，与这些世界著名旅游岛屿之间还存在一定的差距，面临这些著名旅游岛屿强有力的竞争，这些岛屿也在一定程度上分流了海南一部分国际高端度假客源。

此外，海南国际旅游岛建设规划纲要中明确将海南岛东部海岸打造成高雅时尚的中国“椰树海岸”，也面临着世界上著名的法国蓝色海岸、西班牙太阳海岸和澳大利亚黄金海岸等度假胜地的激烈竞争和挑战。

除了上述问题外，海南同世界著名滨海、海岛旅游地相比，还有如下诸多问题，如：出入境政策相比国际著名岛屿旅游目的地不够开放；旅游管理体制不适应国际化发展要求，行业组织发挥作用不够，缺乏专业机构；旅游管理手段单一，缺乏综合的旅游咨询、信息服务和安全救援系统等；全民旅游意识有待提升，民众文化水平、外语水平和专业技能总体不高，对游客友善、诚信的态度尚需培育；旅游产品老化，缺乏创意，项目雷同，档次较低，无法真实地反映出海南旅游的水平等，这些问题已严重制约海南旅游业快速健康发展，必须尽快加以解决。

第 4 章　海南省滨海旅游市场分析

客源市场的规模、构成、消费水平等直接影响和制约着旅游目的地的发展，因此海南省滨海旅游的发展必须建立在足够的客源市场的基础之上。

4.1　滨海旅游是现代旅游的热点和主流

4.1.1　国际上滨海旅游发展迅速

所谓滨海旅游（Coastal tourism）是指以海岸带、海岛及海洋各种自然景观、人文景观为依托的旅游经营、服务活动，包含在海岸、离岸水面上发生的全面的旅游、休闲娱乐活动（Halland Page，2006）。19 世纪晚期和 20 世纪初海滨休闲度假还只是少数富人享受的活动。20 世纪中叶，滨海旅游以其休闲性、知识性、娱乐性、探险性、参与性等多重属性于一体的旅游产品特性吸引了越来越多的欧洲旅游者，成为欧洲大众化的旅游产品。今天，滨海旅游已经演变为世界旅游休闲度假的主导产品。

滨海旅游是现代旅游最重要构成部分。据世界旅游组织统计数据显示，2007 年全球滨海旅游业收入占旅游业总收入的 1/2，比 10 年前增加了 3 倍，全世界 40 大旅游目的地中有 37 个是沿海国家或地区，这些国家的旅游总收入占全球旅游总收入的 80%。以地中海为例，滨海旅游是欧洲旅游者休闲度假的首选（占 63%），其中希腊人选择到海滨度假旅游的比例高达 80%，以欧洲本地旅游者为客源主体（占客源 80%）的地中海地区的旅游收入占世界旅游总收入的 1/3。

现代滨海旅游已经发展成为包括旅游海岸、滨海旅游区、独立海岛、近岸离岛、旅游城市、旅游村镇、邮轮旅游、沿海旅游在内 8 大子系统。

①旅游海岸：旅游业为主导，带动多种产业并形成互动的产业集群，具有整体品牌形象和多种滨海旅游形式的大规模、综合性海岸带经济区域。其典型代表有法国蓝色海岸，西班牙太阳海岸，澳大利亚黄金海岸和阳光海岸等。

②滨海旅游区：依托海岸而建设，主要表现为提供旅游服务的开发区，包括滨海观光区、主题景区和度假区。各旅游区点之间相对独立，彼此之间联系性不强。

③独立海岛：离海岸较远、面积较大的海岛或群岛，是相对独立的旅游目的地。如西班牙的加那利群岛和马略卡岛、美国的夏威夷群岛、印尼的巴厘岛、韩国的济州岛、日本的冲绳岛和泰国的普吉岛等。

④近海离岛：靠近大陆海岸或靠近较大的岛屿，并对其有一定依附性的离岛。如马来西亚的沙比岛，海南岛的西岛、蜈支洲岛等。由于一些半岛体现了较强的岛屿特征，从旅游角度也可以将其视为离岛。

⑤滨海旅游城市：滨海以旅游业为重要产业乃至主导产业的城市，市区和市郊建有滨海旅游区和滨海旅游设施。如法国尼斯、中国上海和中国三亚等。

⑥旅游村镇：沿海的以旅游为主要特色的村镇。如中国海南的博鳌、日本北海道的小樽镇等。

⑦邮轮旅游：大型豪华邮轮是流动的海上旅游目的地，但邮轮除自有度假、游乐设施外，仍需依托沿海旅游城市，因此先将其列入滨海旅游。

⑧沿海旅游：中、小型近海游船和游艇，提供服务设施和小型规模娱乐设施，以近海岸离岛观光和海岸观光为主要功能。各国主要滨海旅游区和旅游城市大多开展此项目。

从区域空间发展态势看，滨海旅游已经遍布世界各地，并且形成了地中海、加勒比海、大洋洲、东南亚这样几个比较集中的区域中心。从历史演进的过程看，在 20 世纪 70 年代以前，世界著名的滨海旅游胜地集中在地中海、比斯开湾沿岸地带，这里被称为“黄金海岸”；70 年代后期到 80 年代转移到加勒比海沿岸；进入 90 年代，亚太地区的夏威夷、巴厘岛、槟榔屿、普吉岛成为世界上最受旅游者欢迎的滨海旅游胜地。

目前世界滨海旅游主要分布在 5 大区域。

①西欧：主要分布在地中海沿岸，有西班牙驰名世界的 3 大海滨旅游区（西南部的“太阳海岸”、“幸福岛”——加那利群岛和“地中海浴池”——巴里阿里群岛）、法国芒通的“蓝色海岸”、意大利的亚得里亚海滨等；

②东欧：黑海沿岸，如罗马尼亚、保加利亚的黑海海滨等；

③中美加勒比海地区：有古巴的巴拉德罗、小安得列斯群岛西南的阿鲁巴、开曼群岛等；

④北美：如美国的夏威夷、关岛、迈阿密，加拿大温哥华的“海上之村”等；

⑤亚太地区：主要有印尼的巴厘岛、泰国的普吉和帕塔亚、马来西亚的槟榔屿、菲律宾的宿务、澳大利亚布里斯班的“黄金海岸”等。中国的海南正在打造国际旅游岛。

此外，室内海滨浴场这种特殊的滨海旅游方式正方兴未艾。一些经济发达的国家，如日本、法国等，为了满足旅游者对滨海旅游的需求，建筑了许多室内海滨浴场，其中人造海滩、人造激流、冲浪、滑道等健身设备一应俱全，既无污染，又无鲨鱼威胁人身安全，并可四季待客，广受市场欢迎。

4.1.2 中国的滨海旅游发展形势喜人

中国有着丰富的滨海旅游资源和旅游产品。中国濒临太平洋西岸，拥有 1.8×10^4 km 的大陆海岸线，1.4×10^4 km 的海岛岸线，7 300 多个岛屿；所管辖的海域南北延伸近 40 个纬度，面积达 300 多万 km^2，既有中温带、暖温带的海上景致，更有热带、亚热带的海洋风光，滨海旅游资源丰富多样。

20 世纪 80 年代后期开始，随着滨海旅游需求的扩张，沿海及海岛各地都把滨海旅游业作为经济发展先导产业来抓，积极筹措资金，大力开发滨海旅游资源，除保留原有“观海景、戏海水、尝海鲜、买海货”等传统旅游项目外，各地还着力推出冲浪、帆板、水橇、游钓、海上快艇、高空跳伞、海滩球类、伞翼滑翔等一批富有特色、新奇刺激、参与性强的现代滨海娱乐项目，使游人能够一享海洋旅游带来的无穷乐趣，由此推动我国滨海旅游快速实现从滨海观光旅游到滨海休闲度假旅游的过度与转型，滨海旅游产值快速增长。2005 年、2006 年、2007 年我国滨海旅游收入分别为 3 887 亿元、4 706 亿元、7 748 亿元，分别比上年增长55.7%、17.6%、19.9%。2008年，在遭受南方雨雪冰冻灾害及国际金融危机等不利因素冲击的情况下，我国滨海旅游业依然保持了平稳发展，全年实现增加值3 438亿元，占全国海洋总产值的28%。

2009年，在国家拉动内需、加大投入的政策驱动下，我国滨海旅游业总体保持平稳发展，国内旅游增长较快，国际旅游逐步恢复。全年实现增加值3 725亿元，比2008年增长12.3%。滨海旅游业已经成为除海洋交通运输业之外的第二大海洋产业，2009年滨海旅游业所创造的增加值几乎与海洋交通运输业相同，而比海洋渔业高出9.4个百分点，相当于海洋渔业的1.49倍。

从2010年起滨海旅游业上升为海洋产业的第一大产业，而且在海洋产业中的地位也快速提升，2011年和2012年滨海旅游业实现的增加值占海洋产业增加值的比重都超过了1/3（图4.1）。

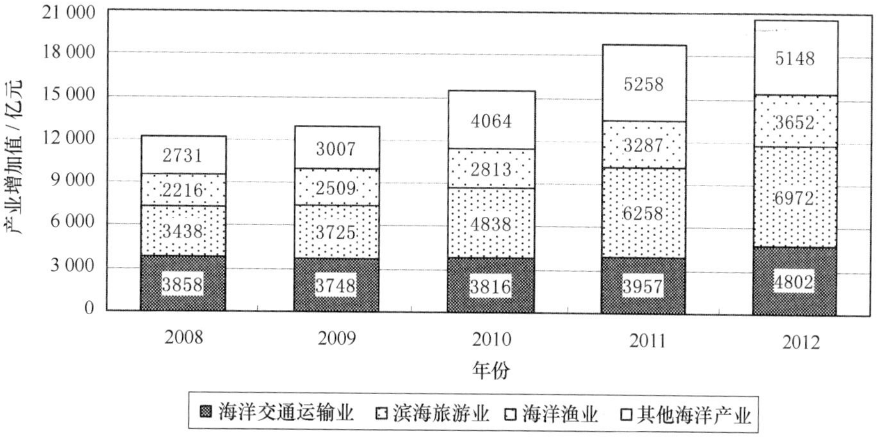

图4.1 2008—2012年我国海洋产业构成及其变化趋势

资料来源：根据历年中国海洋经济统计公报有关数据整理。

从滨海旅游发展模式和格局看，中国滨海旅游采取依托沿海城市，突出海洋特色，分区、分片建设的政策。近年来在沿海开发建设了300多处海洋与海岛旅游娱乐区，兴建了各具特色的旅游娱乐设施，已经形成了三大滨海旅游区域中心：北方以大连为中心的环渤海滨海旅游区，以上海为中心的“长三角”滨海旅游区，以广州为中心的“珠三角”滨海旅游区。镶嵌其中的是重要的滨海旅游基地：大连、秦皇岛、烟台、威海、青岛、连云港、上海、福州、厦门、汕头、广州、湛江、北海、三亚、香港、澳门等。其中，“长三角”滨海旅游区和“珠三角”滨海旅游区的滨海旅游业产值到比重均占所在区域海洋生产总值的第一位，“珠三角”滨海旅游区主要旅游城市接待入境旅游的人数的占总市场份额的59.3%。

从发展趋势看，我国滨海旅游业还是一个新兴的海洋产业，同时在产业生命周期中也还处在一个快速发展的阶段，因此，滨海旅游市场和市场产业规模都迅速膨胀。同时，国家对滨海旅游业的发展越来越重视，国务院先后批准的11个国家级旅游度假区就有大连金石滩、青岛石老人、上海横沙岛、福建湄洲岛、北海银滩、三亚亚龙湾6个海洋、海滨旅游区，目前都已启动开发。滨海旅游还成为外商竞相投资开发的热点。海南琼海万泉河旅游区、秦皇岛海洋花园、金石滩海洋娱乐中心、珠海海上温泉旅游乐园、粤西金海湾旅游城、青岛水晶城等一大批投资数亿元、几十亿元的与外商合资、独资旅游开发项目先后开工兴建，这些都标志着我国正迎来全方位、大规模开发海洋旅游的新阶段。

当然，目前，我国滨海旅游业的发展方式还是粗放型的，滨海旅游资源和市场的开发、经营、管理水平都还有待提高，滨海旅游市场成熟之路还很漫长。

4.1.3　海南是中国滨海旅游发展浪潮中的一颗璀璨明珠

海南地处祖国最南端，是中国唯一的气候温和、四季如春的热带海岛。自1988年建省办经济特区以来有了飞跃发展，滨海旅游产业规模不断壮大，已经成为中国滨海旅游发展浪潮中一颗璀璨的明珠。

就国内滨海旅游市场而言，海南滨海旅游具有得天独厚的区位优势和无与伦比的滨海旅游资源，在中国滨海旅游市场中具有特殊的不可替代的地位，是中国滨海旅游最有潜力的一极。

4.1.3.1　独特的地理位置

海南省地处热带，位于18°10′~20°10′N，108°37′~111°05′E之间，年平均气温23~25℃，最冷的2月平均16~20℃，最热的8月为25~29℃，长夏无冬，系中国唯一的热带海岛省份。当北国千里冰封的时候，这里依然暖风和煦，可以海浴。因此，海南滨海旅游被国家旅游局列为全国七大旅游区之一，是我国唯一一个热带海滨海岛旅游度假胜地。同时，海南也正处在中国通往东南亚各国中心地带，处于东盟合作圈的中心地带。如此优越而独特的区域位置使得海南享有广泛的国内市场、东南亚市场及其他国际市场。

世界滨海旅游发展历史过程呈现这样一个区域演变的趋势和规律：即世界滨海旅游热点和中心有一个逐渐从温带滨海旅游地区转移到热带滨海旅游地区的历史发展轨迹。因此，可以预言，海南作为中国唯一的热带滨海旅游目的地，有可能在未来发展成为中国的滨海旅游的中心，并且有可能成为在国际滨海旅游市场享有一定影响力的国际滨海旅游区域中心，尤其在抓紧建设海南国际旅游岛的今天，我们更有理由相信海南将会成为世界一流的海岛型休闲度假胜地。

4.1.3.2　无与伦比的滨海旅游资源

海南是一块保持着热带自然风貌的处女地，有着十分丰富的热带海滨景观、原始森林、地热温泉和浓郁的民族风情，阳光沙滩、热带雨林、珍禽异兽、文物古迹遍布。以热带海滨景观资源为例，海南拥有漫长的海岸带，长达1 822.8 km，沙岸约占50%~60%，沙滩宽数百米至一千多米不等，向海面坡度一般为5°左右；多数地方风平浪静，海水清澈，沙白如絮，清洁柔软；岸边绿树成荫，空气清新；海水温度一般为18~30℃，阳光充足明媚，一年中多数时候可进行海浴、日光浴、沙浴和风浴。环岛沿海有不同类型滨海风光特色的景点。海南的热带滨海旅游资源丰富了我国滨海旅游资源的内容，为广大旅游者提供了别具特色的热带滨海旅游产品。

4.1.3.3　极其重要的战略地位

海南省位于中国的最南端，是中国的南大门。海南省辖域范围有海南岛本岛和西沙群岛、中沙群岛、南沙群岛等南海诸岛的岛礁和海域，其中海域面积约占中国海洋面积 2/3，是中国陆地面积最小、海洋面积最大的省，其海域可直通越南、菲律宾、马来西亚、印尼、文莱等国。因此，推进 21 世纪中国南海发展战略，就必进一步保护、开发、利用包括海南滨海旅游资源在内的海南海洋资源，推进海南滨海旅游和经济社会的全面发展。同时，海南的特殊地理位置和宽广的海域面积，使得海南滨海旅游必然成为未来中国滨海旅游事业、中国海洋旅游事业乃至整个中国海洋事业发展的重中之重。

当然，受海岛人口、经济社会发展水平和旅游业发展阶段等因素的影响和制约，海南滨海旅游的规模和经济总量还比较小，在国内主要滨海旅游地接待旅游者规模和旅游收入的排名中还处在相对落后的位置。2008—2012 年，海南旅游外汇收入仅占滨海省市区总量的 0.88%，入境游客总量（人次数）仅占 1.06%，入境外国游客量（人次数）仅占 1.52%，无论是旅游外汇收入还是入境游客接待量（人次数）都排在滨海省市区的最末位（表 4.1）。然而，这也恰好从一个侧面说明，海南的滨海旅游业正处于快速发育的“少年期”，呈现发展速度快、但旅游总量和规模小、国内旅游占绝对主导地位的特点。

表 4.1　2008—2012 年沿海省市区入境旅游情况比较

	入境游客/万人次	外国人/万人次	入境游客/万人天次	外国人/人万天次	外汇收入/亿美元
广东省	15 277.76	3 482.43	33 140.56	8 772.06	611.03
上海市	3 113.44	2 568.42	10 899.32	8 909.81	273.01
江苏省	3 283.54	2 378.8	13 829.16	9 921.64	246.32
浙江省	3 434.64	2 276.69	9 314.89	6 443.59	198.71
福建省	1 894.46	618.78	8 160.64	3 438.59	158.31
辽宁省	1 775.33	1 493.02	5 669.05	4 879.06	116.19
山东省	1 824.63	1 380.04	5 365.49	4 110.57	107.86
天津市	575.94	523.92	3 622.03	3 013.27	75.85
广西壮族自治区	1 314.18	742.97	2 307.03	1 351.65	43.82
河北省	500.45	432.01	1 206.31	1 052.02	19.25
海南省	355.14	245.82	933.98	747.67	16.37

资料来源：根据国家旅游局官方网站有关数据整理。

从发展目标看，海南要建设国际旅游岛，建设成为“旅游开放之岛、欢乐阳光之岛、休闲度假之岛、生态和谐之岛、服务文明之岛”，要建成“我国旅游业改革创新的试验区”、“世界一流的海岛休闲度假旅游目的地”、“全国生态文明建设示范区”、“国际经济合作和文化交流的重要平台”、“南海资源开发和服务基地”、“国家热带现代农业基地”。到 2020 年，旅游服务设施、经营管理和服务水平与国际通行的旅游服务标准全面接轨，初步建成世界一流的海岛休闲度假旅游胜地。旅游业增加值占地区生产总值比重达到 12% 以上，第三产业增加值占地区生产总值比重达到 60%，第三产业从业人数比重达到 60%，力争全省人均生产总值、城乡居民收入和生活质量达到国内先进水平，综合生态环境质量继续保持全国领先水平，可持续发展能力进一步增强。可见，海南旅游市场发展空间潜力巨大，海南滨海旅游业有着光明而广阔的发展前景。

4.2 海南滨海旅游需求分析

旅游需求是旅游市场形成的根本基础，没有旅游需求，旅游产品的价值也就无法实现。旅游需求的重要性说明，任何一个国家或地区在发展旅游业时，都必须以目标市场对旅游产品的需求为依据，在此基础上有针对性地开发旅游资源，合理地规划和调控旅游发展方向、速度和规模，以实现区域旅游、经济和社会的可持续发展和协调发展。

旅游需求是一种复杂性的需求。一方面由人的心理活动的复杂性所决定，即人们对购买和消费旅游产品的认知、态度、情绪、偏好及学习过程是复杂的。另一方面是受旅游环境的复杂性所影响。一般说来，影响旅游需求的主客观因素是复杂多样的，对于旅游者个体的影响方式、影响程度也是差异化的。

鉴于海岛型旅游目的地市场需求的相对特殊性，课题组对于海南滨海旅游需求的分析主要采取旅游目的地市场需求的一般分析模式与旅游者对旅游产品偏爱的实际调研分析相结合的方式进行。这样既可以考量影响和制约一般旅游市场需求的主客观因素，诸如旅游者旅游动机、收入水平、闲暇时间、交通条件及政治、经济、文化、法律、自然、社会等各种因索，同时也可以针对性地分析目标市场对海南滨海旅游需求的特定选择偏好与趋势，做到理论需求的判研和实际需求的考量相结合。

4.2.1 海南滨海旅游需求的一般分析

旅游需求的产生、变化和发展是复杂的，其具体影响和制约因素是系统性的，而且对于不同的客源地而言，目的地影响旅游需求的因素是不同的，因此无法建立一个对所有客源地——目的地都适合的需求分析模型。基于一般旅游需求的影响因素分析，旅游目的地的需求可以简单地归结为由目标市场的可自由支配收入、旅行成本、闲暇时间与目的地可进入性、安全友好、价格优势、营销力度、旅游地不可替代性等因素影响和制约。我们可以设定简单的函数为：

$$D = f\ (Y,\ T,\ A,\ P,\ C,\ E,\ M,\ C_d)$$

其中，D 为旅游者对旅游目的地的旅游需求，Y 为客源地真实的收入，T 为旅游目标市场的闲暇时间，A 为旅游目的地可进入性，P 为旅游目的地产品价格，C 为旅行总成本，E 为旅游目的地友好安全的环境，M 为旅游目的地针对旅游客源地的营销费用，C_d 为旅游目的地不可替代性。以此为基础，对海南旅游需求作如下一般性分析：

4.2.1.1 收入水平分析

旅游需求的形成要求旅游者必须有一定的收入水平和支付能力。世界旅游组织的研究成果表明，人均 GDP 达到 3 000 美元左右是一个国家或地区休闲产业爆发式增长的临界点，度假旅游需求将进入大众化时期。

随着我国经济的持续高速发展，国内居民可自由支配收入水平逐年提高。2012 年，我国人均 GDP 已经超过 6 000 美元，城镇居民年人均可支配收入达 24 565 元，农村居民年人均纯收入达 7 917 元。因此，今后相当一段时间，国内滨海旅游、温泉康体旅游等度假产品的市场需求将大幅度增长，2012 年国家又颁布了《国民旅游休闲计划》海南因此拥有拓展国内客源市场的广阔空间。

同时，周边国家和地区有相当的经济发展水平和可支配收入保证，为海南国际滨海旅游需求市场奠定经济基础。2008 年，新加坡人均 GDP 为 38 972 美元，日本为 38 559 美元，中国香港为 30 755 美元，韩国为 19 504 美元，中国台湾为 17 040 美元，俄罗斯为 11 806 美元，罗马尼亚为 9 291 美元，马来西亚为 8 140 美元，泰国为 4 115 美元，这也从一个侧面说明这些国家和地区赴海南休闲度假需求旺盛的必然性。

4. 2. 1. 2　旅游者的闲暇时间分析

旅游有效需求的形成要求旅游者必须有可用来旅游的闲暇时间。我国居民的闲暇时间正在日益增多：1995 年 5 月起，我国与世界发达国家周 40 小时工作制接轨，开始在全国职工中实行周 5 日工作制（每周休息两天）为中距离旅游的发展带来了极好的机遇，随即出现了“周末旅游热”，造成 1995—1999 年城镇居民出游率的激增；1999 年 9 月，国家出台了《全国年节及纪念日放假办法》，规定除元旦依旧放假 1 天外，“五一”、“十一”都和春节一样放假 3 天。而且若应该放假的年节及纪念日恰逢周末周日，则须用其他相邻工作日补假，于是形成了三个完整的一周时间的集中假日，全面激活包括远距离旅游在内的旅游市场需求，每年的三个“旅游黄金周”都成了国内旅游热的热点。目前，我国工薪阶层年闲暇时间为 125 天，教师和学生为 168 天。2008 年 1 月 1 日起按照国务院关于修改《全国年节及纪念日放假办法》执行新的假日安排制度，将年法定假日改为 7 个。《国民旅游休闲计划》明确提出带薪休假、修学旅游、奖励旅游等有利于促进休闲度假经济发展的新举措，加上我国人口老龄化的发展，我国居民可自由支配时间逐渐增加，滨海旅游这种需要较长休闲时间保证的中远距离旅游必将进一步得到刺激和促进。

国际上则有通行的带薪休假制度，欧洲、亚洲和北美的很多发达国家实行每周 4 天半甚至是 4 天的工作制度，加上经济发达国家和地区的老龄人口的增加与充裕的闲暇时间延长，这是诱发滨海休闲度假的重要因素，也是海南入境旅游需求形成和进一步增长的基础条件。

4. 2. 1. 3　可进入性分析

旅游目的地可进入性是客源地旅游需求得以实现的必要条件，同时也是影响和制约旅游需求量的瓶颈；尤其对海岛型旅游目的地来说，交通是旅游繁荣与发展的生命线。就海南省国内目标市场而言，可入性主要体现在出行系统的交通及相关服务问题上，即游客从客源地到目的地之间往返的“大交通”设施（含交通工具）及相关服务，以及在目的地进行各种旅游活动所需的景区、酒店、娱乐、购物场所间的“小交通”，具体考量指标可以归纳为交通设施、旅行服务和旅游信息三个方面。

海南岛岛内的小交通相对完善，主要关注点是岛外进入岛内的大交通问题。目前已经构架了航空、水运、铁路和公路运输系统，联通全国各地其中海美兰机场和三亚凤凰机场 2012 年旅客吞吐量均已突破 1 000 万人次；目前粤海铁路运行的客车已增加到 5 对（海口—广州、海口—成都东、海口—长沙、海口—上海南、三亚—北京西和海口—西安），据统计，2006—2011 年累计已发送旅客 1890 万人次。但是，琼州海峡对运输硬制约性强，对公路和铁路的时间消耗大，加上粤海铁路的载客量较小，航空运输的区域布局也不广泛，水运时间消耗过大，这些对海南国内旅游市场规模有较大的限制。

国际旅游市场方面，可入性主要涉及便捷的出入境政策和航空运输两个方面。目前，海南对境外游客实行了便捷的出入境政策：①对日本、韩国、新加坡、马来西亚、泰国、菲律宾、印度尼西亚、德国、英国、法国、奥地利、意大利、俄罗斯、瑞士、瑞典、西班牙、荷兰、美国、加拿大、澳大利亚、新西兰、挪威、芬兰、丹麦、哈萨克斯坦、乌克兰等26个国家，持普通护照5人以上的旅游团队15天内免签证；其中对韩国、俄罗斯和德国3国旅游团组团人数放宽到2人以上（含2人），免签停留时间延长至21天；②与中国有外交关系或者官方贸易往来的国家或地区的外国人，可在海口、三亚口岸直接办理“落地签证”；③台湾同胞可在海口、三亚申请一次入出境有效的《台湾居民来往大陆通行证》。在运输方面，海口和三亚的机场都开放了三、四、五航权，并制订了一定的优惠政策，到2012年底直飞海南国际航班的国内外航空公司达28家，海南的国际航班增加到了40多条，但是大多为1周1班的航线，市场容量和服务便利性仍较欠缺。

总体看，航空运输对海南旅游市场的发展起着至关重要的作用。目前海南国际客源可入性较差，今后要进一步推进国内航空运输的合理布局，大力拓展国际航空运输市场，才能进一步拓展海南国际旅游市场的空间，促进、实现海南国际旅游需求的增长。

4.2.1.4 安全友好分析

海南社会环境和自然环境都凸显安全、和谐、友好的特性。海南经济社会发展稳定，民族团结，民风朴素、热情、好客，社会治安有保障，新中国成立以来没有发生大的社会动荡和骚乱。海南是中国的第二大岛屿，面积广阔，山清水秀，树林覆盖率高，自然生态环境保持完好，空气质量世界闻名，有“天然氧吧”之美誉，海南岛是大自然赏赐给人类的健康宝岛，引起世人不安的非典、禽流感也不曾光顾这块宝地，近年来也没有发生地震、海啸等特大地质灾害事件。与之相对应，东南亚一些世界著名滨海旅游目的地如印尼的巴厘岛多次发生恐怖事件、泰国政局动荡、东南亚发生海啸与各种流行病等。安全友好的环境是旅游者进行目的地决策的重要考量指标，是海南成为中外旅游者偏爱和欢迎的旅游目的地决定性因素。当然，海南的人文素养还有许多不尽如人意的地方，诸如跨文化沟通能力与礼仪等尚需大力改进和提高，海南的自然环境保护、自然灾害防护的机制与能力尚需健全和增强。

4.2.1.5 价格优势及旅游成本分析

旅游产品价格、竞争旅游目的地的旅游费用是影响旅游者需求的最重要的因素之一。通常旅游成本包括两部分：到目的地的交通成本和在目的地的旅游花费。换而言之，旅游目的地能否激发目标市场的旅游需求的一个关键点在于其价格水准，在于旅游者权衡不同旅游目的地的可替代价格的评价与选择。当然，价格优势是建立在旅游产品和服务的基准质量之上的，是旅游目的地产品的相对价格，而且在国际旅游市场中还受汇率变动的影响，当本国货币与其他国家货币比较发生升值时，这意味着外国旅游者进入该国旅游将会提高其实际支付的消费价格，这通常会抑制其他国家居民到本国旅游的动机和行为。

总体来说，海南旅游产品和服务的价格水准相对较低，相对国内其他旅游目的地具有一定的价格优势，对东南亚临近的滨海旅游目的地更是享有价格竞争优势，即便存在人民币升值的压力。可以预期，在未来相当长的一段时间内，海南旅游产品的价格优势仍将是吸引中外旅游者的重要经济因素。

4.2.1.6 促销力度分析

国际旅游实践表明，促销力度、促销花费与旅游目的地市场营销绩效呈正相关关系。旅游目的地政府、企业或者区域性国际旅游组织等促销力度越大、促销费用和促销活动越多，刺激潜在的消费者的效果就越大。

海南作为一个新兴的、远离客源市场的旅游目的地，对促销的依赖度相对较高，尤其是在国际旅游市场海南的知名度不够，如何有效地传播海南的相关旅游信息，如何有效地针对客源地目标客户的个性化旅游需求规划、设计、组织适宜的旅游线路和产品、服务，是关系海南国际旅游市场需求能否得到实现和增长的主要途径。长期以来，受政府财力等因素限制，海南旅游促销经费短缺，促销方式单一，海南的旅游形象和旅游产品没有得到很好的传播，海南国内外旅游市场没有实现实质性的规模突破。有资料显示，2003 年海南全部促销经费不足100 万元，2005 年，海南省旅游局的促销经费只有95 万元，市场的反应非常不理想。海南作为我国海洋面积最大的省份，旅游接待规模在2006 年前一直没有突破2 000 万人次，与国内经济发达的省市差距悬殊。于是，2006 年开始海南省政府加大促销力度，投入1 000 万元用于海南岛整体旅游形象、品牌的宣传和促销，并且决定从2007 年开始连续进行为期3 年的“海南旅游宣传促销年”活动，重点开拓俄罗斯市场、欧洲市场、日韩市场、东南亚市场、美加和澳新市场等六大国际旅游市场。2007 年，海南省旅游局、海口市旅游局、三亚市旅游局投入宣传促销经费分别为1 000 万元、2 000 万元和1 500 万元。近几年海南旅游营销经费呈现递增趋势。

应该说，海南政府部门和旅游企业对旅游促销的重视和实践才刚刚踏上国际旅游岛建设的“快车”，旅游促销水平与国际著名滨海旅游目的地还不是一个档次（2008 年夏威夷州政府的促销费用达到5 400 万美元），但是根据国际经验判断，随着海南各方旅游促销力度的加大和促销水平的提升，海南国内外旅游市场需求将会有一个爆炸式的增长过程。

4.2.1.7 旅游地不可替代性分析

从影响旅游需求的旅游供给因素分析，首要的因素便是旅游资源，旅游资源是保证旅游需求能够得以实现的根本基础，独特的旅游资源、有竞争力的旅游产品是刺激人们产生旅游需求核心要素。其次，旅游设施条件、旅游服务水平也是影响旅游目的地对客源吸引力的重要因素。此外，还有文化差异、吸引力等社会因素。

如前所述，海南作为中国唯一的热带海岛省份，参与国际度假旅游市场竞争具有国内其他省份都不可比拟的优势。海南的滨海旅游资源具有不可替代性，热带岛屿旅游资源丰富独特、品位高，生态环境良好，其独特的自然资源禀赋和生态环境还使海南成为世界稀有的集热带海滨海岛型度假地、温泉疗养型度假地、流动型度假地、乡村田园型度假地和内陆湖泊山水型度假地为一体的多功能复合型度假旅游地。世界一流的空气质量、中国之冠的人均寿命也为这块土地的宝贵价值做了最好的注释，而且海南的旅游设施和旅游服务正日益完善。目前，海南全省有旅游饭店400 多家，其中五星级及按五星级标准建设的饭店有40 多家。旅行社150 多家，旅游从业人员13 万人，各类旅游景区景点70 多家，形成了享誉中外的亚龙湾国家旅游度假区、南山文化旅游区、天涯海角旅游区、博鳌旅游区等一批旅游精品景区，海南已具备了2 500 万人次的旅游接待能力。

截止到2011年底，共有希尔顿、万豪、雅高等21家国际酒店管理集团进驻海南，涉及32个品牌、48家酒店（含在建/拟建）。另有6家具有较大影响力的国内酒店管理集团落户海南，涉及9个品牌、23家酒店（含在建/拟建）。在海南国际旅游岛建设背景下，海南已成为全国高端酒店品牌最集中、酒店国际化水平最高的区域。据统计，无论是国际酒店管理集团还是酒店品牌或是品牌酒店，海南均超过北京和上海，而且，海南星级酒店密度已超过北京和上海，成为全国星级酒店密度最高地区（图4.2）。

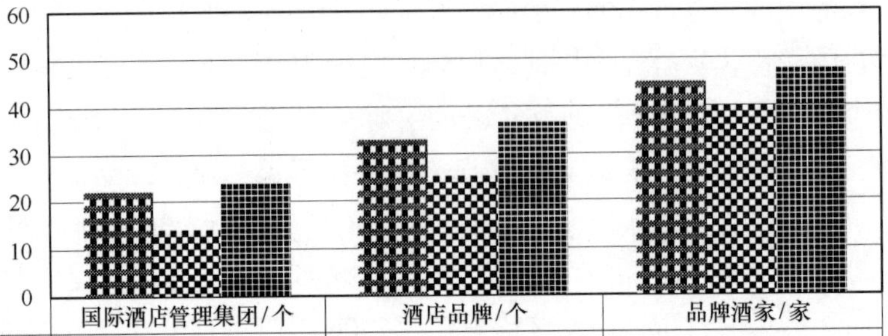

	国际酒店管理集团/个	酒店品牌/个	品牌酒家/家
北京	22	33	45
上海	14	25	40
海南	24	37	48

图4.2　北京、上海和海南高端酒店对比

4.2.2　海南滨海旅游需求偏好的实地调研分析

为便于对实际发生的海南滨海旅游需求进行针对性分析，课题组于2009年4月、5月和6月3次赴海口和三亚的各大景区、港口、机场，对旅游者进行了当面访谈和问卷调查。实际回收调查问卷475份，有效问卷462份，问卷的有效回收率为97.3%。问卷调查的内容涉及被访者的年龄、性别、婚姻状况和游客月收入。通过访谈和对问卷的分析，赴琼旅游需求显示出广泛的社会基础和巨大的开发潜力。相关调研指标和统计分析如下：

4.2.2.1　人口学特征分析

抽样调查对象具有以下人口学特征：

首先，男性游客略多于女性游客。调查结果显示，男性占58.01%、女性占41.99%，说明对海南滨海旅游需求的性别关联度不大，海南滨海旅游产品具有普适性。

其次，以青壮年旅游者为主。其中15～24岁的游客占23.3%，25～44岁的游客占47.4%，45～64岁的游客占24.5%，65岁以上的游客占4.3%。

再次，职业构成复杂，但相对集中。所占比重最大的是企事业单位管理人员，占23.2%，其次是公务员和学生，各占13.2%（表4.2）。

表4.2　来琼游客的职业构成　　%

职业类别	企事业单位管理人员	公务员	学生	专业文教科技人员	工人	军人	农民	离退休人员	其他
所占比重	23.2	13.2	13.2	9.5	3.9	1.7	2.2	6.9	20.8

资料来源：课题组抽样调查数据。

最后，旅游者的受教育水平较高。其中，研究生及以上学历者占 6.3%，大学本科学历者占 36.8%，大专学历者占 26%，高中和中专学历者占 22.3%，初中及以下学历者仅占 8.7%。

4.2.2.2　旅游动机分析

根据抽样调查资料，来琼游客以休闲度假和观光为主，占到市场份额的 60.6%（表 4.3），市场需求指向集中度高，从而更进一步地说明了，市场认同海南具有独到的观光资源和度假资源，市场预期较高。以商务会议为动机来琼旅游者也占到抽样对象总体的 11.5%，说明海南在市场心目中具有良好的商务会议资源和条件。

表 4.3　来琼游客的旅游目的构成

%

旅游动机	休闲度假	观光	探亲访友	商务会议	进修学习	文体科技交流	健康疗养	其他
所占比重	35.7	24.9	10.2	11.5	5.0	1.9	1.1	9.7

资料来源：课题组抽样调查数据。

4.2.2.3　到访性质分析

抽样调查数据显示，来琼旅游者中，属于初次到访的占 53%，重复到访率为 47%，其中来琼旅游 5 次及以上者占到样本总量的 20.3%（表 4.4）。这进一步说明海南滨海旅游需求的主体不是观光旅游，而是可重复、可延展的度假旅游。这也在一定程度上说明了海南旅游满意度较高。

表 4.4　来琼游客的来琼次数构成

%

来访次数	第 1 次	第 2 次	第 3 次	第 4 次	5 次及以上
所占比重	53.0	16.0	7.6	3.0	20.3

资料来源：课题组抽样调查数据。

4.2.2.4　产品偏好分析

抽样调查资料显示，最吸引游客来海南旅游的前三个因素因素依次是：旅游景点、生态环境和亲海体验，合计占样本总量的 71.4%（表 4.5）。这些选择从产品构成角度证明海南旅游资源是海南旅游一大亮点，旅游者偏好海南自然旅游景观、自然旅游产品，旅游者有着亲近大海、亲近大自然的强烈的、内在的需求，而旅游服务与旅游设施不是海南旅游吸引力的根本所在，只是辅助手段而已。

表 4.5　来琼游客的旅游产品偏好构成

%

产品偏好	旅游景点	亲海体验	生态环境	城市环境	地方美食	服务设施	地方文化	宗教活动	商务条件
所占比重	30.3	14.9	26.2	11.1	9.4	2.3	3.8	0.6	1.3

资料来源：课题组抽样调查数据。

4.2.2.5　滨海旅游活动项目偏好分析

抽样调查资料显示，旅游者在海南最喜欢的滨海旅游活动项目是：看海排名第一，占27%；游泳排名第二，占21%；潜水排名第三，占13%（表4.6）。我们的调查对象大多数来自我国内地，地理空间差异、人们的探求新奇的心理应该是其选择的基本原因。因此，海南滨海旅游未来的发展要进一步拓展滨海旅游资源，为旅游者提供更多覆盖海面、海底、海空等全方位的旅游产品和服务项目，进一步提升中外旅游者的满意度。

表4.6　来琼游客的旅游活动项目偏好构成　%

活动项目	所占比重	活动项目	所占比重	活动项目	所占比重	活动项目	所占比重
游泳	20.6	探险	2.6	潜水	13.5	垂钓	4.7
登山	7.5	看海	27.0	划船	5.2	其他	1.6
冲浪	7.3	漂流	10.0				

资料来源：课题组抽样调查数据。

4.2.2.6　目的地选择偏好分析

游客来海南旅游最喜欢去的目的地就是三亚，比例高达69.3%，其次是海口，占22.3%，琼海等其他县市对旅游者的吸引力较小，偏好比例均不到3%（表4.7）。这一方面说明三亚和海口在旅游者心目中具有不可替代的地位，其旅游产品符合旅游者的需求；另一方面也说明其他区域的旅游资源和旅游产品要么开发不足，要么营运不善，对旅游者还没有显示出不可抗拒的吸引力。因此，如何合理地规划和设计海南旅游区域布局，是未来海南滨海旅游资源开发必须重点解决的一个问题。

表4.7　来琼游客的旅游目的地偏好构成　%

目的地	三亚	海口	琼海	五指山	文昌	其他
所占比重	69.3	22.9	2.4	1.5	0.9	3

资料来源：课题组抽样调查数据。

4.2.2.7　景区景点偏好分析

抽样调查资料显示，在海南的旅游景区（点）中，天涯海角、亚龙湾、南山和博鳌水城对游客的吸引力较大，在全部462个样本中，选择去天涯海角的占51.95%，选择去亚龙湾的占47.4%，选择去南山的占24.89%，选择去博鳌水城的占20.13%（见表4.8）。选择去其他旅游景区（点）的占样本总数的比重都在10%以下。可见，海岸带是海南滨海旅游的生命力所在，未来景区开发的重点也应该选择海岸带。

表 4.8 来琼游客的景区景点偏好构成

单位：人

景区（点）	应答人数	景区（点）	应答人数	景区（点）	应答人数
天涯海角	240	南湾猴岛	32	博鳌水城	93
亚龙湾	219	五公祠	10	万泉河	33
南山	115	黎苗风情园	31	红色娘子军	17
兴隆植物园	42	南田温泉	26	其他	26

资料来源：课题组抽样调查数据。

4.2.2.8 滨海新产品消费意向分析

抽样调查资料显示，对海南未来开发诸如月亮湾等近海区旅游产品，旅游者有消费意向的占绝大多数，是所有被调查对象总数的94%；对海南未来开发诸如西沙群岛等远洋旅游产品，旅游者有消费意向的占绝大多数更是高达96%。只有极少数被调查者因为身体条件、生活时间的限制等因素没有消费意向。这说明，广大的旅游者对海南滨海旅游资源的开发和利用是有期望的，海南旅游新产品的市场是广阔的。

4.2.2.9 最理想的旅游目的地评价

抽样调查资料显示，国内游客心目中最理想的滨海旅游胜地前三名依次是海南岛、夏威夷和青岛，比例分别为37.45%、23.16%和11.47%（表4.9）。夏威夷则作为国际滨海旅游目的地排在海南之后。对国内旅游者而言，海南虽然不及夏威夷国际一流的旅游环境、旅游产品和旅游服务水准，但是在旅游目的地的空间距离、旅游者旅游时间成本、旅游价格等因素方面显示出一定的市场竞争优势，所以才赢得市场认同。因此，进一步开发滨海旅游资源、建设海南国际旅游岛有相当大的市场需求基础和支撑。

表 4.9 来琼游客心目中最理想的旅游目的地

%

目的地	所占比重	目的地	所占比重	目的地	所占比重
海南岛	37.4	厦门	5.4	普吉岛	2.4
青岛	11.5	巴厘岛	8.7	其他	2.6
大连	8.9	夏威夷	23.2		

资料来源：课题组抽样调查数据。

4.2.2.10 旅游者对景区类型的一般偏好分析

调查资料显示，来琼旅游者所选择的旅游景区类型大多是滨海型旅游景区，所占比例达72.3%。乡村旅游比例排在第二，达到11.7%。城市旅游仅仅享有6%的份额（见表4.10）。可见，滨海旅游是来琼游客的最基本和最主要的选项。

表 4.10　来琼游客的景区类型偏好构成　　%

景区类型	滨海	城市	乡村	山区	其他
所占比重	72.3	6.1	11.7	8.7	1.3

资料来源：课题组抽样调查数据。

4.2.2.11　旅游者的收入水平与消费力分析

调查资料显示，来琼旅游者月收入水平大多数集中在 1 000 ~ 5 000 元区间，占样本总量的 69%，月收入 1 000 元以下的占样本总量的 18%，月收入水平 5 000 元以上的仅占样本总量的 12.8%（表 4.11）。可见，来琼旅游者的主流是中低端收入的旅游者。

表 4.11　来琼游客的月收入水平构成　　%

收入水平	<500 元	500 ~ 1 000 元	1 000 ~ 2 000 元	2 000 ~ 3 000 元	3 000 ~ 5 000 元	>5 000 元
所占比重	10.2	7.8	26.4	22.1	20.8	12.8

资料来源：课题组抽样调查数据。

与以中低端收入的旅游者为主体相对应，海南客源的消费力也较低。从旅游时间消费角度看，来琼旅游者逗留时间短，尽管有 73% 的被访者的逗留时间在 3 天以上，但大多数游客表示他们的逗留时间一般不会超过 6 天。仅仅逗留 3 天的游客占样本总量的 18%，逗留不到 3 天的游客的比例达到 9%。

另外，根据海南官方数据，2012 年海南接待过夜游客 3320.37 万人次，旅游总收入 379.12 亿元，人均消费为 1 141.8 元。其中，国内旅游者 3 238.8 万人次，国内旅游收入 356.79 亿元，国内旅游者人均消费 1 101.61 元；入境旅游者 81.56 万人次，入境旅游收入 22.33 亿元，入境旅游者人均消费 2 737.86 元。而世界知名旅游胜地夏威夷 2008 年的旅游市场规模一般不到 800 万人次、人均逗留 9 天、人均消费 3 000 美元，2008 年海南的旅游市场规模是夏威夷的 2 ~ 3 倍，但是夏威夷客源市场的人均消费水平则是海南的 25 倍（即便是入境旅游者在海南的消费水平也仅仅是夏威夷旅游者人均消费水平的 1/7）。因此，打造高水平的旅游服务项目和产品，稳定市场规模，改善市场结构，着力吸引海内外高端旅游者，提升旅游的经济社会效益，实现海南旅游可持续发展，是未来海南旅游发展的必由之路。

综上所述，课题组调研统计分析表明滨海观光休闲度假已经成为广大旅游者的时尚选择和主流趋势，海南滨海旅游产品具有广泛的市场需求，在国内旅游者心目中具有最高的选择偏好，海南进一步开发、利用滨海旅游资源和产品有市场基础。

4.2.3　地方经济社会发展需求分析

旅游是现代社会进步的结果，同时又是现代经济社会发展的助推器。海南独特的岛屿环境决定了旅游业在整个海南经济社会发展中核心地位，旅游业是海南经济社会发展的“火车头”。

4.2.3.1　旅游业是影响和制约海南经济社会全面发展的主导产业

旅游业在海南省产业中享有极其重要的地位，从最初的特色产业，到重要产业，到支柱产业，再到现在发展为主导产业中的龙头产业，都凸显旅游业在海南省社会经济发展中所扮演的特殊角色和地位。2012 年海南全省生产总值（GDP）2 855.26 亿元，其中，旅游业总收入 379.12 亿元，占全省 GDP 的 13.28%，高出全国水平 10 个百分点；以旅游业为龙头的第三产业增加值 1 340.12 亿元，占全省 GDP 的 46.94%。另外，按世界旅游理事会所统计的旅游业收入对国民经济总产出的乘数为 2.5 来计算，2012 年海南旅游业对国民经济的贡献额约为 947.80 亿元，已经占到 GDP 的 33.19%（表 4.12）。

表 4.12　海南近年来旅游业收入情况表

年份	GDP/亿元	旅游收入/亿元	占比/（%）	年份	GDP/亿元	旅游收入/亿元	占比/（%）
1995	364.2	52.39	14.4	2004	790.1	111.0	14.1
1996	389.5	49.87	12.8	2005	905.0	125.1	13.8
1997	409.9	61.67	15.0	2006	1 031.9	141.4	13.7
1998	438.9	66.96	15.3	2007	1 223.3	171.4	14.0
1999	471.2	72.46	15.4	2008	1 459.2	192.3	13.2
2000	518.5	78.56	15.2	2009	1 646.6	211.7	12.9
2001	566.1	87.89	15.5	2010	2 052.1	257.6	12.6
2002	623.5	95.38	15.3	2011	2 515.3	324.0	12.9
2003	691.7	93.55	13.4	2012	2 855.3	379.1	13.3

资料来源：根据海南省统计年鉴数据整理。

4.2.3.2　旅游业是关联度高的综合性产业

旅游消费直接投向是吃、住、行、游、购、娱 6 个部门，间接影响到金融、保险、通讯、医疗、农业、房地产、环保、印刷等 58 个部门。据日本野村综合研究所的测算，在工业发达国家，旅游消费支出每增加一个单位，工业产值可扩大 2.71 倍，国民收入可以扩大 1.36 倍，投资可以扩大 0.25 倍。在发展中国家起作用相对会更高，分别可以扩大到 3.7 倍、2.7 倍和 0.9 倍。从旅游的辐射带动效应的实践情况来看，海南省旅游业的发展直接带动了交通、通讯、餐饮、商贸、文化、娱乐等相关行业的发展，特别是对与海南地域资源独特性高度关联的房地产业的拉动作用十分明显。2012 年在旅游业的带动下，第三产业增加值占全省 GDP 的 46.94%，旅游、房地产等产业的税收占全省税收的 60%。

4.2.3.3　旅游业是劳动密集型行业

统计分析表明，旅游本行业就业人数与相关行业就业人数的比例一般为 1∶5，这种就业杠杆效应在发展中国家往往更高一些。根据旅游行业统计估算，海南星级酒店、旅行社等旅游业从业人员为 13 万人。按这个数字计算，全省相关行业就业人数可达 65 多万人，在全省劳动就业人口 400 多万中占有相当大比重（约 16%）。

4.2.3.4　合理的旅游资源开发有助于资源环境保护和优化

滨海旅游目的地要求对海岸带生态资源的开发与保护相统一、经济效益和社会效益相统一。因此，清洁生产和消费滨海旅游产品，发展生态旅游、绿色旅游、和谐旅游，不断提升海南现代旅游的规格和质量，将有利于不断提高现有的环境质量和生态水平，推进海南生态省的建设。2009 年“中国生态旅游年”启动仪式在海南举行，以此为契机，海南全力打造“生态旅游在海南”的品牌，大力发展生态游、文明生态村、农业旅游示范区和休闲农庄等绿色旅游产品，对自然资源的保护、修复、可持续利用等都起到了很好的促进作用。

4.2.3.5 旅游业有利于促进海南文化与世界文明的交流和进步

旅游是人类社会不同群体相互接触、交流和沟通的桥梁。一方面，海南可以借此向世人展示和传播中国文化、海南风情，尤其是有海南独特人文魅力的黎族民族文化；另一方面，海内外旅游者也会把不同的民族文化的文化理念、消费行为方式和其他社会文明带到海南来，影响海南岛屿文化的演进和发展。因此，适度的旅游发展将促进海南风情、海南文化和世界其他民族的文化、文明的交融与繁荣。

另外，海南省辖域范围中的西沙群岛、南沙群岛靠近越南、菲律宾、印度尼西亚等东南亚国家，其水域则可直通越南、菲律宾、马来西亚、印尼、文莱。因此，推进海南滨海旅游乃至整个海南海洋旅游的发展，对于维护国家主权，密切同海南相邻的东南亚国家的经济社会关系和友谊，推动解决历史分歧问题，携手繁荣中国南海的海洋开发事业具有特殊价值和意义。

4.2.4 国家战略需求分析

海南滨海旅游是我国旅游区域不可或缺的重要构成部分。海南位于中国的最南端，热带海岛自然风貌保持良好，被国家旅游局列为全国七大旅游区之一，也是全国唯一一个全省被划为独立旅游区的省份，是我国唯一一个最具备建立热带海滨海岛旅游度假胜地的地区。因此，完善和发展海南热带滨海旅游，对我国构建完整的旅游供给体系、满足国内外广大旅游消费者的热带滨海休闲度假的需求具有不可替代的战略价值和意义。

发展海南滨海旅游业的是“国际旅游岛”建设核心任务，是我国旅游和服务业进一步改革开放的战略步骤。中共海南省第五次代表大会郑重提出了“建设海南国际旅游岛”战略任务，受到党中央、国务院的高度重视和支持，同意海南进一步发挥经济特区优势，在旅游业对外开放和体制机制改革等方面积极探索，先行试验，并且以此带动整个服务业的创新和发展。此外，海南获准在海口、三亚、琼海、万宁四市各开办一家免税店等优惠旅游政策支持。2008 年 4 月海南省政府出台《海南国际旅游岛建设行动计划》，提出海南旅游业全面与国际接轨，要把海南建设成为“旅游开放之岛、欢乐阳光之岛、休闲度假之岛、生态和谐之岛、服务文明之岛”，计划到 2020 年初步建成世界一流的国际旅游岛，旅游产品达到国际水准。这些表明，海南滨海旅游业的创新和发展不仅仅是旅游者的需要和呼声，更是海南建构岛屿特色的经济结构、实现海南经济社会又好又快发展的重大举措，而且还是我国经济社会进一步改革开放的重大发展战略。

2009 年 12 月 31 日，国务院通过了《关于推进海南国际旅游岛建设发展的若干意见》，提出要充分发挥海南的经济特区优势，积极探索，先行试验，发挥市场配置资源的基础性作用，加快体制机制创新，推动海南旅游业及相关现代服务业在改革开放和科学发展方面走在全国前列，要把海南建成我国旅游业改革创新的试验区；要充分发挥海南的区位和资源优势，按照国际通行的旅游服务标准，推进旅游要素转型升级，进一步完善旅游基础设施和服务设施，开发特色旅游产品，规范旅游市场秩序，全面提升海南旅游管理和服务水平，把海南建成世界一流的海岛休闲度假旅游目的地；并且还要把海南建成全国生态文明建设示范区、国际经济合作和文化交流的重要平台、南海资源开发和服务基地、国家热带现代农业基地。海南国际旅游岛建设于此上升为国家发展战略。

总之，发展海南滨海旅游，不仅仅是中外旅游者的需要和呼声，也是海南地方经济社会发展的需要，更是中国旅游事业、中国海洋事业、中国进一步改革开放的需要。

4.3　海南滨海旅游市场季节变化分析

统计资料表明，历年来，无论是国内游客接待量和入境游客接待量，还是国内旅游收入和旅游外汇收入，滨海市县都占全省总量的95%以上。因此，海南省全省的旅游季节变化情况能够反映海南省滨海旅游季节变化情况。

4.3.1　入境游客接待量季节变化分析

海南省历年入境游客接待量的统计数据表明，海南省入境游客季节性特征明显。按照是否高于平均值分为旺季和淡季。以2008—2012年海南省入境游客接待量为原始数据，计算出5年平均的各月入境游客接待量，并绘制图4.3。从中可见，入境游客接待量最多的是12月份，占年接待总量的11.57%，接待量最少的是6月份，仅占年接待总量的6.16%，12月份接待量相当于6月份接待量的1.88倍。从中还可发现，海南省5年平均的入境游客接待量呈现出两个波峰和波谷：第一个波谷出现在2月份，接待量占年总接待量的7.74%，比月平均值低0.59个百分点，其原因主要是此时是我国的春季，旅游价格较高；第二个波谷出现在5月至10月，在这半年时间内，入境游客接待量仅占全年接待量的41.01%，其原因主要是，在这几个月份，海南省的气温相对较高。11月至翌年1月以及3月至4月是海南入境游客接待量的两个波峰，这5个月入境游客接待量占年接待总量的51.25%（图4.3），其原因主要是，在这几个月份，海南的舒适度最高，而且，与俄罗斯、韩国等处于较高纬度的国家或地区的气候差异较大。

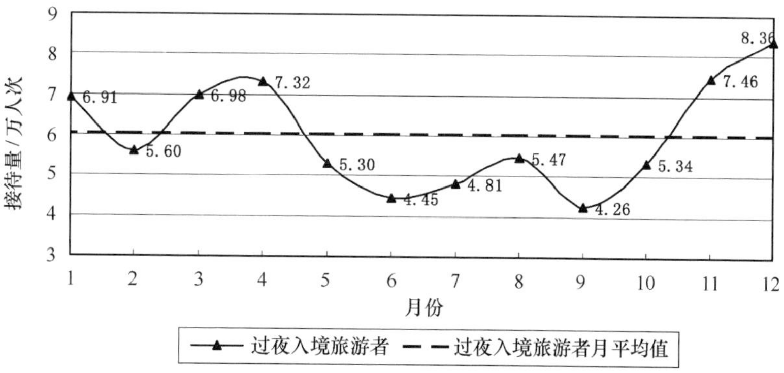

图4.3　2008—2012年海南省入境游客五年平均的月接待量变化情况

资料来源：根据海南省旅游发展委员会官方网站数据整理。

从海南省入境游客的细分市场看，2008—2012年来琼外国游客占来琼入境游客总量的

69.04%，因此，来琼外国游客的季节变化对来琼入境游客的季节变化起着最为重要的影响。比较图4.3和图4.4可见，来琼外国游客的季节变化与来琼入境游客的季节变化基本一致，但外国游客的季节变化更加明显，1月、3月、4月、11月和12月5个月的接待量占年总接待量的53.61%，高于同期入境游客占来琼入境游客总量的51.25%（图4.4）。

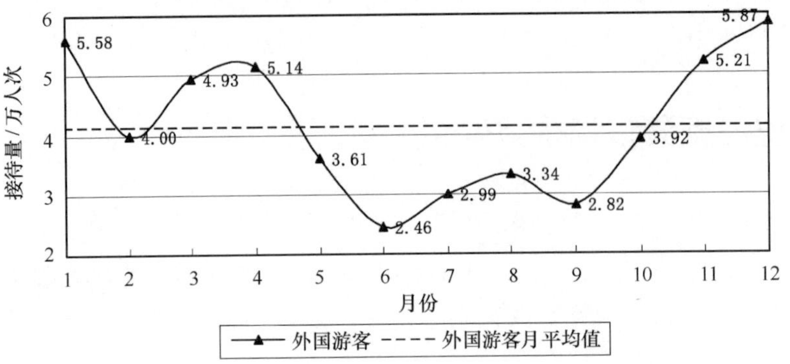

图4.4 2008—2012年海南省外国游客五年平均的月接待量变化情况

资料来源：根据海南省旅游发展委员会官方网站数据整理。

2008年，来琼香港游客的高峰出现在3月、4月、8月和12月，其中以8月份最多，占年来琼香港游客总量的12.21%，来琼香港游客的3个波谷中，有两个比较明显，一是1月份，仅占全年总量的5.67%，为最低值，二是9月份和10月份，分别占年总量的6.07%和6.31%（图4.5）。产生这种现象的主要原因是，学生修学旅游是来琼香港游客的重要旅游动机。

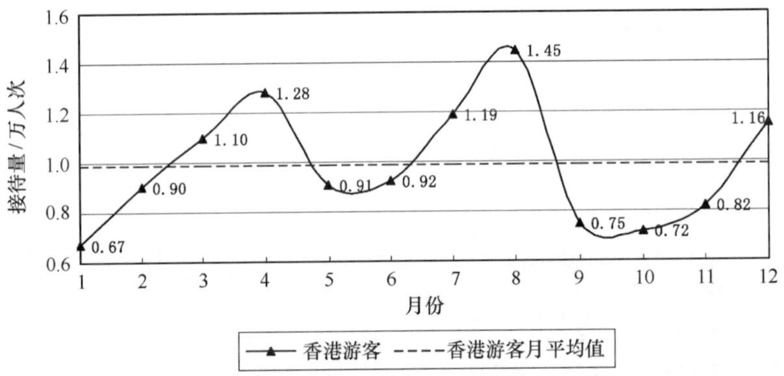

图4.5 2008—2012年海南省香港游客五年平均的月接待量变化情况

资料来源：根据海南省旅游发展委员会官方网站数据整理。

来琼澳门游客总量较少，2008—2012年间年平均仅为0.9万人次，其中，2008年最多，为1.19万人次，2009年最少，仅0.56万人次。来琼澳门游客的最高峰出现在8月，占年总量的14.07%，12月至翌年4月，来琼澳门游客数量也高于月平均值（见图4.6）。产生这种现象的原因，一方面是学生修学旅游是来琼澳门游客的重要旅游动机，另一方面，海南冬半年舒适宜人的气候条件对澳门游客同样产生了较大的吸引力。

来琼台湾游客大致属于单峰值的，即11月和12月，这两个月份的来琼台湾游客量占年总量的 28.17%（图 4.7）。

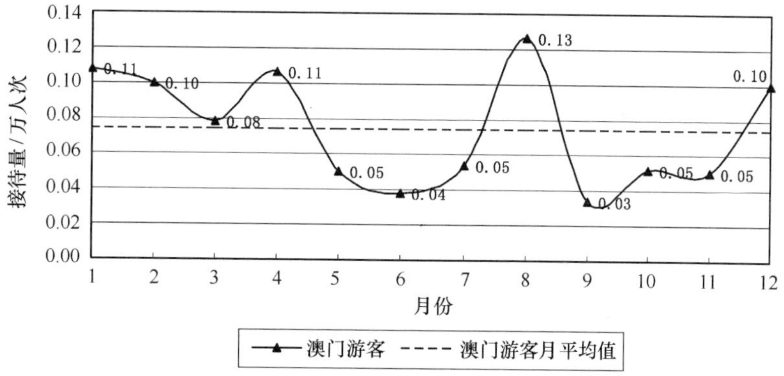

图 4.6　2008—2012 年海南省澳门游客五年平均的月接待量变化情况

资料来源：根据海南省旅游发展委员会官方网站数据整理。

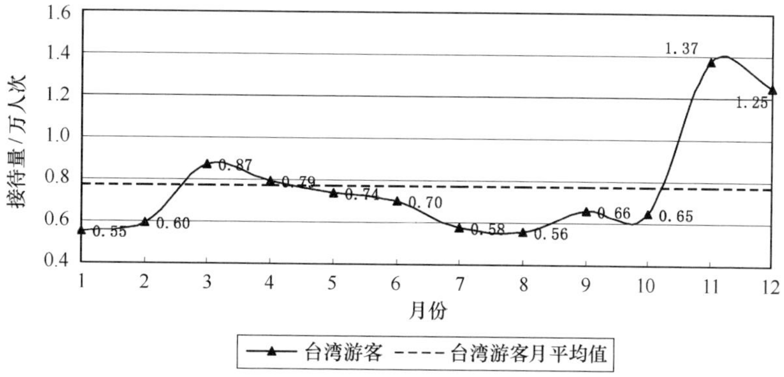

图 4.7　2008—2012 年海南省台湾游客五年平均的月接待量变化情况

资料来源：根据海南省旅游发展委员会官方网站数据整理。

4.3.2　国内游客接待量季节变化分析

历年统计数据显示，海南省国内游客接待量呈现三个显著特征：

第一，季节变化稳定。2008 年至 2012 年，月接待量最多的都是 12 月份，且 12 月份接待量占全年比重稳定在 11% 以上，月接待量最少的都是 6 月份，且接待量占全年比重稳定在 6.8% 以下；各年份的旅游旺季出现在 11 月至翌年 3 月，旅游淡季出现在 4 月至 10 月（见图 4.8）。

第二，淡旺季比较明显。以 2008—2012 年五年平均值进行分析发现，11 月至翌年 3 月为旅游旺季，这 5 个月的过夜国内游客接待量占年接待总量的 47.81%，其中，接待量最多的是 12 月份，占年总接待量的 11.13%，4 月至 10 月为淡季，这 7 个月过夜国内游客接待客流量占年接待量的 52.19%，其中接待量最少的是 6 月份，仅占年总接待量的 6.59%（见图 4.9）。

第三，季节波动幅度较小。通过对 2008—2012 年五年平均数据进行分析发现，过夜国内游客接待量的标准差仅为 31.53 万人次，标准离差率为 14.78%。

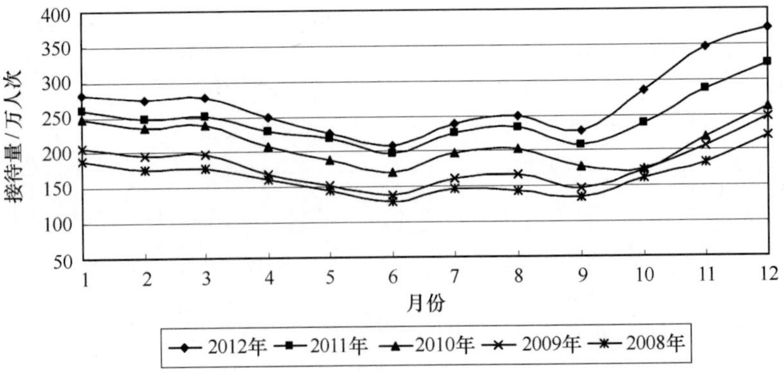

图 4.8　2008—2012 年海南省国内过夜游客月接待量变化情况

资料来源：根据海南省旅游发展委员会官方网站数据整理。

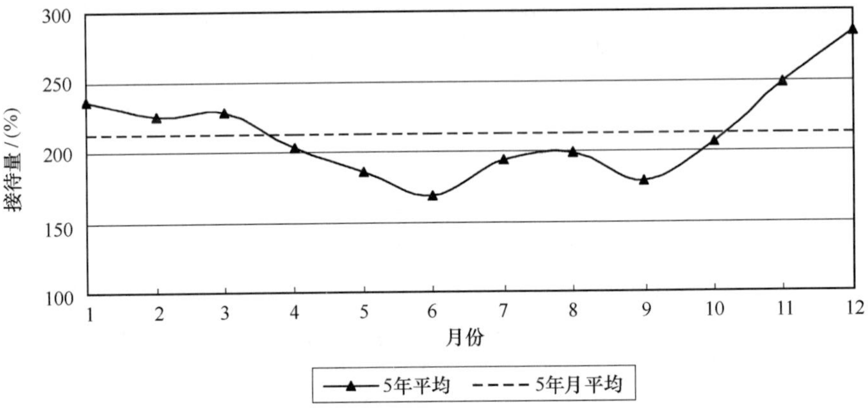

图 4.9　2008—2012 年海南省国内过夜游客五年平均的月接待量变化情况

资料来源：根据海南省旅游发展委员会官方网站数据整理。

这些季节变化特点对海南省科学规划和合理安排相应的旅游接待和旅游服务有重要的指示作用。

4.4　海南滨海旅游客源市场地区结构分析

4.4.1　国内客源市场占市场主导地位，且增速显著快于入境市场

从总量来看，国内旅游者一直以来都占据着海南旅游客源市场的绝对主体地位，从 1993 年起国内游客占海南省游客总量的比重一直保持在 90% 以上，尤其是进入 21 世纪以来，国内旅游者占海南客源市场的份额始终保持在 95% 以上，2012 年更是达到了 97.54%（见图 4.10）。

不仅国内游客占据海南旅游者的绝对主体地位，而且来琼国内游客的增长速度明显快于来琼入境游客的增长速度。例如 2000—2012 年，国内游客年均增长 10.68%，但入境游客年均增速仅为 4.39%。需要指出的是，自 2010 年开始建设海南国际旅游岛以来，海南入境游客

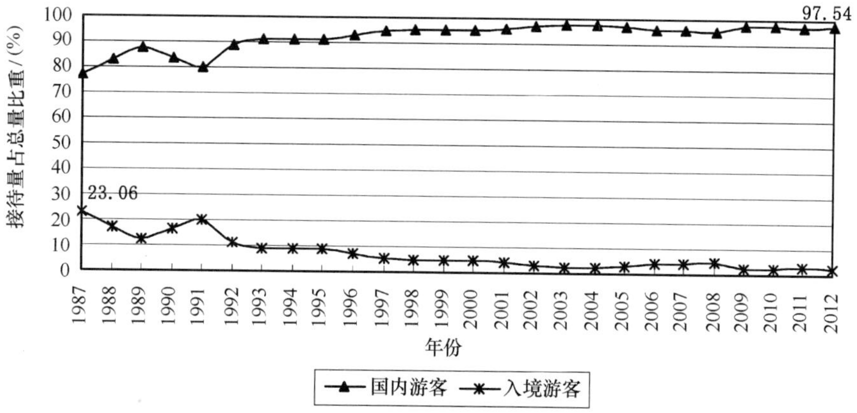

图 4.10 1987—2012 年海南省过夜游客接待量的构成变化情况

资料来源：根据海南省旅游发展委员会官方网站数据整理。

增长速度开始加快，2009—2012 年间，入境游客增速甚至快于国内游客的增速（表 4.13），反映出国际旅游岛建设对国际游客也产生了较强劲的吸引力。

表 4.13 不同时间段国内游客和入境游客年均增长速度比较 %

时间段	1988 - 2012	1995 - 2012	2000 - 012	2005 - 2012	2009 - 2012	2010 - 2012	2011 - 2012
国内游客	15.69	14.41	10.68	11.91	13.84	13.35	10.92
入境游客	5.93	5.51	4.39	9.51	13.93	10.90	0.12

资料来源：根据海南省旅游发展委员会官方网站数据整理。

4.4.2 入境旅游市场以外国游客为主，但外国游客所占比重呈下降趋势

从 2008 年至 2012 年，外国游客占来琼入境游客比重从 74.68% 下降到 63.72%，下降了 10.96 个百分点；相反，港澳台游客占来琼入境游客比重则呈现上升趋势，其中以台湾游客的增长速度最快，台湾游客占入境游客的比重从 2008 年的 8.15% 快速上到 2012 年 21.65%，提高了 1.66 倍，比香港游客所占份额高出了 7.98 个百分点（表 4.14）。

表 4.14 2008—2012 年海南省过夜入境旅游市场构成状况

		2012	2011	2010	2009	2008
过夜入境旅游者	总量/万人次	81.56	81.46	66.31	55.15	97.93
	比重	100.00%	100.00%	100.00%	100.00%	100.00%
外国游客	总量/万人次	51.97	56.17	47.38	37.21	73.13
	比重	63.72%	68.95%	71.45%	67.47%	74.68%
香港游客	总量/万人次	11.15	13.62	11.33	12.18	14.37
	比重	13.67%	16.72%	17.09%	22.09%	14.67%
澳门游客	总量/万人次	0.78	1.13	0.78	0.56	2.45
	比重	0.96%	1.39%	1.18%	1.02%	2.50%

续表 4.14

		2012	2011	2010	2009	2008
台湾游客	总量/万人次	17.66	10.54	6.82	5.2	7.98
	比重	21.65%	12.94%	10.29%	9.43%	8.15%

资料来源：根据海南省旅游发展委员会官方网站数据整理。

4.4.3 来琼外国游客以欧亚为主体，欧洲游客所占比重上升较快

2012 年来琼外国游客中，来自欧洲的占 50%，来自亚洲的占 35.5%，来自欧亚之外地区的游客仅占 14.5%。而且，欧洲游客的比重呈上升趋势，从 2008 年的 40.92% 上升到 2012 年的 50.00%，亚洲游客的比重呈下降趋势，从 2008 年的 45.29% 下降到 2012 年的 35.50%，欧亚之外地区的游客比重基本上比较稳定（表 4.15）。

表 4.15　2008—2012 年来琼外国游客的地区构成　　%

地区	2012 年	2011 年	2010 年	2009 年	2008 年
总计	100.00	100.00	100.00	100.00	100.00
亚洲小计	35.50	31.96	37.65	40.59	45.28
欧洲小计	50.00	53.86	48.01	40.79	40.92
美洲小计	6.89	7.99	7.96	8.00	5.86
大洋洲小计	2.82	2.24	2.29	2.58	1.80
非洲小计	0.80	0.93	0.76	0.89	0.49
其他小计	3.99	3.02	3.33	7.15	5.65

4.4.4 来琼外国游客的国别构成变化较快，俄罗斯市场独占鳌头

俄罗斯游客占来琼外国游客的比重从 2008 年的 30.60% 快速提升到 2012 年的 39.73%，成为海南省最主要的外国客源市场。新加坡市场已稳居海南省第二大客源市场，占来琼外国游客比重从 2008 年的 5.96% 快速提升到 2012 的 14.37%，提升了 8.41 个百分点，游客数量从 3.40 万人次增加到 6.94 万人次，翻了一番，增长速度最快。此外，印度尼西亚和泰国的来琼游客的增长速度也较快。相反，韩国游客占来琼外国游客的比重则急剧下降，从 2008 年的 22.29% 下降的到 2012 年的 3.32%，游客数量也从 12.71 万人次急剧减少到 2012 年 1.61 万人次，减少了 6.92 倍，占来琼外国游客的位次从第 2 位下降到了第 6 位。下降速度较快的还有日本市场，占来琼外国游客的份额从 2008 年的 6.44% 下降到 2012 年的 3.51%，来琼日本游客数量则从 3.67 万人次减少到 1.70 万人次，减少了 1.16 倍（表 4.16）。韩国游客和日本游客如此快速地减少值得深思。

表 4.16 2008—2012 年海南入境旅游主要客源地及其占来琼外国游客的比重 %

国家或地区	2012 年	2011 年	2010 年	2009 年	2008 年
俄罗斯	39.73	42.79	34.91	26.15	30.60
新加坡	14.37	11.11	11.19	9.13	5.96
马来西亚	5.51	4.17	6.48	7.09	5.82
美国	4.38	5.37	5.26	5.43	3.85
日本	3.51	4.01	5.83	9.01	6.44
韩国	3.32	4.93	7.47	7.81	22.29
德国	2.16	2.91	4.03	3.94	2.36
印度尼西亚	1.60	1.14	0.92	0.92	0.50
泰国	1.51	1.16	1.19	1.09	0.98
加拿大	1.50	1.74	1.87	1.88	1.17
澳大利亚	1.42	1.62	1.72	2.00	1.23
法国	1.29	1.56	1.91	2.15	1.22
英国	1.18	1.57	1.50	2.32	1.83

资料来源：根据海南省旅游发展委员会官方网站数据整理。

第5章　海南省滨海旅游开发环境影响评价

滨海旅游是海南旅游业的重要组成部分。海南岛四面环海，发展滨海旅游具有得天独厚的条件，“海”也是海南的三大特色优势（“热”、“海”、“特”）之一。发展滨海旅游，是海南国际旅游岛建设的重要内容。滨海旅游业的快速发展，不仅促进了海南旅游业的发展，也对海南滨海旅游环境产生了不可忽视的影响。海南国际旅游岛建设要求我们不断加大滨海旅游环境的保护力度，实现滨海旅游业发展的经济效益、生态环境效益和社会效益的和谐统一。

滨海旅游环境是指以滨海旅游系统为中心，影响其产生与发展的各种自然因素和社会因素的综合总体。它从属性上可分为自然环境和社会环境，共同构成滨海旅游环境系统。目前大多数学者主要以旅游者在旅游目的地所接触的自然环境为主要研究内容。本研究也重点关注滨海旅游自然环境。

滨海旅游环境系统是一个多因素耦合的复杂动态系统，也是一个开放的、具有耗散结构的系统。该系统不断与外界进行着物质、能量和信息的交换，主要表现为滨海旅游开发经营和滨海旅游活动与滨海旅游环境之间的相互影响。这些影响主要是从两方面体现，即滨海旅游环境容量和滨海旅游环境质量。

5.1　海南滨海旅游资源开发的环境影响分析

国外对滨海旅游开发的环境影响研究已趋于成熟，其研究已涉及对具体生态因子的定量化研究，且主要集中在对水环境和水生植物方面的研究。所用的方法大多是既成事实法和长期监测法并结合问卷调查法。国内对滨海旅游的研究还主要集中在对滨海旅游资源的评价和开发上，而对于滨海旅游环境影响的研究只是局限于少量的定性描述上，缺乏对具体生态环境因子的定量研究。

海南滨海旅游资源开发一方面对滨海自然环境产生了重大的积极影响，但另一方面，也对滨海自然环境产生了不可忽视的有时甚至是不可逆转的消极影响。

5.1.1　滨海旅游与环境间的关系

5.1.1.1　*滨海旅游与环境间的相互独立关系*

滨海旅游与环境间的相互独立关系，系指二者各自保持独立，相互之间没有干扰和作用。从滨海旅游活动的角度讲，滨海旅游活动必定是在一定的环境中进行的，它离不开环境，尤其是其中的滨海旅游资源的支持。因此，只要有滨海旅游活动，它必然要与其所在的环境产生联系，发生作用。在未开展滨海旅游活动的地区，当地的环境仍然按照自身的发展规律在运动。

5.1.1.2　滨海旅游与环境间的相互促进关系

从滨海旅游的性质与环境的发展来说，二者有内在的统一性，二者的发展是并行不悖的。滨海旅游是人类的享受活动，是人们的审美实践，参与滨海旅游活动的人要求他所接触的环境都应是美的，不管是自然环境还是人文环境。滨海旅游业的经营者为了旅游业的发展，必然要刻意进行环境的建设与保护，以满足游客的需求，并且增加对潜在游客的吸引力。因此，滨海旅游的发展必然会促进环境的建设与保护。另一方面，环境的建设与保护，必然会提高环境质量，也有可能扩大环境容量，从而提高游客的旅游质量，促进旅游业的发展。

5.1.1.3　滨海旅游与环境间的相互冲突关系

滨海旅游发展与环境保护之间的相互冲突关系或相互矛盾关系，一方面表现为环境对滨海旅游活动的制约，对滨海旅游客源的产生形成阻力，对滨海旅游客流量和客流方向形成影响；另一方面表现为滨海旅游发展对环境的负面作用和消极影响，它表现为滨海旅游环境受到污染和破坏。滨海旅游环境污染源，主要是来自滨海旅游和其他方面的有害物质和废弃物质等对自然环境的污染，即滨海旅游的自然污染或物质污染；同时，滨海旅游活动对旅游接待地的人文社会环境造成的不良影响，可称之为滨海旅游的社会污染或精神污染。

滨海旅游发展对环境空间和环境要素的影响，呈现着十分复杂的结构。这里既有显性效应，也有隐性效应；既有即时效应，也有滞后效应；既有积极效应，也有消极效应。因此，客观地认识滨海旅游的环境效应，是制定适当的环境政策的基础。

5.1.2　海南滨海旅游开发对滨海环境的积极影响

良好的滨海旅游环境是滨海旅游资源开发的前提条件和重要基础，世界著名的滨海旅游目的地无不具有优良的旅游环境。旅游开发对旅游目的地环境产生的正面影响是显而易见的，主要体现在以下几个方面：

5.1.2.1　增强了环保意识

当前，生态环境问题已成为全球性的重大问题。人们从一系列全球环境问题所带来的危害中认识到，如果没有良好的生态环境和长期可利用的自然资源，人类将失去赖以生存和发展的基础，经济和社会也难以持续发展。因此，开展滨海生态旅游可以提高人们对生态环境的保护意识，进而通过各种方式和手段保护生态环境。

滨海生态旅游将游客带往拥有优美自然环境和珍稀动植物的地区，以此为当地赚取更多的收入，从而鼓励旅游目的地保护自然资源和生态环境，改变那种竭泽而渔，捕杀野生动植物的生活方式。例如，滨海生态旅游业对保护动物起到了积极的作用。墨西哥的下加利福尼亚和阿根廷半岛的溪谷水域，是灰鲸和露脊鲸经常出没的地区。20 世纪 80 年代以前，商业性捕鲸使得这一地区变成了一块死亡地带。提倡滨海生态旅游后，环境保护主义者说服当地渔民收起渔网和鱼叉，铺起了欢迎游客的红地毯，情况大为改观，石斑鱼、海蛰等海洋生物迅速繁殖，灰鲸从灭绝的边缘线上挣脱了出来，成了吸引游客的一大资源。

滨海旅游业发展对海南社会经济发展的作用是突出的。三亚市之所以能够从一个名不见经传的小渔村在短短的20多年内发展成为世界知名的滨海旅游城市，成为人民心目中最理想的旅游目的地以及浪漫、美丽的代名词，与三亚市滨海旅游的快速发展直接高度相关。滨海旅游业的发展不仅提升了城市的知名度，而且大大提高了人民的收入水平和生活质量，极大地增强了当地居民的荣誉感和主人翁意识。

滨海旅游业发展所带来的物质文明、精神文明和政治文明的进步，使当地居民越来越清楚地认识到良好的生态环境本身就是资源优势，而且是能够直接转化为经济优势的资源优势。难以想象生态环境遭受破坏的三亚还能像今天这样敞开大门迎接来自世界每一个角落的旅游者。因此，滨海旅游业的发展能够极大地增强人民的环保意识。一方面，政府部门通过出台相关的法律法规，从法律层面保护滨海旅游环境，如《海南省环境保护条例》、《海南省海洋环境保护规定》、《海南省珊瑚礁保护规定》、《海南省红树林保护规定》、《海南省自然保护区管理条例》等；另一方面，加大环境保护的宣传与教育力度，通过不断向人民群众灌输环境保护的意义、重要性、措施与手段等，从意识形态上保护滨海旅游环境；再就是，当地居民分享滨海旅游发展的成就，从物质和精神层面自觉保护滨海旅游环境，并通过实际行动参与到滨海旅游环境保护中来，例如在全省各地，人们纷纷自发组织各种形式的活动来宣传环境保护理念。

海口街头骑游宣传环保成为独特的风景线，这次“绿达天下，海口海岸环保骑行”巡游活动，表明海口市民以实际行动倡导更多的人关注海岸线生态，并积极参与到环保行动中来。在沿途，他们将沿岸埋在沙中的塑料袋、纸屑等杂物垃圾放入自带的环保袋中，通过清理海滩垃圾的方式，表达对绿色环保活动的支持。在三亚，当地市民也多次举行了全民环保活动，如清理三亚湾周围的一些生活垃圾等，三亚市关停环境污染比较严重的水泥厂。全省各地退渔还林，海南省提出大力发展低碳经济等行为和决策，正是环保意识增强的真实反映和现实表现。

随着国际旅游岛建设进程的推进，滨海旅游业在国民经济中的地位必将进一步提高，对社会经济发展的贡献份额也必将持续扩大，当地居民从滨海旅游业发展中的受益也会越来越大，因此，可以肯定，人民的环境保护意识还会进一步增强。事实上，良好的生态环境是海南旅游业发展的最大优势，营造优良的滨海生态环境也是建设国际旅游岛不可回避的巨大挑战。

5.1.2.2　提高了环保能力

环境问题长期困扰着经济发展，从人类发展史看，经济发展和环境污染、生态环境退化几乎是一对孪生兄弟，发达国家几乎无一例外地走过了“先污染后治理”的道路。在全球环境保护和可持续发展呼声日益高涨的今天，发展中国家和地区试图绕过“先污染后治理”的“老路”，但也遇到了众多难题，其中最难的莫过于环境保护的能力过低。过低的环境保护能力不仅表现在技术水平偏低，许多关键技术还需要进一步研究和实践，如珊瑚礁保护技术、红树林保护技术、节能减排技术等，而且表现在经济实力偏低，任何环境保护行动都需要巨大的经济实力支撑。

滨海旅游业的发展极大地提高了海南环境保护的能力，具体表现在以下几个方面：

一是滨海旅游业的发展，转变了经济增长方式，缓解了环境保护的压力。海南长期以来大力倡导“生态立省”，强调生态环境建设对经济社会发展的基础作用，旅游业的快速发展及其在国民经济中地位的不断提高，使海南的经济结构跳过了传统的“一二三”到“二一三”再到“三二一”的发展模式，而是直接从“一二三”一步跨越到“三二一”。近年来，海南更是将以旅游业为龙头的现代服务业确定为主导产业，特别是 2009 年国务院 44 号文件的出台，更加明确了海南调整经济结构的战略定位和大力发展低碳经济和环境友好型经济的决心，海南的经济发展践行的是低能耗、低物耗、低排放发展模式，所造成的环境污染和生态环境退化问题必定较小。

二是滨海旅游业的发展，增加了财政收入和税收，提高了环境保护的经济实力。环境保护是一项复杂的系统工程，需要大量的人力、物力和财力投入，作为欠发达地区的海南，面临发展经济的巨大压力，而资金是发展经济的瓶颈因素，环境保护的投入更是捉襟见肘。而旅游业是投入少、见效快的劳动密集型产业，是无烟工业，是无形贸易，是产业关联度很强的产业，海南发展滨海旅游业，不仅能够带动热带农业、旅游商品设计与生产、交通运输业等相关行业的发展，更重要的是能回笼货币、增加税收，促进流通，因而能够为环境保护提供更为强大的经济支撑。

三是滨海旅游业的发展，对环境保护提出了更高的要求，促进了环境保护技术的研究。旅游活动是高层次的审美活动，对生态环境具有很高的要求，很难想象环境污染严重或生态环境退化的区域能够吸引游客的眼球。因此，作为滨海旅游城市或地区，必须加大环境保护力度，要开展一些环保技术的研究，如海南开展的海岸线保护技术研究、珊瑚礁保护技术研究、红树林保护技术研究、高效农业技术研究、无害化养殖技术研究等，从技术层面提高了环境保护的能力。

四是滨海旅游业的发展，推动了环境保护法律法规的出台和实施。制度完善的法律法规是环境保护的基本前提。为加强环境保护，海南省先后出台了《海南省海洋环境保护的规定》、《海南旅游条例》、《海南省环境保护条例》、《海南省红树林保护条例》、《海南省珊瑚礁保护规定》等多项环境保护的地方性法规，从而在政策和法律上强有力地保障了环境保护和旅游业发展的良性循环。

五是滨海旅游业的发展，催生了环境保护社会团体的诞生。海南省相关各部门发起了“蓝丝带”海洋保护计划，成立了蓝丝带海洋保护协会，不断进行海洋环境保护宣传。

5.1.2.3　提升了重点区域的保护力度

为保护滨海旅游环境，海南省先后建立了海口西海岸岸线保护区、东寨港红树林自然保护区、文昌铜鼓岭自然保护区、八门湾红树林自然保护区、大花角自然保护区、大洲岛海洋生态自然保护区、万宁近海上升流自然保护区、亚龙湾青梅港红树林自然保护区、三亚亚龙湾珊瑚礁自然保护区、三亚鹿回头—榆林珊瑚礁自然保护区、三亚东瑁州、西瑁州珊瑚礁自然保护区、新英湾红树林自然保护区、儋州东场红树林自然保护区、西沙群岛珊瑚礁自然保护区、中沙群岛珊瑚礁自然保护区、文昌麒麟菜自然保护区、抱虎角麒麟菜自然保护区、琼海珊瑚礁、麒麟菜特别保护区、陵水新村港海草保护区、陵水黎安港海草保护区、棋子湾珊瑚礁自然保护区、儋州白碟贝海洋特别保护区、大铲礁珊瑚礁特别保护区、临高白碟贝资源保护区、西沙东岛白鲣鸟自然保护区等海洋保护区，另外还建立了五指山、霸王岭、尖峰岭、吊罗山、七仙岭等原始森林保护区，以及海口火山口世界地质公园等。这些保护区的建立，不仅保护了生物多样性，而且也使游客增长了知识，增强了环保意识。

目前，已有部分保护区将其实验区向游客开放。通过发展旅游业，真正实现了保护和开发并举，在保护下开发，在开发中保护，既满足了游客的旅游需求，也拓展了保护区的收入来源和筹资渠道，使保护区步入了保护与开发并重的良性循环轨迹。

5.1.2.4 改善了基础设施，提高了环境质量

滨海旅游业的发展常常能改善当地的基础设施，如机场、道路、用水系统和污水处理系统、通信等基础设施的改善，能够提升城市形象和活力，吸引外来投资，从而促进经济发展，进而改善生态环境。

滨海旅游业还可以通过控制空气污染、水污染、噪声污染、垃圾和其他环境问题，促进环境的全面净化，并可以通过各种园艺项目、得体的建筑设计和更好的维护来进一步美化环境。虽然这一好处带有一定的主观性，但是设计得当的旅游设施确实可以美化自然环境和城市环境，否则这些环境看上去会让人感到单调乏味。

海南目前还有很多潜在的滨海旅游区，如乐东县龙栖湾。龙栖湾沙滩上碎石成堆，沙质较粗，渔村附近水质混浊，生活垃圾遍地。随着龙栖湾滨海旅游开发区的崛起，整个区域的环境质量势必得到显著改善。

5.1.3 海南滨海旅游开发对滨海环境的负面影响

滨海旅游的开发带来的环境问题是不可避免的。目前，海南滨海旅游开发对环境的负面影响相对比较弱，但必须引起我们高度重视。具体表现在以下几个方面：

5.1.3.1 海水污染

根据海南省海洋与渔业厅发布的《海南省海洋环境状况公报》，目前，海南大部分海域水质环境状况良好。尤其是2008年，海南省废水污染物COD排放量为10.1×10^4 t，比2007年减少0.7%，其中工业废水COD排放量为1.1×10^4 t，比2007年减少16.1%；生活污水COD排放量为9.0×10^4 t，比2007年增加1.5%。近岸海域水环境质量总体良好，绝大部分监测海域水质处于清洁状态，一类、二类海水占84.5%，86.7%的监测海域水质符合水环境管理目标要求。三类、四类海水的区域主要受无机氮、石油类、化学需氧量和生化需氧量影响。水质总体与2007年基本持平。如东部（文昌、琼海、万宁）近海海域，72.7%监测海域为一类、二类海水，72.7%监测海域符合水环境管理目标要求。琼海近岸所有监测海域水质均符合一类、二类海水标准。万宁近岸海域除小海水质为三类外，其他监测海域水质均为一类、二类，小海未能达到二类海水管理目标要求，主要污染指标为石油类。文昌近岸海域八门湾养殖区和清澜港水质为三类，东郊椰林为二类，文昌东郊椰林和八门湾养殖区附近海域分别未能达到一类、二类海水管理目标要求，主要污染指标为化学需氧量和生化需氧量。另外，南部（三亚、陵水、乐东）近岸海域，78.5%监测海域为一类、二类海水，92.9%监测海域符合水环境管理目标要求。西部（东方、昌江、儋州、洋浦、临高）近岸海域，所有监测海域均为一类、二类海水，81.8%监测海域符合水环境管理目标的要求。北部（海口、澄迈）近岸海域，88.9%的监测海域为一类、二类海水，所有监测海域水质均符合水环境管理目标要求。

从污染物的来源看，可分为以下4种类型的海水污染。

1）旅游设施污染源。

旅游设施，如在滨海旅游区内的宾馆饭店、游船及其他旅游服务设施等，在其运营过程中，都会产生一定量的污水和垃圾等废弃物，并且排放烟尘和废气。若这些废弃物未经科学处理便排入滨海旅游区内的水体中，就会造成一定程度的污染。例如，在滨海旅游景区景点，游览船艇随意抛撒垃圾污物，是水体主要的污染源。船舶在滨海旅游水域中航行时，其排泄的废水、废油和洗刷船舶而产生的污水会对旅游水域造成污染。如陵水新村港渔排，吸引了众多国内外游客，为当地居民创造了就业机会，增加了当地居民的收入，但同时，也使新村港水质混浊，水面上各种垃圾随处可见。

2）滨海旅游活动污染源。

一方面，表现为旅游者向滨海旅游区的水体内乱扔垃圾污物，严重地影响了水体的清洁。中央电视台《焦点访谈》节目曾经曝光“三亚湾污染严重”，其重要原因之一正是部分不文明的游客随手乱扔垃圾，而人工处理垃圾的能力偏低。另一方面，表现在成千上万的游客进行潜水旅游活动，致使珊瑚礁等海洋生态系统遭到严重破坏，亚龙湾、大东海、小东海等地的珊瑚礁的破坏很大程度要归因于潜水旅游活动的开展。而且，由于珊瑚具有较高的观赏价值，因而成为游客竞相购买的旅游纪念品，游客的购物需要刺激有些人对珊瑚进行掠夺式的开采，致使珊瑚礁资源遭到很大破坏。

3）生活污染源。

大量游客的涌入，使厨房用水、浴室用水等急剧增加，而这些生活污水中一般含有浓度较高的无毒有机物，如糖类、淀粉、纤维素、油脂、蛋白质、尿素等，氮、磷、硫等含量较高，而且还伴有各种合成洗涤剂，它们对人体和水生生物均会有一定危害。此外，在污水中还含有相当数量的微生物，其中的一些病原体，如病菌、病毒及寄生虫等，都对人的健康有较大的危害。2008 年，海南共接待国内外游客约 2 000 万人次，约为海南本地居民的 2.4 倍，按每位游客在海南停留 3 天、人均产生生活污水 100 kg 计算，全年游客共产生生活污水 600×10^4 t。在目前海南污水处理能力不高的情况下，按 60% 的污水处理率计算，将有 240×10^4 t 生活污水未经任何处理就排放到大海，所造成的污染是不容忽视的。含有大量有机物质的生活污水排入滨海旅游水体后，即成为微生物的营养源，使有机物分解而被消化，分解过程中消耗水中大量的溶解氧，一旦水体中氧气补给不足，将使氧化作用停止，引起有机物的厌氧发酵，分解出甲烷、硫化氢、硫醇、酚类化合物及氨等腐臭气体，散发出恶臭，严重影响游客的旅游活动。水生生物受这种有臭味废水的影响，也带有臭味，使鱼类、贝类的质量下降，甚至使之无法食用。若有色度高的废水排入旅游区的水体，除影响旅游水体外观外，还会影响其色泽，从而影响游客的观赏质量。

4）油污对水体的污染。

快艇旅游、游艇旅游、邮轮旅游等已经迅速崛起成为旅游新业态，目前海南已建有凤凰岛国际邮轮码头、三亚鸿洲国际游艇会、海口美源国际游艇会等邮轮、游艇码头。这种新业态在给海南带来旅游业新的增长点的同时，也带来了油污对水体的污染。油污不仅有害于水的利用，而且油在水面形成油膜后，影响氧气的进入，对海洋生物造成危害；漂浮在水面上的油膜还容易填塞在鱼的鳃部，使鱼窒息；漂浮在水面上的油层随水流和风的影响，可以扩散很远，致使海滩变坏，鸟类生活也遭到危害，滨海休养地和风景区都会遭到破坏。

滨海旅游开发过程中，部分近海水质出现不同程度的污染，主要源于生活垃圾以及沿岸建筑设施建设引起的污水污染和固体废物污染等。虽海水本身具有较强的自净能力，但是也必须引起高度重视。

比较典型的例子就是三亚湾。因其排污问题严重，2007 年 4 月曾被中央电视台《焦点访谈》曝光。据有关部门估算，2005 年三亚湾污水入海总量为 $1\ 197 \times 10^4$ t。大量生活污水直接排入大海，导致了三亚湾海水混浊。沿三亚湾铺设的多条水管、排水管，平日里也严重污染着三亚湾海域。另外，还有大量渔排涌入三亚湾，使污水垃圾泛滥，严重破坏了三亚湾的旅游环境。

南湾猴岛的“海上人家”可谓是那里的一大特色。但是近年来，海上人家的生活污水随意排入海中，结果造成水质严重污染，海面上还漂浮着很多生活垃圾，对周边环境产生了很大破坏，还时不时发出一阵阵的恶臭。在这种环境下，再好的美食也会变味。从长远来看，如果这种状况得不到妥善处理和缓解，对南湾猴岛及其周边的旅游发展必将带来极为不利的影响，甚至可能产生赤潮现象。

旅游地市政设施建设滞后也是引起海水污染的一个重要原因。政府出于招商引资的目的，长期以来治污投入一直严重不足，导致城市污水处理水平低，部分房地产小区污水无法实现并网截流，多数直排大海，严重污染海岸生态环境。

5.1.3.2 沙滩退化

洁白、柔软、细腻的沙滩是海南的优势资源，是海南滨海旅游业赖以发展的基础性资源，是“3S”的基本构件。无论是三亚亚龙湾、三亚湾、大东海、海棠湾，还是海口假日海滩、西秀海滩，抑或文昌东郊椰林、高龙湾，或是博鳌玉带滩、陵水香水湾、清水湾、万宁石梅湾等，乃至乐东龙沐湾，无不都以沙滩品质高而自豪，成为吸引游客的重要法宝。然而，滨海旅游业的快速发展，使得曾经赖以起步和发展的沙滩却开始变得岌岌可危，沙滩质量呈现下降的趋势。具体表现在以下几个方面：

一是沙滩柔软度降低。亦然还是“白浪逐沙滩”，但不再是“留下脚印两对半”，而是每天会留下无数的脚印。如此高密度的游客践踏，再加上当地三轮车、摩托车、自行车肆无忌惮地在沙滩上行驶，三亚的亚龙湾、三亚湾、大东海等以及海口的假日海滩等地的沙滩已失去了原有的柔软舒适，几乎每天需要对沙滩做必要的人工处理。

二是沙滩宽度变窄。滨海旅游设施建设、滨海道路等市政公共设施和基础设施建设不断占用滨海沙滩，使沙滩的宽度不断变窄。这种现象在大东海、三亚湾等滨海旅游业比较发达的地区已经变得非常普遍。

此外，沙滩泥化趋势加剧。沙滩中还经常暗藏着玻璃碴子，危及游客安全。因此，对沙滩的保护必须提上重要议事日程。

5.1.3.3 海岸线遭破坏

海岸线遭破坏、海岸带被侵蚀体现在多个方面，主要是由人为因素引起的。

1）滨海大道建设。

滨海大道是滨海旅游城市的象征，更是当地滨海旅游资源的集中展示。以三亚湾滨海大道为例，三亚市为修建三亚湾滨海大道并将三亚湾建成新的旅游度假基地，对原有的基岩、沙岸、珊瑚礁、红树林、野菠萝、海草等海岸生态进行大规模清除。这些行为导致了三亚湾海岸侵蚀加剧，海岸线后退明显。自 2002 年以来，三亚湾海岸线以平均每年 1 ~ 2 m 的速度向近岸推移。三亚湾海坡段海岸 20 世纪 50 年代修筑的海防碉堡，在几年前距离最高潮位线约有 4 ~ 5 m，而如今有些碉堡已轰然倒塌被海水淹没。

2）旅游房地产开发过度。

以亚龙湾为例，亚龙湾旅游房地产过度开发现象严重，过度开发威胁海岸生态景观。在亚龙湾 7 km 的海岸线上已经有近 20 家酒店以及中心广场、蝴蝶谷等景区（点）。目前，亚龙湾的旅游房地产建设还在大踏步前进，给沿岸造成的影响就不言而喻了。尤其是亚龙湾假日酒店，基本上算是违规建筑。据有关专家分析，造成滨海旅游房地产开发影响海岸生态环境的原因主要有二：一是国家法律法规不健全，导致政府对滨海旅游房地产开发影响海岸生态环境的管理出现缺位现象；二是省有关部门立法滞后和决心不足，使管理和执法缺乏合理的尺度，给滨海旅游房地产开发破坏海岸生态环境提供了空隙。海南省政协人口资源环境委员会有关专家建议，应明确规定大潮、高潮线到陆地的最短距离，建议至少 100 m 的范围内不得新建、扩建、改建建筑物。

2005 年“达维”台风之后，滨海旅游开发的很多问题就暴露出来了，以具有“椰梦长廊”的三亚湾尤为明显，如沿湾建筑物过密、排水管分布太密等。这些建设误区造成了对海岸线的侵蚀，也使海岸抗灾害能力大大减弱。海岸带生态系统的保护已是刻不容缓，如不加强保护，长此以往，不但三亚引以为傲的“椰梦长廊”不复存在，连滨海的酒店恐怕都会成为“水上宫殿”。

海岸线的破坏还包括海岸防护带的破坏，主要是指沿岸植被，尤其是红树林的破坏。

5.1.3.4　*以红树林湿地为代表的湿地面积锐减*

海南省有滨海湿地、河流湿地、湖泊湿地、人工湿地等 5 大类 24 种湿地类型，总面积达 3 822.628 km^2，有“海南之肾”的美称。其中滨海湿地是海南湿地的主要组成部分，占全省湿地总面积的 46%。截至 2008 年，海南省共有各种类型的湿地自然保护区 28 个，总面积 1 689 km^2。其中国际重要湿地有 1 个——东寨港红树林湿地，中国重要湿地有 6 个——西沙群岛湿地、东寨港红树林湿地、洋浦港湿地、三亚珊瑚礁保护区湿地、清澜港和文昌湿地、大洲岛自然保护区湿地。国家湿地公园 1 个——新英湾红树林湿地公园。红树林和珊瑚礁湿地是海南岛最重要的湿地类型，海南岛拥有中国面积最大的红树林湿地，红树林面积占全国红树林面积的 82%。在全国 19 个红树林湿地保护区中，海南有 9 个，占全国同类湿地总数的 47.4%。在全国 7 个珊瑚礁湿地保护区中，海南有 6 个，占全国同类湿地总数的 85.7%。在这些湿地上，生活着很多珍稀动植物资源，列入国家级重点保护动物的有海南黑冠长臂猿、云豹、坡鹿、海南山鹧鸪、孔雀雉、鼋、蟒蛇、巨蜥、金斑喙凤蝶等。海滨沙生植物、珊瑚岛植物和红树植物是海南省湿地较有特色的 3 种生态类型湿地植物。

目前，海南红树林湿地保护区面临五大威胁。一是城市建设的威胁；二是湿地被改变用途；三是湿地质量下降；四是湿地污染加剧；五是湿地资源被过度的或者被不合理的利用。

红树林是热带海岸特有的潮间带湿地生态系统，对于维护和改善海湾、河口地区生态环境，净化空气，抵御海潮、风浪等自然灾害，防治近海海洋污染及保护沿海湿地生物多样性等方面具有不可替代的作用，故它素有“海底森林”的美誉。海南东寨港红树林自然保护区是我国最重要的保护湿地之一，区内红树林植物有 19 种，有记录的鸟类有 159 种，哺乳类动物8种，还有丰富的两栖爬行类、昆虫类、鱼类等生物。研究表明，东寨港红树林面积从1959年的3 213.8 hm^2 减少到1988年的1 674 hm^2，29年间减少了47.912%，年均减少2.224%。1986年建立国家自然保护区以来，尽管红树林面积有所增加，但增加幅度不高，到2007年，也仅为1 744 hm^2，只相当于1959年的54.466%。

红树林面积的衰减尽管也有气候、水文等自然因素的影响，但人为因素是导致东寨港红树林湿地面积缩小的最主要、最直接的因素。具体表现在以下几个方面：

第一，政策失误。20世纪60—80年代，天然红树林面积大幅度减少，东寨港红树林1989年面积只有1959年的51.58%。在这一时期，对红树林的价值认识不足，国家号召“围海造林”、“围海造田”，把大片红树林湿地改造为水稻田。但由于土壤盐渍化严重，致使改造工程失败。在海南建省划为经济特区后，当地政府为了发展旅游区，改种大片椰树，号称“万亩椰林”。这可以说是对红树林的一次最大规模的人为破坏。

第二，非法毁林。20世纪80—90年代，东寨港尽管已经建立了红树林自然保护区，但毁林伐树行为依然尤其猖獗，几乎是明目张胆地砍伐红树以做生产建设之用。近年随着投入加大，管理加强，情况有所好转，但仍然有少量非法毁林行为。在旅游业比较发达的滨海地区，为满足旅游建设用地的需要，砍伐红树林的现象屡见不鲜。

第三，非法养殖。据东寨港国家级自然保护区管理局的调查，保护区内尚有68口虾塘，总面积约25.3 hm^2（380多亩）。这些虾塘大部分是当地老百姓在20世纪90年代初挖的。《海南省红树林保护规定》颁布施行后，保护区管理局也曾想方设法劝说百姓退塘还林，但效果不明显。

第四，污染严重。包括养殖业、社区生活、旅游等方面的污染。仅在东寨港保护区上游河段就有6个养猪场，废弃物不经处理直接进入河流段，造成水质污染，影响了红树林的生长。考察表明，众多虾塘、鱼塘就挖在红树林旁边，如三江农场上山村和旗调村一带，发黑、发臭、酸度较高的污水直接排入红树林分布区。可以很明显地看出，紧挨虾塘的海域水质很差，红树林的长势都比较差。同时，未经合理规划的旅游业以及素质相对不高的游客也给红树林的生长发育带来了明显的污染。

第五，过度捕捞。红树林内有大量虾蟹、双壳类等生物，这些是附近村民最直接的经济来源。村民过度的开发以及不规范的捕捞活动，大大破坏了底栖生物种群的自然繁衍，也对红树木的生长造成损害。

第六，管理不善。目前我国湿地保护与管理涉及许多部门，容易造成经费浪费及管理混乱。看似每个部门都在管理自己相关的一个环节，如海洋局、林业局，甚至还有旅游局，但实际工作中，部门与部门的协调总是滞后，且出现问题后各部门易互相推诿和敷衍，延误了解决问题的时机。

5.1.3.5 珊瑚礁资源破坏严重

世界上珊瑚礁多见于南北纬30°之间的海域中，尤以太平洋中、西部为多。海南是我国珊瑚礁分布最为广泛的区域。三亚珊瑚礁国家级自然保护区于1990年由国务院批准设立，保护对象为各种浅海造礁石珊瑚、软珊瑚、珊瑚礁等及其生态系统，三亚的珊瑚礁主要分布在东瑁州岛、西瑁州岛、鹿回头、大东海、小东海和亚龙湾等海域。

珊瑚礁以其独特的生态环境系统吸引着众多旅游者的眼球，尤其是潜水爱好者对珊瑚礁更是青睐有加。但正是游客的关注，使珊瑚礁资源遭受了前所未有的破坏。一是潜水爱好者对珊瑚礁及其生存环境的直接破坏（触摸、踩踏和摘取，潜水活动也会使水下浑浊或者改变水流，从而影响珊瑚的生长）；二是当地居民采摘珊瑚礁作为旅游纪念品销售给游客造成珊瑚礁的直接破坏；三是海岸带的开发直接破坏珊瑚礁及其生存环境；四是游客和当地居民的生活污染物（引起水体悬浮物含量升高，局部区域透明度下降等）影响了珊瑚礁的生存环境而对珊瑚礁产生不可逆转的破坏；五是渔业生产尤其是拖网直接破坏珊瑚礁及其生存环境。据考察，亚龙湾、大东海、小东海等潜水活动比较频繁的海域，珊瑚礁资源破坏严重，即使是远离海南岛的西沙群岛，珊瑚礁因人为原因，破坏也十分严重。

5.2 海南省保护滨海旅游环境的相关政策和法律法规

5.2.1 “生态立省”、建设“国际旅游岛”等新型经济发展战略，为发展海南海洋生态经济、滨海旅游环境提供了政策平台

《国务院关于推进海南国际旅游岛建设发展的若干意见》中明确指出，加强生态文明建设，增强可持续发展能力，具体措施包括：①严格实行生态环境保护制度。广泛开展生态文明宣传教育，引导居民和游客增强保护生态环境的自觉性和责任感。加强生态环境保护立法，健全环境影响评价制度，实行更加严格的生态环保标准。完善生态环境保护责任制和问责制，把生态环境保护纳入经济社会发展综合评价体系和领导干部综合考核评价体系。加大对破坏生态环境行为的惩处力度。②加强生态建设。……加强自然保护区、森林公园、重点水源地、重要海域的保护和管理，有序开发利用土地、森林、矿产、海湾、岸线、海岛、水域等重要资源，提高资源开发利用水平和效益。……③大力推进节能减排。严格执行环境准入制度，严格主要污染物排放总量控制，严禁高耗能、高耗水、高排放和产能过剩行业发展，加大淘汰高耗能、高耗水、高排放和落后产能的力度。……④强化环境污染防治。加强南渡江、万泉河、昌化江流域和担负饮用水集中供水任务水库的水污染防治。加强城镇污水和垃圾处理设施建设，到2015年城镇污水处理率达到80%，城镇生活垃圾无害化处理率达到90%。……开展入海河流、直排污染源和南海海域环境监测，建立环境质量例行监测公报和重点海域污染物排海总量控制制度。

5.2.2 海南省出台了若干滨海旅游环境保护条例与规定

《海南省自然保护区管理条例》（1991年9月20日海南省人民代表会议常务委员会第十八次会议通过，1991年10月16日颁布施行）；

《海南省经济特区水条例》（1995年12月29日海南省第一届人民代表大会常务委员会第二十次会议通过，根据1997年7月31日海南省第一届人民代表大会常务委员会第三十次会议《关于修改〈海南经济特区水条例〉的决定》修正，2004年8月6日海南省第三届人民代表大会常务委员会第十一次会议修订）；

《海南省珊瑚礁保护规定（2009年修正本）》（1998年9月24日海南省第二届人民代表大会常务委员会第三次会议通过；2009年5月27日海南省第四届人民代表大会常务委员会第九次会议修订，2009年5月27日海南省人民代表大会常务委员会公告第19号公布，自

2009年7月1日起施行)；

《海南省红树林保护规定》(1998年9月24日海南省第二届人民代表大会常务委员会第三次会议通过，根据2004年8月6日海南省第三届人民代表大会常务委员会第十一次会议《关于修改〈海南省红树林保护规定〉的决定》修正)；

《海南省南渡江生态环境保护规定》(2006年6月1日海南省第三届人民代表大会常务委员会第二十三次会议通过)；

《海南省省级重点保护野生动植物名录》(1994年，《海南省省级保护野生动物名录》颁布。2006年上半年，海南省林业局重新修订)；

《〈海南省环境保护条例〉修正案》(1990年2月18日海南省人民代表会议常务委员会第九次会议通过，1999年5月20日海南省第二届人民代表大会常务委员会第七次会议修正，2007年1月12日海南省三届人大常委会第二十八次会议审议通过了《〈海南省环境保护条例〉修正案》)；

《海南省海洋环境保护规定》(海南省第四届人民代表大会常务委员会第四次会议于2008年7月31日通过，自2008年10月1日起施行)；

《海南省环境保护条例》(1990年2月18日海南省人民代表会议常务委员会第九次会议通过，根据1999年5月20日海南省第二届人民代表大会常务委员会第七次会议《关于修改〈海南省环境保护条例〉的决定》第一次修正，根据2007年1月10日海南省第三届人民代表大会常务委员会第二十八次会议《关于修改〈海南省环境保护条例〉的决定》第二次修正)；

《海南省万泉河流域生态环境保护规定》(海南省第四届人民代表大会常务委员会第九次会议于2009年5月27日通过，现予公布，自2009年8月1日起施行)；

《海南省旅游条例》(2001年12月29日，海南省二届人大常委会二十五次会议表决通过。2004年8月6日海南省第三届人大常委会第十一次会议修订)等一系列的法律法规。

5.3 海南滨海旅游环境保护的对策与建议

5.3.1 开展滨海旅游环境监测和评价，严格控制滨海旅游地污染物排放

滨海环境问题特别是海洋污染对海洋生物资源、甚至人类健康所造成的严重危害，早已引起世界各国、特别是沿海国家的密切关注。进入20世纪70年代以来，国际性或区域性环境问题会议频繁，尤其是1972年6月，联合国在瑞典斯德哥尔摩召开的人类环境会议(包括海洋环境内容)，标志着国际社会对环境问题的关注。许多国际性组织，如政府间海事协商组织(IMCO)、联合国教科文组织(UNESCO)和粮农组织(FAO)等也都设立了有关海洋环境保护的组织机构，制定了海洋污染研究和监测计划，组织开展了大量的调查研究工作。不少地区针对海域污染日益严重的事实，成立了区域性的海洋环境保护组织，组织有关沿海国家开展海洋环境污染调查、研究、监测和保护工作。为维持海洋旅游环境的正常状态，改善被污染海区的水质，各国根据不同海区的具体情况和对水质的不同要求制定了海洋环境水质标准和相应的污水排放标准，作为水质监测的基础。我国早在1982年就制定了全国统一水质标准，并施行了相应的全国统一的工业废水排放标准。这些工作有效预防和控制了滨海旅游环境的恶化，逐步改善了已遭受污染区域的环境质量。

在滨海旅游地建立统一的环境监测系统、进行日常监测工作是控制滨海旅游环境污染、保护滨海旅游资源和环境的重要措施。根据滨海资源调查的结果，建立滨海旅游资源和环境数据库、信息库，为滨海旅游资源与环境评价、旅游资源开发提供依据。及时测定各种类型的污染物质，提供海洋环境因素如海洋水文气象情况及水化学性质等方面的情报资料；从生态学方面考虑，定期测定海水及近岸各种污染物质的含量及其他的水质指标；从公共卫生观点出发，开展游泳和其他娱乐活动的滨海旅游地水质标准高于基本标准。对通过海洋生物能够危害人类健康、影响海岸环境质量的污染物进行监测，当海水、近岸或特定的生物体内某种污染物质超过最高允许浓度时发布警报。监测客流情况，及时发现旅游业带来的环境问题并加以控制。

根据滨海旅游类型，制定合理可行的海洋环境法规和环境质量标准，对于某个旅游部门产生的环境问题确定相应部门的环境标准，并评价环境标准的执行情况。针对滨海旅游活动及其结果进行评价，宏观方面进行滨海环境评价、滨海旅游产品评价，微观方面针对造成环境压力的具体行为和问题进行评价。加强滨海旅游开发过程中社会经济和生态的综合评价。对评价产生的数据库定期更新，作为滨海旅游管理的依据。

防止沿海污染事故的发生。近年来滨海污染事故大幅度增加，污染区域逐渐扩大，我国沿海各省、自治区、直辖市都有污染事故发生。事故中较大事故比较多，近年特大事故、特别是百万元以上的恶性事故增幅较大。沿海各省因船舶碰撞或触礁引起石油泄漏污染海域的事故也连续发生，造成极大危害。滨海旅游地域必须防止污染事故，在事故多发海域建立及时有效的污染事故应急处理机制。

制定滨海旅游地域的污染物排放标准并贯彻实施，控制滨海旅游地的污染物排放最大量、排放浓度和排放区域；控制船舶清洗作业带来的石油污染；禁止设置空气污染和噪声污染严重的工业企业，并对机动车辆的空气污染和噪声污染严加控制；控制旅游开发中使用的材料类型。加强对游客的宣传教育，防止游客行为不当对滨海旅游地域环境造成的危害。积极学习和引进国内外先进的海洋污染治理研究成果，提高滨海旅游地域环境质量。

5.3.2 加强和完善滨海旅游地基础设施建设

基础设施是滨海旅游资源开发的物质基础。为了增强滨海旅游业的发展后劲，保护滨海旅游地域环境，必须加强滨海旅游地区的给排水、废弃物处理、交通、能源、通信与信息网络系统等城市基础设施建设。要加强能源建设，调整能源结构，减少能源消耗引发的环境污染。要兴修水利，提高淡水的重复利用率和海水利用率，合理规划铺设能源及给排水管线，保证旅游地能源和水源的充足、稳定供应。旅游地交通建设的重点根据滨海旅游业发展的需要严格控制交通工具的数量，同时完善旅游地交通网。加强对废弃物处理设施设备和处理技术的研究以及对滨海旅游地废物丢弃规律的研究，有针对性地提高滨海旅游地的垃圾箱密度和垃圾处理系统等级，以减轻旅游带来的固体污染。

交通建设方面，研究客源规律，通过科学的规划，提高交通设施利用的效率，避免因运力匮乏引起旅游者滞留。根据主要客源及主要潜在客源市场的区位，进行机场、铁路和公路设施的全面规划和重点建设。新的旅游开发项目应尽可能位于公共交通便捷且利用率高的区域，或靠近地区交通规划中的重点设施。游船旅游是滨海旅游的一项特色，应在港口建设的同时，加快游船的更新改造，配备现代化的导航通信设备和游乐设施。利用现代高科技，实现环境信息和旅游信息传输的广泛和高效，是加强滨海旅游地域环境管理和旅游管理的必要保证。要建设滨海旅游地区和滨海旅游地的信息基础设施建设，配备现代化电子网络技术装备，逐步与国内外通信网络和信息网络联结，形成高效便捷的通信与信息网络，带动滨海旅游业宣传促销的国际化和现代化。

5.3.3　制定海洋旅游地的旅游规划与总体规划

科学的规划是滨海旅游资源持续利用的必要保证。在滨海旅游地区的规划工作中，要把区域总体规划与旅游规划有机地衔接起来。一个独具魅力的滨海旅游地，无论是拥有悠久历史的古城，还是清新明丽的热带岛国，只要其整体风格协调优美，它本身就是一道美丽的风景。在滨海旅游地区的总体规划中要突出旅游规划的地位，注意海洋环境与滨海旅游资源的保护与开发利用。开展滨海旅游资源调查和旅游设施调查，在普查的基础上制定滨海旅游规划和滨海旅游地的土地利用规划，加强滨海的功能分区。根据滨海旅游地的地貌形态与活动、资源和设施的地域配置确定滨海旅游地的空间布局模式和开发建设项目，确定开发重点和步骤，然后进行旅游地开发项目及其配套项目的具体规划，并设计滨海旅游地的风格、尺度、材料、色彩、地面、环境设施、标志、植物、空间秩序等环境因素，限制新建筑的数量、规模、密度和区位。为促使滨海旅游地建设能按照规划意图实现良性发展，规划必须遵循以下基本原则：

生态原则。良好的滨海生态环境是滨海旅游地赖以生存和发展的基础，必须把开发量控制在该区域生态系统保持自行调节和正常循环的稳定水平上，在保护和培育生态稳定性的前提下进行适度开发。

特色原则。规划要维护滨海旅游地原有的自然环境与社会环境，以体现旅游地与众不同的特色，吸引游人。这种特色反映在滨海旅游地的自然特色、人文景观、民俗风情、娱乐活动等旅游项目的内容和形式上。项目规划应在突出自身个性的同时，形成滨海旅游地的整体氛围，从建筑物、标志物、环境设施和环境品质上反映出来。

系统原则。滨海旅游地的规划应有系统性和综合性，规划中对项目系统的不同层次、新建项目与滨海旅游地环境以及滨海旅游地与周边地区的关系进行全面周密的考虑。

动态原则。滨海旅游地规划应根据环境的变化进行适时的调整，成为不断调整的动态过程。要在规划时严格控制用地和建设规模，同时在建设目标和时间等因素上有一定的伸缩性及开发时序性。以往在旅游资源开发宣传中，人们普遍认识到海洋旅游资源丰富的一面，却忽视了海洋生态环境脆弱的一面。滨海旅游地的项目建设，应经过科学的研究和论证，除了考虑其经济性、合理性和审美的整体性，必须充分考虑其环境效应，使其与当地的自然环境、社会环境和文化环境能够达到完美的结合，与当地旅游业的发展相协调。一些成功的滨海旅游地规划明确规定了建设标准，如旅游地建筑物限制高度和密度、建筑物与海岸线的最小距离、公用设备线的埋设等。

由于人满为患，滨海旅游地旅游环境条件明显恶化甚至被永久性破坏，出现垃圾泛滥等诸多问题。滨海旅游地应加强对海洋旅游环境及旅游者构成的研究，针对旅游者类型，确定滨海旅游地的自然环境容量和海洋旅游容量。通过实地调查，将易受污染的敏感区域划定为海洋旅游保护区，严格控制旅游者数量，维护滨海旅游环境。研究如何利用价格杠杆和各种经济手段平衡淡旺季旅游者数量，将接待规模控制在滨海旅游接待容量以内，防止对滨海旅游景观的破坏。研究滨海旅游及环境相关设施系统的配置等级，以保证滨海旅游接待能力的延续性。研究滨海旅游产品的生命周期，加快开发环境亲和的旅游新产品。认真研究滨海旅游目的地的社会文化特征和大众旅游文化的取向，将滨海旅游文化内涵渗透到旅游资源开发规划和旅游设施建设的全过程中，渗透到滨海旅游产品的设计和生产中，使海洋景观建设、景点开发与之协调。

5.3.4　严格执行旅游设施建设评估论证制度，加强旅游开发管理

保护滨海旅游环境要求强化政府宏观管理职能，理顺旅游管理体制。在一些滨海旅游地，旅游开发缺乏科学的指导思想，管理体制混乱，时常导致利益各方各自为政，使滨海旅游业的发展迟缓，旅游环境质量严重下降。旅游业具有良好的行业带动作用和就业功能，滨海各级政府的决策层及相关职能部门应当充分认识滨海旅游环境对当地旅游业乃至当地国民经济良性发展的重要性，牢固树立可持续发展的思想观念，做好组织协调工作，理顺旅游主管部门与各方面的关系，加强旅游业的行业管理力度，克服滨海旅游业发展中政出多门的弊端。要加强管理、协调和监督等各方面的管理力度，建立运转协调、灵活高效的管理体制，以适应新时期海洋旅游业发展的需要，适应保护滨海旅游环境的需要。

同时，利用经济杠杆和法律手段进行调节和控制，形成“经济、行政、法律”三位一体的综合管理体制。在科学研究制定滨海旅游发展战略的基础上，采取有力措施贯彻落实滨海旅游环境保护措施，在实施层次上经济、行政、法律手段互相补充。目前滨海旅游地的立法管理仍是一个薄弱环节，应严格制定有关滨海旅游开发的条例和法规，颁布详细的管理办法，实行滨海旅游业的规范化管理。并运用法律手段和经济手段，对违反环境立法的企业和个人进行严格惩处。合理开发、保护、利用海洋水资源；大力开发海洋能源。对岛上稀缺资源和能源的使用加征税费，对采用环保和节能措施的企业、个人给予一定的政策优惠。

滨海旅游地的旅游设施建设，一是宾馆饭店设施的建设，要在旅游市场调查和研究的基础上，合理确定宾馆饭店的结构和总体规模，鼓励投资者适时、适地地建设宾馆饭店，为旅游者提供满意的住宿和饮食服务；二是根据旅游规划，加强旅游地游览设施、娱乐设施以及配套服务设施的建设，为旅游者提供多方位的配套服务。在滨海旅游地建设旅游设施时应加强可行性研究和系统的规划，不断创造旅游精品，塑造滨海旅游地区的形象。

滨海旅游地的项目建设应慎之又慎。政府管理机构应当制定衡量可持续发展指标，建立相应的评估体系，对海洋项目建设的可行性从多角度加以科学的评估和论证，把项目建设可能获得的经济效益与可能对海洋环境造成的影响综合起来考虑，在项目实施过程中加强监督和控制。滨海地区主管部门重点研究区域旅游业可持续发展的潜力和主要影响因素，研究海滨项目建设对海洋旅游环境可能造成的影响，对旅游地内的建设项目严格进行审批、监控和协调。同时将海洋旅游环境观念有机地融入海洋旅游开发的政策中，设施建设尽可能使用可循环材料，提高资源使用效率，使废物最少化；鼓励使用当地的砂石等建筑材料，同时严格控制海滩沙的开采。

5.3.5　大力宣传海洋旅游环保知识，增强公众的滨海旅游环境意识

存在于世界许多滨海旅游地区的不文明旅游行为，是造成滨海旅游地区环境污染和生态破坏的一个不可忽视的原因。全社会的环境意识、完善的法律制度、专门的管理机构和一贯

的经济与社会政策，是滨海旅游地区环境保护的有力保证。为此，除加强滨海旅游地区的立法和执法力度，还必须针对旅游者、旅游从业者及当地群众的特点，广泛开展海洋环境保护知识的宣传教育，加强海洋环境科学技术研究成果的转化，增强社会公众和旅游从业者的海洋环境意识和法制观念，倡导滨海生态旅游。健康文明的滨海地区生活方式和优美的旅游地环境，是滨海地区旅游文化的体现，赏心悦目、文明现代的旅游地形象是滨海旅游业持续发展的保证。滨海旅游地区应积极发展海洋的科技教育事业，通过教育提高当地居民的整体素质。选择适当的地点和方式向旅游经营者、服务人员、居民和旅游者进行环境亲和行为的宣传和教育，培养岛民和游客的环境意识。目前中国正在发起一场“清洁海岸”和“绿色海岸之旅”的志愿者活动。要鼓励滨海旅游地居民开展海洋美化和装饰活动，爱护自己的家园，禁止经营者和游客采集稀有的海洋动植物。

教育和培训的第二个方面是针对旅游行业的。滨海旅游地的旅游形象不仅取决于它的旅游资源水平，更重要的是它的社会文化内涵和旅游从业者的整体素质状况。旅游教育体制、教育结构的建立和完善对提高旅游从业人员素质、提高滨海旅游地文化环境品位起着关键作用。旅游学科的综合性和旅游需求的多样性要求滨海地区不仅在高等教育课程中增加海洋环保和滨海旅游的内容，同时要根据当地的实际情况和现代旅游业对从业者素质的新要求，构建起包括职业教育、成人教育等多种教育方式的旅游教育和培训结构，不断提高滨海地区旅游从业人员的职业技能、职业素质和海洋环保意识。

宣传和教育的第三个方面是旅游者。有学者说：在很多情况下问题是出于愚昧而不是出于设计。减少旅游者对滨海旅游环境的破坏，需要在滨海旅游地形成一个爱护海洋环境的信息与知识的氛围，与法律的、经济与社会的政策相结合，使每个旅游者都持有新型的滨海旅游环境价值观念和生存准则，对海洋乃至地球环境抱有危机感和责任感，从自我做起保护海洋环境。

5.3.6 加强沿海自然保护区建设与管理，明确保护责任

湿地自然保护区是海南滨海旅游开发的重要内容。严格按照自然保护区的旅游开发原则，进行功能分区。核心区严禁任何人进入；缓冲区只准进入从事科学研究观测活动；实验区才可以开展旅游活动。虽然相关保护区已经建立，但是保护成效较差。目前我国湿地保护与管理涉及许多部门，容易造成经费浪费及管理混乱。看似每个部门都在管理自己相关的环节，如海洋局、林业局，甚至还有旅游局，但实际工作中，部门与部门的协调总是滞后，且出现问题后各部门易互相推诿和敷衍，延误了解决问题的时机。

以东寨港红树林自然保护区为例，保护区边界线不明确，社区参与保护区的管理不够，积极性不高，甚至出现与保护区争夺资源利用的矛盾，如在保护区内过度捕捞、挖池养殖等；除国家投入保护区一期工程建设外，保护区的基础设施和基本建设十分薄弱。如保护区现尚无瞭望塔，巡逻用船仅一艘，宣教设备处于空白状态。

第 6 章　海南省滨海旅游业发展战略研究

6.1　海南省滨海旅游业发展的战略目标

6.1.1　指导思想

抓住机遇，超前谋划，发挥优势，实现滨海旅游产业跨越式发展。以资源为依托，市场为导向，生态为底蕴，立足特色、塑造精品，合理定位、开拓市场、保护环境，实现滨海旅游产业可持续发展。树立大旅游、大市场和大产业观念，以高品位的旅游产品、高水平的旅游促销、高标准的旅游服务和高档次的旅游设施，实现全省滨海旅游产业发展质与量的双重突破，使滨海旅游业成为全省旅游产业发展的和国际旅游岛建设的先导性支柱产业，成为亚洲领先和国际一流的滨海旅游产业，将滨海地区建设成为全省旅游产业发展和国际旅游岛建设的先导性核心区域，成为亚洲领先和国际一流的滨海休闲度假旅游胜地。

6.1.2　战略目标

6.1.2.1　总体目标

积极更新观念，加大旅游投入，实施全面要素改造，重点培育滨海旅游新业态，积极发展滨海旅游产业。充分发挥先发优势，实施超前发展战略，高质量、高效益和超常规发展滨海旅游产业，将滨海旅游产业打造为全省旅游产业发展和国际旅游岛建设的先导性支柱产业，成为亚洲领先和国际一流的滨海旅游产业，将滨海地区建设成为全省旅游产业发展和国际旅游岛建设的先导性核心区域，成为亚洲领先和国际一流的滨海休闲度假旅游胜地。

6.1.2.2　阶段目标

为确保海南省滨海旅游产业发展总体战略目标实现，应将战略期划分为不同阶段，并将总体战略目标加以相应分解落实。明确各战略阶段的滨海旅游产业发展的阶段性目标和重点。

根据《中国旅游业发展“十一五”规划和 2015 年、2020 年远景目标纲要》、《海南省旅游发展总体规划》、《海南国际旅游岛规划纲要（2010—2020）》、《海南省海洋经济发展“十一五”规划》和《海南省海洋功能区划》，将海南省滨海旅游产业发展战略期间划分为三期：近期（2010—2015 年）、中期（2016—2020 年）和远期（2021—2025 年）。

1）近期（2010—2015 年）：优化升级阶段。

依据滨海旅游资源的特点与优势和滨海旅游产业在全省旅游产业发展中所处的地位及其

发展趋势，将此阶段确定为滨海旅游产业发展的优化升级阶段。战略重点是通过超前谋划、高水平开发、全要素改造、优化重组和合理布局，推动滨海旅游产业的实质性优化升级，将滨海旅游产业打造成为全省旅游产业发展和国际旅游岛建设的先导性支柱产业，将滨海地区打造成为全省旅游产业发展和国际旅游岛建设的先导性核心区域。因此，此阶段的主要战略任务是充分依托滨海旅游资源与环境优势，加大滨海旅游产品开发力度，积极吸引资金，加大滨海旅游景点、景区开发和基础设施力度，以滨海旅游城市、主题旅游海岸、度假区与景区的滨海沙滩和近海及海岛为载体，塑造滨海休闲、滨海度假、海岛旅游、海洋旅游、滨海体育、滨海康疗及旅游新业态等旅游精品和名品，形成以滨海休闲、滨海度假、滨海体育、滨海康疗及旅游新业态产品为主体的特色旅游产品体系；加大市场营销力度，以国内市场为主导，有选择地瞄准和锁定国际市场。

2015 年，旅游服务、营销、管理和产品市场化、现代化水平显著提升。滨海旅游产业增加值占全省和滨海地区生产总值的 8% 和 10% 以上，滨海地区第三产业增加值占全省和滨海地区生产总值的 40% 和 45% 以上，第三产业从业人数占全省和滨海地区就业人员总数的 40% 和 45% 以上。力争滨海地区人均生产总值、城乡居民收入达到省领先和全国中上水平，教育、卫生、文化、社会保障等社会事业发展水平显著提高，综合生态环境质量保持全国领先水平。

2）中期（2016—2020 年）：国内领先阶段。

结合我国经济发展的阶段性跃迁的宏观经济背景和国民休闲时代渐次进入的宏观社会背景，将此阶段确定为滨海旅游产业发展的国内领先阶段。战略重点是基于前一阶段全省滨海旅游产业的实质性优化升级，推行服务和营销致胜阶段性战略，全面强化和提升滨海旅游服务，加大滨海旅游市场营销，将滨海旅游产业打造成为具有全国领先性的支柱产业，将滨海地区打造成为全国滨海旅游产业发展的领先性核心区域和亚洲一流的热带滨海休闲度假旅游胜地。主要战略任务是建立健全符合国际惯例的旅游行业服务质量标准，规范旅游服务质量操作流程，实行旅游服务标准化、规范化管理，以人为本，围绕游客的需要，提供个性化优质服务；继续加大市场营销力度，充分占据国内滨海旅游市场，并以国内滨海旅游市场为基础，有选择地瞄准和扩大国际滨海旅游市场。

2020 年，旅游服务设施、经营管理和服务水平与国际通行的旅游服务标准全面接轨，初步建成国内领先、亚洲一流的滨海休闲度假旅游胜地。滨海旅游产业增加值占全省和滨海地区生产总值的 12% 和 15% 以上，滨海地区第三产业增加值占全省和滨海地区生产总值的 50% 和 60% 以上，第三产业从业人数占全省和滨海地区就业人员总数的 50% 和 60% 以上。力争滨海地区人均生产总值、城乡居民收入达到全国领先和亚洲中上水平，教育、卫生、文化、社会保障等社会事业发展达到国内领先水平，综合生态环境质量处于全国领先和亚洲中上水平。

3）远期（2021—2025 年）：亚洲领先阶段。

此阶段为全省滨海旅游产业发展的亚洲领先阶段。战略重点是全面国际化，积极推进旅游企业、旅游设施、旅游产品、旅游市场、旅游管理、旅游服务等的全面国际化，通过旅游企业、旅游设施、旅游产品、旅游市场、旅游管理、旅游服务等的全面国际化，立足国内客源市场和现有国际客源市场，有选择、有重点、分步骤地逐步抢占和扩大国际客源市场，将滨海旅游产业打造成为亚洲领先和国际一流的滨海旅游产业，将滨海地区打造成为亚洲领先和国际一流的热带滨海休闲度假旅游胜地。主要战略任务包括：

一是推进旅游客源市场国家化。在旅游宣传促销与市场开拓上形成新机制，进一步推动区域旅游协作和国际合作，积极探索宣传促销新方式，重视利用国际互联网等现代传媒手段，提高旅游宣传促销的现代化、国际化水平；在继续巩固和拓展东南亚、东亚、俄罗斯等主要境外旅游客源市场的同时，大力发展欧洲、北美洲的客源市场，积极开拓南亚、南美、非洲、澳大利亚等新兴客源市场；要用好用足现有的旅游优惠政策，加快开辟新国际航线，强化海南国际度假旅游目的地的形象宣传，提高海南旅游的知名度，吸引更多的国际高端游客。

二是推进旅游产品国际化。以国际游客为目标市场，研发、设计出适应国际旅游市场需求的旅游产品；进一步强化旅游精品意识，全面实施精品战略，在高起点、高水准规划的基础上，构建融观光游览、休闲度假、会展赛事于一体的滨海旅游产业格局；强化旅游产品品牌建设，加快培育和开发豪华游轮旅游、水上活动旅游、康体疗养旅游、体育赛事旅游等专项旅游产品；改善旅游产品结构，丰富旅游产品内涵；深度策划、开展大型旅游节庆活动，国际交流活动，增强旅游产品的国际影响力。

三是推进旅游设施国际化。按照国际化旅游标准的要求，完善滨海旅游基础设施的国际化配套功能建设；按照国际化标准，对滨海特色旅游资源进行产业设计与配套建设；加强国际滨海旅游合作，加快国际旅游信息服务体系的建设，加快国际化旅游管理、服务人才的培养，培育良好的国际旅游环境氛围。

四是推进旅游企业国际化。加快培育和壮大旅游市场主体，鼓励具备条件的旅游企业上市融资，通过联合、兼并、收购等多种方式进行资产重组，组建区域性、专业性旅游集团，积极引导具有国际竞争力的旅游企业做大做强；大力扶持中小企业向专业化方向发展，促进旅游市场的合理分工；积极引进境外有实力的旅游企业参与海南旅游经营要素的建设，通过兴办中外合资旅行社、外商独资旅行社等方式，让更多的外资企业进入旅行社市场；积极推进旅游景区（点）所有权与经营权分离的改革，鼓励和支持私营企业兴办旅游企业或参与国有旅游企业改造；加快探索滨海旅游产业发展基金的运作模式，为海南滨海旅游国际化发展注入的国际化商业资本。

五是推进旅游管理国际化。进一步转变政府职能，尤其是要明晰政企职责，实行政企分开，把各级旅游管理部门力量集中到宏观产业指导上来；要改革和完善各级旅游管理人员的选拔、任用制度，提高旅游管理水平；改革行政审批制度，规范审批行为，增强政策的透明度和公开性，加强旅游行业地方标准的制定和实施，为旅游业的发展提供良好的管理环境；应通过积极引导和鼓励，加快建立一批旅游信息咨询、旅游企业和旅游人才交流等方面的中介机构，为政府当好行业管理的助手，为企业提供优质服务，并使之成为加强行业自律的主体。

六是推进旅游服务国际化。要建立健全符合国际惯例的旅游行业服务质量标准，规范旅游服务质量操作流程，实行旅游服务标准化、规范化管理；以人为本，围绕游客的需要，提供个性化优质服务；要创新旅游培训工作思路，着眼于提高旅游企业高级管理人员的综合素质，建立起一支具有国际管理水平、熟悉国际旅游服务业行规、法规、操作模式的酒店高级管理人员队伍；结合服务需要，强化旅游从业人员业务技能和职业道德培训，提高全行业人员的服务水平。

2025 年，旅游服务设施、经营管理和服务水平与国际通行的旅游服务标准全面接轨，初步建成亚洲领先、国际一流的滨海休闲度假旅游胜地。滨海旅游产业增加值占全省和滨海地区生产总值的 15% 和 20% 以上，滨海地区第三产业增加值占全省和滨海地区生产总值的 60%

和65%以上，第三产业从业人数占全省和滨海地区就业人员总数的60%和65%以上。力争滨海地区人均生产总值、城乡居民收入达到亚洲领先和国际中上水平，教育、卫生、文化、社会保障等社会事业发展达到亚洲领先水平，综合生态环境质量处于亚洲领先和国际中上水平。

6.2 海南省滨海旅游业发展的战略原则

6.2.1 保护优先原则

通常，在旅游资源开发和旅游产业发展中对旅游资源及其生态环境的破坏往往容易为人们所忽视，只有当旅游产业发展对旅游资源及其生态环境的破坏程度超过一定的界限，甚至持续一段时间而使人们的感官消费受阻，难以享受到旅游活动的美感时，才会为社会大众所关注。滨海区为海陆交接的生态敏感地区，旅游开发和旅游产业发展必须以不破坏生态环境为前提，要把生态建设和环境保护置于滨海旅游开发和滨海旅游产业发展的全过程之中，实现滨海旅游产业的全面、协调与可持续发展。

6.2.2 市场导向原则

滨海旅游开发和旅游业发展应以旅游市场需求变化为依据，以最大限度地满足旅游者需求为标准。由于旅游者的旅游动机与市场需求经常变化，滨海旅游业在激烈的市场竞争中随时面临着过时及相应市场吸引力的扩大或丧失的问题。因此，滨海旅游开发和滨海旅游业发展必须重视旅游市场的调查和预测，随市场需求变化适时确定开发方向和开发重点。

6.2.3 特色制胜原则

现代旅游业市场竞争十分激烈，旅游产品的雷同使其竞争力不足，必须依托特色，塑造精品。海南省滨海地区具有中国罕有、世界一流的热带滨海旅游资源，滨海旅游开发和滨海旅游业发展必须充分依托自身特色，开发和塑造旅游精品，以在激烈的市场竞争中保持竞争优势。

6.2.4 综合效益原则

不断促进社会生产力发展，努力提高经济、社会和生态环境的综合效益是社会经济发展的根本目标。旅游业发展中必须时刻把提高经济效益、社会效益和生态环境效益作为首要目标，以切实推动旅游生产力的发展。因此，在滨海旅游开发和滨海旅游业发展中必须坚持综合效益原则，既要讲求滨海旅游业发展的经济效益，也要讲求社会效益和生态环境效益，实现经济效益、社会效益和生态环境效益的高度统一。

6.3 海南省滨海旅游业发展的空间布局

6.3.1 布局原则

6.3.1.1 地理区位原则

旅游业的发展是建立在区域旅游资源合理开发和利用基础之上的。不同地区的旅游资源所具有的区位条件在相当程度上决定了旅游市场的拓展方向和拓展范围。因此，海南省滨海旅游业发展的空间布局必须以此为依托，才能形成科学、合理的布局方案。

6.3.1.2　资源赋存原则

旅游资源的赋存条件和特色是区域旅游业发展的基础和前提，提供了区域旅游业发展的可能，并在很大程度上决定着一个区域旅游业发展的方向。因此，海南省滨海旅游业发展的空间布局必须充分考虑滨海地区旅游资源的赋存状况和特点，方能科学、合理地规划、组织滨海旅游产业的空间格局。

6.3.1.3　客源市场原则

市场是产业发展与价值实现的最终场所，旅游业发展不能脱离客源市场。客源市场的规模和特点在一定程度上影响、甚至决定着旅游产业发展的空间布局模式。因此，海南省滨海旅游产业的空间布局必须遵循市场规律，充分考虑游客的进出、集散和流动的规模与方向。

6.3.1.4　协调发展原则

滨海旅游产业是滨海地区的重要产业形态，也是全省旅游产业的有机构成，更是全省产业系统的有机构成。因此，正确处理滨海旅游产业发展及其空间布局与滨海地区其他各相关产业发展及其空间布局的关系，正确处理滨海旅游产业发展及其空间布局与全省旅游产业发展及其空间布局的关系，正确处理滨海旅游产业发展及其空间布局与全省产业发展及其空间布局的关系，是滨海旅游产业发展与空间布局必须充分考虑的问题，以确保滨海旅游产业发展及其空间布局与滨海地区各相关产业、全省旅游产业和全省产业发展及空间相互协调，协同有序发展。

6.3.1.5　线路组织原则

旅游线路组织是旅游产业发展及空间布局的重要内容之一。通过合理的线路组织，形成贯穿各景点、景区及重要枢纽与设施的旅游网络，才能有效引导和合理组织游客在景点、景区之间的合理、有序和高效流动。因此，海南省滨海旅游业布局必须充分考虑旅游线路的科学组织、有序串联和高效流动，为滨海旅游产业发展提供必要的游客空间流支撑。

6.3.1.6　集群发展原则

经过 20 多年的发展，海南省旅游业发展急需解决的问题之一，就是如何提高旅游业的竞争力。产业集群是当今世界上公认的提升产业竞争力的有效模式，旅游产业集群是国家和地区旅游产业发展的必然趋势，也是国家和地区旅游产业竞争力的重要来源和集中体现。因此，滨海旅游产业发展及其空间布局，必须充分考虑和注重旅游产业集群的培育和壮大，并通过强势旅游产业集群来带动整个滨海地区旅游产业发展。

6.3.2　总体格局

基于海南省滨海旅游资源赋存、滨海旅游产业发展现状及其未来发展趋势，依据上述布局原则，将海南省滨海旅游业发展布局为“一圈”、“两岸”、“三极”和“四区”的总体空间格局（图6.1）。

（1）“一圈”：环岛滨海蓝金旅游圈。

（2）“两岸”：东部的中国椰树海岸和西部的中国金色西岸。

（3）“三极”：海口为北部滨海休闲旅游极、三亚为中部滨海度假旅游极和永兴岛为南部潜在海岛旅游极。

（4）“四区”：南部以三亚为中心的滨海度假旅游区、北部以海口为中心的滨海休闲旅游区、东部以琼海为中心的滨海会展旅游区和西部以儋州为中心的滨海探奇旅游区。

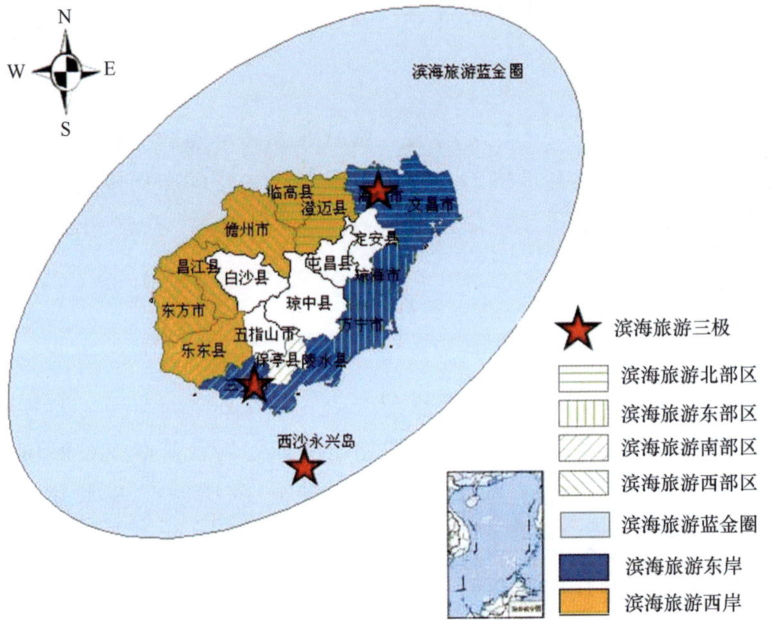

图6.1　海南省滨海旅游业发展总体空间布局示意

6.3.3　功能定位

6.3.3.1　“一圈”：环岛滨海蓝金旅游圈

1）整体概况。

环海南岛滨海蓝金旅游圈包括海口、三亚、文昌、琼海、万宁、陵水、乐东、东方、昌江、儋州、临高、澄迈12个滨海市县及其近海海域，陆地面积约 $2.45\times10^4\ km^2$，约占全岛陆地面积的69.21%；总人口约719.77万人，约占全省总人口的84.75%；2012年滨海地区接待国内外游客约3 133.26万人次，占全省同期的94.42%，是全省旅游业的重心区域。

2）主要优势。

①地理位置优越：处在热带海洋区域，气候适宜度假，市场区位优越。

②生态环境一流：森林覆盖率57.1%，空气质量国际一流，各类水质量多数达到国家一、二级标准，生物多样性丰富。

③旅游资源丰富：不仅拥有“3S”（Sun 阳光、Sea 海水、Sand 沙滩）资源，而且拥有良

好的“3N”（Nature 自然、Nostalgia 怀想、Nirvana 理想境界）资源，还有丰富的温泉、热带雨林和自然景观，丰厚的本土文化底蕴和中国文化渊源。以热带、生态、海岛、海洋为主要特色的复合型资源为中国独有，世界稀缺。

④发展基础良好：各级政府和社会各界普遍重视，有利于滨海旅游产业发展的社会人文环境正在形成；已开发出一批高档次滨海度假旅游产品，2012 年具备年接待约 3 500 万人次的能力；在国内形成滨海度假旅游品牌，国际上知名度不断提高；具有比较便捷的进出岛交通条件和岛内多种形式的发达旅游交通网络。

⑤开发格局形成：国内最优的出入境等政策；国际上主要酒店管理集团，一批境外旅游社集团、投资集团、航空公司和专业旅游机构纷纷进入；博鳌亚洲论坛、岛屿观光政策论坛、世界小姐大赛、国际环岛自行车大赛、中国海南岛欢乐节等重大活动在国际上形成影响。

3）主要问题。

①旅游要素发展不平衡、不配套，旅游文化开发水平不高；

②市场要素整体国际化水平不高，社会公共性设施不完善，档次有待提高，对旅游不配套；

③出入境政策相对国际著名岛屿旅游目的地仍显不够开放；

④旅游管理体制不适应国际化发展要求，行业组织发挥作用不够，缺乏专业化的旅游机构；

⑤旅游管理手段单一，缺乏综合的旅游咨询、信息服务和安全救援系统等；

⑥全民旅游意识有待提升，民众文化水平、外语水平和专业技能总体不高，对游客友善、诚信的态度尚需培育。

4）定位思路。

以国际化视野，放眼于整个南中国海乃至更大区域，以现代版“南海丝路”打造在国际上知名度大、美誉度高的“南海之滨”品牌，以海南岛滨海地区为基点和重心，以滨海休闲度假旅游产品为主，逐步开辟包括豪华邮轮、游船旅游、海岛旅游和多种海上休闲运动等海洋旅游产品，将滨海地区建设成为向中外游客展示中国“南海文明”的重要窗口。

5）目标定位。

国际著名滨海旅游品牌。以现代版“南海丝路之旅”探讨“南海文明”内涵，推动新一轮对外开放，加强同东盟以及更多国家和地区的经济文化友好交流，实施滨海近域和广域南海发展战略，完善滨海旅游产品体系并提升整体水平，塑造国际著名的滨海旅游品牌。

6）形象定位。

南海丝路，滨海明珠。世界旅游组织前秘书长萨维尼亚克曾经评价海南是“让中国人民乃至全人类赏心悦目的明珠”。古代，海上丝绸之路最重要航线是南海航线，又称“南海丝路”。海南岛和西沙群岛、南海群岛等地是南海丝路重要停靠站和中转站，唐宋起海南岛还成为始发站。海南发展滨海旅游有深厚的文化底蕴、天然的地理优势和多方面的重要意义。环岛滨海旅游蓝金圈的整体形象定位是：南海丝路，滨海明珠。

7）产业定位。

滨海休闲度假旅游及海洋旅游产业。充分依托岸线与优质海岸及主要滨海旅游城市，大力发展滨海休闲度假旅游业；同时，积极在海口、三亚、西沙等地建设旅游码头和配套设施，以邮轮、游船、游艇旅游带动配套用品供应或生产、相关服务培训和游艇驾驶学习、游艇维护维修、游艇和船模展销、海洋旅游论坛等，形成具有特色的海洋旅游产业。发掘南海丝路的珍贵古迹，打造南海旅游的特色文化支撑，开发海陆密切相关的南海丝路旅游产品，催生和发展海洋旅游产业并形成产业集群。

8）功能分区。

滨海旅游蓝金四环。环岛滨海旅游蓝金圈功能分区为以海南岛滨海为基点的四环空间结构（图6.2）。

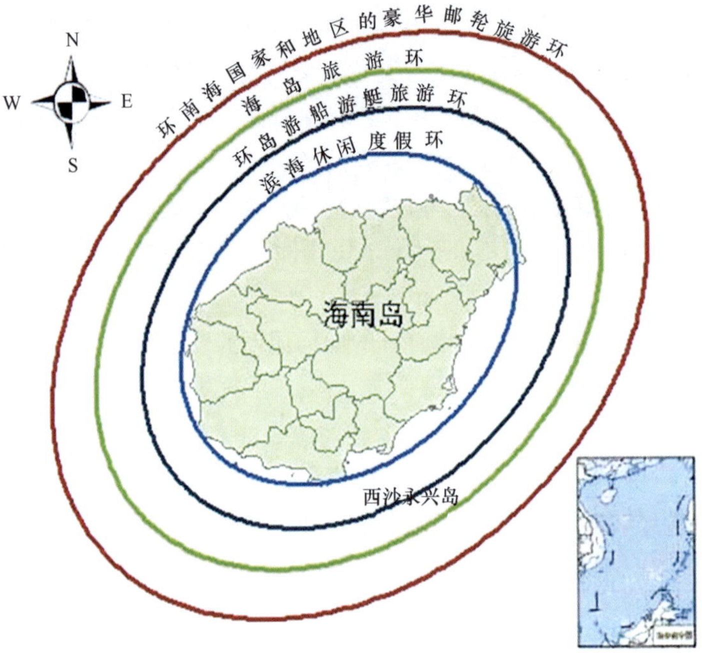

图6.2　环岛滨海旅游蓝金四环空间布局示意

第一环：滨海休闲度假环。以海口、三亚等主要滨海旅游城市、主题旅游海岸、滨海旅游度假区和景区的滨海沙滩和近海为载体，开展多种形式的滨海度假休闲旅游和水上活动。

第二环：环岛游船游艇旅游环。以海南岛周边海岸线为基础，并利用近海南岛的离岛，在海口、三亚等沿海城市建设游船和游艇基地、旅游码头等，开展游船和游艇旅游。通过游艇俱乐部和游艇专业协会，对游艇旅游实行统一管理和服务，建设国际游艇基地。

第三环：海岛旅游环。以西沙群岛为主要目的地，在海南岛、西沙群岛相关岛屿和海域开展海岛观光、海洋科教、海上休闲活动和潜水等专项旅游活动。

第四环：环南海国家和地区的豪华邮轮旅游环。联合香港、新加坡等邮轮母港和越南以及广东、广西等地，以海南岛为重要的邮轮停靠港和邮轮旅游基地，巩固现有豪华邮轮航线，逐步发展环南中国海国家和地区的豪华邮轮旅游。

6.3.3.2　“两岸”：滨海旅游东西两岸

1）基本概况

①东岸：主要包括海口、文昌、琼海、万宁、陵水和三亚6个东部滨海市县及其近海海域，陆地面积约1.13×10^4 km^2，约占全岛陆地面积的33.19%；总人口约403.57万人，约占

全省总人口的47.52%；2012年接待国内外游客约2 836.58万人次，占全省同期的85.48%，是全省旅游业发展的核心区域。

②西岸：主要包括澄迈、临高、儋州、昌江、东方和乐东6个西部滨海市县及其近海海域，陆地面积约1.32万km^2，约占全岛陆地面积的38.81%；总人口约316.20万人，约占全省总人口的37.23%；2012年接待国内外游客约296.70万人次，占全省同期8.94%，是全省旅游产业发展的欠发达区域（图6.3）。

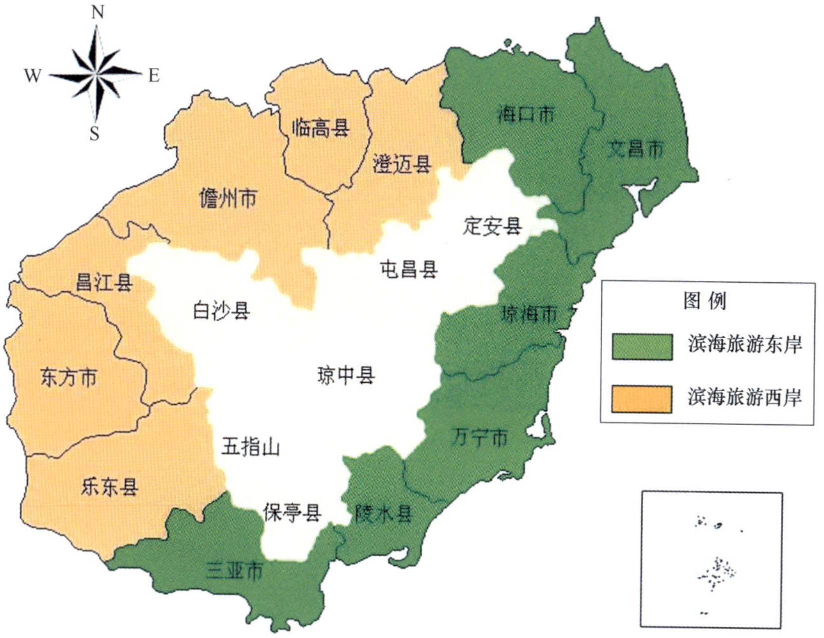

图6.3　滨海旅游东西两岸空间布局示意

2）旅游概况

①东岸：雨水充沛，椰风海韵迷人，旅游业率先启动，达到一定规模和档次。

②西岸：雨水略少，拥有海南主要工业园区，旅游资源奇特，旅游产业尚待起步。

3）定位思路

①东岸：世界主要度假客源都钟情旅游海岸的假期，目前在亚洲大型旅游海岸尚属空白。海南岛东部集中了世界一流旅游海岸应有的各种条件，建设以高雅时尚为特色、以度假品牌为主的大型旅游海岸，是扬长避短打造国际滨海度假胜地的良策。突出海南东部滨海地方特色，力求打造独立的旅游海岸品牌，突出海南悠久的椰文化传统，选择海南岛标识性植物和海南岛东部海岸地区代表性植物——椰树，为海南岛东部旅游海岸命名。

②西岸：结合环北部湾旅游开发，通过跨国、跨省区的旅游合作，联手打造国际化、复合型、世界一流的环北部湾国际滨海度假地，是海南西部旅游谋求高点起步的良策。海南岛西岸是中国唯一面向外国的西岸，金色的晚霞非常迷人，“金色”也象征工业旅游。由于西班牙有一旅游海岸早已采用“金色海岸”之名。因此，以“金色西岸”命名兼有神奇旅游资源、海南工业园区和中国西岸特色概念的海南岛西岸。

4）目标定位

①东岸：建设世界一流、亚洲独有的热带旅游海岸，挑战世界上最著名的法国蓝色海岸、

西班牙太阳海岸和澳大利亚黄金海岸，打造中国度假旅游参与国际竞争的“拳头”和海南引进需求、加快发展的特色平台。

②西岸：打造中国西岸特色旅游品牌，开发探奇观光、特色工业旅游和逐步发展度假旅游，完善海南集约发展的新兴工业区域的产业结构，通过旅游业为城乡民众带来更多就业机会和活跃经济文化。

③整体：世界一流旅游海岸。

5）形象定位

①东岸：中国椰树海岸。

②西岸：中国金色西岸。

③整体：南海之滨，魅力两岸。

6）产业定位

①东岸：超前发展滨海休闲度假、文体会展、康体疗养、水上运动等滨海旅游产业，以之为支柱，大力发展同国际接轨的现代服务业，积极开发不同形式的旅游新业态以及其他新型产业，并形成极富特色的滨海旅游产业集群。

②西岸：以探奇旅游和特色工业旅游启动相关旅游服务业，形成富有特色的旅游产业集群，与北部湾旅游开发同步发展度假旅游业和其他相关产业。

6.3.3.3 “三极”：滨海旅游南中北三极

1）基本概况

①北极：海口市位于海南省最北端，海口又称“椰城”，中国最大经济特区海南省的省会，全省政治、经济、文化、商贸和交通的中心。面积约 2 304 km^2，人口 170 余万，海岸线长达 131 km，年平均气温 23.8℃。海口长夏无冬，气候宜人，空气、水质、生态等指标均居全国前列，城市绿化覆盖率达 42%，被世界卫生组织选定为中国第一个“世界健康城市”试点城市，首批中国优秀旅游城市，人居环境极佳的中国优秀园林城市，国家历史文化名城。全市分设秀英、龙华、琼山、美兰 4 个区，共辖 23 个镇，18 个街道办事处，150 个社区居委会，2 504 个经济社，4 个农垦农场，2 个省属农场。2012 年接待国内外游客约 952.91 万人次，占全省同期的 28.71%，是全省旅游业发展的中心，也是带动全省旅游业发展的增长极。

②中极：三亚市位于海南岛最南端，辖 2 个区、5 个镇、111 个村委会，5 个国营农场。总面积 1 919 km^2，海岸线长 209 km，有 10 多个岛屿，19 个港湾。总人口 49.57 万人，城市人口 18.65 万人，少数民族人口占总人口的 42.8%。属热带海洋季风气候，年平均气温 25.4～28.8℃。三亚作为中国的南大门，是中国同东南亚、西南亚、非洲的海上交通枢纽，是中国南疆对外贸易的重要港口和海南省南部的经济中心和交通、通信枢纽。2012 年接待国内外游客约 1 100.39 万人次，占全省同期 33.16%，是全省旅游业发展的中心，也是带动全省旅游产业的增长极。

③南极：西沙群岛的永兴岛位于16°50′N，112°19′E。面积2.10 km^2，是南海诸岛中面积最大的岛屿，也是海南省三沙市政府所在地。东西长约 1 950 m，南北宽约 1 350 m，面积 2.10 km^2。地势平坦，高出海面约 5 m，最高处 8.5 m，岛西南有长约 870 m、宽约 100 m 的沙堤。岛上热带植物茂盛，林木遍布，主要有麻疯桐、椰子树、羊角树等。1949 年后，在岛上先后建有办公楼、邮电局、银行、商店、气象台、海洋站、水产站、仓库、发电站、医院

等生产和生活设施。岛上还建有环岛公路、机场、码头，有班机、轮船通海南岛。岛上是典型的热带风光，椰树成行，风光旖旎（图6.4）。

图6.4 滨海旅游北中南三极空间布局示意

2）旅游资源

①北极：海口市风光秀丽，名胜古迹多，加之近年新开发了不少旅游区和景点，旅游资源十分丰富。比较著名的有五公祠、海瑞墓、李硕勋烈士纪念亭、秀英炮台、人民公园、万绿园、假日海滩、热带海洋世界、金牛岭烈士陵园、滨海公园、石山火山口、东寨港红树林等各具一定特色，且位于市内，交通方便。海南热带野生动植物园、火山口国家地质公园等一批新景区的相继建成标志着正在发展成为集观光游览、度假休闲、疗养健身、商务会展、文化娱乐为一体的多功能、综合型全国热带滨海旅游休闲胜地（表6.1）。

表6.1 海口市主要景点及旅游资源单体

主要景点	景点等级	景点类型	主要旅游资源单体
石山火山群世界地质公园	4A，世界地质公园	地文景观	马鞍岭火山口
海南热带野生动植物园	4A，国家级	建筑与设施	热带野生动植物园
印象·海南岛海胆剧场	国家级	建筑与设施	海胆剧场及演出
东寨港红树林自然保护区	国家级	生物景观	红树林
东寨港海底村庄	省级	地文景观	海底村庄
五公祠	3A，全国重点文物保护单位	建筑与设施	五公祠
假日海滩	4A 省级	地文景观	假日海滩

续表 6.1

主要景点	景点等级	景点类型	主要旅游资源单体
邱浚故居及邱浚墓	全国重点文物保护单位	建筑与设施	邱浚故居及邱浚墓
海瑞墓	2A，全国重点文物保护单位	建筑与设施	海瑞墓
万绿园	省级	建筑与设施 生物景观	万绿园
白沙门旅游娱乐园	省级	建筑与设施	白沙门娱乐园
琼州海峡	省级	水域风光	琼州海峡
秀英炮台	全国重点文物保护单位	遗址遗迹	秀英炮台
李硕勋烈士纪念亭	全国重点文物保护单位	建筑与设施	李硕勋烈士纪念亭
琼崖“一大”旧址	全国重点文物保护单位	遗址遗迹	琼崖“一大”旧址
千年塔	省级	建筑与设施	千年塔
海南省博物馆	省级	建筑与设施	海南省博物馆
琼州府城	省级文物保护单位	遗址遗迹	琼州府城
世纪大桥	省级	建筑与设施	世纪大桥
东湖公园	市级	水域风光	东湖公园
海口热带森林博览园	在建	建筑与设施	海口热带森林博览园
美视五月花高尔夫球场	省级	建筑与设施	美视五月花高尔夫球场
西秀海滩	市级	地文景观	西秀海滩
冼夫人纪念馆	市级	建筑与设施	冼夫人纪念馆
桂林洋海滨旅游区	市级	地文景观	桂林洋海滨
冯白驹故居	省级文物保护单位	建筑与设施	冯白驹故居
琼崖红军云龙改编旧址	省级文物保护单位	遗址遗迹	琼崖红军云龙改编旧址
泰国花果园	市级	建筑与设施	泰国花果园
绿枫农业田园超市	市级	建筑与设施	绿枫农业田园超市
秀英灯塔	市级	建筑与设施	秀英灯塔
海南鹿场	省级	建筑与设施	海南鹿场
金牛岭公园	市级	建筑与设施	金牛岭公园
琼台书院	省级文物保护单位	建筑与设施	琼台书院
府城鼓楼	省级文物保护单位	建筑与设施	府城鼓楼
钟楼	市级	建筑与设施	钟楼
滨海公园	市级	建筑与设施	滨海公园
海口人民公园	市级	建筑与设施	海口人民公园
涅槃塔	省级文物保护单位	建筑与设施	涅槃塔
唐胄墓	省级文物保护单位	建筑与设施	唐胄墓
玉龙泉	市级	水域风光	玉龙泉
白石溪	市级	水域风光	白石溪
毋忘九·一八国耻纪念碑	市级	建筑与设施	毋忘九·一八国耻纪念碑
红城湖	市级	水域风光	红城湖
海南花卉大世界	市级	生物景观	海南花卉大世界
林业花卉馆	市级	建筑与设施	林业花卉馆
西海岸观海台	市级	建筑与设施	西海岸观海台

②中极：三亚市旅游资源得天独厚，是海南省风景名胜最多而又最密集的地方，在约

200 km 的海岸线上，密布亚龙湾、大东海、鹿回头公园、天涯海角、海山奇观、南山文化旅游区等闻名中外的旅游景点。不仅具备现代国际旅游五大要素——阳光、海水、沙滩、绿色植被、洁净空气，而且还拥有河流、港口、温泉、岩洞、田园、热带动植物、民族风情等各具特色的旅游资源，在国内外堪称一绝。三亚古称崖州，也称鹿城，历史悠久，源远流长，文化多姿多彩。天涯海角、大小洞天、崖州古城、落笔洞三亚古人类遗址等都蕴涵着丰厚的历史文化。三亚地处海南省的最南端，是我国唯一的热带滨海旅游城市，境内汇集了阳光、海水、沙滩、气候、森林、动物、温泉、岩洞、田园、风情等十大风景资源。而且三亚市是 2008 年北京奥运会国内火炬传递的第一站（凤还巢）（表 6.2）。

表 6.2　三亚市主要景点及旅游资源单体

主要景点	景点等级	景点类型	主要旅游资源单体
			南山寺
			海上观音
			金玉观音
三亚南山文化旅游区	5A，世界级	建筑与设施	休闲会馆
			长寿谷
			不二法门
			天下第一龙砚
			南山树屋
			南山素斋
			梵钟苑
		建筑与设施	如意吉祥园
			慈航普渡园
			汉唐乐坊
			多宝佛塔
		地文景观	小月湾
南山大小洞天旅游区	5A，国家级	水域风光	小洞天
		建筑与设施	不老松
天涯海角风景区	4A，国家级	地文景观	南天一柱、天涯海角
		建筑与设施	
		地文景观	亚龙湾
		建筑与设施	亚龙湾中心广场
		水域风光	中心文化柱
			贝壳馆
亚龙湾国家旅游度假区	4A，国家级		海底世界
			蝴蝶谷
			野猪岛
			亚龙湾高尔夫球场
			红峡谷高尔夫球场

续表 6.2

主要景点	景点等级	景点类型	主要旅游资源单体
蜈支洲岛度假中心	4A，国家级	地文景观 水域风光 建筑与设施	蜈支洲岛
三亚珊瑚礁自然保护区	国家级	地文景观	三亚珊瑚礁自然保护区
西岛	国家级	地文景观	西岛
海棠湾	国家海岸	地文景观	海棠湾
落笔洞	全国重点文物保护单位	遗址遗迹	落笔洞
鹿回头公园	3A，省级	建筑与设施	鹿回头公园
南田温泉	省级	水域风光	南田温泉
美丽之冠	国家级	建筑与设施	美丽之冠
凤凰岛	国家级	建筑与设施	邮轮码头、祥云火炬雕塑
大东海	4A 省级	地文景观	大东海
三亚湾	省级	地文景观	三亚湾
藤桥古墓群	全国重点文物保护单位	建筑与设施	藤桥古墓群
槟榔河生态乡村旅游区	省级	建筑与设施	槟榔河生态乡村旅游区
三亚热带海洋世界	2A，市级	建筑与设施	三亚热带海洋世界
小东海	市级	地文景观	小东海
铁炉湾	市级	地文景观	铁炉湾
三亚港	省级	建筑与设施	三亚港
榆林港	省级	建筑与设施	榆林港
三亚河鸟类自然保护区	市级	生物景观	三亚河鸟类自然保护区
天涯热带海洋动物园	省级	建筑与设施	天涯热带海洋动物园
崖州古城	省级文物保护单位	建筑与设施	崖州古城
崖城孔庙	省级文物保护单位	建筑与设施	崖城孔庙
水南村	市级	建筑与设施	水南村
京润珍珠文化馆	市级	建筑与设施	京润珍珠文化馆
三亚龙虎园	A，市级	建筑与设施	三亚龙虎园
爱心大世界	市级	建筑与设施	爱心大世界
东瑁洲	市级	地文景观	东瑁洲
红塘湾	市级	地文景观	红塘湾
千年曙光全球直播点	市级	建筑与设施	千年曙光全球直播点
亚运会火炬南端点火台	市级	建筑与设施	亚运会火炬南端点火台

③南极：三沙市隶属的海岛陆地总面积约 10 km^2，分布在 26 000 km^2 的海域上，在南海四大群岛中，西沙群岛露出海面的陆地最多，共计有面积大于 500 m^2 的岛屿 32 个，40 多个岛礁，7 个沙洲，宛若颗颗珍珠浮于万顷碧波之中，令人向往而又充满神秘色彩。主要景点及旅游资源单体有西沙海域岛礁、永兴岛等知名岛屿、甘泉岛唐宋遗址、西山海洋博物馆、北礁沉船遗址、西沙海战烈士陵园、海上丝绸之路和西沙将军林等（表 6.3）。

表6.3 西沙群岛主要景点及旅游资源单体

主要景点	景点等级	景点类型	主要旅游资源单体
西沙海域岛礁	世界级	地文景观	西沙海域岛礁
永兴岛	省级	地文景观	永兴岛
甘泉岛	全国重点文物保护单位	遗址遗迹	唐宋遗址
西沙海洋博物馆	省级	建筑与设施	西沙海洋博物馆
北礁沉船遗址	全国重点文物保护单位	遗址遗迹	北礁沉船遗址
西沙海战烈士陵园	省级	建筑与设施	西沙海战烈士陵园
海上丝绸之路	省级	遗址遗迹	海上丝绸之路
西沙将军林	县级	生物景观	西沙将军林

3）定位思路

①北极：海口是海南省省会，又称椰城，被国务院授予“国家历史文化名城”称号，富有文化韵味的各种休闲资源极为丰富。因此，应充分挖掘“首府”、“文化”和“休闲”三大特色，打造“海南岛首府”、“海韵椰城”和“热带滨海休闲城市”。

②中极：三亚是中国最典型的热带海岛度假城市，热带滨海环境优美而浪漫，拥有目前中国最集中、最高档的滨海度假酒店群，多次承办不同类型的国际国内大型活动。因此，应充分挖掘“美丽”、“浪漫”和“度假”三大特色，打造“美丽圣地”、“浪漫海滨”和“度假天堂”。

③南极：永兴岛地处西沙群岛，是西沙陆地面积最大的岛屿，也是新成立的地级市——三沙市政府所在地，宛若一颗珍珠浮于万顷碧波之中，令人向往而又充满神秘色彩。坐拥西沙群岛西沙海域岛礁、永兴岛等知名岛屿、甘泉岛唐宋遗址、西山海洋博物馆、北礁沉船遗址、西沙海战烈士陵园、海上丝绸之路和西沙将军林等主要景点及旅游资源单体。因此，应充分挖掘其神奇、美丽、海岛、国防等特色，打造南海神奇之岛、美丽之岛、前哨之岛。

4）目标定位

①北极：以国际化要求，将海口逐步发展成为世界一流、个性鲜明、规模适中的热带滨海“精品旅游城市”、国内外游客向往的休闲之港和辐射带动海南岛北部旅游产业和经济发展的增长极。

②中极：以国际化要求，将三亚逐步发展成为世界一流、个性鲜明、规模适中的热带滨海“精品旅游城市”、国内外游客向往的度假天堂和辐射带动海南岛南部旅游产业和经济发展的增长极。

③南极：勇于突破，将永兴岛逐步发展成为个性鲜明、规模适中的热带滨海袖珍旅游海岛、国内外游客向往的猎奇天堂和辐射带动海南省南部旅游产业和经济发展的潜在增长极。

5）形象定位

①北极：首先是突出海口是中国唯一滨海省会因素，利用海南政治、经济、文化中心城市的综合资源，挖掘丰富的历史和现代的文化潜力，打造海南必到之地“海南岛首府”的中心城市形象。其次是突出热带滨海区域标志性植物椰树的形象，挖掘椰文化丰富内涵，结合“国家历史文化名城”的其他文化资源，打造世界上别具一格、富有独特文化韵味的“海韵椰城”旅游形象。再次是突出高尔夫业集群优势，发掘从滨海、市区到火山区域的地热温泉

资源，开发全国少有的大面积红树林资源，提升多层面、多形式休闲活动，打造独具魅力、宜游宜居的复合型“热带滨海休闲城市”形象。因此，海口作为海南省北部地区旅游产业和经济发展的增长极，形象定位是“海韵椰城，休闲港湾”。

②中极：首先是通过美丽的自然环境和景区，文明和谐的社会氛围，有关美丽的系列节事活动，打造融中外美丽要素并极具地方特色的“美丽文化”，塑造“美丽圣地”的旅游目的地形象。其次是发掘滨海代表性景区的爱情内涵，营造最具浪漫氛围的热带海滨，在“美丽圣地”基础上培育极具浪漫因素的“蜜月度假”和“情感假日”旅游产品，逐步形成三亚“浪漫海滨”的旅游形象。再次是高水平开发新的度假区和休闲区，拓展大型景区的度假休闲功能，推进各项旅游要素和服务标准的国际化，全面提升社会人文环境和度假城市功能，打造中国最佳“度假天堂”的城市形象。因此，作为海口作为海南省中部地区旅游产业和经济发展的增长极，形象定位是“美丽三亚，浪漫天涯”。

③南极：充分挖掘其神奇、美丽、海岛、国防等特色，打造南海神奇之岛、美丽之岛、前哨之岛。因此，作为辐射带动海南省南部旅游产业和经济发展的潜在增长极，永兴岛的形象定位是“南海前哨，滨海新星”。

6）产业定位

①北极：海口应发挥省会城市综合功能，旅游产业突出热带滨海休闲业、高尔夫业、会展赛事业、温泉业、文体娱乐业，并大力培育和发展旅游新业态等，形成滨海旅游休闲业集群优势，构筑以热带滨海休闲旅游业为龙头的特色现代服务业体系。

②中极：三亚应大力提升热带滨海度假业，在“美丽圣地”、“度假天堂”基础上打造与美丽健康相关的赛事业、康疗业、创意产业和艺术性产业，并大力培育和发展旅游新业态，形成滨海旅游度假业集群优势，构筑以热带滨海度假旅游业为龙头的特色现代服务业体系。

③南极：充分挖掘西沙群岛、南沙群岛和黄岩岛的神奇、美丽、海岛、国防等特色，在神奇之岛、美丽之岛和前哨之岛的基础上，与海南岛旅游产业密切联动，大力发展海岛旅游、探奇旅游、科普旅游、海洋旅游、教育旅游等，并逐步发展成为全省新兴滨海旅游产业增长极。

6.3.3.4 “四区”：海南岛滨海旅游东、西、南、北四区

打破以行政区域为主的旅游开发模式，根据海南岛滨海旅游资源脉络关系，开发建设具有国际竞争力和核心竞争力的区域性旅游产品，在海南岛的东部、西部、南部、北部滨海地区策划特色鲜明、定位各异、和谐共进的整体性区域旅游项目，逐步形成东部以琼海为中心的滨海会展旅游区、西部以儋州为中心的滨海探奇旅游区、南部以三亚为中心的滨海度假旅游区和北部以海口为中心的滨海休闲旅游区的四大滨海旅游功能区（图6.5）。

1）基本概况

①东部滨海会展旅游区：主要包括琼海、万宁两个东部滨海市县及其近海海域，陆地面积约3 575.5 km^2，约占全岛陆地面积的10.47%；总人口约90.63万人，约占全省总人口的10.67%；2007年接待国内外游客约332.39万人次，实现本地生产总值约120.07亿元，分别占全省同期22.58%和10.35%，是全省旅游产业和整体经济发展的重要区域。

②西部滨海探奇旅游区：主要包括儋州、昌江、东方三个西部滨海市县及其近海海域，陆地面积约7 117 km^2，约占全岛陆地面积的20.85%；总人口约167.57万人，约占全省总人

口的19.73%；2007年接待国内外游客约60.20万人次，实现本地生产总值约180.37亿元，分别占全省同期4.09%和15.55%，是全省旅游产业和第二产业发展的重要区域。

③南部滨海度假旅游区：主要包括三亚、陵水、乐东、保亭县四个南部滨海市县及其近海海域，陆地面积约6 955 km^2，约占全岛陆地面积的20.37%；总人口约155.42万人，约占全省总人口的18.30%；2007年接待国内外游客约602.76万人次，实现本地生产总值约199.53亿元，分别占全省同期40.94%和17.20%，是全省旅游产业发展的核心区域。

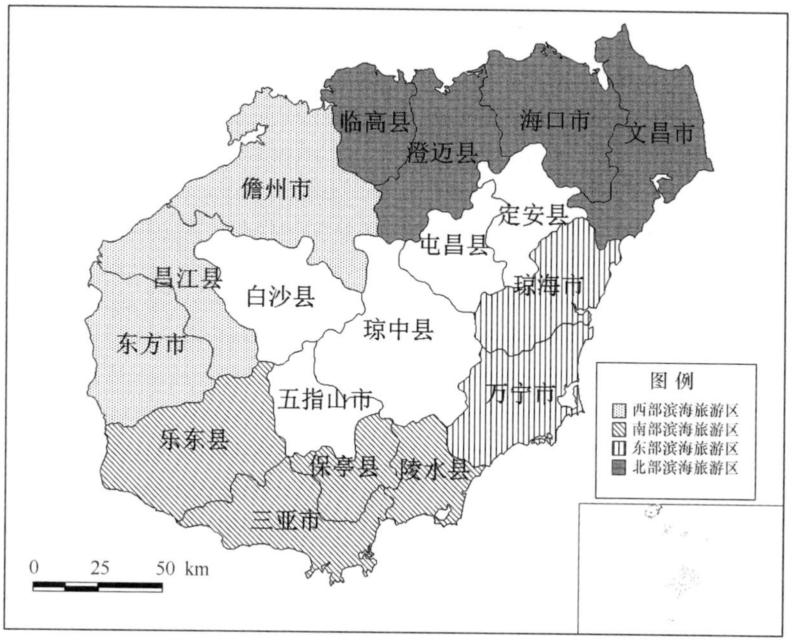

图6.5　东南西北四个滨海旅游区空间分布图

④北部滨海休闲旅游区：主要包括海口、文昌、澄迈、临高四个北部滨海市县及其近海海域，陆地面积约8 092 km^2，约占全岛陆地面积的23.70%；总人口约307.42万人，约占全省总人口的36.19%；2007年接待国内外游客约431.60万人次，实现本地生产总值约577.30亿元，分别占全省同期29.31%和49.77%，是全省旅游产业和整体经济发展的核心区域（图6.5）。

2）资源特色

①东部滨海会展旅游区

琼海市风光旖旎，以举世闻名的万泉河为主线，包括万泉河、白石岭、官塘温泉、沙洲岛、万泉河出海口、红色娘子军雕像、白山岭旅游风景区、博鳌海滨玉带滩与“博鳌亚洲论坛”国际会议中心构成了海南东部大琼海的旅游体系，被海南省列为全省重点旅游区之一对外开放。

万宁市山清水秀，景色宜人，既有奇山、异洞、怪石、海滩、岛屿、温泉、热带珍稀动植物、滨海风光等自然景观，又有文物古迹、革命遗址等人文景观。有以“海南第一山”之美称的东山岭，有“热带花果园”之美誉的兴隆温泉旅游区，有“南海明珠”．之称的大洲岛，有水清浪静、滩洁沙软的石梅湾、南燕湾、日月湾、春园湾，有“神州半岛”之称的牛庙岭，有神奇传说，饶有野趣的尖岭五眼温泉等。这些旅游资源，都具有较高的开发价值。

目前，正在开发的有石梅湾、尖岭五眼温泉、牛庙岭；已开发利用，能供中外游客观光的有东山岭、兴隆温泉、南燕湾、日月湾和春园湾、兴隆热带花果园。这些旅游点阳光明媚，青山绿水，景色秀丽，环境别致，服务优质，收费低廉，美食丰盛，令游客流连忘返，是旅游度假胜地。

②西部滨海探奇旅游区

儋州著名的旅游景点的东坡书院、热带植物园、蓝洋温泉、光村银滩、鹭鸶天堂、洋浦经济开发区，还有一批待开发的旅游资源。儋州方言繁杂，有儋州话、客家话、粤语、军话、村话、临高话、黎话等方言，反映了海南移民的特色，也展现了与东部迥异的民俗风情。

昌江县主要旅游景点和旅游资源有在全国具有一定知名度的霸王岭自然保护区、棋子湾、斧头岭自然保护区以及全国闻名的黎族文化与风土人情。

东方市、昌江县主要旅游景点和旅游资源有国家级大田坡鹿保护区、大广坝水电风景区、猕猴洞、鱼鳞洲风景区、天南第一泉等。同时，东方为黎族自治地区，也是黎族唯一盛大的传统节日“三月三”的发源地。三月三节庆活动，船形屋，山兰酒，筒裙，木棉麻，纹面的习俗及独特的牛文化，都是黎族旅游风情资源。而在沿海地区，又有海南渔村的风情旅游资源，如桅影网帆，珊瑚石墙，圣美庙，以及人们忙闲有致的捕鱼生活等。此外，东方市的奇珍特产颇多，山货、海鲜、农产品的种类也十分丰富。传统特产有墩头红鱼、四更辣椒酱、新墩烤乳猪、芒果、花梨木、木棉等，还有从坡鹿身上提取的特殊营养品和药材，如鹿茸、鹿血酒、鹿尾、鹿筋等。

③南部滨海度假旅游区

三亚市旅游资源得天独厚，是海南省风景名胜最多而又最密集的地方，在约 200 km 的海岸线上，密布亚龙湾、大东海、鹿回头公园、天涯海角、海山奇观、南山文化旅游区等闻名中外的旅游景点。不仅具备现代国际旅游五大要素——阳光、海水、沙滩、绿色植被、洁净空气，而且还拥有河流、港口、温泉、岩洞、田园、热带动植物、民族风情等各具特色的旅游资源，在国内外堪称一绝。三亚古称崖州，也称鹿城，历史悠久，源远流长，文化多姿多彩。天涯海角、大小洞天、崖州古城、落笔洞三亚古人类遗址等都蕴涵着丰厚的历史文化。三亚地处海南省的最南端，是我国唯一的热带滨海旅游城市，境内汇集了阳光、海水、沙滩、气候、森林、动物、温泉、岩洞、田园、风情等十大风景资源。而且三亚市是 2008 年北京奥运会国内火炬传递的第一站（风还巢）。

陵水的旅游资源十分丰富，有海湾、沙滩、岛屿、椰林、原始森林、瀑布、温泉、猕猴、鸵鸟游乐观赏等。主要旅游景点与资源有椰子岛、香水湾、土福湾、南湾猴岛、吊罗山原始热带雨林、小妹湖等；人文景观有陵水县苏维埃政府旧址、陵水县农民协会旧址、南霸天庄园、龙王庙、三昧寺和清代一条街；还有南平温泉、高峰温泉、红鞋温泉等。全县方圆纵横，集山水滩岛之秀美，兼椰风海韵之神韵，具古典与神奇之融洽，留浓郁之民俗和民风。陵水，凭借着独特而丰富的旅游资源，吸引着众多有识之士和各界宾朋，成为内外投资者注目的热土。

乐东县境内有闻名国内外的尖峰岭国家森林公园，有我国南方最大的莺歌海盐场和正在开发的莺歌海油气田，有神奇独特的毛公山自然景观和古海遗迹景观等。乐东素有“天然温室”、“热作宝地”、“旅游胜地”、“绿色宝库”和“腰果之乡”等美称，是我国最大的腰果基地，海南省重要的南繁育种基地、冬季瓜菜生产基地、高位池养虾基地和粮油、糖、芒果、香蕉、槟榔、橡胶生产基地。此外，古海遗迹、西山岭石景山、排齐古榕群、南巴河龙椅和62 km长的银沙海滩等，都颇具旅游开发价值。

保亭县旅游资源较为丰富，县城东北部8 km的七仙岭是全省著名的旅游胜地，岭下有自喷泉眼7口，日出水量3 030 m^3，最高温度93℃，含有多种微量元素，具有较高的医疗保健价值。七仙岭温泉旅游区集奇峰、温泉、田园风光、民族风情为一体。距县城48 km的毛感乡境内有目前我省发现最大仙龙洞溶洞和面积达300多亩的仙安石林等天然旅游景区。此外，还有热带风情浓郁的三道湾，有漂流探险的八村河，有尽显黎苗风情的甘什岭槟榔园。每年农历七月初七，还有黎风苗韵浓郁的传统民间盛会——中国海南保亭七仙温泉嬉水节。

④北部滨海休闲旅游区

海口市风光秀丽，名胜古迹多，加之近年新开发了不少旅游区和景点，旅游资源十分丰富。比较著名的有五公祠、海瑞墓、李硕勋烈士纪念亭、秀英炮台、人民公园、万绿园、假日海滩、热带海洋世界、金牛岭烈士陵园、滨海公园、石山火山口等各具一定特色，且位于市内，交通方便。海南热带野生动植物园、火山口国家地质公园等一批新景区的相继建成标志着正在发展成为集观光游览、度假休闲、疗养健身、商务会展、文化娱乐为一体的多功能、综合型全国热带滨海旅游休闲胜地。

文昌市物华天宝，地灵人杰，文化昌盛，英才辈出。文昌素以文化之乡、华侨之乡、椰子之乡、排球之乡、将军之乡、国母之乡扬名海内外。旅游景点主要包括铜鼓岭自然保护区、东郊椰林、宋氏祖居、文庙、八门港红树林等。土特产品有椰子、椰制品、椰雕工艺品、龙虾、鲍鱼、咖啡和文昌鸡等。

澄迈县物产丰富，气候宜人，人杰地灵，历史底蕴深厚，旅游资源丰富，开发前景广阔，是镶嵌在琼北大地上的一颗璀璨明珠。目前主要景点有盈滨半岛旅游度假区、福山咖啡文化休闲旅游区、九乐宫温泉旅游区、红岗济公山风景旅游区、金江金山寺、新吴奇石岗、老城老街、大成殿、广德桥、罗驿李氏宗祠、加笼坪热带雨林生态旅游区、宋代美榔姐妹塔等。其中美榔姐妹塔为我国罕见的宋代建筑，被文化部定为国家一级保护文物。盈滨半岛旅游度假区三面环海，沙白细软无泥，海水碧蓝纯净，还有独特的地下温泉，现已初步发展成为海南旅游的新热点景区。名优特产有驰名海内外的福山咖啡、万昌苦丁茶、桥头无核荔枝、瑞溪牛肉干、福山烧烤乳猪、白莲鹅肉、永发乳羊、老城海鲜等，可让游客在游览山光水色的同时大饱口福。

临高县位于海南省的西北部，东部与澄迈县毗邻，西部和西南部与儋州市接壤，西北濒临北部湾，北临琼州海峡，与雷州半岛隔海相望。地形属琼北台地，地势平缓，自南向北缓慢倾斜。南与东南部为丘陵，中部及西北部为河积平原和海积平原。南部有马鞍岭、大寒岭、美郎岭、黑岭、美钦岭和白石岭，中部偏东有多文岭，北部有高山岭。各山岭的海拔均在306 m以下。台地海拔在50～100 m之间，位于东江乡的马鞍岭，海拔306 m为境内最高山峰。主要河流有文澜江、东江河、马袅河、博厚水和文科溪。盛产红鱼、马鲛鱼、虾、贝类等海产品，新盈、头咀、调楼、马袅等8个港口的运输般直达海口、湛江、榆林、合浦等港口。主要旅游景区（点）有临高角风景区、高山岭、古银瀑布、毗耶灵石、澹庵泉迹、桐乡夏荫、南海秋涛等。

3）定位思路

①东部滨海会展旅游区：依托所处海南岛东部“中国椰树海岸”及其整体形象定位，充

分挖掘万泉河文化和历史渊源，结合博鳌亚洲论坛，突出国际会议和时尚度假；提升万宁热带温泉产品和开发滨海度假，结合归侨习俗，渲染东南亚风情。

②西部滨海探奇旅游区：依托所处海南岛西部“中国金色西岸”及其整体形象定位，充分挖掘儋州、东方、昌江奇特的自然风光和特色工业旅游资源及其专项旅游资源，渲染其神奇与独特底蕴。

③南部滨海度假旅游区：充分发挥三亚市的核心好带动作用，整合区内资源、统筹区域旅游规划和整体经济发展规划，应充分挖掘“美丽”、“浪漫”、“绿色”和“度假”四大特色，打造海南岛南部滨海度假旅游功能区。

④北部滨海休闲旅游区：着重发挥海口市的核心和带动作用，整合区内资源、统筹区域旅游规划和整体经济发展规划，应充分挖掘“首府”、“文化”和“休闲”三大特色，打造海南岛北部滨海度休闲旅游功能区。

4）目标定位

①东部滨海会展旅游区：打造中国椰树海岸会展旅游功能区，开发国际会展、高档滨海度假、文化创意产业等。

②西部滨海探奇旅游区：打造中国金色西岸探奇旅游功能区，开发探奇观光、特色工业旅游和逐步发展度假旅游，完善海南集约发展的新兴工业区域的产业结构，通过旅游业为城乡民众带来更多就业机会和活跃经济文化。

③南部滨海度假旅游区：以三亚市为核心，整合区内资源、统筹区域旅游规划和整体经济发展规划，应充分挖掘“美丽”、“浪漫”、“绿色”和“度假”四大特色，打造海南岛南部滨海度假旅游功能区。

④北部滨海休闲旅游区：以海口市为核心，整合区内资源、统筹区域旅游规划和整体经济发展规划，应充分挖掘“首府”、“文化”和“休闲”三大特色，打造海南岛北部滨海度休闲旅游功能区。

5）形象定位

①东部滨海会展旅游区：椰树海岸，会展天堂。

②西部滨海探奇旅游区：金色西岸，神奇海滨。

③南部滨海度假旅游区：美丽南区，度假天堂。

④北部滨海休闲旅游区：椰风海韵，休闲胜地。

6）产业定位

①东部滨海会展旅游区：依托所处海南岛东部“中国椰树海岸”及其整体形象定位，充分挖掘万泉河文化和历史渊源，利用博鳌亚洲论坛的国际化品牌，大力发展国际会议和时尚度假；利用万宁市热带温泉资源和归侨习俗资源，大力发展热带温泉康养旅游、滨海度假旅游和东南亚风情旅游产业。

②西部滨海探奇旅游区：依托所处海南岛西部“中国金色西岸”及其整体形象定位，充分挖掘儋州、东方、昌江奇特的自然风光和特色工业旅游资源及其专项旅游资源，渲染其神奇与独特底蕴。注重分步推进的旅游开发时序，首先发展高档次的探奇观光旅游、特色工业观光和专项旅游产业，伴随北部湾旅游开发，逐步发展滨海度假产业。

③南部滨海度假旅游区：以三亚为中心的南部区应充分发挥三亚市的带动作用，大力提升热带滨海度假业，在“美丽圣地”、“度假天堂”基础上打造与美丽健康相关的赛事业、康

疗业、创意产业和艺术性产业，并大力培育和发展旅游新业态，形成滨海旅游度假业集群优势，构筑以热带滨海度假旅游业为龙头的特色现代服务业体系。

④北部滨海休闲旅游区：以海口为中心的北部区应发挥海口作为省会城市的带动作用，旅游产业突出热带滨海休闲业、高尔夫业、会展赛事业、温泉业、文体娱乐业，并大力培育和发展旅游新业态等，形成滨海旅游休闲业集群优势，构筑以热带滨海休闲旅游业为龙头的特色现代服务业体系。

6.4 海南省滨海旅游业发展的战略重点

6.4.1 全面提升旅游业管理与服务水平

6.4.1.1 建设富有海南特色的旅游产品体系

依托优势资源，发展特色旅游产品，进一步优化旅游产品结构。大力发展热带海岛冬季阳光旅游、海上运动、潜水等旅游项目，丰富热带滨海海洋旅游产品。积极稳妥推进开放开发西沙旅游，有序发展无居民岛屿旅游。积极发展邮轮产业，建设邮轮母港，允许境外邮轮公司在海南注册设立经营性机构，开展经批准的国际航线邮轮服务业务。研究完善游艇管理办法，创造条件适当扩大开放水域，做好经批准的境外游艇停泊海南的服务工作。加强林区基础设施建设，加快发展森林生态旅游。合理开发温泉资源，发展康体保健服务。积极发展自驾车观光游、特色房车游和体育休闲项目，完善相关配套服务。在符合土地利用总体规划和城乡规划、不占用耕地特别是基本农田、有效保护森林和生态环境、维护农民合法权益并依法办理用地手续的前提下，科学规划，总量控制，合理布局，规范发展高尔夫旅游。大力发展红色旅游和民族、民俗风情文化旅游。

6.4.1.2 打造精品旅游景区

科学规划和布局景区景点，精心设计旅游线路，优化时间、空间配置，逐步形成区域特色明显、山海互补的旅游格局，塑造“阳光海南、度假天堂”的整体滨海旅游形象。进一步完善亚龙湾国家旅游度假区、万宁兴隆温泉度假区、琼海博鳌亚洲论坛永久会址等主要景区景点的旅游服务功能。高水平开发建设海棠湾、清水湾、棋子湾、香水湾、石梅湾、神州半岛等一批精品景区。高标准规划建设海洋、海岛等旅游主题公园。

6.4.1.3 进一步规范旅游市场秩序

推进旅游服务标准化和国际质量认证，在旅游餐饮、住宿、交通、景区、旅行社、导游、购物及应急管理等方面，加快建立与国际通行规则相衔接的旅游服务标准体系。加强旅游行业诚信体系建设，规范景区门票价格，整治“零负团费”、虚假广告等，严厉打击价格欺诈和不正当竞争行为。推进旅游综合执法，建立健全旅游投诉处理机制，加大对违法违规行为的惩处力度。强化社会监督和舆论监督。

6.4.1.4 加强旅游公共服务体系建设

进一步转变政府职能，深化改革，建立健全政府引导、行业自律、企业依法自主经营的旅游管理体制和运行机制。加强旅游立法工作，完善旅游相关法规。依托信息技术，提升海南旅游管理和服务水平。在交通枢纽、景区、城市广场等游客较为集中的场所设立游客服务中心。建设具有宣传促销、咨询、预订、投诉等功能的综合性旅游服务平台，健全旅游公共服务网络。完善旅游标识系统。强化管理规范、清洁卫生、方便游客的旅游厕所设施建设。建立健全旅游安全预警和应急机制，完善应急救援、公共医疗、卫生检疫防疫等安全救助体系。

6.4.2 加大市场营销力度

6.4.2.1 健全营销渠道

营销管理学理论表明，营销渠道是促使产品或服务顺利地被使用或消费的一整套相互依存的组织。良好而畅通的营销渠道，有助于目的地营销组织更好地进行各种营销活动。全行业每年都组织和参加国内外例行展会、举办大型促销活动，邀请各大旅行商和媒体前来考察等，取得了较好的效果。但面对新的形势和新的要求，所有这些渠道都面临进一步建设的任务。要在已有营销渠道的基础上，逐步建立起立体交叉和行之有效的旅游营销渠道体系。

1）提升已有渠道

例行展会、大型促销、旅行商及媒体考察采风等既有渠道，要进一步改进模式、强化专业、提升质量，把渠道优势用足用实。特别要加强业界联系，有效识别出与销售本地产品密切相关的利益攸关方，重点培育、扶持、协助，扩大共同利益，形成多赢机制。

2）培育网络渠道

网络渠道具有用户大众化、选择多样化、成本低廉化、操作简便化、时间全天化、空间虚拟化等诸多优势，各行各业趋之若骛。要更加关注网络营销的作用，加快推进以提供公共信息和服务为主导功能的多语种旅游资讯网建设，探索旅游宣传“无纸化”、“电子化”创新，借助网络平台，改进旅游宣传推广工作。

3）创造性地利用好其他渠道

运用好整合营销传播理念，调动或借助一切有用力量或时机，既要借力发力，又要借势造市。例如，要更加主动地向国家年、交流年、高层出访、首脑会晤、国际会议等重大国际活动靠拢，巧妙介入、积极有为。要广泛利用使领馆、海外华人社团等海外资源，拉长、拉宽营销渠道。各地也应主动寻找机会，建立相应渠道。

6.4.2.2 采取立足国内市场兼顾国外市场的营销策略

面对入境旅游下降，出境旅游吸引力增强的现实，我们应该看到，国家扩大内需的政策导向，以及我国居民收入不断提高的情况下，普通民众有提高生活质量的愿望，有进行国内旅游的庞大需求，有进行近程、中程旅游的能力。可以预见，在相当长时期内，海南岛滨海旅游市场的重头还是国内旅游市场。因此，应转变以往着力发展入境旅游，吸引大规模入境游客的策略，开展以国内旅游为主的发展策略。为此，应加强国内旅游产品策划、营销宣传、服务，刺激国内游客国内游，进而增加国内游数量，增加国内旅游消费。在刺激国内游策略中，应当降低景区门票价格，减除高门票价格对开展国内游的阻碍。国内游应当着力发展自助游，自助游应当发展家庭游、自驾游。国内旅游还应当发展热带乡村游、热带农业旅游、特色工业旅游、航天科技旅游、滨海休闲旅游和滨海度假旅游。

6.4.2.3 大力发展网络营销

凡利用互联网进行的营销工作，就可称其为互联网营销，营销中的诸多要素如：品牌、渠道、促销等要素都会在互联网营销中体现，而互联网营销更为营销各要素带来新的形式与内容。我国互联网用户数量仅次于美国，居全球第二，有利于旅游网络营销的发展。互联网营销和传统营销需要紧密结合，扬长避短。互联网营销还存在着很多弊病，比如付款方式、邮件浏览率低等问题，所以说互联网营销和传统营销需要紧密结合，只有这样，才能更好地发展旅游市场营销从而促进旅游市场的繁荣兴旺。

6.4.2.4 制定旅游需求政策

全球金融危机对中国旅游业产生了重大的影响，在这样的情况下，我们首先应及时预警、跟踪监测经济形势走势；其次，国内旅游需求是整个国家经济运行的绝对主体和内容基础，要及时调整旅游经济运行的总体战略，在继续确保尽最大努力保证入境旅游不出现大的波动的前提下，把国内旅游放在一个更加突出的位置上来；再次，要尽可能地通过投资的拉动来确保旅游经济运行的基本面和就业存量的减少。最后，借助国际旅游岛战略上升为国家战略的契机，争取中央政府给予适当的刺激国内需求的政策，促进国内旅游需求的增长。

6.4.3 加强人文环境建设

6.4.3.1 加强人力资源建设

合理控制人口规模，努力提高人口素质。全面提高中小学教育质量，推进义务教育均衡发展。大力发展具有海南特色、为建设国际旅游岛服务的高等教育和职业教育。加强海南高校特色学科和专业建设，提高海南大学“211”工程建设水平。实施职业学校基础能力建设工程，提升职业院校特别是中等职业学校的办学水平，大力培养技能型和应用型人才。健全人才培养、引进政策体系。加大教育对外开放力度，支持海南与国际知名院校合作开办旅游职业院校。加强旅游教育培训，全面提高旅游及相关行业从业人员的文明素质和服务水平。

6.4.3.2 加快公共文化服务体系建设

统筹考虑当地居民与游客的需求，推进乡镇综合文化站和村级文化活动室建设，进一步完善县级图书馆、文化馆的设施设备条件，大力加强城市及社区公共文化体育设施建设，建立公共文化体育机构正常运行的经费和人才保障机制。加快推进广播电视数字化步伐，提高广播电视覆盖水平。积极开发利用“海上丝绸之路”文化遗产，开展国家南海博物馆、南海水下考古中心项目前期论证工作，加强对文物及非物质文化遗产的保护。扶持海南建设大型文化体育基础设施，集中建设一批适合于四季训练的运动场馆。

6.4.3.3 完善城乡医疗卫生服务体系

在海口、三亚等地建设区域性医疗中心，健全农村三级卫生服务网络和城市社区卫生服务体系，推进建立国家基本药物制度，提高城乡医疗卫生服务质量和水平。建立全省统一、高效的突发性公共卫生事件应急处理系统。加快基本医疗保障制度建设，逐步建立各省（区、市）与海南异地医保互认制度。

6.4.3.4 营造文明和谐的社会环境

深入开展群众性精神文明创建活动，加强社会公德、职业道德、家庭美德和个人品德建设，培育讲文明、重礼仪、团结友善、热情好客的社会风尚。广泛开展城乡环境综合治理，全面改善人居环境。努力扩大就业，做好社会保障工作，促进社会和谐。扎实推进平安海南建设，加强基层基础工作，努力形成多层次、全方位、立体型的社会治安防控格局，妥善处理利益关系，积极排查化解社会矛盾，解决好影响稳定的历史遗留问题，增强人民群众和广大游客的安全感。

6.4.4 加快旅游基础设施建设

6.4.4.1 构建安全、方便、快捷的综合交通运输体系

完善进出岛交通基础设施条件，推进琼州海峡跨海通道工程前期工作。加快海口至广州、至南宁高速公路建设。建设好东环铁路，适时启动西环铁路扩能改造以及洋浦支线铁路项目。统筹研究海南岛西部民用机场布局优化和建设问题，适时建设博鳌机场。加强港口基础设施和集疏运体系建设，尽快形成功能配套齐全的港口格局，积极推进邮轮、游艇码头建设。加快建设海口—五指山—三亚地方高速公路和万宁—儋州—洋浦地方高速公路，提升现有国道、省道技术等级，加强通往旅游景区的交通设施建设，改善农村道路交通条件。

6.4.4.2 加强能源、水利等基础设施建设

进一步优化能源结构，提高清洁能源比重。推进昌江核电项目。积极发展风力、太阳能、潮汐、生物质等新能源。加快推进城乡电网改造，适时启动跨海电网联网二期工程，提高电力保障能力。加快推进洋浦液化天然气项目，逐步建成连接岛内各大城镇和主要景区的输气管网，大幅度提高民用燃气覆盖率。大力推进水利基础设施建设，在做好环境影响论证的基础上，开工建设红岭水利枢纽及灌区工程，做好天角潭、迈湾等水库前期工作，基本解决海南岛的工程性缺水问题。继续实施重点病险水库除险加固。加强防洪、防潮、防台风设施建设，完善灾害监测预警系统。加强城镇和主要园区、景区的供水工程建设。加快实施农村饮水安全工程，全面解决饮水安全问题。

6.4.4.3 加强信息网络设施建设

大力发展有线和无线宽带网络，推进数字海南建设，实现高速宽带无线网络覆盖全岛。积极发展下一代互联网和新一代移动通信，加快网络升级换代。大力整合信息资源和网络资源，积极推进海南“三网融合”建设。着力建设有线、无线和卫星传输相结合的覆盖海南所辖海域的通信网络，提升南海领域的应急管理水平和信息服务能力。

6.4.5 加强旅游资源与生态环境保护

6.4.5.1 严格实行生态环境保护制度

广泛开展生态文明宣传教育，引导居民和游客增强保护生态环境的自觉性和责任感。加强生态环境保护立法，健全环境影响评价制度，实行更加严格的生态环保标准。完善生态环境保护责任制和问责制，把生态环境保护纳入经济社会发展综合评价体系和领导干部综合考核评价体系。加大对破坏生态环境行为的惩处力度。

6.4.5.2 加强生态建设

继续推进滨海地区海防林恢复和建设工程、天然林保护工程，巩固退耕还林成果，完善海南国家级公益林补偿机制，逐步将森林覆盖率提高到 60%。加强滨海地区水土保持工作。加强自然保护区、森林公园、重点水源地、重要海域的保护和管理，有序开发利用土地、森林、矿产、海湾、岸线、海岛、水域等重要滨海旅游资源，提高滨海旅游资源开发利用水平和效益。实施教育扶贫移民工程，推动生态脆弱地区农村居民向城镇迁移。积极开展全国生态补偿机制试点，争取中央财政和地方政府财政的生态补偿，逐步将 12 个滨海市县列入国家生态功能区转移支付范围，将尖峰岭等滨海国家级自然保护区列入国家生态补偿试点。

6.4.5.3 大力推进节能减排

严格执行环境准入制度，严格主要污染物排放总量控制，严禁高耗能、高耗水、高排放和产能过剩行业发展，加大淘汰高耗能、高耗水、高排放和落后产能的力度。加强清洁生产、节能减排技术和产品的推广应用工作，实施节能和新能源汽车示范工程。大力推进各类减排工程设施建设，增加“以奖代补”专项转移支付。积极发展农村沼气、畜禽养殖业废弃物综合利用、蔗渣利用、中水回收利用等循环经济。加强环境监管能力建设，完善节能减排统计监测和考核实施办法，强化节能减排目标责任制，确保完成国家和省里分解下达的节能减排任务。

6.4.5.4 强化环境污染防治

加强南渡江、万泉河、昌化江流域和担负饮用水集中供水任务水库的水污染防治。加强城镇污水和垃圾处理设施建设，到 2015 年城镇污水处理率达到 80%，城镇生活垃圾无害化处理率达到 90%。强化对已建成污染治理设施的运行监管。控制农业面源污染。加强农村环境综合整治，继续推行改水改厕，逐步建立村镇生活垃圾收集转运处理体系。完善污水、垃圾处理费征收政策，建立健全治污设施正常运营保障机制。开展入海河流直排污染源和南海海域环境监测，建立环境质量例行监测公报和重点海域污染物排海总量控制制度。

6.5 海南省滨海旅游业发展的保障措施

6.5.1 社会保障措施

6.5.1.1 提高全民旅游意识

观念意识决定出路，国家和地区产业发展的速度快慢和水平高低在某种程度上由其居民观念意识水平所决定。随着海南国际旅游岛建设的有序推进，已经呈现出全省上下、社会各界关注旅游、参与旅游、服务旅游的良好发展势头，全民旅游旅游意识正在逐步提升，并日渐发挥出其对于海南国际旅游岛建设的积极推动作用。可以预见，全民旅游意识普遍深入人心之日，也就是海南国际旅游岛建设目标实现之日。滨海旅游产业作为全省旅游产业发展的主力军，未来发展的速度、质量、效益和空间的提升与拓展，也急需全民旅游意识的培养、塑造与支撑。因此，有必要采取各种必要措施，积极引导、培养和强化全民旅游意识，充分发挥和利用观念意识的引导导向力和意念集成力。

首先，充分利用网络、电视、广播、报纸等新兴和传统媒体，进行广泛宣传和教育，有序引导、培养和提升全民旅游意识；

其次，各级政府部门、高等院校、科研机构应积极举办各种座谈会、研讨会、讲座等大力宣传和推广先进旅游意识；

再次，注重机会均等和社区参与，积极引导社区居民支持、参与滨海旅游开发，为本地居民提供更多的培训机会、就业机会和发展机会，确保本地居民切实分享滨海旅游开发和产业发展的丰硕成果，增强全民旅游意识培养、塑造的现实利益驱动。

6.5.1.2 提高整体服务意识

旅游产业属现代服务业，旅游服务是旅游产品的核心，也是旅游产业发展的灵魂。服务意识是指微观企业员工或中观产业从业人员在与一切利益相关人或企业的交往中所体现的为其提供热情、周到、主动的服务的欲望和意识，即自觉主动做好服务工作的一种观念和愿望。服务意识必须存在于每个人的思想认识中，只有提高了对服务的认识，增强了服务的意识，激发起人在服务过程中的主观能动性，搞好服务才有思想基础。因此，必须对全省尤其滨海地区旅游产业直接和间接从业人员进行必要的服务意识、服务态度、服务技能等全方位教训和培训，切实提高滨海地区旅游从业人员的服务意识，为提供高质量的旅游服务奠定坚实的思想基础。

6.5.1.3 营造良好舆论氛围

良好的舆论氛围对于地区产业乃至整体经济发展至关重要，必须适时营造良好的舆论氛围，以推动滨海地区及其旅游产业发展。

1）要为继续解放思想和改革开放营造良好舆论氛围。

建设海南国际旅游岛是海南深化改革开放、促进经济增长的制高点和突破口，也可以说海南国际旅游岛建设是海南深化改革和扩大开放的产物。作为全省旅游产业发展的核心地带，滨海地区及其旅游产业发展无疑是关乎国际旅游岛建设成败的核心要务。因此，要大力营造继续解放思想的浓厚氛围，认真组织和深入开展解放思想的学习讨论活动，宣传广大干部群众勇于冲破思想束缚和体制机制障碍的观念创新和实践探索，在全社会形成坚持解放思想、勇于变革创新、永不僵化停滞、不为任何风险所惧、不被任何干扰所惑的氛围，引导干部群众把全省改革开放大业和国际旅游岛建设推向前进。

2）要为最大限度调动人民群众积极性营造氛围。

人民群众是改革开放的根本动力，也是海南国际旅游岛建设的主体。只有坚持发展为了人民，发展依靠人民，发展成果由人民共享，滨海旅游产业发展和国际旅游岛建设才能获得最为深厚的群众基础、最为强大的推动力量。因此，全省各级、各类媒体必须就要把实现好、维护好、发展好最广大人民的根本利益作为舆论引导的出发点和落脚点，把尊重人民主体地位、发挥人民首创精神、保障人民各项权益作为舆论引导的基本要求。着力抓好民生问题的宣传，积极反映人民群众的利益诉求，及时报道党和政府解决人民群众最关心、最直接、最现实利益问题的举措和成效，不断增强人民群众的信心和力量。要充分发挥舆论在维护群众利益中的积极作用，进一步改进和加强舆论监督，及时揭露批评滨海旅游开发和产业发展中危害群众利益的现象，推动事关群众切身利益问题的解决。最大程度地调动广大人民群众参与滨海旅游开发和产业发展，参与国际旅游岛建设的积极性、主动性和创造性。

3）要为提升海南岛国际旅游形象营造氛围。

全球化背景下，国家和地区发展同整个世界发展紧密相关。当前旅游产业发展已经步入形象驱动阶段，良好的旅游形象对于国家和地区旅游产业乃至整体经济发展至关重要。营造客观友善、于己有利的国际国内舆论环境，提升海南岛整体形象，越来越成为关系全省改革发展全局和国际旅游岛建设的重要任务。

6.5.2 法律保障措施

6.5.2.1 提高旅游法制意识

加强对滨海旅游相关法律法规的宣传教育，提高广大人民群众的旅游法制意识，增强知法和守法地参与滨海旅游开发和产业发展的能力。

一是要注重对国家已颁布的旅游专业性法规、条例和管理办法，如风景名胜区保护、旅游发展规划、导游人员、旅行社管理等法律法规的宣传教育；

二是要注重滨海旅游产业相关的基础性法律，如《中华人民共和国土地管理法》、《中华人民共和国海域使用管理法》、《中华人民共和国水利法》、《中华人民共和国森林法》、《中华人民共和国环境保护法》、《中华人民共和国文物保护法》、《中华人民共和国矿产资源法》等法律法规的宣传教育；

三是要注重海南省及各级地方政府制定的滨海旅游区及其行业管理的地方性法规的宣传教育。

6.5.2.2 强化旅游法制管理

充分发挥各级人大的立法、检查、监督作用，逐步健全与完善规划的地方性规章建设，强化规划的各项规定和要求，制订相应的实施细则和技术规范，依法进行旅游环境保护、旅游资源开发、旅游项目建设和旅游行业管理。

严格执行国家已颁布的旅游专业性法规、条例和管理办法，如关于风景名胜区保护、旅游发展规划、导游人员、旅行社等的管理规定；严格执行与旅游业相关的基础性法律，如《中华人民共和国土地管理法》、《中华人民共和国海域使用管理法》、《中华人民共和国水利法》、《中华人民共和国森林法》、《中华人民共和国环境保护法》、《中华人民共和国文物保护法》、《中华人民共和国矿产资源法》等；严格执行海南省制定的关于旅游业管理的地方性法规；制订并严格执行滨海旅游区管理办法。

6.5.3 组织保障措施

6.5.3.1 健全管理机构

为促进全省滨海旅游开发和产业发展的有序进行，必须设置相应的滨海旅游行业的行政管理机构。建议省政府常设由主管副省长牵头，旅发委、海洋厅等相关厅局组成的滨海旅游开发管理委员会，负责滨海旅游开发和产业发展的行政管理和部门协调工作。设置规划建设、绿化环保、宣传接待、项目管理、执法监察、景区管理等方面的专业人员，明确职责与分工。

滨海旅游开发管理委员会的具体职能包括：

①贯彻执行国家、海南省关于滨海旅游开发和产业发展的政策和法规，结合滨海地区实际，制订具体、可行的实施办法；

②组织制订滨海旅游规划及其年度实施计划，组织实施，并进行综合平衡和适时调整；

③制订开拓国内外滨海旅游市场的规划，组织全省滨海旅游整体形象的宣传和促销活动，指导有地方特色的滨海旅游产品的开发；

④引导和促进滨海地区利用社会投资和外资推动滨海旅游开发和产业发展；

⑤对滨海地区内旅游服务业进行行业管理，规范其经营方向和市场行为，检查评比服务质量和技术等级，对旅游企业的财务收支、经济效益实行审计监督，受理旅游者投诉，维护旅游者合法权益；

⑥负责滨海地区各旅游景区的旅游统计和信息收集工作；

⑦组织和指导旅游从业人员的教育培训工作，组织实施旅游行业岗位资格考核；

⑧设立景区管理站，统筹管理各景区、景点和各类保护区的保护和开发建设活动。

6.5.3.2 完善管理体制

滨海旅游开发与管理还涉及海洋、建设、交通、商业、园林、文物、地矿、邮电、金融等众多行业和部门，应遵循协调一致原则，确保在滨海旅游开发管理委员会框架下形成一个上下沟通、左右联系、工作协调、步调一致的旅游管理体制。

不断提高依法进行滨海旅游开发管理的水平。严格执行国家已颁布的旅游专业性法规、条例和管理办法，如关于风景名胜区保护、旅游发展规划、导游人员、旅行社等的管理规定；严格执行与旅游业相关的基础性法律，如《中华人民共和国土地管理法》、《中华人民共和国海域使用管理法》、《中华人民共和国水利法》、《中华人民共和国森林法》、《中华人民共和国环境保护法》、《中华人民共和国文物保护法》、《中华人民共和国矿产资源法》等；严格执行海南省制定的关于旅游业管理的地方性法规；制定并严格执行滨海旅游区管理办法。

贯彻统一管理、分散经营的原则。各旅游功能区和景点的开发建设应符合各自旅游总体规划的要求，在接受旅游行政管理和协调的同时，自行运作其建设和经营活动。

6.5.3.3 明确管理内容

1）旅游企业经营管理

①建立旅游行业服务标准，各项服务实行明码标价；

②加大旅游教育的力度，培养一支服务水平高、业务能力强的经理、导游员、服务员

队伍；

③加强旅游从业人员的在岗轮训、岗前培训和持证上岗工作，坚决杜绝无证经营、无证上岗现象的发生；

④加强旅游行业职工爱岗敬业教育，使全市旅游行业成为精神文明的主要窗口和与国际接轨的行业；

⑤加强对旅游定点单位服务质量的评定，形成良好的行业竞争局面；

⑥成立旅游服务质量监督机构，设立旅游服务投诉电话，保障游客的切身利益不受损害。

2）旅游市场秩序管理

①建立健全旅游经营管理法规体系，保证各旅游企业进行公平竞争；

②建立监督检查机制，保证旅游法规的贯彻执行。设立专门的监督检查机构，制定严格的检查制度，设立举报中心，采取定期或不定期的年检、季检与日常检查，保证各项旅游法规的贯彻和实施。

3）旅游开发建设管理

①严格按照有关法规进行旅游开发建设；

②在旅游资源开发利用中要注重形成鲜明的地区特色，在突出特色的基础上，做到综合开发，内容丰富多样；

③在旅游资源开发利用中还要遵循经济效益原则，做好投资效益分析、旅游资源类型、数量和市场需求分析等；

④在旅游资源的开发利用中，要注意景区内旅游景观、景点空间结构的合理组织，做到配置合理；

⑤在旅游资源开发和利用过程中，坚持可持续发展原则，注意保护旅游资源和生态环境。

4）旅游营销管理

①增加促销投入，进一步提高企业参展和联合促销的实效；

②超前制定与布置旅游促销计划，加强旅游宣传品的针对性；

③发展专业旅行社，专门为不同行业提供有关的特色旅游；

④采取联营联销，不断巩固和发展销售网络；

⑤积极利用现代化通信手段，如电视广告，互联网等促进旅游产品销售。

5）旅游安全管理

①对空中、水上和按照国家规定实行许可证的旅游设施项目，实行严格的安全检查和审批制度；

②严格执行《中华人民共和国消防管理条例》，彻底消除滨海旅游区内各旅游定点单位的火灾隐患；

③加强与公安部门的合作，做好滨海旅游区的治安管理，保障游客安全。

6.5.3.4 提高管理水平

滨海旅游管理涉及旅游、海洋、生态环境、经济、建筑、艺术、规划、交通等众多领域，是一项复杂工作，要求管理者有过硬的业务知识和较高的综合素质，以把握管理的尺度、指导旅游产品的开发、引导旅游者的旅游行为。因此要加强对管理人员的培训工作，改善、提高学习的环境和条件，配备一定数量的专业书籍、期刊杂志，配备上网电脑，使人员培训工作制度化、正规化、系统化、网络化。

6.5.4 资金保障措施

6.5.4.1 政府投资引导

将滨海旅游产业纳入国民经济发展规划和年度计划，加大各级政府对滨海旅游产业发展的引导性和基础性投资。首先，充分发挥“小财政激活大项目”的政府财政预算与投资经验，实施更为灵活、有效的滨海地区旅游开发和产业发展的政府财政投资策略，并继续确保每年在政府财政预算中安排相应数额的切块资金，用于滨海旅游开发及其重点旅游投资项目，并由滨海旅游开发管理委员会负责专款专用，财政审计部门负责审核监督。其次，政府每年要从基建和技改资金中安排部分用于滨海地区旅游环境综合整治，为滨海地区景区、景点的绿化、生态治理和环境保护提供必要专项资金。再次，对于区域性重大滨海旅游基础设施建设项目，应在国际旅游岛大盘子中统筹考虑，积极争取国家及各部委各种形式的立项支持。

6.5.4.2 科学招商引资

首先，坚持国家、集体、个体、私营、外资一起上的开发方针和谁投资、谁受益的开发原则，广泛调动各方面的积极性，多渠道、多方式灵活吸引各内外部资金在滨海地区进行旅游资源开发和旅游项目建设，并尽快形成有序化竞争、多元化参与、多赢式发展的开发建设格局。

其次，切实坚持经济效益、社会效益和环境效益三效统一的原则，加强对多元化投资主体的滨海旅游开发和建设行为以及后续经营管理行为严格监管，严格杜绝滨海旅游开发的非公平性、非效率性、非持续性和非旅游性，防止在国内新一轮房地产泡沫大潮中，海南再次沦为房地产开发商低成本圈地、盲目非法建设的热土。

6.5.4.3 建立产业发展基金

借海南国际旅游岛建设东风，积极争取中央政府优惠政策支持和国家开发银行等国有商业银行的支持以及企业集团捐助，建立海南省旅游产业发展基金，由省旅游行政主管部门专项使用。并确保安排相应比例和数额的资金用于滨海旅游开发和产业发展，由省滨海旅游开发管理委员会统筹并具体用于国内外滨海旅游促销、滨海旅游规划编制、滨海旅游发展战略研究、滨海旅游基础设施建设等方面。

6.5.4.4 制定优惠政策

首先，借国际旅游岛建设东风，积极争取中央政府及各部委给予滨海旅游开发和产业发展的投融资优惠政策、税收优惠政策、贸易优惠政策等。并充分利用各该国家级优惠政策在国内外进行招商引资。

其次，充分灵活解读中央政府及各部委所给予的各类优惠政策，紧密结合省情实际，并据以适时出台必要的地方配套优惠政策，确保用足、用尽前述国家级政策的优惠空间，切实发挥各级各类优惠政策对于招商引资的导向力和吸引力。

6.5.5 人才保障措施

高质量的旅游服务需要高质量的旅游专门人才。建省以来，海南旅游产业发展十分迅猛，但是目前无论是数量还是质量，现有人力资源都不能满足海南国际旅游岛建设的未来需要。因此，增加旅游从业人员数量、提升旅游从业人员质量无疑是当务之急。

6.5.5.1 健全人才生成机制

首先，在滨海旅游开发管理委员会下设专职常设人才引进机构，健全高级旅游人才的外部引进机制，全方位引进人才，包括旅游开发与规划、旅游经济管理、旅游市场营销、旅游文化研究、旅游企业经营与管理、旅游信息管理等方面的各级各类人才。

其次，会同海南省教育行政主管部门和省内高等院校，设置专门高级旅游人才培养机构，借海南国际旅游岛建设东风，积极争取国务院学位办和教育部支持，增设旅游开发与规划、旅游经济管理、旅游市场营销、旅游文化研究、旅游企业经营与管理、旅游外语和跨文化交际和旅游信息管理等相关专业学士、硕士［包括旅游管理专业硕士点（MTA）］和博士点，健全高级旅游人才的内部培养机制，切实培养、充实一批高级旅游人才，促进滨海地区乃至全省旅游产业快速发展。

6.5.5.2 强化旅游教育培训

首先，要全面推行培训定岗、持证上岗、在职培训、淡季轮训制度，健全旅游从业人员的优化提升机制，切实加强对拟进入和现实旅游从业人员的全方位职业化培训，实现旅游从业人员从业素质的本质性提升。

其次，依据全球旅游发展的热点、主流与趋势，适时引入会议/会展旅游服务于管理、跨文化交际、康体疗养服务与管理、豪华游艇油轮服务与管理及其他旅游新业态服务与管理等新型专项培训，全面提升旅游从业人员的时代性和应变性。

6.5.5.3 健全人才留用机制

政府应制定旨在留住和充分利用高层次旅游经营管理人才的完善制度体系，制定公平、合理的旅游从人员薪酬体系，健全人才留用机制。确保各级各类旅游经营管理专门人才能够“引进来、留得住、用得上”，杜绝目前存在的“引进来、摆在那、走得急”的不良现象。

6.5.6 信息保障措施

6.5.6.1 建立健全滨海旅游统计机制

滨海旅游信息的集成和传递是以旅游统计为基础的。因此，应当建立健全全省滨海旅游统计生成机制，切实做好全省滨海旅游基础统计工作，确保适时生成包括滨海旅游环境、旅游资源、旅游开发、旅游规划、旅游产品、旅游服务、旅游价格、旅游供求、旅游营销、旅游管理旅游热点和旅游趋势等的及时、可靠和权威的数据信息，为滨海旅游信息系统奠定坚实数据基础。

6.5.6.2 建立滨海旅游信息系统

滨海旅游信息的传递是以滨海旅游信息的集成为基础的。因此，应当建立全省滨海旅游信息系统，切实做好全省滨海旅游系统集成工作，确保适时集成为包含滨海旅游环境、旅游资源、旅游开发、旅游规划、旅游产品、旅游服务、旅游价格、旅游供求、旅游营销、旅游管理旅游热点和旅游趋势等的及时、可靠和权威的信息系统，为滨海旅游信息网络传递提供坚实系统集成支撑。

6.5.6.3 建立滨海旅游专业门户网站

旅游业是信息密集型产业，传统上旅游信息的传递是通过散发宣传品、小册子及旅游业员工的口头宣传来实现的。通信技术的发展，特别是互联网的推广和普及，为旅游信息的传递提供了全新、高效的媒介。因此，必须适时建立海南省滨海旅游专业门户网站，适时显现和传递滨海旅游环境、旅游资源、旅游开发、旅游规划、旅游产品、旅游服务、旅游价格、旅游供求、旅游营销、旅游管理旅游热点和旅游趋势等全方位滨海旅游信息。

6.5.7 正确处理利益主体的利益关系

总体上看，国际旅游岛建设的根本目标是促进人的全面发展，这里的人包括两个方面，一是当地居民，二是旅游者。其中，当地居民的全面发展是建设国际旅游岛的最终目标，旅游者的全面发展是建设国际旅游岛的直接目标，也是当地居民全面发展的条件。

6.5.7.1 提高当地居民对滨海旅游开发绩效的分享份额

从权属看，旅游目的地旅游资源、旅游环境是当地居民赖以生存和发展的基本资源之一，其所有者是当地居民，而旅游业是以旅游资源为依托的产业部门，因此，当地居民是旅游产业和旅游企业的基本的重要股东，理所当然，当地居民应该享受旅游产业和旅游企业发展的成效。建设国际旅游岛，不仅要把海南建设成为世界一流的度假休闲胜地，建设成为全国人民的后花园，更要把海南建设成为海南人民的幸福乐园。只有当地居民在国际旅游岛建设中享受到了实实在在的利益，才能体现“以人为本”、“和谐发展”的基本原则，才能使当地居民的旅游意识得到增强，从而用实际行动践行游客 VIP 的倡议，真心实意地为游客提供无微不至的虔诚的服务。家庭旅馆的优质服务充分体现了这一点。尽管家庭旅馆的设施与五星级、四星级酒店存在明显差距，但家庭旅馆所提供的服务一点也不逊色于高星级酒店，有些家庭旅馆的服务真正做到了让游客“感动”。之所以如此，是因为家庭旅馆明白，他们的服务越好，就越能感动游客，不仅会使游客高高兴兴地消费，为家庭旅馆带来收入，而且，被感动的游客的良好口碑，可以带来更多的游客，从而使家庭旅馆的收入源源不断。

旅游社会环境的好坏直接关系旅游目的地的旅游形象。欺客宰客、态度恶劣等对游客的不友好行为，以及随地吐痰、乱扔乱放、不遵守交通规则等不文明行为，对海南的旅游形象所造成的损害是不可估量，整治旅游社会环境，营造良好的旅游目的地形象，对国际旅游岛建设至关重要，也刻不容缓，省委省政府及有关部门也做出了许多努力。宣传教育固然非常重要，但实践足以证明，仅有宣传教育显然不够。要从根本上改善旅游社会环境，必须高度认识当地居民充分分享国际旅游岛建设成效这一科学命题，并采取实际行动践行这一科学命题。从实践看，以九寨沟为代表的旅游目的地居民的环保意识明显提高了，这不仅仅是旅游业发展可以为环境保护提供更为牢固的经济基础，更重要的是当地居民充分认识到了良好的生态环境能为他们带来丰厚的经济回报。同理，如果当地居民能从良好的社会环境中获得丰厚的经济回报，再配以适当的宣传和教育，旅游社会环境就会出现良性循环。

6.5.7.2 尊游客为 VIP

"倡导游客 VIP 计划、共创国际旅游岛"倡议书

俗话说，"山美水美人更美"，换而言之，人美，山水才会更美。国际旅游岛建设，不单纯是硬件的敦实，更包括软件的完善，这其中就包括文明风尚的营造。为此，海南广播电视总台"大海之南"节目组倡导推进"游客 VIP"计划，在机场、车站、宾馆、酒店为游客发放专属设计的标识，欢迎全岛企业和个人踊跃加入：

(1) 在全岛上下努力营造"游客第一，游客优先"的良好氛围，实现和谐之岛、文明之岛的新形象。

(2) 全岛零售商户、餐馆酒店、宾馆旅社、景点景区、交通运输等旅游窗口企业明码标价、资料清晰，杜绝宰客欺客，倡导优质、诚信旅游服务。

(3) 每位海南人微笑迎客，在任何公众场所谦让游客，让每位游客宾至如归，"以点滴见文明"。

一个微笑，一声问候，一个承诺，一次让行，为建设美好家园做出积极的贡献！

我们倡导：游客 VIP，海南欢迎您！

短短的几行字，道出了海南人民的好客之情、友善之心。游客是 VIP，这是全省人民的共识。

建设国际旅游岛，直接目标是满足游客的物质和精神需求，使游客在海南的旅游过程中能获得各种旅游需求的满足。

国际旅游岛建设绩效的最重要的指标之一是旅游收入的多少，国务院 2009 年 44 号文件明确指出，到 2020 年，旅游收入占全省 GDP 总量的 60%。旅游目的地的旅游收入来源于旅游者，取决于旅游目的地的旅游者数量、旅游者在旅游目的地的平均逗留时间、旅游者在旅游目的地的人均天消费水平等三个指标。可以说，旅游者是旅游目的地旅游收入之母。从这个角度看，旅游目的地要在四个字上下功夫——"请、留、花、谢"。

"请"是把游客请过来，即通过开发特色旅游产品和提供优质旅游服务把游客吸引过来，尤其是把具有高素质、高收入和高消费能力的游客请过来；

"留"是把游客留住，即以富有魅力的旅游产品和旅游服务使游客流连忘返；

"花"是指使游客多消费，即实现游客数量型向质量型的转变，这是旅游业转型升级的重要内容，也是旅游目的地实现旅游业可持续发展的基本途径；

"谢"就是要使游客感动，使游客发自内心地对旅游目的地所提供的旅游产品和旅游服务道出"谢谢"，这一点是最为重要的，是旅游目的地持续发展的重要影响因素。要做好这四个方面，不仅要拥有富有特色的旅游产品，提供优质的旅游服务，也需要营造良好的旅游环境。

国际旅游岛建设绩效的另一个重要指标是旅游形象的树立、维护和提升。所谓旅游目的地旅游形象是指社会公众（尤其是旅游者）对旅游目的地及其旅游企业、旅游环境等构成要

素的总体看法、印象和评价。研究表明，旅游形象已成为游客选择旅游目的地的最重要的影响因素，而且旅游形象的传播具有非线性的特点，尤其在网络时代，传播速度更快，传播范围更广，影响面更大。旅游产品的综合性决定了旅游要素必须具有均等性特点，任何一方面的不足都会造成短板效应，从影响旅游目的地的旅游形象的提升，甚至会损害旅游目的地的旅游形象。因此，不仅要求为游客提供一流的度假接待设施，还要求具有良好的旅游环境，更要求能提供一流的旅游服务。

因此，以游客为中心，想游客之所想，尽量满足游客的一切旅游需求，充分尊重每一位游客，从细微之处关心每一位游客，时时处处礼让每一位游客，就成为了海南国际旅游岛建设的重要环节和内容。

从海南当前的情况看，蓝天碧海、椰风海韵、阳光沙滩、热带原始森林、热带温泉、黎族风情、丝路文明等旅游资源是世界一流的；以上百家五星级、四星级酒店为代表的住宿设施堪与世界一流水平媲美；以阳光之岛、健康之岛、生态之岛著称的海南岛的自然旅游环境不亚于世界上任何旅游目的地；然而，旅游社会环境和旅游服务离国际化还存在显著差距。因此，改善旅游社会环境，提升旅游服务质量，是海南国际旅游岛建设的重中之重，急中之急，也是践行游客 VIP 倡议的基本要求。

6.5.7.3 明确旅游企业在滨海旅游开发中的主力军地位

旅游企业包括旅游酒店（旅游饭店）、旅游景区、旅游商品生产和销售企业、旅游交通企业和旅行社等基本部分以及为旅游业发展提供支撑的相关企业。旅游资源只是旅游业发展的基础和条件，没有足够的资金作保证，没有富有开拓精神和创业意识的企业家的精心经营，就不可能形成充足的旅游接待能力，旅游资源优势也就不可能转化为旅游产品优势和旅游经济优势。

企业投资不可忽视社会效益和环境效益，但更加注重经济效益，在一定意义上，企业是以追求利润最大化为目标的。希尔顿、喜达屋、丽丝卡尔顿、假日、红树林等国内著名酒店集团之所以能在海南尤其是三亚集聚，形成全国密度最高的酒店集群，正是他们看到了海南旅游业美好的发展前景，海南是旅游投资回报率较高的地区。

旅游企业对海南旅游业的发展起到了关键作用。在建省之前的 1987 年，海南没有一家五星级酒店，仅有海口海南宾馆、琼苑宾馆、泰华酒店等26 家宾馆，客房3 176 间，床位6 874 张。建省办经济特区后，伴随着旅游业的快速发展，大批国内外顶级酒店品牌的纷纷进驻，海南的酒店数量飞速增长。截止到 2011 年底，全省共有星级酒店 191 家，另有达到星级酒店标准但未评星的酒店 200 多家；共有旅行社 276 家，其中，经营出境、入境业务的 10 家，经营入境业务的 139 家，经营国内业务的 127 家。目前共有景区 80 多家，其中 5A 级景区 4 家，4A 级景区 11 家；高尔夫球场会 33 家，球场 40 多个；以及为数众多的旅游商场。目前，海南形成的旅游年接待能力已超过 4 000 万人次。

因此，在国际旅游岛建设过程中，要通过各种切实可行的措施保证旅游企业的利益。一是要充分尊重企业的自主权，实行市场经济运作，给旅游企业进入和退出海南市场以充分自由；二是要当地政府和旅游行政管理部门要发挥服务、协调等功能，不仅要在严格把关的前提下简化手续，更要协助企业解决各种疑难问题，比如土地征用问题、公路等基础设施建设问题、旅游社会环境优化问题等。

6.5.7.4 尊重旅游从业人员的旅游财富的创造者地位

旅游从业人员是旅游目的地和旅游企业的窗口和镜子，他们的素质、服务意识、服务态度、服务技能和服务手段等，直接影响着旅游产品的品质。同样的旅游景区，不同的导游给游客带来的旅游享受存在明显的差异，同样的餐饮场所和食品酒水，不同的服务人员给游客带来的美食享受也各有差异。优质服务不仅本身具有使用价值和价值，能够愉悦游客的身心，而且能够提高旅游产品的品质，进而提高其附加值。因此，从这个意义来说，旅游从业人员是旅游财富的创造者。没有旅游从业人员的辛勤劳动、奉献和付出，就不能实现旅游产品的价值，旅游产品的使用价值也不能得到充分运用。

然而，总体上，目前旅游从业人员的素质偏低，不仅表现在文化素质偏低、职称水平不高，更表现在从业人员的服务意识淡薄、服务态度不好、服务技能不高、服务手段单一。而造成这种现象的最重要原因是旅游从业人员流失规模大，流失速度快，旅游企业似乎成了其他行业熟练劳动力的孵化器和培训机构。人才流失以及引进高素质人才难度大所造成的旅游人才短缺尤其是高素质人才短缺已成为旅游企业持续发展的瓶颈因素。

旅游从业人才流失的根源在于他们的待遇偏低，表现在以下几个方面：一是经济待遇低，据调查，海南五星级和四星级酒店普通员工的平均工资仅1 200元左右，远低于相同学历、相同职称、相同工龄的其他行业的职工的平均工资水平；二是社会地位低，五千年的中华文明光辉灿烂，但职业的三六九等观念也在人们脑海中根深蒂固，尽管经过先进文化教育，这种落后的观念有所转变，但仍有相当部分人对旅游从业人员的地位持有偏见，相当部分旅游专业的学生的家长希望自己的孩子毕业后能找一份非旅游行业的“体面”的工作；三是政治地位不高，酒店、景区等旅游企业从业人员跳槽后就马上升级提薪的例子举不胜举。

此外，要重视旅游管理部门在国际旅游岛建设中的服务和协调作用；要尊重旅游研究人员研究成果。

第7章　海南省潜在滨海旅游区选划

滨海旅游区评价是在尊重客观事实的前提下，根据一定的指标体系，对主要的滨海旅游区进行带有主观性的客观评价，因此，评价指标的选取对于滨海旅游区的评价与选划就显得至关重要。

7.1　潜在滨海旅游区选划的指标体系及其说明

根据指标体系的完整性、代表性、功能性、可观测性、可比性和结构层次性等原则，在滨海旅游区评价和选划过程中，根据层次分析法，目标层为滨海旅游区的开发潜力，指标层包括三个方面——资源禀赋条件、生态环境条件和旅游开发条件，因素层包括资源观赏游憩价值、资源优势度、资源分布密度、大气环境质量、景观保护程度、周边城镇依托、游客量增长率和交通优化保障等共38个因子（详见表7.1至表7.6）。为确保评价和选划的科学性和客观性，有必要对各指标的取值方法说明如下：

（1）资源的观赏游憩价值（A11）：全部或其中一项具有极高的观赏价值、游憩价值、使用价值的，取值为22～30；全部或其中一项具有很高的观赏价值、游憩价值、使用价值的，取值为13～21；全部或其中一项具有较高的观赏价值、游憩价值、使用价值的，取值为6～12；全部或其中一项具有一般观赏价值、游憩价值、使用价值的，取值为1～5。

（2）资源的历史科学文化价值（A12）：同时或其中一项具有世界意义的历史价值、文化价值、科学价值、艺术价值的，取值为20～25；同时或其中一项具有全国意义的历史价值、文化价值、科学价值、艺术价值的，取值为13～19；同时或其中一项具有省级意义的历史价值、文化价值、科学价值、艺术价值的，取值为6～12；历史价值、或文化价值、或科学价值，或艺术价值具有地区意义的，取值为1～5。

（3）资源的规模与丰度（A13）：独立型旅游资源单体规模、体量巨大，集合型旅游资源单体结构完美、疏密度优良级，自然景象和人文活动周期性发生或频率极高，取值为8～10；独立型旅游资源单体规模、体量较大，集合型旅游资源单体结构很和谐、疏密度良好；自然景象和人文活动周期性发生或频率很高，取值为5～7；独立型旅游资源单体规模、体量中等，集合型旅游资源单体结构和谐、疏密度较好，自然景象和人文活动周期性发生或频率较高，取值为3～4，独立型旅游资源单体规模、体量较小，集合型旅游资源单体结构较和谐、疏密度一般；自然景象和人文活动周期性发生或频率较小，取值为1～2。

（4）资源的珍稀与奇特度（A14）：有大量珍稀物种，或景观异常奇特，或此类现象在其他地区罕见，取值为13～15；有较多珍稀物种，或景观奇特，或此类现象在其他地区很少见，取值为9～12；有少量珍稀物种，或景观突出，或此类现象在其他地区少见，取值为4～8；有个别珍稀物种，或景观比较突出，或此类现象在其他地区较多见，取值为

1～3。

（5）资源优势度（A21）：分为5级，从低到高分别取值为1、2、3、4、5。

（6）资源知名度（A22）：在世界范围内知名，或构成世界承认的名牌，取值为8～10；在全国范围内知名，或构成全国性的名牌，取值为5～7；在本省范围内知名，或构成省内的名牌，取值为3～4；在本地区范围内知名，或构成本地区名牌，取值为1～2。

（7）资源美誉度（A23）：分为5级，从低到高分别取值为1、2、3、4、5。

（8）资源完整度（A24）：形态与结构保持完整者，取值为4～5；形态与结构有少量变化，但不明显者，取值为3；形态与结构有明显变化者，取值为2；形态与结构有重大变化者，取值为1。

（9）资源分布密度（A31）：分为5级，从低到高分别取值为1、2、3、4、5。

（10）资源空间通达度（A32）：分为5级，从低到高分别取值为1、2、3、4、5。

（11）资源组合条件（A33）：分为5级，从低到高分别取值为1、2、3、4、5。

（12）开发利用程度（A34）：分为5级，从低到高分别取值为1、2、3、4、5。

（13）未来市场需求导向（A35）：分5级，从低到高分别取值为1、2、3、4、5。

（14）大气环境质量（B11）：分为3级，受到污染为－1，正常为1，已有保护措施为2。

（15）水体环境质量（B12）：分为3级，受到污染为－1，正常为1，已有保护措施为2。

（16）生物多样性（B13）：分为5级，从低到高分别取值为1、2、3、4、5。

（17）绿化覆盖率（B14）：分为5级，从低到高分别取值为1、2、3、4、5。

（18）游憩期及舒适度（B15）：除西沙（设为2）外，几乎没有区别，都设为3。

（19）旅游环境容量（B16）：海南的旅游环境容量到目前为止还不能准确计算，故分为5级进行估算，从低到高分别取值为1、2、3、4、5。

（20）景观保护程度（B21）：分为5级，从低到高分别为1、2、3、4、5。

（21）污染治理状况（B22）：分为5级，从低到高分别为1、2、3、4、5。

（22）生态工程状况（B23）：分为5级，从低到高分别为1、2、3、4、5。

（23）生态补偿能力（B24）：分为5级，从低到高分别为1、2、3、4、5。

（24）周边依托城镇（C11）：分为5级，依托海口和三亚为5，依托其他县城为3，依托镇为2，无依托为1。

（25）经济发展水平（C12）：以县、市为单位计算的2007年人均GDP表示。

（26）人口密度（C13）：以县为单位计算的2007年人口密度表示。

（27）社会文化与开放度（C14）：以县为单位进行考察，其中，海口和三亚的社会文化水平和开放度较高，取值为4，乐东县相对较低，取值为2，其他沿海县、市取值为3。

（28）旅游业基础（C15）：以县为单位的2007年游客接待量表示，游客接待量越高，表明旅游业基础就越好。

（29）游客量增长率（C21）：以2007年的游客接待量与2006年的游客接待量之比表示，数值越高，表示游客量增长率也越高。

（30）游客消费能力（C22）：以县、市为单位的2007年平均每天游客使用的客房间次数表示，等于所拥有的客房间数乘以客房开房率，该数值越高，表明该地的游客消费能力也越高。

（31）游客停留天数（C23）：这一数据统计资料上没有，故根据田野考察情况进行经验估计。

（32）营销推广能力（C24）：理想数据是各县、市的旅游营销经费支出，但限于资料来源，以县市为单位的2007年人均GDP表示，人均GDP越高，表明旅游营销推广能力（包括城市和景区的营销与推广）也越高。

（33）交通优化保障（C31）：以县、市为单位的2007年交通运输仓储及邮电通信业城镇固定资产投资额（万元）表示，该数值越高，表明交通优化能力越强。

（34）建设用地保障（C32）：分为5级，分别取值为1、2、3、4、5。

（35）科学技术保障（C33）：以2007年住宿和餐饮业人均工资水平表示。

（36）旅游人才保障（C34）：以县、市为单位的2007年科学研究、技术服务和地质勘查业平均工资表示。

（37）旅游投资保障（C35）：以县、市为单位的2007年新增固定资产表示。

（38）开发政策保障（C36）：考虑到全省面临国际旅游岛建设重任，开发政策基本上能得到保障，但由于不同县、市产业发展重点的不同，分为三级，东部县、市开发政策比较好，取值为3，西部工业县取值为2，西部农业县取值为1。

7.2 潜在滨海旅游区选划指标权重计算

在确定上述指标体系的情况下，请有关专家打分，然后利用SPSS统计软件，运行层次分析法，得出各类滨海旅游区的评价指标体系的权重表（详见表7.1至表7.6）。

表7.1 生态滨海旅游地评价指标体系

<table>
<tr><th rowspan="2">目标层</th><th colspan="2">指标层</th><th colspan="2">因素层</th><th colspan="2">因子层</th></tr>
<tr><th>指标内容</th><th>权重</th><th>指标内容</th><th>权重</th><th>指标内容</th><th>权重</th></tr>
<tr><td rowspan="13">生态滨海旅游地开发潜力评价指标体系</td><td rowspan="13">资源禀赋条件A</td><td rowspan="13">0.356 7</td><td rowspan="4">资源吸引力A1</td><td rowspan="4">0.476 8</td><td>观赏游憩价值A11</td><td>0.311 3</td></tr>
<tr><td>历史科学文化价值A12</td><td>0.144 7</td></tr>
<tr><td>规模与丰度A13</td><td>0.202 1</td></tr>
<tr><td>珍稀与奇特度A14</td><td>0.341 9</td></tr>
<tr><td rowspan="4">资源影响力A2</td><td rowspan="4">0.284 5</td><td>资源优势度A21</td><td>0.326 0</td></tr>
<tr><td>资源知名度A22</td><td>0.296 6</td></tr>
<tr><td>资源美誉度A23</td><td>0.240 0</td></tr>
<tr><td>资源完整度A24</td><td>0.137 4</td></tr>
<tr><td rowspan="5">资源开发潜力A3</td><td rowspan="5">0.238 7</td><td>资源分布密度A31</td><td>0.202 2</td></tr>
<tr><td>资源空间通达度A32</td><td>0.195 1</td></tr>
<tr><td>资源组合条件A33</td><td>0.216 7</td></tr>
<tr><td>开发利用程度A34</td><td>0.129 5</td></tr>
<tr><td>未来市场需求导向A35</td><td>0.256 5</td></tr>
</table>

续表 7.1

目标层	指标层		因素层		因子层	
	指标内容	权重	指标内容	权重	指标内容	权重
	生态环境条件 B	0.436 1	生态环境质量 B1	0.456 5	大气环境质量 B11	0.143 8
					水体环境质量 B12	0.143 7
					生物多样性 B13	0.231 5
					绿化覆盖率 B14	0.104 2
					游憩期及舒适度 B15	0.148 8
					旅游环境容量 B16	0.228 0
			环境保护及优化潜力 B2	0.543 5	景观保护程度 B21	0.290 2
					污染治理状况 B22	0.251 0
					生态工程建设 B23	0.183 5
					生态补偿能力 B24	0.275 3
	旅游开发条件 C	0.207 2	社会经济状况 C1	0.239	周边城镇依托 C11	0.263 0
					经济发展水平 C12	0.219 0
					人口分布密度 C13	0.102 7
					社会文化与开放度 C14	0.158 3
					旅游业基础 C15	0.257 0
			客源市场潜力 C2	0.388 9	游客量增长率 C21	0.232 4
					游客消费能力 C22	0.257 1
					游客停留天数 C23	0.214 3
					营销推广能力 C24	0.296 2
			未来保障潜力 C3	0.372 1	交通优化保障 C31	0.218 1
					建设用地保障 C32	0.103 3
					科学技术保障 C33	0.124 5
					旅游人才保障 C34	0.153 9
					旅游投资保障 C35	0.202 8
					开发政策保障 C36	0.197 4

表 7.2　休闲渔业滨海旅游地评价指标体系

目标层	指标层		因素层		因子层	
	指标内容	权重	指标内容	权重	指标内容	权重
生态滨海旅游地开发潜力评价指标体系	资源禀赋条件 A	0.353 2	资源吸引力 A1	0.276 8	观赏游憩价值 A11	0.211 1
					历史科学文化价值 A12	0.144 9
					规模与丰度 A13	0.302 1
					珍稀与奇特度 A14	0.341 9
			资源影响力 A2	0.284 5	资源优势度 A21	0.305 4
					资源知名度 A22	0.356 1
					资源美誉度 A23	0.161 3
					资源完整度 A24	0.177 2
			资源开发潜力 A3	0.438 7	资源分布密度 A31	0.212 1
					资源空间通达度 A32	0.197 2
					资源组合条件 A33	0.216 5
					开发利用程度 A34	0.127 7
					未来市场需求导向 A35	0.246 5
	生态环境条件 B	0.239 6	生态环境质量 B1	0.456 5	大气环境质量 B11	0.243 0
					水体环境质量 B12	0.231 6
					生物多样性 B13	0.133 5
					绿化覆盖率 B14	0.114 2
					游憩期及舒适度 B15	0.148 8
					旅游环境容量 B16	0.128 9
			环境保护及优化潜力 B2	0.543 5	景观保护程度 B21	0.270 2
					污染治理状况 B22	0.271 1
					生态工程建设 B23	0.223 2
					生态补偿能力 B24	0.235 5
	旅游开发条件 C	0.407 2	社会经济状况 C1	0.239 0	周边城镇依托 C11	0.263 0
					经济发展水平 C12	0.219 0
					人口密度 C13	0.102 7
					社会文化与开放度 C14	0.158 3
					旅游业基础 C15	0.257 0
			客源市场潜力 C2	0.388 9	游客量增长率 C21	0.236 7
					游客消费能力 C22	0.285 9
					游客停留天数 C23	0.212 6
					营销推广能力 C24	0.264 8
			未来保障潜力 C3	0.372 1	交通优化保障 C31	0.228 4
					建设用地保障 C32	0.103 5
					科学技术保障 C33	0.114 3
					旅游人才保障 C34	0.153 3
					旅游投资保障 C35	0.202 7
					开发政策保障 C36	0.197 8

表7.3　观光滨海旅游地评价指标体系

目标层	指标层		因素层		因子层	
	指标内容	权重	指标内容	权重	指标内容	权重
生态滨海旅游地开发潜力评价指标体系	资源禀赋条件A	0.403 1	资源吸引力A1	0.393 0	观赏游憩价值A11	0.411 2
					历史科学文化价值A12	0.231 5
					规模与丰度A13	0.213 4
					珍稀与奇特度A14	0.143 9
			资源影响力A2	0.388 7	资源优势度A21	0.242 1
					资源知名度A22	0.403 5
					资源美誉度A23	0.197 3
					资源完整度A24	0.157 1
			资源开发潜力A3	0.218 3	资源分布密度A31	0.147 5
					资源空间通达度A32	0.213 5
					资源组合条件A33	0.208 4
					开发利用程度A34	0.205 4
					未来市场需求导向A35	0.225 2
	生态环境条件B	0.347 4	生态环境质量B1	0.546 4	大气环境质量B11	0.186 5
					水体环境质量B12	0.200 2
					生物多样性B13	0.122 9
					绿化覆盖率B14	0.185 2
					游憩期及舒适度B15	0.187 6
					旅游环境容量B16	0.117 6
			环境保护及优化潜力B2	0.453 6	景观保护程度B21	0.322 4
					污染治理状况B22	0.333 1
					生态工程建设B23	0.171 3
					生态补偿能力B24	0.173 2
	旅游开发条件C	0.249 5	社会经济状况C1	0.378 9	周边城镇依托C11	0.350 0
					经济发展水平C12	0.277 2
					人口密度C13	0.129 3
					社会文化与开放度C14	0.117 4
					旅游业基础C15	0.126 1
			客源市场潜力C2	0.382 0	游客量增长率C21	0.251 8
					游客消费能力C22	0.273 7
					游客停留天数C23	0.211 9
					营销推广能力C24	0.262 6
			未来保障潜力C3	0.239 1	交通优化保障C31	0.204 4
					建设用地保障C32	0.136 4
					科学技术保障C33	0.125 4
					旅游人才保障C34	0.133 3
					旅游投资保障C35	0.201 7
					开发政策保障C36	0.198 8

表 7.4　游艇旅游地评价指标体系

目标层	指标层		因素层		因子层	
	指标内容	权重	指标内容	权重	指标内容	权重
生态滨海旅游地开发潜力评价指标体系	资源禀赋条件 A	0.412 6	资源吸引力 A1	0.337 5	观赏游憩价值 A11	0.232 7
					历史科学文化价值 A12	0.120 6
					规模与丰度 A13	0.302 2
					珍稀与奇特度 A14	0.344 5
			资源影响力 A2	0.264 4	资源优势度 A21	0.304 0
					资源知名度 A22	0.324 3
					资源美誉度 A23	0.202 5
					资源完整度 A24	0.169 2
			资源开发潜力 A3	0.398 1	资源分布密度 A31	0.127 6
					资源空间通达度 A32	0.226 3
					资源组合条件 A33	0.216 2
					开发利用程度 A34	0.197 3
					未来市场需求导向 A35	0.232 6
	生态环境条件 B	0.208 4	生态环境质量 B1	0.532 2	大气环境质量 B11	0.301 2
					水体环境质量 B12	0.300 7
					生物多样性 B13	0.087 3
					绿化覆盖率 B14	0.105 1
					游憩期及舒适度 B15	0.129 8
					旅游环境容量 B16	0.075 9
			环境保护及优化潜力 B2	0.467 8	景观保护程度 B21	0.260 4
					污染治理状况 B22	0.331 2
					生态工程建设 B23	0.233 1
					生态补偿能力 B24	0.175 3
	旅游开发条件 C	0.379 0	社会经济状况 C1	0.416 3	周边城镇依托 C11	0.290 2
					经济发展水平 C12	0.287 0
					人口密度 C13	0.139 5
					社会文化与开放度 C14	0.108 2
					旅游业基础 C15	0.175 1
			客源市场潜力 C2	0.339 5	游客量增长率 C21	0.229 7
					游客消费能力 C22	0.307 5
					游客停留天数 C23	0.202 5
					营销推广能力 C24	0.260 3
			未来保障潜力 C3	0.244 2	交通优化保障 C31	0.202 4
					建设用地保障 C32	0.106 5
					科学技术保障 C33	0.154 3
					旅游人才保障 C34	0.136 6
					旅游投资保障 C35	0.201 9
					开发政策保障 C36	0.198 3

表 7.5　海岛旅游地评价指标体系

目标层	指标层		因素层		因子层	
	指标内容	权重	指标内容	权重	指标内容	权重
生态滨海旅游地开发潜力评价指标体系	资源禀赋条件 A	0.312 6	资源吸引力 A1	0.365 3	观赏游憩价值 A11	0.251 8
					历史科学文化价值 A12	0.221 7
					规模与丰度 A13	0.280 3
					珍稀与奇特度 A14	0.246 2
			资源影响力 A2	0.248 5	资源优势度 A21	0.223 1
					资源知名度 A22	0.295 2
					资源美誉度 A23	0.216 4
					资源完整度 A24	0.265 3
			资源开发潜力 A3	0.386 2	资源分布密度 A31	0.176 4
					资源空间通达度 A32	0.215 4
					资源组合条件 A33	0.208 3
					开发利用程度 A34	0.187 6
					未来市场需求导向 A35	0.212 3
	生态环境条件 B	0.208 4	生态环境质量 B1	0.489 6	大气环境质量 B11	0.247 4
					水体环境质量 B12	0.234 5
					生物多样性 B13	0.187 4
					绿化覆盖率 B14	0.125 3
					游憩期及舒适度 B15	0.129 6
					旅游环境容量 B16	0.075 8
			环境保护及优化潜力 B2	0.510 4	景观保护程度 B21	0.291 2
					污染治理状况 B22	0.260 1
					生态工程建设 B23	0.205 4
					生态补偿能力 B24	0.243 3
	旅游开发条件 C	0.479 0	社会经济状况 C1	0.404 3	周边城镇依托 C11	0.256 0
					经济发展水平 C12	0.290 9
					人口密度 C13	0.139 9
					社会文化与开放度 C14	0.109 1
					旅游业基础 C15	0.204 1
			客源市场潜力 C2	0.347 3	游客量增长率 C21	0.251 5
					游客消费能力 C22	0.255 7
					游客停留天数 C23	0.246 1
					营销推广能力 C24	0.246 7
			未来保障潜力 C3	0.248 4	交通优化保障 C31	0.186 3
					建设用地保障 C32	0.166 4
					科学技术保障 C33	0.142 3
					旅游人才保障 C34	0.146 2
					旅游投资保障 C35	0.171 5
					开发政策保障 C36	0.187 3

表7.6　度假滨海旅游地评价指标体系

目标层	指标层		因素层		因子层	
	指标内容	权重	指标内容	权重	指标内容	权重
生态滨海旅游地开发潜力评价指标体系	资源禀赋条件A	0.306 5	资源吸引力A1	0.288 2	观赏游憩价值A11	0.221 7
					历史科学文化价值A12	0.282 3
					规模与丰度A13	0.245 2
					珍稀与奇特度A14	0.250 8
			资源影响力A2	0.335 3	资源优势度A21	0.275 2
					资源知名度A22	0.243 3
					资源美誉度A23	0.264 3
					资源完整度A24	0.217 2
			资源开发潜力A3	0.376 5	资源分布密度A31	0.117 2
					资源空间通达度A32	0.270 3
					资源组合条件A33	0.263 0
					开发利用程度A34	0.126 5
					未来市场需求导向A35	0.223 0
	生态环境条件B	0.317 4	生态环境质量B1	0.588 5	大气环境质量B11	0.139 4
					水体环境质量B12	0.287 6
					生物多样性B13	0.144 3
					绿化覆盖率B14	0.135 5
					游憩期及舒适度B15	0.127 7
					旅游环境容量B16	0.165 5
			环境保护及优化潜力B2	0.411 5	景观保护程度B21	0.270 3
					污染治理状况B22	0.255 2
					生态工程建设B23	0.243 2
					生态补偿能力B24	0.231 3
	旅游开发条件C	0.376 1	社会经济状况C1	0.426 2	周边城镇依托C11	0.289 0
					经济发展水平C12	0.251 0
					人口密度C13	0.136 9
					社会文化与开放度C14	0.114 1
					旅游业基础C15	0.209 0
			客源市场潜力C2	0.328 2	游客量增长率C21	0.264 4
					游客消费能力C22	0.238 7
					游客停留天数C23	0.245 6
					营销推广能力C24	0.251 3
			未来保障潜力C3	0.245 6	交通优化保障C31	0.174 5
					建设用地保障C32	0.176 0
					科学技术保障C33	0.142 3
					旅游人才保障C34	0.148 3
					旅游投资保障C35	0.181 3
					开发政策保障C36	0.177 6

7.3 数据获取和处理

对于能够通过统计资料和各类调查获得的数据，即直接应用，如营销推广能力；对于其他无法获取的数据，由课题组成员根据田野调查的经验、感受以及已有的专业知识，按照上述标准进行打分，如景观保护程度。

数据处理大致可分为以下步骤：

第一步，将各类数据录入计算机，并检验数据录入的准确性。

第二步，对原始数据做无纲化处理。各类数据的计量单位不同，因而有必要做无纲化处理，具体方法是：

$$x'_{ij} = x_{ij}/\bar{x}_j$$

式中，x_{ij} 是第 i 个滨海旅游区第 j 个因子的原始数据，$\bar{x}$ 是所有滨海旅游区第 j 个因子的平均值，x'_{ij} 是第 i 个滨海旅游区第 j 个因子的无纲化处理后的数据。

第三步，计算因素层得分。具体计算方法为：

$$F_{im} = \sum_{j=1}^{n} q_j \times x_{ij}$$

式中，F_{im} 是第 i 个滨海旅游区第 m 个因素的得分，q_j 是第 j 个因子的权重。

第四步，计算指标层得分。具体方法是：

$$L_{ik} = \sum_{m=1}^{n} Q_m \times F_{im}$$

式中，L_{ik} 是第 i 个滨海旅游区第 k 个指标的得分，Q_m 是第 m 个因素的权重。

第五步，计算综合得分。具体方法是：

$$K_i = \sum Q_k \times L_{ik} \times 100$$

式中，K_i 是第 i 个滨海旅游区的综合得分，Q_k 是第 k 个指标的权重。

具体计算结果见表7.7至表7.12。

第六步，根据综合得分给出评定等级的标准，具体方法是：计算出平均值和标准差，在此基础上设定临界值分别为：

∂_1 = 平均值 - 标准差；∂_2 = 平均值；∂_3 = 平均值 + 标准差

当 $k < \partial_1$ 时，为开发潜力很低的滨海旅游区。当 $\partial_1 < k < \partial_2$ 时，为开发潜力较低的滨海旅游区。当 $\partial_2 < k < \partial_3$ 时，为开发潜力较高的滨海旅游区。当 $k > \partial_3$ 时，为开发潜力极大的滨海旅游区。

表 7.7 度假滨海旅游区综合评价得分表

序号	旅游区	所属行政区	综合得分	指标层得分			因素层得分								
				资源禀赋条件 A	生态环境条件 B	旅游开发条件 C	资源吸引力 A1	资源影响力 A2	资源开发潜力 A3	生态环境质量 B1	环境保护及优化潜力 B2	社会经济状况 C1	客源市场潜力 C2	未来保障潜力 C3
1	亚龙湾旅游区	三亚	143.47	1.33	1.29	1.64	1.08	1.09	1.72	1.16	1.49	1.72	1.90	1.17
2	海棠湾旅游区	三亚	143.31	1.42	1.14	1.69	1.13	1.45	1.62	1.16	1.11	1.72	1.90	1.36
3	大东海旅游区	三亚	138.41	1.33	1.22	1.57	1.05	1.35	1.52	1.16	1.31	1.72	1.62	1.23
4	西海岸旅游区	海口	136.66	1.02	1.14	1.84	0.85	0.77	1.36	1.10	1.20	1.78	1.29	2.70
5	盈滨半岛旅游区	海口	134.46	1.05	1.04	1.84	0.88	1.19	1.06	0.98	1.11	1.78	1.29	2.70
6	三亚湾旅游区	三亚	133.35	1.16	1.26	1.54	0.91	0.86	1.62	1.10	1.49	1.72	1.62	1.10
7	海口东海岸旅游区	海口	132.51	0.99	1.04	1.84	0.89	0.99	1.06	0.98	1.11	1.78	1.29	2.70
8	博鳌旅游区	琼海	126.04	1.67	1.26	0.93	1.49	1.77	1.72	1.10	1.49	0.92	0.98	0.87
9	铁炉港旅游区	三亚	123.98	1.06	1.07	1.54	1.23	1.23	0.77	1.10	1.02	1.72	1.62	1.10
10	红塘湾旅游区	三亚	108.99	0.69	0.93	1.55	0.79	0.59	0.72	0.98	0.84	1.72	1.62	1.17
11	石梅湾旅游区	万宁	106.59	1.14	1.22	0.87	0.95	1.08	1.33	1.04	1.49	0.96	0.86	0.74
12	角头湾旅游区	三亚	104.95	0.76	0.82	1.48	0.98	0.90	0.48	0.93	0.66	1.63	1.48	1.23
13	香水湾旅游区	陵水	101.57	1.03	1.15	0.89	0.85	0.86	1.32	0.98	1.39	0.61	1.40	0.68
14	神州半岛旅游区	万宁	100.01	1.11	1.04	0.87	0.96	1.16	1.20	0.98	1.11	0.96	0.86	0.74
15	福湾旅游区	陵水	96.38	0.92	1.12	0.87	0.81	0.69	1.20	0.98	1.31	0.61	1.40	0.62
16	南燕湾旅游区	万宁	91.98	0.89	1.07	0.82	0.84	0.77	1.03	1.04	1.11	0.86	0.86	0.67
17	洋浦旅游区	儋州	89.77	0.98	1.04	0.71	0.96	0.77	1.19	0.98	1.11	0.83	0.56	0.71
18	潭门旅游区	琼海	89.04	1.14	0.89	0.69	1.33	1.45	0.72	0.98	0.74	0.73	0.55	0.81
19	赤岭旅游区	陵水	86.73	0.80	1.00	0.81	0.85	0.95	0.63	1.04	0.93	0.61	1.26	0.55
20	木兰湾旅游区	文昌	83.78	0.81	1.03	0.70	0.82	0.77	0.84	1.04	1.02	0.64	0.59	0.96
21	陵水湾旅游区	陵水	83.41	0.74	0.89	0.87	0.85	0.68	0.72	0.98	0.74	0.71	1.26	0.62
22	九龙湾旅游区	东方	82.56	0.78	0.85	0.84	0.82	0.99	0.56	0.98	0.65	0.73	1.15	0.63
23	八所旅游区	东方	82.3	0.79	0.85	0.83	0.75	0.77	0.84	0.98	0.65	0.73	1.15	0.57
24	月亮湾旅游区	文昌	79.98	0.91	0.89	0.64	1.12	0.95	0.72	0.98	0.74	0.64	0.45	0.89

续表 7.7

序号	旅游区	所属行政区	综合得分	指标层得分			因素层得分								
				资源禀赋条件 A	生态环境条件 B	旅游开发条件 C	资源吸引力 A1	资源影响力 A2	资源开发潜力 A3	生态环境质量 B1	环境保护及优化潜力 B2	社会经济状况 C1	客源市场潜力 C2	未来保障潜力 C3
25	日月湾旅游区	万宁	79.52	0.73	0.89	0.77	0.85	0.68	0.69	0.98	0.74	0.86	0.72	0.67
26	山钦湾旅游区	万宁	77.41	0.68	0.89	0.76	0.75	0.68	0.63	0.98	0.74	0.86	0.72	0.61
27	椰子岛旅游区	陵水	77.34	0.63	0.88	0.79	0.75	0.68	0.51	0.98	0.74	0.61	1.26	0.49
28	龙沐湾旅游区	乐东	76.39	0.92	0.99	0.44	0.81	0.86	1.05	1.05	0.92	0.46	0.34	0.55
29	后水湾旅游区	儋州	76.14	0.77	0.92	0.62	0.88	0.82	0.63	1.05	0.74	0.64	0.56	0.68
30	高隆湾旅游区	文昌	75.47	0.76	0.89	0.64	0.92	0.60	0.79	0.98	0.74	0.64	0.45	0.89
31	龙腾湾旅游区	乐东	75.45	0.71	0.89	0.68	0.75	0.68	0.72	0.98	0.74	0.90	0.53	0.49
32	冯家湾旅游区	文昌	73.76	0.66	0.89	0.68	0.75	0.51	0.72	0.98	0.74	0.73	0.45	0.89
33	潮滩鼻旅游区	文昌	73.76	0.74	0.85	0.64	1.03	0.90	0.39	0.93	0.74	0.64	0.45	0.89
34	保定湾旅游区	万宁	73.51	0.55	0.89	0.76	0.79	0.59	0.34	0.98	0.74	0.86	0.72	0.61
35	龙栖湾旅游区	乐东	71.97	0.92	0.89	0.42	0.89	1.17	0.71	0.98	0.74	0.56	0.19	0.49
36	太阳城旅游区	乐东	67.24	0.81	0.89	0.38	0.84	0.99	0.63	0.98	0.74	0.46	0.19	0.49

表 7.8 观光滨海旅游区综合评价得分表

序号	旅游区	所属行政区	综合得分	指标层得分			因素层得分								
				资源禀赋条件 A	生态环境条件 B	旅游开发条件 C	资源吸引力 A1	资源影响力 A2	资源开发潜力 A3	生态环境质量 B1	环境保护及优化潜力 B2	社会经济状况 C1	客源市场潜力 C2	未来保障潜力 C3
37	棋子湾旅游区	昌江	95.45	1.20	0.93	0.59	1.23	1.38	0.82	1.09	0.74	0.68	0.49	0.62
38	莺歌海旅游区	乐东	79.35	1.03	0.80	0.40	1.09	0.96	1.04	0.80	0.80	0.51	0.30	0.38
39	临高角旅游区	临高	103.31	1.29	1.07	0.57	1.20	1.51	1.06	1.04	1.11	0.76	0.47	0.42
40	天涯海角旅游区	三亚	145.28	1.58	1.24	1.54	1.45	1.64	1.72	1.04	1.48	1.64	1.69	1.13
41	南山旅游区	三亚	144.74	1.25	1.56	1.61	1.15	1.06	1.77	1.32	1.85	1.53	1.94	1.23
42	春园湾旅游区	万宁	91	0.88	1.07	0.74	0.95	0.75	0.97	1.04	1.11	0.81	0.73	0.64
43	七星岭旅游区	文昌	79.82	0.80	0.91	0.63	0.91	0.83	0.57	1.00	0.81	0.69	0.44	0.85

表 7.9 海岛综合旅游区综合评价得分表

序号	旅游区	所属行政区	综合得分	指标层得分			因素层得分								
				资源禀赋条件 A	生态环境条件 B	旅游开发条件 C	资源吸引力 A1	资源影响力 A2	资源开发潜力 A3	生态环境质量 B1	环境保护及优化潜力 B2	社会经济状况 C1	客源市场潜力 C2	未来保障潜力 C3
44	双帆石旅游区	陵水县	84.52	0.87	0.89	0.81	1.06	0.99	0.62	0.94	0.85	0.52	1.36	0.50
45	分界洲旅游区	陵水县	98.48	1.19	1.12	0.79	1.16	1.35	1.13	1.12	1.11	0.60	1.22	0.50
46	蜈支洲旅游区	三亚市	133.53	1.31	1.32	1.36	1.18	1.13	1.55	1.15	1.48	1.23	1.65	1.16
47	东锣—西鼓旅游区	三亚市	126.13	1.00	1.05	1.52	1.02	0.89	1.06	1.07	1.03	1.63	1.65	1.16
48	七洲列岛旅游区	文昌市	87.18	1.25	0.88	0.62	1.63	1.57	0.69	0.92	0.85	0.56	0.58	0.76
49	西沙群岛旅游区	西沙工委	103.5	1.58	1.11	0.65	1.67	1.73	1.39	1.11	1.11	0.43	0.80	0.80

表 7.10 休闲渔业滨海旅游区综合评价得分表

序号	旅游区	所属行政区	综合得分	指标层得分			因素层得分								
				资源禀赋条件 A	生态环境条件 B	旅游开发条件 C	资源吸引力 A1	资源影响力 A2	资源开发潜力 A3	生态环境质量 B1	环境保护及优化潜力 B2	社会经济状况 C1	客源市场潜力 C2	未来保障潜力 C3
50	新村港旅游区	陵水	75.72	0.88	0.55	0.77	1.04	0.75	0.86	0.43	0.66	0.60	1.16	0.48
51	老爷海旅游区	万宁	78.02	0.77	0.88	0.73	0.95	0.81	0.64	1.04	0.74	0.90	0.73	0.62
52	小海旅游区	万宁	73.95	0.68	0.85	0.73	0.76	0.77	0.56	0.98	0.74	0.90	0.73	0.62
53	铺前港旅游区	文昌	59.78	0.74	0.40	0.60	1.00	0.65	0.63	0.43	0.37	0.61	0.44	0.75
54	冯家湾旅游区	文昌	71.51	0.71	0.88	0.62	0.76	0.67	0.70	1.04	0.74	0.61	0.44	0.83
55	八门湾旅游区	文昌	71.18	0.73	0.83	0.62	0.70	0.81	0.70	0.94	0.74	0.61	0.44	0.83

表 7.11 游艇旅游区综合评价得分表

序号	旅游区	所属行政区	综合得分	指标层得分			因素层得分								
				资源禀赋条件 A	生态环境条件 B	旅游开发条件 C	资源吸引力 A1	资源影响力 A2	资源开发潜力 A3	生态环境质量 B1	环境保护及优化潜力 B2	社会经济状况 C1	客源市场潜力 C2	未来保障潜力 C3
56	海口湾旅游区	海口	122.71	0.93	0.66	1.86	0.69	0.90	1.16	0.34	1.02	1.78	1.25	2.86
57	美丽沙旅游区	海口	133.5	0.99	1.05	1.86	0.86	1.05	1.07	1.00	1.11	1.78	1.25	2.86
58	秀英港旅游区	海口	145.79	1.28	1.07	1.86	1.15	1.39	1.32	1.04	1.11	1.78	1.25	2.86
59	凤凰岛旅游区	三亚	140.78	1.37	1.14	1.60	1.02	1.39	1.64	1.08	1.20	1.69	1.77	1.23
60	鸿洲国际旅游区	三亚	117.47	0.77	1.05	1.68	0.27	0.40	1.44	1.00	1.11	1.69	2.00	1.23

表 7.12 生态滨海旅游区综合评价得分表

序号	旅游区	所属行政区	综合得分	指标层得分			因素层得分								
				资源禀赋条件 A	生态环境条件 B	旅游开发条件 C	资源吸引力 A1	资源影响力 A2	资源开发潜力 A3	生态环境质量 B1	环境保护及优化潜力 B2	社会经济状况 C1	客源市场潜力 C2	未来保障潜力 C3
61	东寨港旅游区	海口	159.38	1.59	1.40	2.01	1.53	1.71	1.57	1.30	1.48	1.67	1.35	2.92
62	南湾旅游区	陵水	128.07	1.32	1.45	0.87	1.23	1.32	1.48	1.28	1.59	0.68	1.28	0.56
63	东郊椰林旅游区	文昌	112.98	1.41	1.10	0.71	1.49	1.34	1.34	1.09	1.11	0.70	0.58	0.84
64	铜鼓岭旅游区	文昌	105.82	1.02	1.26	0.69	0.98	0.89	1.28	1.24	1.28	0.61	0.58	0.84

7.4 海南省潜在滨海旅游区的类型与特征

7.4.1 海南省潜在滨海旅游区以度假滨海旅游区居多

海南省潜在滨海旅游区共选划出度假滨海旅游区、观光滨海旅游区、生态滨海旅游区、休闲渔业旅游区、游艇码头旅游区和综合海岛旅游区六大类型共64个旅游区。其中，度假滨海旅游区36个，观光滨海旅游区7个，生态滨海旅游区4个，休闲渔业旅游区6个，游艇码头旅游区5个，综合海岛旅游区6个。

7.4.2 海南省潜在滨海旅游区的开发潜力大

为确定不同旅游区的开发时序和重点旅游开发区，根据各旅游区的综合得分进行等级划分。根据计算，综合得分大于126的属于第一级别的旅游区，100～126之间的属于第二级别的旅游区，75～100之间的属于第三级别的旅游区，小于75的属于第四级别的旅游区。据此划分，在所选划的64个旅游区中，共有一级滨海旅游区17个，占26.15%；二级滨海旅游区12个，占18.46%；三级滨海旅游区26个，占41.54%；四级滨海旅游区9个，占13.85%。各类级别的旅游区详见表7.13～表7.16。

表7.13 一级滨海旅游区

序号	旅游区名称	所属区域	旅游区类别	开发状况
1	东寨港旅游区	海口市	生态滨海旅游区	初级开发
2	海口秀英港旅游区	海口市	游艇码头旅游区	已开发
3	天涯海角旅游区	三亚市	观光滨海旅游区	已开发
4	南山旅游区	三亚市	观光滨海旅游区	已开发
5	亚龙湾旅游区	三亚市	度假滨海旅游区	已开发
6	海棠湾旅游区	三亚市	度假滨海旅游区	正在建设
7	凤凰岛旅游区	三亚市	游艇码头旅游区	已开发
8	大东海旅游区	三亚市	度假滨海旅游区	已开发
9	海口西海岸旅游区	海口市	度假滨海旅游区	已开发
10	金沙湾—盈滨半岛旅游区	海口市	度假滨海旅游区	初级开发
11	蜈支洲旅游区	三亚市	综合海岛旅游区	已开发
12	海口美丽沙旅游区	海口市	游艇码头旅游区	正在建设
13	三亚湾旅游区	三亚市	度假滨海旅游区	已开发
14	海口东海岸旅游区	海口市	度假滨海旅游区	初级开发
15	南湾猴岛旅游区	陵水县	生态滨海旅游区	已开发
16	东锣—西鼓旅游区	三亚市	综合海岛旅游区	待开发
17	博鳌旅游区	琼海市	度假滨海旅游区	已开发

表 7.14　二级滨海旅游区

序号	旅游区名称	所属区域	旅游区类别	开发状况
1	铁炉港旅游区	三亚市	度假滨海旅游区	正在建设
2	海口湾旅游区	海口市	游艇码头旅游区	初级开发
3	鸿洲旅游区	三亚市	游艇码头旅游区	已开发
4	东郊椰林旅游区	文昌市	生态滨海旅游区	初级开发
5	红塘湾旅游区	三亚市	度假滨海旅游区	初级开发
6	石梅湾旅游区	万宁市	度假滨海旅游区	初级开发
7	铜鼓岭旅游区	文昌市	生态滨海旅游区	初级开发
8	角头湾旅游区	三亚市	度假滨海旅游区	待开发
9	西沙群岛旅游区	三沙市	综合海岛旅游区	待开发
10	临高角旅游区	临高县	观光滨海旅游区	已开发
11	香水湾旅游区	陵水县	度假滨海旅游区	初级开发
12	神州半岛旅游区	万宁市	度假滨海旅游区	正在建设

表 7.15　四级滨海旅游区

序号	旅游区名称	所属区域	旅游区类别	开发状况
1	小海休旅游区	万宁市	休闲渔业滨海旅游区	待开发
2	冯家湾—宝寺湾旅游区	文昌市	度假滨海旅游区	待开发
3	潮滩鼻旅游区	文昌市	度假滨海旅游区	待开发
4	保定湾旅游区	万宁市	度假滨海旅游区	待开发
5	龙栖湾旅游区	乐东县	度假滨海旅游区	待开发
6	青葛—冯家湾旅游区	文昌市	休闲渔业滨海旅游区	待开发
7	八门湾旅游区	文昌市	休闲渔业滨海旅游区	待开发
8	太阳城旅游区	乐东县	度假滨海旅游区	待开发
9	铺前港旅游区	文昌市	休闲渔业滨海旅游区	待开发

表 7.16　三级滨海旅游区

序号	旅游区名称	所属区域	旅游区类别	开发状况
1	分界洲旅游区	陵水县	综合海岛旅游区	初级开发
2	福湾旅游区	陵水县	度假滨海旅游区	已开发
3	棋子湾旅游区	昌江县	观光滨海旅游区	待开发
4	南燕湾旅游区	万宁市	度假滨海旅游区	初级开发
5	春园湾旅游区	万宁市	观光滨海旅游区	初级开发
6	洋浦旅游区	儋州市	度假滨海旅游区	初级开发
7	潭门—福田旅游区	琼海市	度假滨海旅游区	待开发
8	七洲列岛旅游区	文昌市	综合海岛旅游区	待开发
9	赤岭旅游区	陵水县	度假滨海旅游区	待开发
10	双帆石旅游区	陵水县	综合海岛旅游区	待开发
11	木兰湾旅游区	文昌市	度假滨海旅游区	待开发

续表 7.16

序号	旅游区名称	所属区域	旅游区类别	开发状况
12	陵水湾旅游区	陵水县	度假滨海旅游区	待开发
13	九龙湾旅游区	东方市	度假滨海旅游区	正在建设
14	八所旅游区	东方市	度假滨海旅游区	初级开发
15	内六村—月亮湾旅游区	文昌市	度假滨海旅游区	待开发
16	七星岭旅游区	文昌市	观光滨海旅游区	待开发
17	日月湾旅游区	万宁市	度假滨海旅游区	待开发
18	莺歌海旅游区	乐东县	观光滨海旅游区	待开发
19	老爷海旅游区	万宁市	休闲渔业滨海旅游区	待开发
20	山钦湾旅游区	万宁市	度假滨海旅游区	待开发
21	水口港—椰子岛旅游区	陵水县	度假滨海旅游区	待开发
22	龙沐湾旅游区	乐东县	度假滨海旅游区	正在建设
23	后水湾旅游区	儋州市	度假滨海旅游区	待开发
24	新村港旅游区	陵水县	休闲渔业滨海旅游区	初级开发
25	高隆湾旅游区	文昌市	度假滨海旅游区	初级开发
26	龙腾湾旅游区	乐东县	度假滨海旅游区	待开发

7.4.3 海南省潜在滨海旅游区分布广泛而又相对集中

从区域分布看，海口市和三亚市所属的滨海旅游区具有较高的开发潜力，大多数属于一级滨海旅游区，少数属于二级滨海旅游区，其他县、市的滨海旅游区的开发潜力大多数属于三级甚至四级，详见表 7.17。

表 7.17 沿海各县市滨海旅游区级别比例关系表

县市	一级个数	二级个数	三级个数	四级个数	小计个数
海口市	6	1			7
三亚市	9	4			13
文昌市		2	5	5	12
琼海市	1		1		2
万宁市		2	5	2	9
陵水县	1	1	7		9
乐东县			3	2	5
东方县			2		2
昌江县			1		1
儋州市			2		2
临高县		1			1
三沙市		1			
合计	17	12	27	9	64

7.4.4 不同类型的滨海旅游区的开发潜力等级各异

从不同类型旅游区的级别来看，休闲渔业滨海旅游区的等级总体较低，都为三级或四级，游艇码头旅游区和生态滨海旅游区的等级总体较高，都为一级或二级，详见表7.18。

表7.18 沿海各县市滨海旅游区级别比例关系表

县市	一级个数	二级个数	三级个数	四级个数	小计个数
度假滨海旅游区	8	6	17	5	36
观光滨海旅游区	2	1	4		7
综合海岛旅游区	2	1	3		6
生态滨海旅游区	2	2			4
休闲渔业滨海旅游区			2	4	6
游艇码头旅游区	3	2			5
合计	17	12	26	9	64

7.4.5 开发潜力越大的滨海旅游区，开发程度越高

目前，海南省一级滨海旅游区目前基本上都已开发，或者正在抓紧开发，但也有些目前开发程度还较低，还具有很大的开发潜力，如东寨港生态滨海旅游区、海棠湾度假滨海旅游区和海口西海岸度假滨海旅游区等。有些滨海旅游区尽管开发程度已经较高，但由于各方面的原因，需要改变开发方向，或者还有待进一步开发，如金沙湾—盈宾半岛度假滨海旅游区，开发程度还有待进一步提高。

二级滨海旅游区总体上还存在较大的开发潜力，目前，铁炉湾、红塘湾和角头湾三大滨海度假旅游区基本上处于开发的初级阶段，能与亚龙湾、三亚湾、南山等滨海旅游区形成优势互补，实现跨越式发展；西沙群岛综合海岛旅游区以其神秘性、独特的区位优势、丰富的旅游资源等，也具有巨大的开发潜力，未来市场需求十分广阔。神州半岛滨海度假旅游区作为2008年和2009年全省重点旅游开发建设项目，正在逐步形成旅游接待能力。其他几个二级滨海旅游区尽管都已经开发，形成了一定的旅游接待能力，但进一步开发的空间和潜力还十分广阔。

三级滨海旅游区目前大多数处于未开发或待开发状况。在三级滨海旅游区中，目前有初步旅游开发的有分界洲南燕湾、福湾、棋子湾、日月湾、龙沐湾、春园湾和分界洲岛，其他19个滨海旅游区目前基本上处于未开发状况，开发潜力非常乐观。

四级滨海旅游区目前仍处于待开发状况，在若干年后，具有一定的旅游开发价值。

第8章　海南省潜在滨海旅游区评价

8.1　海南省开发比较成熟的滨海旅游区开发现状与对策

海南发展滨海旅游业的条件十分优越，经过多年的努力，已开发出在国内具有一定知名度和影响力的滨海旅游区，如亚龙湾、南山文化生态旅游区、天涯海角等。滨海旅游业的发展极大地促进了海南社会经济的进步。但也必须看到，海南滨海旅游业也存在各种不可回避的问题或不足，如果不妥善解决好这些问题，海南国际旅游岛建设就是一句空话。

8.1.1　亚龙湾度假滨海旅游区

8.1.1.1　基础条件

亚龙湾位于中国最南端的热带滨海旅游城市——三亚市东南 25 km 处，是海南最南端的一个半月形海湾，全长约 8 km，是海南名景之一。亚龙湾气候温和、风景如画，这里不仅有湛蓝的天空、明媚温暖的阳光、清新湿润的空气、原始幽静的红树林、波平浪静的海湾、清澈透明的海水、洁白细腻的沙滩以及五彩缤纷的海底景观等，而且 8 km 长的海岸线上椰树婆娑，生长着众多奇花异草和原始热带植被。亚龙湾集现代旅游五大要素——海洋、沙滩、阳光、绿色、新鲜空气于一体，呈现明显的热带海洋性气候，全年平均气温 25.5℃，冬季海水最低温度 22℃，适宜四季游泳和开展各类海上运动。这里海湾面积达 66 km^2，可同时容纳十万人嬉水畅游，数千只游艇游弋追逐。这里的海水清澈见底，可以清晰地看见 10 m 以下的海底景观。这里 8 km 长的海滩宽阔平缓，沙粒洁白细腻，自然资源国内绝无仅有，可与国际上任何著名的热带滨海旅游度假胜地相媲美，素有“天下第一湾”之美誉，被游人赞誉为“三亚归来不看海，除却亚龙不是湾”。

8.1.1.2　开发现状

1992 年 10 月 4 日，亚龙湾国家旅游度假区由国务院批准正式建立，成为我国唯一具有热带风情的国家级旅游度假区。度假区规划面积 18.6 km^2，是一个拥有滨海公园、豪华别墅、会议中心、高星级宾馆、度假村、海底观光世界、海上运动中心、高尔夫球场、游艇俱乐部等国际一流水准的旅游度假区。

度假区基础设施完善，相继建成了中心广场、贝壳馆、蝴蝶谷及环湖公园等特色旅游项目。中心广场有高达 27 m 的图腾柱，围绕图腾柱是三圈反映中国古代神话传说和文化的雕塑群。亚龙湾贝壳馆位于亚龙湾国家旅游度假区中心广场，占地面积 3 000 km^2，是国内首家以贝壳为主题，集科普、展览和销售为一体的综合性展馆。在展览厅里，分五大海域展出世界各地具有典型代表性的贝壳300多种。

亚龙湾国家旅游度假区，不仅拥有中国最迷人的海湾、沙滩，而且在其附近海域拥有世界上最大、最完整的软珊瑚族群以及丰富多彩的硬珊瑚、热带鱼类等海洋生物，是中国开展海底观光旅游的最佳景区之一。经相关部门批准，中国寰岛集团在三亚亚龙湾附近海域约9 km^2的范围内投资建设珊瑚礁资源保护、发展和综合管理示范区，并进行适度旅游开发，该示范区将建成以海底世界游览为主体的集热带海洋动物园、海上娱乐城、休闲度假村于一体的大型海洋旅游观光区。目前，亚龙湾海底世界已建成包括海底世界游览、美人礁岛屿水肺潜水、海底漫步、深海潜水摩托、香蕉船、拖曳伞、徒手潜水、玻璃观光船、快艇观光、摩托艇、冲浪飞车、沙滩摩托车、冲浪、沙滩浴场等娱乐项目，还有与之配套的海底世界沙滩酒店，游人可以从中领略到海洋旅游的无限乐趣。

度假区住宿设施完备，引进了国内外众多实力雄厚的发展商投资亚龙湾，陆续建成了丽思卡尔顿酒店、金茂希尔顿酒店、三亚家化万豪度假酒店、铂尔曼度假酒店、三亚喜来登度假酒店、三亚凯莱度假酒店、红树林度假酒店、亚龙湾五号别墅度假酒店、华宇皇冠假日酒店、天域度假酒店、亚龙湾假日度假酒店等五星级酒店，三亚爱琴海岸康年套房度假酒店、环球城大酒店、金棕榈度假酒店等四星级酒店，三亚寰岛海底世界酒店和致远度假酒店（辛特拉皇家度假酒店）等三星级酒店，正在建设中的酒店还有公主郡一期、公主郡二期、瑞吉酒店等。星级酒店总客房数超过6 400间，总床位数超过10 500个（表8.1）。

表8.1　亚龙湾星级酒店一览表

序号	酒店名称	客房/间	床位/张	星级
1	三亚喜来登度假酒店	511	869	五星
2	三亚亚龙湾假日度假酒店	358	596	五星
3	三亚凯莱度假酒店	403	662	五星
4	三亚家化万豪度假酒店	456	692	五星
5	三亚天域度假酒店	787	1 343	五星
6	三亚红树林酒店	502	864	五星
7	三亚希尔顿酒店	501	752	五星
8	三亚华宇皇冠假日酒店	550	920	待评五星
9	三亚亚龙湾五号别墅度假酒店	320	450	待评五星
10	三亚亚龙湾铂尔曼度假酒店	192	246	待评五星
11	金茂三亚丽思卡尔顿酒店	450	768	待评五星
12	三亚金棕榈度假酒店	244	420	四星
13	三亚仙人掌度假酒店	585	1 082	待评四星
14	三亚爱琴海岸度假村	133	210	待评四星
15	三亚环球城大酒店	208	301	待评四星
16	三亚海底世界酒店	68	124	三星
17	三亚天鸿度假村	35	62	待评三星
18	三亚亚龙湾高尔夫球会馆	38	68	待评三星
19	三亚致远度假花园	49	83	待评三星

8.1.1.3 环境影响分析

亚龙湾海域总体上海水质量等级很高，据三亚市海洋环境状况公报，2008 年，亚龙湾海水浴场全年水质状况优和良的比例分别为 94.0% 和 6.0%；游泳健康指数高达 96%，全部达到优良水平；全年 90% 的天数适宜或较适宜游泳，不适宜游泳的天数仅占 10%；不适宜游泳的主要因素是大型绿藻漂浮、降水及风浪较大。

亚龙湾旅游度假区水质极佳和优良的比例分别为 87% 和 13%，很适宜开展海上休闲娱乐活动；海面状况极佳、优良或很好的比例为 85%，一般或差的比例为 15%；防晒指数均为中等—高，进行户外活动需注意防护。

据三亚市海洋部门的监测结果，海面漂浮垃圾全部为塑料类，主要为塑料瓶、香烟过滤嘴、塑料袋和纸板等。海面漂浮物的大块和特大块垃圾平均个数为 0.001 个/100km^2；表层水体小块及中块垃圾平均个数为 0.08 个/100km^2。表层水体小块及中块垃圾的总密度为 1.3 g/100km^2。

海滩垃圾主要为塑料袋、烟头、聚苯乙烯塑料泡沫快餐盒、破布、绳索、纸板和打火机碎片等。海滩垃圾的平均个数为 0.5 个/100km^2，其中塑料垃圾最多，占 78%，纸类、橡胶类、聚苯乙烯塑料泡沫类和织物类垃圾分别占 10%、0.6%、0.3% 和 0.3%。海滩垃圾的总密度为 3.82 g/100km^2。

海底垃圾主要为铁棍、金属板和瓦片等。海底垃圾的平均个数为 0.03 个/100km^2，以金属类垃圾为主。

2008 年的海洋垃圾监测统计结果表明，亚龙湾海域海滩垃圾的主要来源是人类海岸活动、娱乐活动等，约占 90%。

8.1.1.4 开发对策和建议

1）成立亚龙湾管委会。

目前亚龙湾办事处管理权限有限，管理能力和水平有待提高，成立管委会，实行对亚龙湾的市政基础设施和垃圾处理、废水处理进行统一建设和管理。

2）妥善处理旅游用地、用海和军事用地、用海的关系。

亚龙湾既是我国最好的旅游度假区之一，也是我国主要的海军基地，二者在用海、用地等方面存在一定矛盾。从国家的安全考虑，军事用海、用地必须得到保障。但在不妨碍军事的情况下，要尽可能满足旅游用海、用地。

3）正确解决民生问题。

不可否认，旅游开发极大地带动了亚龙湾的发展，但同时，也使得当地居民丧失了部分生活来源——土地和海洋的使用权，因此，在征地、征海发展旅游业时，要充分考虑当地居民的利益，确保当地居民能与游客和谐相处，并能真正发自内心地把游客尊为 VIP。

8.1.2 大东海度假滨海旅游区

8.1.2.1 基础条件

大东海位于三亚市的鹿回头与榆林港之间，为外形酷似大东海月牙形的海湾，辽阔的海面晶莹如镜，只见白沙融融，阳光、碧水、沙滩、绿树构成了一幅美丽的热带风光。这里四季如春，水暖沙平，海水澄净，水下能见度 10 m 左右。冬季水温 18℃，是冬泳避寒胜地和度假休闲者进行潜海观光、海水浴、阳光浴的理想之地。大东海被国家旅游局评为中国“四十佳”旅游景点之一。

8.1.2.2　开发现状

区内滨海度假旅游设施配套齐全，建有大型海滨广场，观光潜艇、潜水和跳水基地，可常年进行多种水上活动和沙滩运动。顺着海滩东行 300 ~ 400 m，是一座滨海小公园。公园里有座小山，山顶上有观海亭，可俯视大海胜景。这里有一个白鹭公园，是白鹭的天堂，湖边、湖心到处是白鹭。

这里住宿设施齐全，建有三亚湘投银泰大酒店、三亚山海天大酒店等五星级酒店，半山锦江海景度假酒店、三亚明珠海景酒店、三亚丽景海湾酒店、三亚宝宏大酒店、嘉宾国际酒店、林达海景大酒店、三亚海天大酒店、三亚南中国海大酒店、三亚丽景海湾酒店、三亚林达海景酒店、珠江花园酒店、大东海大酒店等四星级酒店，名海花园酒店、红屋顶度假酒店、三亚川亚酒店、新皇家国际会所、三亚水业海景大酒店、三亚夏威夷大酒店、三亚城市酒店等三星级及其他星级酒店，客房总数将近 6 000 间，床位总数接近 10 000 张。目前，大东海以其完美的基础设施、优良的旅游接待设施、无与伦比的沙滩和海水、五彩缤纷的海底珊瑚和珊瑚礁、神奇多样的海洋鱼类、独具海南特色的美味海鲜以及优质的服务，每年接待了上百万来自世界各地的游客（表 8.2）。

表 8.2　大东海星级酒店一览表

序号	酒店名称	客房/间	床位/张	星级
1	三亚山海天大酒店	244	430	五星
2	三亚湘投银泰度假酒店	416	691	五星
3	三亚悦榕庄度假酒店	119	193	待评五星
4	三亚文华东方酒店	300	490	待评五星
5	三亚玛瑞纳酒店	120	200	待评五星
6	三亚珠江花园酒店	239	431	四星
7	三亚海天大酒店	173	322	四星
8	三亚南中国大酒店	218	417	四星
9	三亚明珠海景酒店	185	352	四星
10	三亚丽景海湾酒店	198	348	四星
11	三亚林达海景酒店	206	337	四星
12	三亚半山锦江海景度假酒店	248	460	四星
13	三亚宝宏大酒店	460	700	待评四星
14	三亚嘉宾国际酒店	186	230	待评四星

续表 8.2

序号	酒店名称	客房/间	床位/张	星级
15	三亚夏威夷大酒店	140	256	三星
16	三亚城市酒店	140	250	三星
17	三亚中洋酒店	160	225	三星
18	三亚华信海景酒店	219	446	三星
19	三亚榆海海景大酒店	88	176	三星
20	三亚水业海景大酒店	104	215	三星
21	三亚榆林湾度假村	152	328	待评三星
22	三亚惠普登海景酒店	313	580	待评三星
23	三亚川亚宾馆	75	168	二星
24	三亚金岛嘉宁海景酒店	80	150	其他待评
25	三亚荷泰海景酒店	108	212	其他待评
26	三亚明天度假村	50	105	其他待评
27	三亚燕海楼	107	215	其他待评
28	三亚悦莱海景酒店	88	108	其他待评
29	三亚名海花园酒店	115	217	其他待评
30	三亚金凯度假村	18	36	其他待评
31	三亚银丰酒店	66	117	其他待评
32	三亚晨光福德	120	238	其他待评
33	三亚榆海宾馆	180	374	其他待评
34	三亚佳亮迎宾大酒店	106	225	其他待评
35	三亚警备区迎宾楼	45	86	其他待评
36	三亚金陵度假村	138	266	其他待评

8.1.2.3 环境影响分析

大东海是三亚滨海旅游开发最早的海湾之一，多年的开发给三亚社会经济发展带来了巨大的社会经济效益，但与此同时，也不可避免地造成了比较严重的环境问题。总体来说，大东海的综合环境等级还是比较高的，2008 年，全年水质状况优、良和差的比例分别为 96.4%、0.5% 和 3.1%，游泳健康指数为 93%，全年适宜或比较适宜游泳的天数的比例为 84%，不适宜游泳天数的比例为 16%，不适宜游泳的主要因素是大型绿藻漂浮、降水及风浪较大。

大东海的环境问题主要表现在三个方面：一是沙滩退化现象比较严重。由于滨海大道建设、滨海娱乐、餐饮设施建设、大量游客和当地居民的践踏等原因，沙滩面积越来越小，沙滩宽度越来越窄，沙滩泥化现象也呈加剧趋势。二是海水受到了一定程度的污染。一方面，游客随手抛弃的废弃物如塑料瓶、塑料袋、烟头等漂浮在海面上，影响视觉，另一方面，岸上排档、饭店每天产生大量的废弃物，其中相当部分未经任何处理直接倾倒入大海，海水质明显差于亚龙湾。三是珊瑚礁遭到了一定程度的破坏。大东海是三亚开展潜水活动较早的区域，有岸潜、船潜、远洋潜水等活动，为满足游客的需求，潜水活动一般在珊瑚礁附近海域进行，潜水活动不仅影响了局部水流，而且游客总是会控制不住要触摸甚至践踏珊瑚和珊瑚礁，更为严重的是，个别游客和潜水公司直接采伐珊瑚和珊瑚礁。

8.1.2.4 开发对策和建议

1）明确旅游公司保护珊瑚礁的责任，加大珊瑚礁保护力度。

资源保护和开发应该是相互促进、相辅相成的，因此，珊瑚礁的保护不应该仅仅是珊瑚礁保护区的责任，旅游公司在利用珊瑚礁开展潜水旅游活动的同时，也应该承担起保护珊瑚礁的重任，正所谓谁开发、谁受益，谁开发、谁保护，要明确规定，对旅游公司收取资源（珊瑚礁）利用税和资源（珊瑚礁）保护税，对于保护力度不够、保护效果不好的旅游公司，要责令其整改，对破坏比较严重的，不仅要追究其刑事责任，而且要勒令其退出旅游开发。

2）研究大东海的环境容量，据此控制游客数量。

无论是沙滩退化还是海水污染，归根结底是游客数量过大。几乎每一位游客都会产生一定数量的垃圾，至少会在沙滩上漫步，都会有亲近海水的行为，也就不可避免地对海水和沙滩产生一定程度的污染和破坏。尽管海水具有一定的自净能力，而且旅游区也安排了大量环卫工人和各种环保设施，但相对于游客数量及游客所产生的垃圾数量来说，显然是偏少了。因此，按照科学标准确定旅游容量，实为当务之急，刻不容缓，这也是建设海南国际旅游岛的基本要求。

3）进一步规范排档、饭店尤其是小饭店的行为，严格控制废弃物直接排入大海。

8.1.3 海口西海岸度假滨海旅游区

8.1.3.1 基础条件

海口西海岸度假滨海旅游区位于海口市秀英港以西的海岸，这里沙滩漫长、洁净，海面宽阔，海水水质符合一类海水水质标准，海岸椰树婆娑，六车道的滨海大道贯穿东西，海口火车站位于该区域的西部，旅游开发腹地宽广，能满足旅游开发的用地需求，用水、用电能得到充分保障。良好的海水、沙滩等资源，便捷的交通条件等，使这里正在逐步成为海口市主要的旅游和休闲度假理想的去处，适宜海水浴、帆板等海上运动和滨海娱乐活动。

8.1.3.2 开发现状

已相继建成假日海滩、西秀海滩等滨海公园，也建起了海南贵族游艇会、国际轮滑基地、美视五月花国际高尔夫球会、映象·海南岛剧场等旅游项目，这里有海口喜来登温泉度假酒店、海南华远凯莱大饭店、海南新国宾馆、美视五月花酒店、南海风温泉酒店等数家高星级酒店。还可充分利用海口市100多家星级酒店和各种旅游项目吸引和分流游客（表8.3）。

表 8.3　2009 年海口市星级饭店一览表

编号	名　称	星级	地　址	房间数/间	床位数/张
1	海南寰岛泰得大酒店	五星	和平大道 18 号	310	588
2	海口金海岸罗顿大酒店	五星	人民大道 68 号	350	567
3	海南文华大酒店	五星	文华路 18 号	318	425
4	海南新国宾馆	五星	滨海西路 111 号	178	303
5	海南皇冠滨海温泉酒店	五星	桂林洋开发区	200	300
6	海口喜来登温泉度假酒店	五星	滨海西路号	260	330
7	海南华运凯莱大酒店	五星	滨海西路号	199	333
	五星合计			1 815	2 846
1	海南宝华海景大酒店	四星	滨海大道 69 号	425	767
2	海南燕泰国际大酒店	四星	海甸五东路 18 号	380	713
3	海航国际商务酒店	四星	大同路 38 号	140	160
4	海口黄金海景大酒店	四星	滨海大道 67 号	232	379
5	海南金银岛大酒店	四星	蓝天路 16 号	210	365
6	海南鑫源温泉大酒店	四星	海秀东路 18－8 号	356	504
7	海南新温泉国际大酒店	四星	龙昆北路 50 号	54	85
8	海南太阳城大酒店	四星	龙华路 16 号甲	242	422
9	海口泰华酒店	四星	泰华路 2 号	208	388
10	海南椰海大酒店	四星	玉沙路 46 号	198	373
11	海南凯威大酒店	四星	港浮路 20 号	185	338
12	海南望海国际大酒店	四星	海秀东路 6 号	260	563
13	海南华天大酒店	四星	龙昆北路 9－1 号	146	256
14	海口宾馆	四星	海府大道 4 号	196	349
15	海口国际金融大酒店	四星	大同路 33 号	234	381
16	海南万利隆商务酒店	四星	金龙路 51 号	170	257
	四星合计			3 636	6 300
1	海南华侨宾馆	三星	华信路 3 号	209	421
2	海南汇通酒店	三星	国贸大道 26 号	112	218
3	海南明阳荷泰商务酒店	三星	海秀东路 25 号	90	120
4	海口滨海大酒店	三星	龙昆北路 1 号	179	338
5	海口国宾大酒店	三星	海秀东路 38 号	196	340
6	海南金景湾大酒店	三星	景湾路 8 号	259	505
7	海口铁道温泉宾馆	三星	海府路 165 号	80	139
8	海南鸿运大酒店	三星	海秀大道 15 号	182	340
9	海南嘉正海外国际大酒店	三星	五指山路 11 号	215	420
10	海南大酒店	三星	海府路 51 号	186	342
11	海南万华大酒店	三星	万华路 18 号	272	534
12	海南金海棠大酒店	三星	海府路 54 号	133	252
13	中改院国际会议中心	三星	人民大道 57 号	100	184

续表 8.3

编号	名 称	星级	地 址	房间数/间	床位数/张
14	海南龙泉大酒店	三星	大同路 22 号	100	188
15	海南龙泉宾馆	三星	龙昆南路 18 号	126	225
16	海南龙泉花园酒店	三星	海秀东路 3 号	102	173
17	海南宇海温泉宾馆	三星	五指山路 11 号	176	360
18	海南华庄大酒店	三星	南宝路 35 号	194	355
19	海南鑫海港大酒店	三星	新港路 35 号	118	240
20	海口金誉大酒店	三星	海府路 7 号	54	108
21	海南阳光大酒店	三星	白龙南路 59 号	70	136
22	海南中能化度假村	三星	桂林洋海滨	90	181
23	海口美京海景大酒店	三星	滨海大道 16 号	156	304
24	海口茅台迎宾酒店	三星	凤翔西路 26 号	88	152
25	海南琼苑宾馆	三星	白龙南路 38 号	169	310
26	海南海鹰度假村	三星	桂林洋滨海路	96	150
27	海南兵工大酒店	三星	海秀西路 180 号	118	228
28	海口花开四季温泉度假村	三星	海甸海景路 9 号	180	360
29	海口明月宾馆	三星	明月路 6 号	86	152
30	海口禧龙商务酒店	三星	龙昆南路 88 号	75	148
31	海南山海度假村	三星	桂林洋经济区	87	153
32	海口琼山宗恒楼	三星	琼州大道 53 号	147	297
33	新标榜休闲度假酒店	三星	国贸三横路 8 号	174	268
34	海口民航宾馆	三星	海秀大道 9 号	97	183
	三星合计			4 716	8 824
1	海南绿洲酒店	二星	海秀路 91 号	56	112
2	海南海油大厦	二星	华信路 4 号	71	138
3	海南新兴大饭店	二星	五指山路 39 号	121	221
4	海南银洲宾馆	二星	龙昆北路 28 号	83	152
5	海南柏宁大酒店	二星	大英街 6 号	83	134
6	海口金亚美大酒店	二星	蓝天路 3 号	80	160
7	海口义龙酒店	二星	义龙西路 26 号	48	86
8	海口金银州宾馆	二星	大同一横路 3 号	104	214
9	海南凯风酒店	二星	滨海大道 23 号	152	308
10	海南喜来假日酒店	二星	国贸玉沙路 13 号	84	172
11	海南洪城酒店	二星	滨海大道 9 号	86	176
12	海口美兰金绿洲酒店	二星	沿江三东路 24 号	62	142
13	海口华景大酒店	二星	盐灶路 188 号	80	136
14	海南昌隆酒店	二星	蓝天路西 19 号	90	156
15	海口金洲宾馆	二星	龙华路 34 号	50	94
	二星合计			1 250	2 401
	合计			11 417	20 371

8.1.3.3 环境影响分析

海口市海洋与渔业局的监测结果表明，假日海滩海水浴场水质为优、良和差的比例分别为38.2%、56.3%和5.5%；游泳健康指数为优、良和差的比例分别为54.5%、29.1%和16.4%；适宜和较适宜游泳天数的比例为82.3%，不适宜游泳天数的比例为17.7%，不适宜游泳的主要原因是降水、风浪偏大和水质较差等。与上年监测结果比较，海口假日海滩浴场水质有明显改善，水质为“差”的比例下降了13.1个百分点。

从监测结果看，海口西海岸的环境状况总体上是优良的，但污染现象也是不容忽视的。在所监测的7个典型排污口中，龙昆沟入海排污口全年3个航次都出现超标，污染因子是磷酸盐和粪大肠菌群，被划为C级，给予黄色标识，这一类排污口将有一定的海域环境危害或潜在危害；福昌河河口及秀英工业排污口在7月份的监测中出现了一项指标超标，污染因子是磷酸盐，被划为D级，给予蓝色标识，这一类排污口将对海域环境造成的危害较小或潜在危害较小；其他排污口没有出现超标现象。龙昆沟排污口邻近海域受污染面积约5 km^2，其中：重度污染海域面积约1.0 km^2，中度污染海域面积约1.2 km^2，轻度污染面积约2.8 km^2。主要污染因子为无机磷、无机氮、石油类和生化需氧量，其中无机磷测值超过国家四类海水水质标准。

旅游开发是海水污染的主要原因之一，不仅表现为游客对酒店、饭店的需求引致了无机磷、无机氮和生化需氧量的升高，而且表现在游客在进行滨海旅游活动时所抛弃的污染物对海水产生的直接污染。

8.1.3.4 开发对策与建议

1）加强环境监测与整治。

海口西海岸与三亚亚龙湾、大东海等著名旅游区相比，沙滩资源、阳光资源、旅游接待设施等并不逊色，最大的差距在于海水水质上，因此，加强旅游环境监测，采取切实可行的措施整治旅游环境是西海岸滨海旅游区开发和可持续发展的首要前提和任务。

2）实现与三亚滨海旅游资源的错位开发。

一方面，海口西海岸的阳光、沙滩、海水等滨海旅游资源非常丰富，品质也很高，但与三亚市相比，却又存在比较明显的差距；另一方面，海口又有三亚所不具备的滨海旅游资源优势——滨海温泉资源丰富且质量高。因此，按照阴影区理论和比较优势理论，海口西海岸应突出滨海温泉旅游资源的开发和利用，与此同时，海口西海岸要充分利用海口是省会城市、政治、经济、文化、交通、金融中心等区位优势，大力发展会展旅游、休闲娱乐旅游、高尔夫旅游等旅游新业态，从而走出自己的特性，开发出能与三亚旅游产品形成互补的特色旅游产品。

3）大力推进与广东湛江的区域旅游开发合作，走联合开发的路子。

海口西海岸与湛江徐闻县等隔琼州海峡相望，在旅游资源和客源市场等方面尽管也有相似性，存在竞争关系，但更多的是具有差异性和互补性，合理利用这种差异性和互补性，能发挥各自的比较优势，实现双赢或多赢。

4）尽快走出旅游地产开发的误区。

海口西秀海滩应定位于游客的休闲度假旅游目的地，而不是高收入阶层的第二居所，因此，要严格控制旅游地产开发。

5）大力建设各种高规格的训练与比赛基地。

主要包括高尔夫训练和比赛基地、帆船训练和比赛基地、帆板训练和比赛基地、快艇训练和比赛基地、冲浪训练和比赛基地等。同时，在适当时机，要争取成立国际旅游岛足球队、国际旅游岛篮球队等，并争取冲进中超、CBA 等联赛。

8.1.4　三亚湾度假滨海旅游区

8.1.4.1　基础条件

三亚湾东起三亚港，紧挨三亚市区，绵延 22 km，滨海大道依湾绵延，椰树成林，西行延伸至天涯湾。东、西玳瑁洲（俗称东岛、西岛）两座小岛浮于海中，相邻而望，东岛驻军戒备森严，西岛渔家和游客可自由出入。该湾湾长沙细，岸上绿树如带，构成三亚滨海旅游城市美丽动人的风景线，市内道路直通海边。日落时分，红霞满天，不远处，传来渔民铿锵有力的节奏声，“一、二、三”，十几二十人正在奋力地拉着拖网。

8.1.4.2　开发现状

三亚湾分为三段，紧连市区一段为游乐观光漫游区域，稍远为公共海边泳场和海上活动区域，再远是拥有一批度假村的休闲度假区域。这里已建有沙滩排球训练基地、海水浴场等旅游娱乐设施，三亚湾的渔排也是游客理想的去处，这里有星级酒店 40 余家，酒店房间数 7 600 多间，床位数 14 000 余张，能很好地满足游客的需求（表 8.4）。

表 8.4　三亚湾星级酒店一览表

序号	酒店名称	房间数/间	床位数/张	星级
1	海韵度假酒店	—	—	五星
2	湾铂尔曼度假酒店	—	—	五星
3	亚太国际会议中心	473	804	五星
4	国光豪生度假酒店	1 160	2 000	待评五星
5	和怡阳光大酒店	312	500	待评五星
6	凯宾斯基度假酒店	408	730	待评五星
7	湾假日酒店	226	350	待评五星
8	万嘉戴斯度假酒店	208	360	待评五星
9	阳光大酒店	312	500	待评五星
10	仙居府酒店	—	—	其他待评
11	大卫传奇	—	—	四星
12	华源度假酒店	105	177	四星
13	金凤凰海景大酒店	185	336	四星
14	金银岛海景大酒店	150	268	四星
15	景利莱度假酒店	235	470	四星
16	湾力合度假酒店	101	202	四星
17	望海楼大酒店	—	—	四星

续表 8.4

序号	酒店名称	房间数/间	床位数/张	星级
18	力合度假养生中心	101	202	四星
19	美丽春天度假酒店	560	980	待评四星
20	天福源度假酒店	476	826	待评四星
21	武警疗养院	193	338	待评四星
22	椰林滩大酒店	353	716	待评四星
23	玉海国际大酒店	848	1 563	待评四星
24	度假村	458	980	三星
25	海霞湾度假村	123	230	三星
26	经纬大酒店	160	310	三星
27	天涯度假村	123	238	三星
28	湾银苑度假村	205	410	三星
29	椰海大酒店	103	187	三星
30	海星椰林酒店	150	280	待评三星
31	海域中央度假酒店	248	460	待评三星
32	海悦湾度假酒店	191	360	待评三星
33	海上明月花园度假村	98	206	二星
34	海月度假村	—	—	其他待评
35	华清度假酒店	100	210	其他待评
36	蓝海银滩度假村	40	174	其他待评
37	顺龙海景酒店	134	280	其他待评
38	椰蓝湾度假酒店	—	—	其他待评
39	银韵海景度假村	56	112	其他待评
40	碧海蓝天度假公寓	—	—	其他待评

8.1.4.3 环境影响分析

旅游开发对三亚湾的环境影响是比较显著的，中央电视台《焦点访谈》节目曾经曝光“三亚湾污染严重”。主要表现在两个方面：

一是海水污染比较严重。这里紧邻市区，是居民和游客出入最为频繁的区域，每当夜幕降临，众多市民和游客来此休闲、健身、表演、叫卖，由于城市基础设施建设欠账较多，生活污染物处理能力远远低于实际需求，海面上时常会漂浮塑料瓶、塑料袋等生活垃圾，也因为污水处理能力太低，大量生活污水未经任何处理就直接排入大海。

二是沙滩退化。滨海大道的修建、海景酒店的拔地而起，直接占用了沙滩，市民尤其是回族居民，常常在沙滩上开着三轮车拉客、叫卖，对沙滩的破坏比较严重。

8.1.4.4 开发对策和建议

1）加大环境保护力度。

三亚市委、市政府应出台相关政策，从每年的旅游收入中提取一定比例用于环境监测、保护和整治。

2）严格控制滨海房地产开发。

国际旅游岛建设需要走出一个误区，即我们要建设的是旅游目的地，而不是第二居所，要让游客来海南、来三亚消费，而不是来海南、来三亚住在自己家里享受海南、三亚的优良旅游环境。

3）加大城市基础设施和市政公共设施建设力度。

三亚市政基础设施欠账太多已是制约三亚滨海旅游业可持续发展的瓶颈之一，对于紧邻市区的三亚湾来说，影响更为深刻。

8.1.5 博鳌度假滨海旅游区

8.1.5.1 基础条件

博鳌水城位于琼海市博鳌镇，濒临南海，是著名的万泉河入海口所在地。博鳌水城区域内融江、河、湖、海、山麓、岛屿于一体，集椰林、沙滩、奇石、温泉、田园等风光于一身。东部的一条狭长的沙洲“玉带滩”把河水、海水分开，一边是烟波浩瀚的南海，一边是平静如镜的万泉河；在山岭、河滩、田园的怀拥下有水面保存完美的沙美内海；万泉河、九曲江、龙滚河三江交汇，东屿岛、沙坡岛、鸳鸯岛三岛相望。博鳌水城距海口美兰机场约100 km，规划面积41.8 km^2，其中水域面积8.5 km^2。东屿岛是万泉河入海口三座岛屿中最大的一个岛，岛的面积为1.72 km^2，岸线6.52 km，岛上遍布红树林、椰林、槟榔、野菠萝等热带植物，地形平缓，植被繁盛，环境幽雅，水田纵横，石路蜿蜒，民居古朴，自然景观和人文景观保存良好。

8.1.5.2 开发现状

博鳌亚洲论坛永久会址景区坐落在美丽的东屿岛上，是博鳌亚洲论坛年会的永久性会址，是诠释博鳌文化的所在地，现为国家4A级景区。景区里宏伟气派的现代建筑、智能化的会议设施、动静相宜的高尔夫球场、河海交融的旖旎风光、古老动人的美丽传说，演绎着人与自然的和谐。景区的主要景点有：世界上保护最完好的河流入海口——万泉河入海口；海南首个可以近距离观赏一流高尔夫球场景观的景区；博鳌地区唯一收藏博鳌亚洲论坛各种珍贵纪念品和图片，诠释鳌文化和介绍博鳌亚洲论坛历史及发展情况的展览馆——博鳌亚洲论坛展览馆；海南绝无仅有，中国屈指可数的神奇去处——龙颈穴；中国唯一定期定址的国际组织博鳌亚洲论坛之永久性会议场所——博鳌亚洲论坛国际会议中心。博鳌亚洲论坛国际会议中心总面积37 000 km^2，共分三层。博鳌亚洲论坛年会的主会场位于会议中心第二层，会场的主色调采用黄色，给人以规模宏大、金碧辉煌的印象。因其独特的自然资源、精心的规划以及高水准的开发建设，博鳌水城被海南省政府列为重点开发的旅游项目，1998年7月又被国家旅游局选为“中国43个优先发展的旅游项目”之一。博鳌水城目前已经成为一个集国际会议中心、海滨温泉度假中心和高尔夫休闲康乐中心于一体的国际性旅游度假胜地（表8.5）。

8.1.5.3 环境影响分析

博鳌作为亚洲论坛永久会址所在地，具有世界级的影响，因此，海南省委、省政府和琼海市委、市政府对博鳌生态环境保护和建设高度重视，但也存在一定程度的环境问题：第一，沙滩退化。由于游客众多，践踏沙滩，使得万泉河沙滩与大海沙滩的差异性越来越不明显。第二，高尔夫球场建设对土壤和水源产生一定的污染。第三，生活垃圾处理能力偏低，对环境造成一定的破坏作用。

表 8.5　博鳌主要星级酒店

酒店名称	星级	地点	房间数/间	床位数/张
海航度假酒店	待评四星	琼海市博鳌旅游区	146	320
锦江温泉大酒店	四星	琼海市博鳌旅游区	160	292
蓝色海岸	待评五星	琼海市博鳌旅游区	107	476
海南博鳌索菲特大酒店	五星	琼海市博鳌旅游区	437	800
琼海大庆宾馆	三星	琼海市博鳌镇	77	154
玉带湾大酒店	待评五星	琼海市博鳌镇滨海二路	261	
博鳌金海岸温泉大酒店	五星	琼海市博鳌镇金海岸大道	334	475

8.1.5.4　开发对策和建议

1）加快基础设施建设步伐。

博鳌作为亚洲论坛的永久性会址，具有世界性的知名度，也是全世界各国普遍关注的地区，尤其是在博鳌亚洲论坛期间，这种关注度更高。因此，建好博鳌不仅仅关系到该旅游区的兴衰，对海南旅游形象的树立、维护和拔高具有非常重要的作用。要把加强博鳌基础设施建设作为全面提升海南旅游形象的高度给予重视。要加快博鳌机场建设速度，重视城镇基础设施建设。

2）创新、丰富和完善旅游产品体系。

打造博鳌风情小镇，提升博鳌旅游产品的文化品位。

8.1.6　福湾度假滨海旅游区

8.1.6.1　基础条件

福湾，也称土福湾，位于陵水县西南部，紧连三亚市海棠湾旅游区，呈初月弯形，为约 4 km 长的沙质海岸，从自然地理角度看，福湾和海棠湾属于同一个海湾，但因行政区划的原因，分成了两个不同的海湾。这里沙滩洁净，沙质匀称，岸线之上是平原，腹地宽阔，海水水质符合一类水质标准，湾内风平浪静，宜建设滨海度假村，开展游泳、海上运动娱乐等滨海旅游活动。交通便捷，紧邻海南东线高速公路（从出口至景区约 10 min 车程），通往景区的公路都是四车道高等级公路，离三亚市区 28 km。在该区东侧，紧邻赤岭渔港附近海域，由于有英州河流入，海水营养丰富，水质优越，是陵水海域海洋生物种类较多，尤其是野生龙虾、对虾和鲍鱼等名贵海洋生物的天然栖息地，可建成海洋生物科研基地，进行海洋生物科学研究以及热带渔业旅游观光教育等。

8.1.6.2 开发现状

目前，陵水通往景区的公路已全面贯通，沙滩经过人工整理显得格外洁净、柔软，能充分展示热带滨海沙滩的特色，已建成豪华度假住宅若干，还将建设五星级酒店。这里已是外拥一线原生海景，内含SPA会所、特色商业小镇、五星级配套酒店，尽享极致度假体验和美丽海岸人生的理想之地。

8.1.6.3 环境影响分析

从考察时的情况看，目前游客较少，所建豪华别墅尽管都已基本售罄，但居住人口较少，因此，还没有产生明显的环境污染问题，相反，通过景区及其配套的环境整治项目的建设，绿化更为齐整，沙滩更为舒适，环境更为美化，给人一种心旷神怡的感觉。所以，总体上看，该区旅游开发到考察时为止，主要是正面的积极影响。

8.1.6.4 开发对策和建议

1）转变思想观念，控制房地产开发规模。

福湾目前几乎全是商住房。开发商以高价拍得土地，再建成售价高昂的房地产（2009年8月的均价为1.5万元，2009年底均价超过2万元，而且无房可卖），从中获取巨额利润。政府则通过拍卖土地增加财政收入。老百姓则因为丧失土地和海域的使用权而失去部分生活来源，进一步加大了贫富差距，容易形成当地居民和外来居民之间的矛盾冲突。因此，旅游房产开发应以解决当地居民住房问题为前提，这是一方面。另一方面，一线海景几乎全部为高端商住房所占用，不利于旅游业的发展，一定要明确，海南要建的是一流的岛屿型旅游目的地，而绝不是高档第二居所。建设高星级酒店、建设高端旅游娱乐设施和旅游项目才是最根本的措施。

2）要与海棠湾实行联合开发。

海棠湾已上升为国家海岸，高起点规划，高标准建设，具有世界级的知名度。福湾不仅应借助海棠湾的品牌营销自己，而且要借助海棠湾的现代化设施和服务提升自身的实力。

3）强化旅游项目开发和建设。

旅游项目和旅游者的人气是旅游地产的生命线。旅游地产在本质上是借用旅游业良好的基础设施和配套设施吸引消费者，进而提高房产售价。因此，没有旅游项目和游客稀少的房地产项目，将是不可持续的。这里可建设私人游艇码头、冲浪基地、帆船基地等海上旅游项目，还可在充分保护的基础上，利用海底珊瑚礁和海草生态系统，开展潜水活动。

8.1.7 天涯海角观光滨海旅游区

8.1.7.1 基础条件

天涯海角游览区位于三亚市区西南23 km处的天涯镇，以美丽迷人的热带自然海滨风光、悠久独特的历史文化和浓郁多彩的民族风情驰名海内外，为国家4A级景区，目前正在积极申报国家5A级景区。

天涯海角旅游区依山傍海，碧海、青山、白沙、巨磊、礁盘浑然一体，椰林、波涛、渔帆、鸥燕、云层辉映点衬，形成了南国特有的椰风海韵。步入游览区，沙滩上有一对拔地而起的青灰色巨石，高 10 m 多，长 60 m 多，两石分别刻有“天涯”和“海角”字样，意为天之边缘，海之尽头。此外，与“天涯”、“海角”石相隔不远，还有“南天一柱”和“海判南天”巨石，这些摩崖石刻既见证了天涯海角的历史变迁，也成为吸引人们前来观赏的重要景观。

这里碧水蓝天一色，烟波浩渺，帆影点点，椰林婆娑，奇石林立，那刻有“天涯”、“海角”、“南天一柱”、“海判南天”等巨石雄峙海滨，使整个景区如诗如画，美不胜收。据记载，“天涯”题刻，是清代雍正年间崖州知府程哲所书。“南天一柱”据说是清代宣统年间崖州知府范云榜所书。

8.1.7.2 开发现状

目前，天涯海角已建起风格独特的园林式建筑和“天涯购物寨”、海水浴场、钓鱼台及海上游艇等设施，一座由现代建筑和仿古典传统园林式建筑风格相结合的“天涯购物寨”、“天涯漫游区”、“天涯画廊”、“天涯民族风情园”、“天涯历史名人雕像”等屹立在海角景区，令人目不暇接，流连忘返。附近有“点火台”、“望海阁”、“怀苏亭”和曲径通幽组成的登山多层次游览胜地。电瓶游览车、海上游艇、观光潜艇、动力伞、大象表演、海滨浴场、歌舞表演等，让游客在享受自然美景和领略历史文化之余，得以放松身心。一年一度盛大的天涯海角国际婚庆节和新丝路中国模特大赛，又使这里成为情侣们表达忠贞爱情的圣殿和模特们展示美丽风采的舞台。随着不断建设发展，天涯海角景区已拥有了更多现代、浪漫和时尚的气息。

8.1.7.3 环境影响分析

天涯海角是三亚开发最早的旅游区之一，也是海南国内外知名度最高的旅游区之一，几乎每一位来过海南的游客都去过天涯海角。较长的开发历史、众多的游客，使得该景区的环境问题也比较突出，其中，最严重的问题是沙滩退化问题，表现在沙滩泥化、沙滩颜色开始发黑、沙滩中偶尔可见碎玻璃渣、烟头等抛弃物；其次是海水污染问题，游船、游客都会对海水造成一定的污染。

8.1.7.4 开发对策和建议

（1）整理沙滩，甚至可以对沙滩进行必要的人工改造。

（2）创新旅游吸引物。天涯海角是观光型的滨海旅游区，尽管知名度很高，对没有去过的游客有很强的吸引力，但很难吸引回头游客，只有推陈出新，才能延长景区的生命周期，达到老景区焕发出新的活力的效果。

（3）规范旅游商场。诚信是商品经济社会的基本要求，更是赢得市场信赖的基本前提。天涯海角的出口有一个规模很大的购物商店，摊位的摆放是“之”字型的，游客要来回 6 次的穿梭才能够走出去，走出购物店还走过长长的一条购物摊位才能到达出口。这样摆放，从景区的角度考虑，当然是希望游客抵不住诱惑而购物，但这样的策略实乃下下策，诚信服务，优质服务，明码标价，货真价实，富有特色的商品，这些才是提高旅游商品销售量的根本举措。

8.1.8 南山——大小洞天文化观光滨海旅游区

该旅游区包括南山文化旅游区和大小洞天旅游区两个5A级景区。

8.1.8.1 基础条件

南山文化旅游区位于三亚西部40 km处，是融热带海洋风光、中国佛教文化、福寿文化、历史古迹、民间传说为一体，集生态旅游、休闲度假、社会教育、环境资源保护于一身的大型主题景区。交通便利，紧邻海南西线高速公路，气候条件、水文条件、植被条件等都非常优越。

大小洞天旅游区位于三亚市以西40 km处，总面积22.5 km^2，始创于南宋淳熙十四年（公元1187年），至今已有800多年历史，是海南省历史最悠久的风景名胜，也是我国最南端的道家文化旅游胜地，为国家首批5A级景区。大小洞天自古因奇特秀丽的海景、山景、石景与洞景被誉为“琼崖八百年第一山水名胜”。其“石船”、“小洞天”、“海山奇观”、“寿字碑”等景点均为三亚重点保护文物。景区内广泛分布有3×10^4株“南山不老松”，这种形似松而不是松的巨树，叫龙血树，有植物中的活化石之称。小月湾休闲区位于大、小洞天旅游区东南面，是中国最南端的滨海原生态度假区。这里自然植被保存完好，负离子浓度高达8 000～10 000个/m^3，是名副其实的天然氧吧。

8.1.8.2 开发现状

南山文化旅游区是依托南山独特的山海天然形态和丰富的历史文化渊源开发建设的全国少数的超大型生态和文化景区，是建国以来中央政府批准兴建的最大的佛教文化主题旅游区。2000年12月获得国家4A级旅游景区称号，2001年9月通过ISO9001环境管理体系认证，2007年5月8日，被批准为首批国家5A级旅游景区。南山文化旅游区生态恢复与保护规划面积50 km^2，其中海域面积10 km^2，组织实施佛教文化苑、天竺圣迹、福寿天地、神话雕塑、大门景观区以及酒店、度假村等项目。其中南山佛教文化苑于1995年动工兴建、1998年建成开放，目前已形成一寺（南山寺）、一苑（南山海上观音苑）、两园（慈航普渡园、吉祥如意园）、一谷（长寿谷）、一湾（小月湾）的旅游景观群。旅游区内有载入世界吉尼斯大全的国宝“金玉观世音”和民族工艺史上的惊世之作“天下第一砚”——日月同辉龙凤砚；体现中华古钟文化的梵钟苑；更有举世瞩目的伫立在南海之滨的108 m高“南山海上观音”，一体化三尊，造型挺拔，气势恢宏，高越天下。这项被誉为“世界级、世纪级”的佛教造像工程历时六年，已于2005年4月24日（佛历三月十六）举行了举世瞩目、千载一时的盛大开光大典。此外，景区内还有盛唐建筑风格的南山寺；具南北朝风格的不二法门；占地31×10^4 km^2的观音文化苑；集西欧、日本和中国园林风格于一体的吉祥如意园；包括10余个旅游景点的慈航普渡园；纵深2.5 km的热带雨林奇观长寿谷；建筑在酸豆树上的夏威夷树屋；依山傍海、保持原始山景海景的南山湾；还有汉唐乐坊、多宝佛塔、时来运转祈愿树等景点。在这里，人们既能领略热带滨海阳光、碧海、沙滩、鲜花、绿树的美景，更能获得佛教文化带来的心灵慰藉，体味回归自然、天人合一的乐趣。

南山文化旅游区目前已具备游览观光、休闲度假、接待会议所需的食、住、行、游、购、娱全部服务功能，各项服务设施完善。交通方面，南山有环保游览车连接各主要景点，快捷方便；住宿方面，南山休闲会馆拥有5种不同风格、7种房态的客房234间，其中明清苏州园林式风格的四星花园客房52间，180°海景俯视108 m观音的五星海景客房144间，“中国十大度假别墅”的竹林拼装别墅6幢（25间客房），天人合一的生态鸟巢夏威夷树屋3幢（9床位），教海观澜国宾馆1幢（10间客房）；餐饮方面，这里有被评为“中国名宴”并获“金厨奖”的南山素斋，南山素斋以绿色、健康、清淡为主题，以豆制品和野山菌、魔芋、野菜、特色蔬菜为原料，在寺院、宫廷、民间素斋的基础上不断创新，结合当代饮食主流，推出官府菜、海鲜菜、正宗岭南粤菜、铁板料理、寿司料理、日餐料理、各地家常菜、私房菜等，风味独特，堪称一绝。

良好的生态环境、丰富的旅游资源、深刻的文化内涵、优良的服务设施和严格的管理，使得南山已经成为海南旅游的一面旗帜，取得了良好的经济、社会和环境效益。1998年4月12日，南山文化旅游区一期开园迎宾，当年游客仅50万人次，营业收入3 600万元。2007年，南山实现年游客接待量超过200万人次，年营业额超过2.5亿元。10多年来，南山累计接待国内外游客近1 500万人次，真正成为海南旅游的排头兵。

大小洞天旅游区依山傍海建有沙滩吧、木屋别墅与帐篷营地，可承接度假住宿、婚庆蜜月、婚纱摄影与露营拓展等。目前，旅游区已成为一个以古崖州文化为脉络，汇聚中国传统的道家文化与龙文化，融滨海风光、科普教育、民俗风情、休闲度假于一体的国际化旅游风景区。2007年又引进了三亚自然博物馆项目，填补了海南在这一项目上的空白，使大小洞天成功的由一个观光型景点向观光度假型景点转变，2009年接待游客达120万人次，比1999年刚成立时的2万人次增长了60倍。

8.1.8.3 环境影响分析

在发展旅游的同时，南山文化旅游区注意加强对生态环境的保护，这里空气和海水质量达到国家一级标准，植被覆盖率达95%。南山在旅游环境保护方面给我国景区开发和管理树立了一面很好的旗帜。

大小洞天旅游区因良好的管理体制，旅游开发对环境破坏比较小，依然保持比较原生的状态。主要影响是工程建设造成了部分林地被砍伐、部分海岸线受到了人为干预。

8.1.8.4 开发对策和建议

1）南山文化旅游区的开发对策建议：

①继续探索旅游景区管理的成功经验。南山在旅游景区管理方面积累了大量成功的经验，一通过ISO 9000和ISO 4000双重质量认证，在全国景区管理中远远走在了前面，可谓我国旅游景区管理的领头雁。但我国景区管理整体上还是比较落后的，南山应在继续探索成功经验的同时，不断向其他景区输出自己的管理理念和方法等。

②继续创新旅游产品，延长景区生命周期。任何景区都逃不掉生命周期的规律制约，南山也是如此，只有不断根据市场需求和旅游业发展趋势创新旅游产品，提升旅游服务水平，才能延长景区的生命周期，实现景区的持续发展。

2）大小洞天旅游区的开发对策建议：

①进一步挖掘文化内涵，提升旅游区的文化品位。大小洞天与南山紧邻，南山的佛教特

色比较鲜明，吸引力明显大于大小洞天，大小洞天在创意上以道教文化特色，希望通过道教文化与南山形成差异和互补，但从目前的情况看，显然还没有达到预期的目的。

②加大旅游商品开发力度，创造出具有集海南特色和道教特色于一体的旅游商品，通过增加旅游商品销售提升景区的效益。

③加强对景区内各种员工的教育和培训，尤其要重视员工服务意识和服务态度的教育，通过优质服务赢得市场。

④进一步理顺管理体制，政企分开。三亚市国资委是大小洞天的投资主体，在一定程度上抑制了市场经济体制的发挥。

8.1.9 蜈支洲岛综合海岛旅游区

8.1.9.1 基础条件

蜈支洲岛坐落于三亚市北部的海棠湾内，北与南湾猴岛遥遥相对，南邻号称“天下第一湾”的亚龙湾，距三亚市 30 km，距凤凰机场 38 km，紧靠海口至三亚的高速公路，位置优越，交通便利。蜈支洲岛属我国第一个开发的热带旅游袖珍小岛，距海岸线 2.7 km，全岛呈不规则蝴蝶状，面积 1.48 km^2，东西长 1 500 m，南北宽 1 100 m，海岸线全长 5.7 km，南部最高峰海拔 79.9 m。这里气候温和清爽，四季怡人，海水清澈，沙滩洁白，植被茂密，奇山怪石，形成了独特的自然景观。神奇的海底世界丛生着五彩斑斓、形态各异的珊瑚，是海南沿岸自然资源保存最完美的地区，同时也是最佳的潜水观光胜地。此外，这里还有丰富多彩的海上娱乐活动、精彩纷呈的异域风情表演、各具特色的风味餐厅，无不使人流连忘返。

8.1.9.2 开发现状

蜈支洲岛不仅自然风光绮丽，而且各类度假别墅、木屋及酒吧、网球场、海鲜餐厅等配套设施完善，目前已开展潜水、半潜观光、海钓、滑水、帆船、帆板、摩托艇、香蕉船、独木舟、拖曳伞、蹦跳船、沙滩摩托车、水上降落伞、沙滩排球、沙滩足球等30余项海上和沙滩娱乐项目，给前来观光和度假的旅游者带来原始、静谧、浪漫和动感时尚的休闲体验。三亚蜈支洲岛度假中心目前由海南海景乐园国际有限公司全资拥有，建有海南唯一的海岛旅游度假酒店。现有的81间各式风情客房，分为欧式建筑、竹木建筑和木制建筑，错落有致地分布在小岛的各处。根据房型、房间的地理位置和服务，这些客房又分为山景房、海景套房、观海木楼、临海木屋、豪华别墅、总统套房。自1998年开业以来，该度假中心累计已接待国内外旅游者超过500万人次。

8.1.9.3 环境影响分析

蜈支洲岛旅游区十分重视环境保护，其采取的一个重要措施就是坚持高端路子，坚决不做为了吸引游客而参与价格大战的竭泽而渔的事情，无论是对旅游团队还是对于散客，甚至对导游，都采用相同的价格体系，通过市场经济运行，很好地控制了游客数量，在控制游客数量的同时，很好地保护了环境，尤其是保护了珊瑚礁系统。尽管蜈支洲岛接待的游客数量众多，但蜈支洲岛海区水质优良，透明度高，为一类海水水质，造礁石活珊瑚平均覆盖度为72%，硬珊瑚补充量为0.45 个/km^2，珊瑚礁生物多样性高，鱼类以橙线雀鲷、孔雀鲷的数量较多，珊瑚礁鱼类密度为183个/km^2。蜈支洲是珊瑚礁生态系统保持最为完好的区域之一，珊瑚生长发育状况良好，珊瑚礁生物多样性丰富。

8.1.9.4 开发对策和建议

1）尽可能避免土木建设，保持原生态。

蜈支洲岛最大的吸引力莫过于其原生态和保护良好的陆生和水生生态系统，兴建土木势必会造成对原生态的破坏。

2）实行游览和居住相分离。

蜈支洲岛面积狭小，生态系统十分脆弱，在岛上建酒店也许能带来短期的良好经济效益，但却是杀鸡取卵，是目光短浅的非理性行为。

3）特别重视珊瑚礁保护工作。

发育完好的珊瑚礁、清澈透明的海水是蜈支洲岛最吸引游人的看点。保护好珊瑚礁，也就能确保景区的持续发展和运行。要从旅游业利润中拿出一定的比例用于珊瑚礁的保护和修复及其研究中来。海洋管理部门等要与景区签订珊瑚礁保护责任书，及时对珊瑚礁保护工作进行监测，并据此调整景区的行为。

8.1.10 南湾猴岛生态滨海旅游区

8.1.10.1 基础条件

南湾猴岛坐落于陵水县南湾半岛上，三面环海，是我国也是世界上唯一的热带海岛型猕猴自然保护区，也是海南省重要的旅游景区之一，现为国家4A级旅游景点。岛上除了具有最原始的自然环境和2 500多只国家二类保护动物——猕猴外，还有具有海南特色的洁净迷人的沙滩和妩媚多姿的椰子树。白浪翻腾的天然海滨浴场、色彩斑斓的珊瑚礁群、素有“海上街市”之称的渔排风俗，使得南湾猴岛景区更加多彩多姿。南湾猴岛景区总面积约10.2 km^2，长14 km，最宽处仅1 km，平均海拔150 m。这里气候温和，雨量充沛，椰树、荔枝、菠萝蜜、杨桃等果树比比皆是，草木四季常青，花果代谢不衰，是典型的热带风光。既适合猕猴生长繁衍，又能为猕猴提供充足的食物。

8.1.10.2 开发现状

为让游客充分领略南湾风光，1999年海南三特索道有限公司在新村与猴岛之间架设了一条2 138 m的全国最长的跨海观光索道——猴岛索道，索道犹如一条凌空彩链横跨新村港湾，将神秘的南湾猴岛、迷人的热带港湾、浓郁的“疍家民俗”、喧闹的渔港风情等串成一线。在这里，游客可以欣赏到令人捧腹的猴艺小品、充满灵性的马戏表演，还可以与猴子合影留念，亲密接触，别有一番情趣。高空缆车既便利了游客进岛出岛，又为游客提供了一个领略海南椰风海韵的全新视角。此外南湾猴岛的接待设施也在不断完善，新增加的环保型电瓶车，装修改造后的船只与索道相配合，使游客进出岛极为便利，南湾猴岛已成为海南旅游市场产品的一个重要组成部分。据统计，南湾猴岛年接待客流量已从1999年的不足7万人次跃升至2000年的16.8万人次，2001年达34.5万人次，2002年度已超过60万人次，2003年度达到86.6万人次，2004年度达到90.6万人次。2008年，虽然受到金融危机影响，但景区接待游客也达到97 万人次，2009 年以来每年游客接待量突破100 万人次。南湾猴岛已不可争议地成为海南旅游的最大亮点之一。

8.1.10.3　环境影响分析

南湾猴岛景区是世界上唯一的海岛型猕猴自然保护区。从开发以来，一直致力于环境保护，提出了“三人”理论——猕猴是主人、游客是客人、景区员工是仆人。然而，旅游开发还是对旅游环境产生了一定的破坏作用，主要表现在部分海域的海水污染严重。南湾猴岛旅游区的成功开发吸引了大量游客，对新村渔港的海水带来了较多的污染源，形成了较大的海水污染问题。

8.1.10.4　开发对策和建议

1）坚持“持保优先”的理念。

猕猴及其生态系统是该保护区的重点保护对象，此外还有新村渔港海草及其生态系统。

2）整合资源，联合开发。

组合猴岛资源和新村渔港资源，实行联合开发。通过联合开发，强化新村渔港渔排海域的海水的保护。

3）规范旅游市场。

强化行政管理，加强诚信教育，杜绝欺客、宰客现象。这种现象在新村港渔排及岸上小摊上相当明显，在点菜时明明看到的是活蹦乱跳的生猛海鲜，但送上餐桌的就是已经有异味甚至发臭的海产品；买一斤水果，如果你稍不注意，就会变成半斤甚至更少。这种现象如果不下大力气整理，不仅会危及该旅游区的发展，更重要的是将直接关系到海南国际旅游岛能否顺利建成。殊不知，南湾猴岛以其良好的生态理念和生态环境，每年接待超过 10 万国际游客，接待的国内游客更是超过 50 万人次。

4）加强旅游基础设施和市政公共设施建设。

南湾猴岛位于新村镇，市政基础设施很差，表现在：①高速公路在猴岛附近没有出口，北端的陵水出口和南端的新英出口离猴岛的距离都在 20 km 以上；②停车场狭小，严重影响了游客快捷进入景区；③新村镇道路狭窄，环境卫生条件差，等等。因此，新村镇的相对落后和猴岛这一国家 4A 级景区形成了鲜明的对比，不仅损害了海南尤其是陵水县的旅游形象，而且也严重危害了南湾猴岛旅游区的持续稳步发展。

8.1.11　临高角观光滨海旅游区

8.1.11.1　基础条件

临高角旅游区位于临高县东英镇北端临高角沿岸，距离临高县城约 40 min 车程，距离海口市约 2 h 车程，距离海南西线高速约 1 h 车程。临高角为解放海南岛时人民解放军的主要登陆点之一，不仅有众多的热带植物，还有临高灯塔等景点。

8.1.11.2　开发现状

这里建有解放海南临高角登陆纪念馆、解放海南临高角登陆纪念碑（江泽民同志亲笔题词）、临高角灯塔、革命历史纪念园、临高角滨海公园等旅游项目和景区，是海南省的红色旅游区和青少年教育基地，也是临高县目前开发最为完善的旅游区。但整体来说，由于临高县旅游发展整体水平比较落后，临高角旅游区的开发效益并不理想。

8.1.11.3　环境影响分析

目前临高角旅游区接待的游客数量有限，旅游开发所产生的环境问题不是很明显，相反，由于旅游开发，绿化率明显提高，环境显得更为整洁。

8.1.11.4　开发对策与建议

1）加大营销力度。

目前临高角旅游区的最大问题是游客数量少，经济效益较低，因此，要充分利用海南省爱国主义教育基地和青少年教育基地的优势，广泛与各地尤其是海南的各级教育部门联系，争取更多的学生前来接受爱国主义教育。

2）拓展旅游项目。

目前临高角的旅游项目非常单调，游客来了后最多只能在此停留 2 h，留不住游客就无法创造良好的经济效益，因此，拓展旅游项目，延长游客停留时间是临高角旅游区的当务之急。可以充分利用滨海资源，尤其是与海口、三亚不一样的滨海沙滩资源，开展不同于海口和三亚的滨海旅游项目，例如，军事登陆活动、军事模拟演习活动等。通过这样的活动项目，再现当年人民解放军登陆海南的壮举，提高临高角对游客的吸引力，延长游客的停留时间，进而创造更好的经济效益。

3）完善旅游设施。

一是要改建从县城到临高角旅游区的旅游通道；二是新建和改建旅游厕所；三是拓宽停车场；四是新建餐饮设施；等。

8.1.12　三亚鸿洲国际游艇码头旅游区

8.1.12.1　基础条件

三亚鸿洲国际游艇码头位于三亚河入海口，鹿回头公园山脚，与大东海旅游区和凤凰岛邮轮码头旅游区紧邻，地理位置十分优越，水质符合二类海水水质标准，水深在 2 m 左右，周边有三亚鸿洲埃德瑞度假酒店、鹿港海景大酒店、嘉宾国际酒店、东港海景酒店、半山锦江海景度假酒店等众多星级酒店。

8.1.12.2　开发现状

目前已有上百艘国内外游艇进驻该码头，2010 年 4 月，在三亚鸿洲国际游艇俱乐部成功举行了亚洲游艇展，有众多代表亚洲游艇顶尖水平的游艇参展。其目标是建成中国第一大游艇俱乐部。

8.1.12.3　环境影响分析

游艇消费者一般来说是高素质的游客，不仅仅是收入水平和消费能力高，更重要的是具有比较高的文化素质。因此，游艇消费者的环保意识比较浓，对环境的要求也很高，所以，游艇码头的环保措施一般比较到位。鸿洲国际游艇码头的海水质量符合国家海水水质二类标准，污染源主要是城镇居民生活污水。当然，游艇码头也不可避免地会产生一定数量的油污，对海水产生一定的污染。

8.1.12.4 开发对策与建议

1）强化环境监测和整治。

游艇及其消费者对环境的要求很高，及时监测和预报环境质量是游艇俱乐部管理的重要内容和基本任务。目前鸿洲国际游艇码头的海水水质不是非常理想，要联合海洋部门、环保部门、旅游部门等，开展三亚河净化活动。

2）理顺管理体制，简化各种手续。

这不仅是游艇俱乐部经营者的呼声，也是游艇旅游者的呼声。游艇进港、停留等事项由海事局、海关等部门直接管理，但因体制不顺，手续繁杂，游艇经营者怨声载道，游艇旅游者也常常需要花很长时间办理各种繁杂的手续。海南要把“落地签证、免签证”政策用足用活，让国际游艇旅游者和邮轮旅游者同样享受“落地签证、免签证”政策。

3）立足国内市场，争取国际市场。

海南尤其是三亚是我国富人的聚集地，有太多的中国富人汇聚在三亚，因此，第一步要做好中国富人市场。中国富人具有很强的国际消费能力，因此，如果三亚游艇经济不抢滩中国这个巨大的富人市场，那么，这些富人就会去国外消费，所以，从这个意义上说，抢占中国富人市场，实质上就是参与了国际游艇市场的瓜分。

4）根据游艇俱乐部成员的需求设计出海南游艇精品旅游线路。

游艇旅游者的高素质决定了他们需求的旅游产品的高品质。当然，这里所说的高品质并不一定就是七星级酒店之类的，更关键的是特色鲜明，例如，黎族文化游等。

8.1.13 三亚凤凰岛邮轮码头旅游区

8.1.13.1 基础条件

三亚凤凰岛位于三亚市三亚湾“阳光海岸”的核心，是在大海礁盘之中填出的人工岛。该岛四面临海，由一座394 m、宽17 m的跨海观光大桥与市区滨海大道光明路相连，距三亚市繁华商业主路解放路垂直距离小于1 000 m，南侧临鹿回头风景区，东南侧临三亚河入海口，西侧为东、西瑁岛，北侧濒临优美的17 km长的三亚湾海滩。凤凰岛长1 250 m，宽约350 m，占地面积36.5 km^2。

8.1.13.2 开发现状

凤凰岛国际邮轮港已于2006年11月9日建成并投入运营，是三亚市唯一的国际邮轮港，是国际邮轮游客进入三亚的门户通道。目前，岛上已建成了一座中国最大的10万吨级国际邮轮码头，并配套了近万平方米、设有8个边检通道的现代化客运联检楼，可一次性接待3 000名国际游客入境，年接待游客能力可达到60万人次以上。另外，一座6万吨级和25万吨级的邮轮码头正在建设之中，建成后将能接待世界上最大的邮轮。凤凰岛国际邮轮，到2007年

11月底共接待了28个航次的国际邮轮，共有14 000名国际游客通过该港口进入三亚。2008年接待了超过50个航次的国际邮轮。

8.1.13.3 环境影响分析

目前进港邮轮还很少，登陆游客也较少，因此，对凤凰岛邮轮码头的各种环境影响还处于可控范围之内。海水水质符合二类海水水质标准。

8.1.13.4 开发对策与建议

1）扩建邮轮码头。

目前凤凰岛邮轮码头的泊位为10万吨级，像“公主号”这样超大型的邮轮目前还难以在此停靠进港，而随着国际旅游岛建设的推进，将会有越来越多的国际邮轮前来靠港，接待国际邮轮的任务会更加繁重，因此扩建邮轮码头具有必要性、紧迫性和可行性。要走政府主导、企业参与、市场运作的路子，力争成为世界规模最大的邮轮码头。

2）管理部门要简化相关手续。

调研表明，在春节前夕，有邮轮想要停靠凤凰港，但因手续繁杂，管理部门的办事效率低，致使国外邮轮无法进港停靠。

3）尽快抢滩国内邮轮旅游市场。

要尽快组织我国游客乘坐邮轮从凤凰港始发前往世界各地进行邮轮旅游，使凤凰港成为我国组织国内游客进行邮轮旅游的第一港。力争第一，就能形成首因效应，在树立、维护和提升邮轮码头形象方面，将会事半功倍。

4）切忌旅游地产开发。

凤凰岛目前也陷入房地产燥热症，岛上房地产的价格达到了26.8万元/m^2的天价，投资商当然高兴。但这种短期行为，有关管理部门必须高度重视，并果敢地采取应对措施。凤凰岛总面积仅为36.5 km^2，作为邮轮母港，必须留出足够的空间接待国内外游客。

5）按照国际标准和惯例建立各种旅游服务设施。

主要有：快捷的通关口岸、便利的外汇兑换窗口、高标准的游客问询中心、菜系、品种多样的国际化餐厅等。

8.1.14 分界洲岛综合综合海岛旅游区

8.1.14.1 基础条件

分界洲岛位于陵水县与万宁市海域分界处，面积约0.3 km^2，地处18°34′51″N，110°11′47″E，恰好是海南岛南北气候的分界处，故人们称之为分界洲岛。分界洲岛旅游资源得天独厚，拥有浓郁的海岛风情、奇妙的海底世界、原生态的自然环境，素有“美女岛”之美誉。岛上植被繁茂，林木成荫，有众多的奇峰怪石等。由于孤悬海外，迎风面受波浪的冲刷，多为基岩和礁岩海岸，海蚀地貌发育，海蚀崖、海蚀槽沟、海蚀洞穴等地质景观随处可见；背风面由于受到海岛的掩护，砂质海岸发育，沿岸分布有洁白的沙滩。周围海水清澈见底，最低水温在20℃以上；礁盘珊瑚种类繁多，姿态万千，色彩斑斓，海洋生物丰富多彩，是观光度假、海洋垂钓、冬季避寒、游泳潜水、饱览神秘海底世界的极佳场所。分界洲岛距陵水县城约 18 km，海南东线高速公路沿海岸线穿过，在牛岭设有出入口，交通极其便利。海岛对岸为牛岭沿岸，与万宁石梅湾旅游开发区和陵水香水湾度假旅游区相连，沿岸沙滩长度约 7 ~ 8 km，宽度约 30 ~ 60 m，沙质细白，具有极好的滨海度假条件。

8.1.14.2　开发现状和方向

分界洲生态文化旅游度假区于 2004 年 5 月 1 日开业，由陵水环球旅业发展有限责任公司投资开发经营，是海南第一个经政府授权开发的无居民海岛。2002 年 5 月起，公司投资超过 3 800 万元，利用岛上 3 000 hm^2（400 余亩）土地，在最大限度保护原始植被的基础上建设分界洲岛生态旅游项目。岛上辟有“鬼斧神工”、“大洞天”、“刺桐花艳” 等超过 20 处自然景观，并有暗礁潜水、峭壁潜水、沉船潜水、海上摩托艇、海底漫步、海上拖伞、沙滩酒吧等独具特色的海上娱乐项目，游客可以感受前所未有的新奇、刺激。夜宿岛上，可听潮声、观渔火、看星星、赏日出，游客可在这里感受曾经荒无人烟的岛屿风情。沿着由凿有国内外各个朝代古币的花岗石铺成的“钱路” 拾级而上，但见石峰林立，峭壁万仞，奇树簇拥。站在山顶，分界洲岛周围海水清澈，与沙滩相衔接，构成了一幅天然画卷。

2009 年，分界洲生态文化旅游区被评定为国家 4A 级旅游景区。2009 年 9 月 23 日，旅游区内的海豚湾野生海洋动物世界建成试运营。该野生海洋动物世界投资 2 亿元，占海域面积 15 hm^2，分为鲸鲨、海豚、海狮、玳瑁、绿海龟、珊瑚礁观赏区。在这里，游客可以悠闲地坐在观赏台上观赏鲸鲨、海豚、海狮的各种表演，也可以在人工建造的浮桥上、走廊里，近距离观赏海里游弋的鲸鲨、海豚、海狮、玳瑁和绿海龟，还可清晰地看到海底千姿百态的珊瑚礁、色彩斑斓的海石花和各种小海鱼。岛上还建有福龟湾、寿龟滩、禄龟岭、“前途无量” 及山顶主题公园等景点，游人可登山观景，也可入海抓蟹拾贝，还可以乘舟游弋于岛的四周，更可以探险于神奇的海底世界，是观光游览、休闲娱乐的最佳场所。开发方向——观光度假、海上运动、潜水体验、餐饮美食、露营探险。2013 年 1 月被评为 5A 级旅游区，是国内首家 5A 级海岛型生态旅游区。

8.1.14.3　开发前景宏观评价

由于分界洲岛资源条件和交通区位优越，开发潜力极大。目前旅游项目开发已经初具规模，并被评为国家 4A 级景区，具有较高的知名度。未来有条件建成国家 5A 级景区，并辟建世界级潜水训练基地。

8.1.14.4　开发环境影响预测

分界洲岛总体环境保护良好，水质清澈，沙滩洁白，污染少。但随着旅游开发和游客规模的增大，沙滩和海水面临一定的污染威胁，海上游艇和快艇等机械设备的利用，会带来一定的噪音和水质污染，岛上游客的生活垃圾处理不好的话，也会带来一定的环境污染，今后应加强监测和管理。

8.1.14.5　开发对策与建议

（1）加强环境保护和治理，保护珍贵的岛屿资源和环境，保护景区洁白的沙滩和蔚蓝的海水。

（2）丰富旅游项目，增强景区吸引力。辟建全国乃至世界潜水训练基地，丰富潜水项目，如精品潜水、珊瑚礁潜、鱼礁潜水、探险潜水、峭壁潜水、洞穴潜水、沉船潜水等；开发海底和海上娱乐活动，如半潜艇观光、珊瑚观赏船、海底漫步、水下拍照摄影、海上拖伞、海上摩托艇、海上快艇和香蕉船等；丰富沙滩休闲娱乐项目，如海水浴、沙滩足浴、沙滩音乐吧、沙滩水果吧等。

（3）辟建海岛特色风味餐厅，从建筑外观造型、体量、用材、颜色注意和周围景观相协调，并提供各色海鲜、烧烤等。

（4）与三亚西岛、蜈支洲岛、万宁大洲岛、陵水猴岛等岛屿加强联合，形成海上观光旅游线路。

8.2　海南省正在建设的滨海旅游区开发现状和对策

为推进海南国际旅游岛建设，2008 年至今，海南省上马了一批重点旅游建设项目，主要有以下 4 大滨海旅游区。

8.2.1　海棠湾度假滨海旅游区

8.2.1.1　基础条件

海棠湾地处三亚市海棠镇与陵水黎族自治县英州镇交界处，因为行政区划的原因，本来一个完整的海湾一分为二，属于三亚境内的部分取名海棠湾，属于陵水境内的部分名称为土福湾（现名为福湾），两处“半湾”岸线合计总长 25 km。

海棠湾距三亚市区 28 km，古时，海棠湾镇又称藤桥墟。海棠湾自古以来就是三亚的咽喉要地，历史上曾是县治之区，经贸非常活跃，与陵水英州镇、保亭三道农场、南田农场合称为“两镇两场”，是琼南一带农副产品、生产生活用品的集散地。

海棠湾与亚龙湾、大东海湾、三亚湾、崖州湾并列为三亚旅游区的五大名湾。区内旅游资源丰富，自然风光旖旎，区内主要景点有“神州第一泉”南田温泉、铁炉港、伊斯兰古墓群、蜈支洲岛、椰子洲岛等。海棠湾南与亚龙湾国家旅游度假区相邻，集碧海、蓝天、青山、银沙、绿洲、奇岬、河流于一身。区内蜈支洲岛、南田温泉已经开发，椰子洲岛、铁炉港红树林等三亚旅游资源仍保留着原生状态，没有开发。

海棠湾度假旅游区规划范围总用地面积 98.78 km^2，现有人口约 3.8 万人，规划居住人口为 25 万人，海岸线总长度 21.8 km，其中沙滩岸线长 18.7 km，现已进入基础设施建设和酒店等项目的建设阶段。

8.2.1.2　开发现状

海棠湾目前正在紧锣密鼓的建设之中。海棠湾规划总体定位为“国家海岸”——国际休闲度假区，是以生态资源的保护和利用为出发点，基于优美环境资源和新的开发模式，形成拥有独特景观和新型旅游产品的公共旅游观光胜地及高端滨海旅游度假区。该区的三大核心功能是：国际顶级品牌滨海酒店带、世界级游艇休闲社区和国家级海洋科研、教育、博览中心。作为三亚最后一块高品质的滨海资源，海棠湾是三亚成为世界级旅游度假区的希望，是滨海度假区拓展的“重中之重”。

目前，海棠湾已有15家世界著名酒店先后入驻，其中有中国第一家、世界第二家七星级度假酒店——红树林费尔蒙酒店，另外还有凯宾斯基酒店、万丽酒店、蜈支洲岛珊瑚酒店、海棠之星大酒店、朱美拉大酒店、索菲特大酒店、康莱德大酒店、希尔顿逸林大酒店、高胜大酒店、威斯汀大酒店、喜来登大酒店、豪华精选大酒店、洲际度假酒店、香格里拉大酒店等星级酒店。这些酒店的设计均具备目前国际一流度假酒店的品质，成为海南建设国际旅游岛的新亮点。这些酒店在2009年底完成酒店桩基、主体结构工程，2010—2011年已陆续开业，提供了1.2万个左右的就业岗位，每年缴纳4亿~5亿元的税收，产生了巨大的投资拉动效应（表8.6）。

表8.6 海棠湾主要星级酒店一览表

序号	酒店名称	序号	酒店名称
1	高胜大酒店	12	威斯汀大酒店
2	海棠之星大酒店	13	蜈支洲岛旅游度假中心
3	豪华精选大酒店	14	希尔顿逸林大酒店
4	红树林费尔蒙酒店	15	希格玛酒店
5	黄圃大酒店	16	喜来登大酒店
6	巨源酒店	17	香格里拉大酒店
7	开维丽笙世嘉酒店	18	椰子洲度假村
8	凯宾斯基酒店	19	伊利安达酒店
9	康莱德大酒店	20	中港万丽大酒店
10	索菲特大酒店	21	洲际度假酒店
11	万达大酒店	22	朱美拉大

8.2.1.3 环境影响分析

目前，海棠湾近岸海域水质符合《海水水质标准》（GB 3097－1997）第一类标准；空气质量符合《环境空气质量标准》（GB 3095－1996）一级标准；固体废弃物主要为生活垃圾，经收集后，仅做简单处理。污染源主要是部分工业污染源、居民生活污水、养殖废水等。

8.2.1.4 开发对策和建议

1）加强海水保护。

海域应当杜绝船舶油污染，实施对污染物的总量控制，保证海水环境质量，保证航道和海底管线的安全，潜水活动不得破坏海底珊瑚礁生态系统的稳定性。

2）加强对沙滩的保护。

保证沙滩的公共性，严禁任何形式的沙滩私有化；严禁破坏沙滩植被和沙滩退化的行为；对可能破坏沙滩和引起沙滩退化的各种活动必须事先做可行性研究。

3）严格控制房地产开发。

海棠湾应成为“国家海岸”和国际休闲度假区，其主要功能是世界级度假天堂，面向国内外市场的多元化热带滨海旅游休闲度假区，国家海洋科研、教育、博览综合体。要从根本上走出第二居所的误区。旅游地产从短期看确实能够带来显著的经济效益，但对于旅游目的地来说确是非可持续的。

8.2.2 神州半岛度假滨海旅游区

8.2.2.1 基础条件

神州半岛位于万宁市东澳镇的东南面，距万宁市区（万城镇）约28 km。神州半岛三面环海，一面接陆，面积24 km^2，东南长8.7 km，西北宽2.7 km，东依牛标岭，南濒浩瀚南海，西靠老爷海，北临东澳港。平均气温为24.4℃，年日照天数达290天，气候温和，四季如春，是一个四季如春的阳光型半岛，也是海南省万宁市一处大型旅游风景名胜区。

神州半岛初看平淡无奇，细品风光无限。由东至西排列着5个美丽的海湾——东渥湾、辽前湾、渥子湾、西渥湾和南荣湾；岛上6座大小山岭跌宕起伏——牛庙岭、石门岭、凤岭、渥仔岭、马鞍岭和南荣岭。

神州半岛有美丽的海湾，洁白松软的沙滩曲折悠长。海湾深入的后海渔场，渔舟如梭，网群如云，一派繁忙景象。广阔深海盛产马鲛鱼、带鱼、西刀鱼、墨鱼等，是海南著名的渔业生产基地。

神州半岛外海壮观，内港小海灵秀。老爷海、龙保港、风豪港，港港相连，神州半岛弯弯曲曲超过5 km的海水，与两岸婀娜的椰林、挺秀的木麻黄、翠绿的青山，构成一幅美丽的山水画长卷。

神州半岛终年在绿林的笼罩之下，波光涛影映衬，环境洁冰，空气清新。远观半岛全貌，除牛标岭以外，一片银白。这里有美丽的海湾、洁白松软的沙滩曲折悠长，伸向远方的港门港口。目前岛上已发现泉眼八处。神州半岛最奇的还是千奇百怪的石头。离海岸几十米远的石岛，是大自然鬼斧神工的杰作。公鸡石、钓鱼石、观鱼石、乌龟石，等，随着潮涨潮落，变化万千。神州半岛海湾碧波映照，轮廓柔和宜人，沙白滩阔，加之奇岩怪石的点缀，景色格外迷人。

8.2.2.2 开发现状

神州半岛度假滨海旅游区是海南省2008年重点建设的旅游项目，规划面积38.43 km^2，计划总投资100亿元，其定位是将神州半岛创建成一个具国际化水平、旅游休闲度假康体、教育科研开发、现代服务和高级居住等功能于一体的旅游度假目的地。2009年8月，课题组在神州半岛考察期间发现，神州半岛正在大兴土木，加紧建设，建设项目包括景区道路建设、喜来登酒店等数家五星级酒店及其他一系列旅游项目。

8.2.2.3 环境影响分析

课题组前往考察时，该旅游区正在紧锣密鼓的建设之中，建筑垃圾污染和噪声污染比较严重。

8.2.2.4 开发对策与建议

1）树立特色、精品意识，打造世界级品牌

把创造特色作为建设的生命线，强化旅游开发与文化产业的联动魅力。要将神州半岛打造成为融观光、度假、疗养及会议中心于一体的大型国际俱乐部。

2）严格控制房地产开发

要从根本上走出第二居所的误区。旅游地产从短期看确实能够带来显著的经济效益，但对于旅游目的地来说确是非可持续的。

8.2.3　龙沐湾度假滨海旅游区

龙沐湾位于乐东县尖峰岭镇，北面紧邻淡水河，南面是白沙河，东靠海南三昌铁路和西线高速公路，西临北部湾，距中国唯一的国家级热带森林公园——尖峰岭热带原始森林自然保护区仅7 km，周边旅游资源丰富，依山傍海，环境优美。独特的气候条件、优美的自然环境、便利的交通优势，周边环境资源和内部环境资源丰富，使得龙沐湾拥有很高的旅游开发价值。

龙沐湾地处热带季风气候区，与阿拉伯海、红海、加勒比海、孟加拉湾、墨西哥湾、夏威夷群岛相似，这里长夏无冬，光照时间长，有最明媚的阳光、最纯净的空气、最碧蓝的海水、最洁白的沙滩，自然生态环境首屈一指。

龙沐湾占地117.8 hm^2（3 267亩），海岸线长2.084 km。区域内植物资源丰富，种植业已初具规模。如今龙沐湾内海南独有的珍稀树绛香黄檀（并称海南黄花梨木）30万株已成林，金丝柚木也阵香遍地。

龙沐湾将进行旅游综合项目的开发，通过国际间的合作，沿2.084 km的海岸线建9座豪华星级宾馆，总建筑面积超过126×10^4 m^2。

2004年海南省政府工作报告指出：做好重点旅游区，重大旅游项目和旅游路线的规划，加强特色产品的开发建设。吸引国内外有实力的大公司有计划、高起点、高水平的开发海南旅游资源。建设精品项目，有针对性地开展国内外旅游促销活动。报告特别指出，加快尖峰岭旅游度假项目的建设开发工作的进程。尖峰岭乃至乐东的整体开发，都为龙沐湾的开发提供良好的了机遇。一期工程共八大项目，包括了从四星级到七星级酒店4座，36洞滨海高尔夫球场、公寓和配套的商业设施，投资约36亿元。

8.2.4　海口美丽沙邮轮码头旅游区

该旅游区正在建设之中，是海口市内旅游的重要组成部分。位于海甸岛西部，东至环岛路，西至美丽沙沙坝以西150～300 m，南至海甸溪北岸，北至世纪大道北端海岸，西、北、南三面临海。规划建设五星级酒店、观景台、观光塔、体育及会展中心、滨海人行景观桥、商业街、渔人码头、游艇码头、邮轮码头等，将为海口市民及观光游客提供服务，同时大面积的绿化中央广场给市民提供休闲聚会及观光场所。区内建设有中高层、超高层住宅区，别墅住宅区和豪华岛屿式别墅区，别墅区周围水系通达，具有丰富的阳光、海水、沙滩、地下热水等旅游资源。目前，海滨已经建设起白沙公园，周边建设有宾馆和度假酒店等旅游服务设施。

8.3　海南省初级开发的滨海旅游区开发现状与对策

通过大量野外调查和访谈发现，海南省有些滨海旅游区尽管已经开发，但开发程度还很低，还具有较大的进一步开发的潜力，主要包括以下15个滨海旅游区。

8.3.1 金沙湾—盈滨半岛度假滨海旅游区

8.3.1.1 基础条件

所属行政区：海口市、澄迈县。

类型：度假滨海旅游区。

区域描述或地理位置：盈滨半岛位于澄迈县老城镇、澄迈湾东段，紧邻海口火车站。属于开发潜力比较大的滨海旅游区，应在近期内投资开发。

岸线长度：盈滨半岛外侧海滩长超过10 km。

主要旅游资源："3S"资源、温泉、星级酒店。

与省海洋经济发展规划的一致性：与海南省海洋功能区域、海口市海洋功能区划及海口市海洋经济发展规划保持一致。

8.3.1.2 开发现状

已建有索菲特大酒店、西海岸温泉度假酒店、海南亚太温泉酒店、国家足球冬训基地等项目。

海水质量：外海水体环境良好，海水质量优良。

沙滩质量：滩面宽阔平坦，沙质洁白、舒松，沙粒径分布均匀。

海洋生物质量：海洋生物丰富。

气候环境与适游期：气候舒适，几乎全年都能开展旅游活动。

基础设施：交通便利，离海口市约20 min车程，公路等级较高，紧靠海口火车站，用地可以得到保障，已建有索菲特五星级大酒店等，形成了一定的接待能力。

开发方向：盈滨半岛内海具有很好的避风条件，外海波涛拍岸，可建设游艇码头，开展海上垂钓、海上冲浪等海上休闲活动，也可开展沙滩漫步、日光浴、泡温泉等海滨度假休闲活动，还可利用盈滨半岛内海建设生态海湾，开展热带生态旅游。优良的环境、良好的区位、便捷的交通，也使得这里成为居家养生的理想之处，因此，旅游房产也是该区域不可或缺的开发方向。

开发前景宏观评价：盈滨半岛度假滨海旅游区位于澄迈县老城经济开发区内，与海口火车站紧邻，距离海口市仅约20 min车程，"3S"资源、温泉资源丰富，气候条件适宜，因而开发前景十分广阔，目前已吸引鲁能集团等大型企业进入，预计投资规模超过100亿元。

环境影响预测分析：可能的环境影响主要有：一是沙滩泥化，随着游客在沙滩上践踏的频率越来越高，沙滩将会被踩紧进而泥化；二是酒店、房地产业的发展可能带来的生活污染物增加。

8.3.1.3 开发对策和建议

一是科学规划，以高水平规划引领旅游开发；

二是在开发过程中妥善处理好利益相关者的利益关系，尤其要让当地居民真正能够分享旅游开发的成果；

三是项目建设和设置要符合海口市旅游形象总体定位，以休闲、娱乐作为主题元素。

8.3.2　海口东海岸度假滨海旅游区

8.3.2.1　基础条件

类型：度假滨海旅游区。

区域描述或地理位置：位于海口市东部海岸，距离海口市约 15 km。属于开发潜力比较大的滨海旅游区，应在近期内投资开发。

岸线长度：西起新阜岛，东至东寨港，全长超过 15 km。

主要旅游资源："3S" 资源、温泉，田园风光、海底村庄，以及海口市及其周边众多的人文旅游资源。

与省海洋经济发展规划的一致性：与海南省海洋功能区域、海口市海洋功能区划及海口市海洋经济发展规划保持一致。

8.3.2.2　开发现状

建有海南皇冠滨海温泉酒店、海南山海度假村、海南中能度假村、桂林洋高校区等旅游接待设施和基础设施，已形成一定的旅游接待能力。

海水质量：海水冬暖夏凉，海水含沙量较高，在浅滩区域，海水比较混浊，但海水并没有受到任何污染。

沙滩质量：沿海沙滩宽约 50 m，特别是桂林洋湾内，沙滩宽阔，坡度平缓，水碧沙白。

海洋生物质量：海洋生物丰富。

气候环境与适游期：气候舒适，几乎全年都能开展旅游活动。

基础设施：交通便利，公路等级较高，无论是从海口市到桂林洋还是东海岸沿岸，道路都已硬化、路面宽敞；用地能得到保障，已有建筑密度较低；用水用电能得到保障。

开发方向：一是充分利用这里丰富的温泉资源，大力发展温泉旅游，依托温泉带动休闲度假旅游的发展，从而形成与三亚、海口其他区域的差异化旅游产品；二是利用紧邻海口的区位优势，开发高端旅游地产，使旅游地产和旅游业形成良性循环；三是依托明朝海底村庄，开展海底寻古旅游；四是充分利用紧邻东寨港红树林的区位优势，开展生态旅游；五是利用地域广阔的优势开发高尔夫运动；六是开展沙滩 SPA 和沙滩漫步。

开发前景宏观评价：海口要想在国际旅游岛建设中发挥自己的优势，争当国际旅游岛建设的排头兵和领头雁，就必须发挥以温泉等特色优势资源为依托，开发高尔夫、温泉等富有特色的休闲度假旅游产品，吸引高端游客。温泉是海口东海岸的优势资源，也是区别于三亚的特色资源，高尔夫球场的建设更能使温泉资源得到更为充分的开发。因此，本区域的旅游开发将是实现海口高尔夫之都、娱乐之都的旅游形象定位的基本路子。

环境影响预测分析：在开发不当或者对环境问题没有引起足够重视的情况下，可能产生以下问题：一是温泉开发可能会对地下水产生影响，甚至会引起海水倒灌；二是高尔夫球场的建设可能会造成土壤质量下降；三是游客的大量进入和旅游地产开发可能引起一定的生活污染。

8.3.2.3 开发对策和建议

一是高起点规划；二是在开发过程中妥善处理好利益相关者的利益关系，尤其要让当地居民真正能够分享旅游开发的成果；三是项目建设和设置要符合海口市旅游形象总体定位，以休闲、娱乐作为主题元素。

8.3.3 红塘湾度假滨海旅游区

8.3.3.1 基础条件

类型：生态滨海旅游区。

区域描述或地理位置：规划旅游区，位于三亚市天涯镇南部沿海。红塘湾岸线顺直，水质优良，沙滩适宜，目前岸上建有高尔夫球场等旅游度假项目和热带雨林公园。宜开展热带滨海生态观光旅游。

主要旅游资源："3S" 资源、热带森林资源。

与省海洋经济发展规划的一致性：与海南省海洋功能区划、三亚市海洋功能区划、三亚市旅游发展总体规划保持一致。

8.3.3.2 开发现状

建有三亚红塘湾高尔夫俱乐部和热带雨林公园。

海水质量：符合《海水水质标准》（GB3097－1997）第一类标准。

沙滩质量：沙滩适宜。

海洋生物质量：区域内分布有天然杂色鲍等鱼类资源。

气候环境与适游期：几乎全年适宜开展旅游活动。

基础设施：临近三亚市区，紧邻西线高速公路，比邻三亚凤凰机场，与天涯海角、三亚南山、大小洞天组成三亚市西部旅游开发组团。

开发方向：面向国际国内中高档市场，融酒店、商业、娱乐、社区为一体，集滨海小镇风情和滨海风光与一身的综合型旅游度假区。

开发前景宏观评价：红塘湾旅游区位于南山文化生态滨海旅游区（5A）和天涯海角观光滨海旅游区（4A）之间，位于西线高速公路旁，地理位置十分优越。随着三亚市旅游形象的进一步树立和推广，三亚接待的游客数量迅速攀升，2009 年已达到约 1 000 万人次。因此，红塘湾度假滨海旅游区的开发前景比较看好。

环境影响预测分析：一是生活污水污染；二是旅游设施建设可能造成森林被砍伐。

8.3.3.3 开发对策和建议

第一，实现森林砍伐的补偿机制；第二，集中处理生活污水；第三，与南山、天涯海角、大小洞天等著名景区实行联合营销，形成多赢局面；第四，妥善处理旅游开发的利益主体的关系。

8.3.4 石梅湾度假滨海旅游区

8.3.4.1 基础条件

石梅湾属省级重点旅游开发区，位于海南岛东南海滨，18.5°N，110.5°E，以石梅湾为中心 30 km^2 的范围分布有东山岭、兴隆温泉、太阳河、神州半岛、大洲岛、日月湾、杨梅湾等几个已开发和待开发的旅游区。石梅湾到处都是原始的南国景观，一面临海，三面环山，湾内山形秀美，植被茂密，椰树槟榔，相映成趣；白沙碧海，蓝天流云，自成画卷，更有青梅翠带，溪流湖泊，秀屿奇石，细浪柔沙，美不胜收。港湾平时风平浪静，滨海沙滩长约 7 km，近百米内水深不过 3 m。这里四季无冬，阳光充足，空气清新，适合观光游览，度假疗养。

对面三角区不远处有一秀丽的岛叫加井岛。岛边浪花簇拥，白鸥点点；岛上奇花异草，岩石千姿百态。沙滩上天然生长着世界上仅存面积最大的珍稀林木——青皮林 933 hm^2（1.4 万亩），在清朝就受到保护和重视，光绪二十七年（1901 年）的“奉官立禁”碑，现尚立于滨海沙滩上。这里已被列为国家级自然保护区。

8.3.4.2 发展现状与方向

石梅湾旅游度假区，位于万宁东南海南滨，属于海南六大旅游中心系统之一，也是省级重点旅游开发区。2002 年，华润集团入主石梅湾后，同年在海南成立全资项目子公司“海南华润”。为合理利用这一宝贵资源，“海南华润”组建由国内外规划专家学者组成的顾问团队，为石梅湾打造了前瞻性战略规划，并通过了省政府的批准。项目以“自然、生态、环保、文化”为主题线索，目标建成一个国际性生态型热带海滨旅游度假区，为国内外游客提供高质素的旅游体验。

景区开发以来，吸引了许多国际品牌酒店进驻。目前，石梅湾艾美酒店已于 2009 年投入使用。石梅湾威斯汀度假酒店也已投入使用。“台湾美兆”也牵手石梅湾。这三家高星级国际品牌酒店建成后，将为中外旅客提供良好的休闲度假条件。

8.3.4.3 开发前景宏观评价

海南岛东线光纤通信系统规划中，石梅湾也被列为中心站。石梅湾的地理位置及交通、通信的中枢作用确立了其作为海南省东南海岸线旅游中心区的位置。石梅湾旅游度假区自 2004 年开工建设以来，已累计完成 13 亿元。目前，石梅湾与海棠湾、亚龙湾、清水湾等旅游休闲度假区一样，是海南旅游休闲度假的亮点。

8.3.4.4 开发环境影响预测

在旅游区开发过程中可能带来的环境影响主要有：一是沙滩泥化，随着游客大量进入在沙滩上践踏的频率越来越高，沙滩将会被踩紧进而泥化；二是酒店、房地产业的发展可能带来的生活污染物增加；三是原有生态环境的改变，会不同程度的破坏青皮林原有面貌。

8.3.4.5 开发对策与建议

1）坚持保护与开发并重，合理开发，优化利用。

良好的滨海旅游资源的永续利用是滨海旅游业可持续发展的主要标志和基本目标。为达到这一目标，在开发建设中，对滨海旅游资源应注意在保护的前提下开发利用。保护和利用，两者兼顾，并努力争取做到两者的相互促进与良性循环。

2）高起点规划、高规格建设、高标准管理。

国际旅游岛建设意味着海南的旅游目标市场必定是高端市场，包括国际游客和国内高端游客，对于高端旅游度假区的开发来说，更要把目标市场定位为高端市场，避免低水平重复建设。

8.3.5 香水湾度假旅游区

8.3.5.1 基础条件

香水湾位于陵水县东部，距陵水县城 18 km，因香水岭流来的泉水注入海湾而得名。东北起于牛岭西南脚，西南讫于水口岭东北脚，分为 A、B 两区。A 区自牛岭西南脚至铜岭西南脚，B 区自铜岭西南脚到水口岭东北脚。

香水湾与万宁市的石梅湾相接，滨海风光奇特。踏入香水湾，首先映入眼帘的是青翠的椰林，再就是漫无尽头的银色沙滩，低处若毯，高处成丘，酷似沙漠景观。海边怪石嶙峋，海水清澈见底，巨浪拍岸，飞珠溅玉。海上渔帆点点，海鸟嬉翔。这里山青水碧，空气特别清新，海湾风景优美，是康体、度假疗养的理想胜地。

8.3.5.2 开发现状与方向

目前，景区已建项目有红磡香水湾皇冠假日酒店、香水湾度假酒店、香水湾 1 号度假俱乐部、香水湾高尔夫球场，正在建设的项目有洲际皇冠假日酒店等。香水湾预计要建成 13 家清一色的五星级酒店（有 3 家将按超五星级标准装修）。富力集团是香水湾最大的投资商，计划总投资将达 35 亿元。

香水湾旅游度假区，目标是建成一个生态健全、环境优美、内容独特、设施完备、管理服务先进、极富热带海滨情调的国际旅游胜地；除了五星级酒店群，这里还有更多的休闲配套项目供来宾消遣、娱乐，如沙滩休闲、水上飞机、海上快艇、海洋垂钓等滨海度假活动。在区划期内给予保留，利用其浓郁的渔村风情作为旅游资源的组成部分，开展热带渔业观光旅游。

8.3.5.3 开发前景宏观评价

香水湾地理位置优越，不仅坐拥南海广阔的热带海景，还背靠清凉幽静的吊罗山国家森林公园；玩海乐园——“分界洲”与香水湾也是咫尺之遥，乘快艇 3 min，即可近距离感受分界洲的热带岛屿风情。

香水湾开发起点高，设施建设密度适中，不走重复假设的道路。完成建设后的香水湾将成为继亚龙湾之后的又一高端度假海湾。尤其是在海南建设国际旅游岛这一大好契机之下，香水湾的发展前景不可估量。

8.3.5.4 开发环境影响分析

设施建设对周边的植被造成破坏；生产、生活污水增多；沙滩质量有所下降。

8.3.5.5 开发对策和建议

加强与周边景区的联合营销；坚持适度开发的原则，留有发展余地；政府做好保障工作，处理好与周边居民的利益关系；坚持高水平规划和高标准建设的原则，走可持续发展之路。

8.3.6 南燕湾度假滨海旅游区

8.3.6.1 基础条件

南燕湾位于万宁市礼纪镇东南部石梅湾与坡头港之间，沿岸沙滩平缓细白，海岸风景独特，湾内水质优良。

由于此处是燕窝鸟和春燕度寒栖身之地，故得名。还有一种说法是此处海边山崖形如一巨燕浮于水上，故得此名。南燕湾旅游资源丰富，山峰石崖高耸，清泉飞瀑长流，巨洞阔大，沙滩洁白，绿树葱茏，天青海碧，水产丰富。此外，区内建有海滨高尔夫球场等滨海旅游度假设施，球场依山面海，风光秀美，享有“优美全海景球场”的美誉。站在南燕湾球场的会所，从高处俯瞰，整个球场就像燕子张开双翅在飞翔，飞越海浪，穿入洞出。

8.3.6.2 开发现状和方向

目前，南燕湾已开发的旅游项目有高尔夫球项目。南燕湾高尔夫球会是海南唯一海景高尔夫球场，南燕湾高尔夫俱乐部地处南燕湾海滨，蔚蓝的海面和美丽的海岸组成的高尔夫球场与兴隆温泉互为依托，交通便捷，距东线高速道路梅海出口 3 km，从海南岛的省会海口出发，到达风光明媚的南燕湾需要 1.5 h，如从观光城市三亚出发仅需 1 h。

正开发的有南燕湾南燕岭天后宫。南燕湾天后宫妈祖庙建设位于南燕湾南燕岭下。由海口至三亚高速公路经兴隆度假区入口约 6 km。西北方向直连兴隆国际温泉度假山庄，西南方紧连着世界著名的艾美超五星级大酒店和石梅湾国际海滨休闲度假区，东南邻接国际度假旅游区神州半岛，依山傍海，拥有得天独厚的地理优势和人文条件。这里是海南第一座妈祖庙——嘉庆十八年兴建的“南燕婆庙”（天后宫）遗址。南燕湾天后宫国际妈祖文化项目总投资达 2.36 亿元，项目主建筑群体包括：灵慈殿、天后宫、顺济殿、钟鼓楼、梳妆楼、大牌坊。配套工程建筑群体有：妈祖文化展览馆、妈祖碑林天后宫广场、天后酒店、天后别墅（总统套房）、妈祖露天像。迄今已有超过 1 000 年历史的妈祖，又称天妃、天后、天上圣母、娘妈，是历代船工、海员、旅客、商人和渔民共同信奉的神祇，成为航海者们精神的寄托。

8.3.6.3 开发前景宏观评价

距南燕湾不远的石梅湾正处在紧张建设中，基础设施完成之后，开发商华润集团将转向酒店、高档地产及湾区吸引物的建设，包括规划和论证中的高尔夫球场、游艇俱乐部、国际品牌折扣店区域、文化村、直升机机场等项目。在中信泰富集团、华润集团、中信地产加紧推进神州半岛、石梅湾、山钦湾等项目建设的同时，国美集团、天津城投、泛华集团、浙江中汇等一批大企业也分别瞄上了万宁的英豪半岛和日月湾，准备投巨资兴建高档旅游度假项目。可见，随着南燕湾周边地区开发的推进，必将带动其旅游业迅猛发展。

8.3.6.4 开发环境影响预测

目前，该地水清沙白，生态环境没有受到污染，但过多的游客进入可能会对海岸线产生一定的不可逆转的破坏作用，尤其是旅游房地产业的过度开发，如不采取措施，会对该地区造成比较严重的破坏。

8.3.6.5 开发对策和建议

一是当地政府要科学测算游客容量，严格控制游客数量，实行保护性开发，同时开展对游客的环保意识教育，使旅游开发建立在环境保护的基础之上。

二是借助南燕湾天后宫国际妈祖文化项目，开发世界上独树一帜的、具有海洋特色的航海文化。

三是充分发掘人文内涵。当地的洲仔岛的周围有老爷海、牛庙岭、南燕湾。有学者曾提议，可将洲仔岛开发成一对对新人“海誓”的地方。老爷海有“天老爷”的人文概念，新人可对着天老爷立下终身誓言；而牛庙岭有关“牛郎相约爱人”的传说，又让洲仔岛有了新人相约、相会的人文背景；南燕湾则寓意婚后的新人从此比翼双飞。

8.3.7 八所度假滨海旅游区

8.3.7.1 基石条件

八所度假滨海旅游区位于东方八所港和八所渔港之间的近海海岸，掩护条件好，风轻浪平，沿岸沙滩宽约20 ~ 30 m，海底有珊瑚礁，宜开展游泳、海上运动娱乐、沙滩休闲等活动。已建成滨海公园，是八所城镇居民休闲的好去处。

所属行政区：东方市。

类型：度假滨海旅游区。

区域描述或地理位置：八所港位于海南西部新兴滨海工业城市——东方市境内，地处海南西部工业走廊和琼西南热带高效农业基地出海口。八所港濒临北部湾，区位优势十分明显，属国家一类开放口岸，与全国沿海各港及全球超过 20 多个国家和地区通航贸易往来，口岸服务机构齐全，是环北部湾经济圈主要的贸易港口。打开海南地图，可以看到在东方市海岸线上有一个明显的拐角，拐角处即是八所港。

岸线长度：整个八所度假滨海旅游区占海岸线长度约有 2. 3 km。

主要旅游资源：“3S” 资源、工业旅游资源、历史文化资源。

与省海洋经济发展规划的一致性：与海南省海洋功能区域、东方市海洋功能区划及东方市海洋经济发展规划保持一致。

8.3.7.2 开发现状

由于八所港良好的港口条件，目前已经开通了北洋、华南、港澳三大航线，与国内 24 个港口通航，因此，已经具备一定的接待服务设施和基础设施，建有东方富岛海湾大酒店、东方市鸿信大酒店、东方绿宝大酒店等旅游接待设施和基础设施，已形成了一定的旅游接待能力，但等级和服务质量等方面还有待进一步提高。

海水质量：海水能见度较高，海水含沙量不是很高，在浅滩区域，海水比较清澈，受污染程度较低。

沙滩质量：沿海沙滩宽约 20 ~ 30 m，沙滩颗粒较细，坡度较小，风平浪静。

海洋生物质量：此片区域的海底有丰富的珊瑚礁，生物量较丰富。

气候环境与适游期：气候适宜，几乎全年都能开展旅游活动。

基础设施：海陆交通都非常便利——八所港是海南不可多得的良港，目前海上航线已具规模，可为海上交通提供非常好的基础条件；公路等级较高，有西线高速直通东方市，东方市区到八所的道路状况非常好，路面宽敞。目前，八所建筑密度较低，用地能得到保障；同时，具有规模巨大的风力发电站，水电基础设施建设良好，能得到保障。

8.3.7.3　开发方向

一是对海南最西端——鱼鳞洲进行进一步的开发。鱼鳞洲，以山上石头酷似鱼鳞而得名，景色秀丽，港湾内水浅沙白，水流缓慢，波浪不兴，是理想的天然滨海游泳场。灯塔是鱼鳞洲的标志，也是东方市的标志，它是北部湾重要的航标。灯塔建在鱼鳞洲海边一座突立的高 20 ~ 30 m 的岩石小山上。鱼鳞洲因濒临北部湾，来自海上的西风终年不断，因此这里的风能资源异常丰富。在鱼鳞洲的海滩上，耸立着 18 座巨大的风车，这里也是海南唯一的风力发电厂。在鱼鳞洲灯塔旁还有为纪念在日本侵略海南期间为修建铁路死亡的 1.8 万名劳工的“日军侵琼八所死难劳工纪念碑”，并列为海南省省级爱国主义教育基地。

二是利用八所港优良的沙滩资源及海底丰富的珊瑚礁资源，开展游泳、潜水、海上运动娱乐、沙滩休闲等活动。

三是以八所港及风力发电站风车为吸引物，开展工业旅游产品开发。东方市风力发电站耸立着 18 座巨大的风车，无论从远处和近处看，景观都非常美，对于游客有一定的吸引力；而八所港是海南乃至全国著名的深水港码头，远观来来去去繁忙的各国船只好像看到东方的未来，让人内心感到骄傲和激动。

8.3.7.4　开发前景宏观评价

东方市是海南名副其实的滨海工业城市，靠产业撑起了一条黄金海岸线。目前八所港正朝现代化的综合型大港目标迈进，其大物流中心的地位将进一步强化，随之必将带来更多的投资、游客，使东方市在国际旅游岛建设中充当重要的角色。良好的沙滩、海水的自然条件和环境及大规模的工业是东方市的特色旅游资源，两手同时抓，必定会使东方市的旅游产业向更高层次迈进。

环境影响预测分析：东方市在环境保护方面有着非常超前的意识，避免了低水平、无序地开发，这是非常难得的。但在具体的开发过程中，仍然会产生一系列环境问题：一是在建设工业园区及发展工业的过程中，仍然会对环境造成一定的污染；二是加强海滨、海底旅游产品的开发，将会对海滩和珊瑚礁产生一定的负面影响，因此要很好地控制开发和保护之间的协调；三是旅游者的不断增多，将会产生更多的废水、废气、废物，如处理不当，也将对环境产生非常深远的影响。

8.3.7.5 开发对策和建议

一是做好规划、论证及实施；二是在开发过程中妥善处理好各利益主体的利益关系，尤其是让当地居民真正参与到旅游的开发、管理和运作中；三是处理好旅游业与工业之间协调发展的问题。

8.3.8 高隆湾度假滨海旅游区

高隆湾位于文昌清澜港南部，为一弧形海湾，高隆湾沙滩平缓延绵，沙粒较细，为粉砂—细砂；滩后有成片的椰林和木麻黄林及平坦的陆地腹地，海域宽阔，海水蔚蓝色，水质优良，南部近岸浅海是珊瑚礁发育区。该区适合于开展休闲度假、海水游泳、海上运动娱乐、康体美食文化等活动。目前高隆湾沿岸已建设有清澜金融旅游度假中心、清澜雅顿大酒店、清澜高隆湾度假村等多个旅游度假项目和海上水上运动等项目。

8.3.8.1 基础条件

高隆湾位于文昌市清澜开发区境内，距文城镇约 15 km。高隆湾是海南省著名旅游风景区之一。高隆湾面临浩瀚南海，风平浪缓，水洁沙白，海岸椰林成带，风景秀丽，四季常春，水温宜人。早晨，海上日出，红霞满天，波光粼粼，相映成趣；鸥群低翔，千帆迎日，景色美丽壮观；近岸水面，薄气缕缕，下水晨泳，清凉舒爽，泳后晨晒，身暖洋洋。太阳偏西，岸上椰林影覆水面，彤云缀空，凉风习习，海中晚浴，身爽心怡，疲劳消遁，醉迷忘归。由于这样，高隆湾便被誉为“天然泳场”，海内外游客闻名纷至沓来。高隆湾沙滩后还有成片的木麻黄林及平坦的陆地腹地，南部近岸浅海是珊瑚礁发育区。气候适宜，几乎全年都能开展旅游活动。与海南省海洋功能区域、文昌市海洋功能区划及文昌市海洋经济发展规划保持一致。

8.3.8.2 开发现状

近几年来，高隆湾的旅游开发迅速进展并日臻完善，相继建成大小度假村多个，大、中型酒店多家，中、小型高级别墅多处，大规模的房地产开发，还有大型淡水泳池及其他旅游服务设施等，为中外游客提供各种旅游服务，如高隆湾沿岸已建设有清澜金融旅游度假中心、清澜雅顿大酒店、清澜高隆湾度假村等多个旅游度假项目和海上水上运动等项目。随着文昌卫星发射基地的建设，高隆湾的旅游服务设施的建设速度也逐步在加快。同时，也是因为文昌卫星发射基地的建立，高隆湾目前的道路交通非常便利，路面宽敞，为将来旅游业的发展提供了一定的基础。水电通信等基础设施已经完全覆盖，能够为将来的发展提供一定的保障。

8.3.8.3 环境影响分析

高隆湾目前是文昌房地产发展的热点区域之一，这和航天城落户文昌有着密切关系，文昌的区域价值逐步显现，很多知名开发商进驻高隆湾，开启了文昌大盘格局。但同时也带来了很多的环境问题，首先，随着房地产的火爆，对高隆湾美丽的椰树进行了大量的砍伐，使以前宁静的高隆湾变得喧哗，随着越来越多人的进驻，产生了大量的生活和生产垃圾，目前，在白金海岸附近的海滩已经有了污染的迹象，如果不好好加以改造和引导，高隆湾美丽的环境将被破坏，这对于高隆湾将来的发展是非常不利的。其次，将来文昌卫星发射基地建成后，对于周边地区的辐射污染也将是必须面对的一个严肃的问题，目前来看，高隆湾在卫星发射辐射区之外，但必要的防范措施仍是需要的。

8.3.8.4 开发对策和建议

1）加快基础设施建设步伐

高隆湾作为文昌房地产及旅游业发展的热点地区之一，将来必定会接待大量的游客前来参观和游览，尤其是将来在卫星发射的期间，必将引起全世界各国的普遍关注，也一定会迎来游客大潮，因此，对基础设施的规模需要有一个准确的评估，并按照规模来进行相应基础设施的建设。另外，目前已经建设好了大量的度假区、酒店和房产项目，相对应的服务配套设施还非常不完善，因此，必须加快基础设施的建设步伐，尽可能在大规模游客到来之前有一段时间的试营业期，发现问题并进行修正，以便给游客提供高质量的服务。

2）全面考虑各个利益主体之间的利益协调问题

不能因为某一利益主体的利益而使其他利益主体的利益受到损失。在这些利益主体中，当地居民是非常重要的一个方面，建议在旅游服务设施开发建设及运作管理过程中，能够为当地居民提供大量的就业机会，同时提供充分的就业前培训，使当地居民在获得金钱上的利益外，还能在精神层面得到提高，这样才能为游客提供更加高质量的服务。

3）要始终贯彻开发与保护并重的原则

高隆湾美丽的环境本身就是吸引游客非常重要的方面，保护环境就是保证了未来旅游业的发展；另一方面，在旅游服务设施开发建设过程中，需要将可持续发展的理念贯彻始终，尽可能减少对生态环境的破坏，至少不能破坏当地生态环境的平衡；在旅游服务设施营运过程中，也可以开展“绿色经营”模式，使对环境破坏的程度减到最少。

4）对卫星发射辐射进行额外的防范

众所周知，卫星发射过程中会产生大量的辐射，虽然，高隆湾离卫星发射基地还有很远的距离，但仍然有必要准备一定的防范措施，以防万一。

8.3.9 春园湾观光滨海旅游区

8.3.9.1 基础条件

春园湾位于万宁市万城镇东 12 km 处，是个理想的旅游度假胜地。春园湾东面是省级自然保护区大花角，这里滨海风光浓郁，景区林木葱翠，有超过 200 只野生猕猴在风景区里嬉戏定居。海湾遍布大大小小的卵石，景观奇特秀丽。东南面是“海南第一岛燕窝岛”（亦称大洲岛），是国家级海洋自然保护区，海上仙山，神秘迷人，北面是“宝岛第一潟湖”小海，水波浩森，面积近 49 km^2，盛产和乐蟹、后安鲻鱼、港北对虾，水产品丰富。在春园海四周，可谓景观密集，特产丰富，特色鲜明。

春园海岸线长达 4.2 km，海湾海域面积近 2.5 km^2，阳光充足，年平均气候 24.5℃，水温 25 ~ 30℃，岸滩宽度适中，滩坡平缓，沙质洁净，海水无污染，海域无水草，透明度达 15 m，是开展综合性海上活动的理想场所。可进行海水浴、潜游、游艇、帆板、冲浪、海上观光、沙滩拉网、礁间垂钓等。

8.3.9.2 开发现状和方向

春园湾旅游区位于万宁市春园湾沿岸，该旅游区面积为10.7 km^2，现已建成度假村，开辟了海水浴场。该湾属岬角海湾，沙白细柔，海水清晰，紧邻大花角自然保护区，集海岛、沙滩、碧水为一体，具有较高的滨海观光旅游价值。

8.3.9.3 开发前景宏观评价

春园湾位于海南省东南旅游中心区的位置，有着发展旅游的优势区位条件。伴随着国际旅游岛建设的深入开展，将会有更高层次更高规格的建设发展。同时依托周边著名景区，形成良性互补的区域旅游圈，未来将会有飞跃性的发展。

8.3.9.4 开发环境影响预测

在旅游区的建设中可能会带来的环境影响有：一是伴随着各类基础设施、服务设施的开发建设，不可避免的会带来废水、固体废弃物的污染；二是旅游区的建成、游客量的逐年增多，会带来海水污染、沙滩退化、植被破坏；三是会给原有生态环境承载力带来压力。

8.3.9.5 开发对策与建议

（1）妥善处理好开发与保护的关系

做到任何项目的开发建设都要以保护好旅游资源为前提和目标，努力实现旅游资源的可持续利用。

（2）注重对旅游管理人员、服务人员的引进和培养

专业的人才是是实现高水平管理的必备条件，专业水平的旅游服务人员也是吸引客源的关键。

（3）端正经营意识

旅游区的开发和管理不能单纯的从经济的观点来看，对旅游的发展要有全面的理解和认识，在实现经济利益的同时也要改善当地社会环境实现区域的协调、可持续发展。

8.3.10 东寨港生态滨海旅游区

8.3.10.1 基础条件

类型：生态滨海旅游区。

区域描述或地理位置：东寨港又名东争港，古称东斋港。位于海南省东北部，处于海口市和文昌市的交界处，地理坐标为19°51′~20°1′N，110°32′~110°37′E。琼山县东北部与文昌县西北部之间的内海，海岸线受第四纪初、中期断裂凹陷和明朝万历三十三年（1605年）琼州大地震影响，曲折而深入陆地。港湾避风条件好，有水面56 km^2，其中5 200 hm^2（7.8万亩）在1980年被建成东寨港自然保护区（包括海上红树林面积2.6万亩）。主要保护对象有沿海红树林生态系统，以水禽为代表的珍稀濒危物种及区内生物多样性。应在近期内加大旅游开发的投资力度，通过旅游开发进一步促进红树林的保护。

主要旅游资源：红树林及其生态系统、海底村庄。

与省海洋经济发展规划的一致性：与海南省海洋功能区划基本保持一致。

8.3.10.2　开发现状

已建有一家旅游公司，但目前经营比较惨淡。在周边地区还有几家农家饭店，提供地方特色的餐饮。

海水质量：海水较浅、比较浑浊，受岸上高位养殖池影响比较大。

沙滩质量：为红树林海岸。

海洋生物质量：有红树植物 17 科 33 种，其中真红树植物 9 科 22 种，半红树植物 8 科 11 种。保护区内统计有鸟类 185 种，其中珍稀濒危、属国家二级保护的鸟类有褐翅鸦鹃、小鸦鹃、黄嘴白鹭、黑脸琵鹭、白琵鹭、黑嘴鸥等 13 种。现记录有海南巨松鼠、海南水獭、犬蝠等兽类动物 8 种，其中海南水獭为国家二级保护动物。两栖动物主要有斑腿树蛙、变色树蜥和泽蛙等；爬行动物以蛇类为主，主要有金环蛇、眼镜蛇、蟒等。区内的昆虫以蝶类较具特色，有 6 科 27 种。另有鱼类记录 103 种，其中大多具有较高经济价值，如鳗鲡、石斑鱼、鲈鲷鱼等。还有大型底栖动物 92 种，主要有沙蚕、泥蚶、牡蛎、蛤、螺、对虾、螃蟹等，具有较高的经济价值。

气候环境与适游期：除受台风影响外，全年都适宜开展旅游活动。

基础设施：公路条件较好，住宿条件难以满足，餐饮条件有待改善，用水用电并入海口市系统，能够得到保证。

开发方向：一是开展红树林科考旅游，东寨港是我国建立的第一个国家级红树林保护区，生物多样性极其丰富，科学考察价值极高；二是开展科普旅游，利用离海口市等市场近的优势，吸引中小学生前往，进行科普教育；三是开展生态旅游，红树林不仅生物多样性丰富，而且被称为海洋中的森林，是天然氧吧，是很好的修身养性之处。

8.3.10.3　开发前景宏观评价

东寨港红树林是我国目前保存最完好、规模最大的一片红树林，在中学地理课本中就有关于东寨港红树林的介绍，因而具有很高的知名度，同时，红树林的独特性及天然氧吧的环境，对游客具有很高的吸引力，因此开发前景美好，若按年接待量 10 万人、人均门票和消费 80 元计算，年旅游收入将达到 800 万元；大致说来，国际上旅游接待人数与直接就业人数之间的比值在 25∶1 到 40∶1 之间，我国旅游管理部门和学者通常认为，中国旅游业的直接就业与间接就业的比例在 1∶5 的水平，据此可以推算出，东寨港红树林的旅游开发每年可以创造约 10 ~ 15 个直接就业机会，还可创造 50 ~ 75 个间接就业机会；更重要的是，通过旅游开发，能够激发社会公众对保护红树林的热情，促进红树林保护，实现良好的生态效益。

环境影响预测分析：一是游客数量增多，各种生活垃圾增加，如果不采取有效措施，有可能污染水源，破坏红树林的生物多样性；二是部分游客的不文明行为，如采摘花果、捕猎鱼虾、鸟类等，可能破坏生物多样性。

8.3.10.4　开发对策和建议

第一，正确处理保护与开发的关系，严格禁止游客进入保护区的核心区，通过市场经济杠杆控制游客规模，应把旅游业的大部分利润用于红树林保护；第二，加大环保宣传力度，对景区工作人员、进入景区的游客进行必要的红树林湿地生态系统的保护教育；第三，科学选择旅游线路，尽可能选择水域比较宽敞的区域作为游览线路，避免游客近距离接近红树林。

8.3.11 东郊椰林生态滨海旅游区

8.3.11.1 基础条件

东郊椰林旅游区位于文昌市清澜港东岸，地处东郊镇海滨，距省会海口市 80 km。这里椰树成片，椰姿百态，2 000 hm^2（3 万多亩）椰林，绿叶婆娑，婀娜多姿，美不胜收，正如人们所说“文昌椰子半海南，东郊椰林最风光”。在这里，游客可尽情沐浴椰风海韵，领略椰乡风情，饱览光怪陆离的海底世界。除了集中连片的椰林以外，这里还有优美的海滨景观，海水清澈，沙滩洁白，是天然的海水浴场，可开展各种沙滩运动和水上活动。该景区是“中国十大海滨风景区”之一，也是海南优秀旅游景区、文明旅游景区和省旅游定点单位。

8.3.11.2 开发现状和方向

东郊椰林景区是文昌市五大旅游开发区之一，在 20 世纪 80 年代，这里还只是一个小渔村。1989 年，海南东线高速公路尚未开通，海南岛开发的海景景点还不多，东郊椰林作为离海口最近的景区之一，成为海南第一个开发起来的旅游度假胜地，到东郊椰林吃海鲜、赏美景成为当时人们一种时尚选择。经过几年的开发建设，相继建成了一批突出椰乡文化特色的旅游度假休闲项目，形成了集“吃、住、行、游、购、娱”为一体的旅游配套功能齐全的旅游接待服务体系。交通方面，陆路有便捷、快速的柏油公路直通该景区，也可以乘车到清澜新港旅游码头，然后乘坐游船（艇）到该景区。接待设施方面，景区内已建成旅游码头、海滨度假村、海鲜坊等多处设施。在 90 年代的鼎盛时期，该景区有旅游饭店（含宾馆、度假村）20 多家，海鲜店 30 多家，旅游商品购物店 50 多家。但后来，随着海南东线高速公路的贯通，文昌逐渐被边缘化，东郊椰林也没有纳入旅游团队的常规线路，加上管理和规划实施方面的问题，从 2000 年开始，东郊椰林整个景区就明显衰败了。原来的上百家企业，现在只剩下百莱玛度假村、海南椰林湾国际大酒店与和友海鲜三家企业在营业。其中，百莱玛度假村是在东郊椰林最早成立的旅游企业，度假村是三星级标准，客房是建在椰林中的木屋别墅，分为三种：标准木屋、双层园景木屋和豪华海景木屋，但目前入住率较低。

开发方向：滨海观光度假、海鲜美食品尝、椰乡文化体验、红树林观赏。

8.3.11.3 开发环境影响预测

东郊椰林开发，对沙滩、海水带来了一定程度的污染，部分沙质变黑，海水受到一定程度的污染。应该制定科学的旅游发展规划和环境保护规划，保护椰林景观和良好的滨海环境，实现当地旅游业的可持续发展。

8.3.11.4 开发前景宏观评价

东郊椰林旅游开发已经初具规模，现有设施基本完备，并且有着较高的知名度，具有较大的开发潜力。但在对其进行深入开发时，应先制定科学的旅游发展规划，保护生物和滨海景观。特别是随着国际旅游岛战略的实施和文昌卫星发射场的建设，东郊椰林将会迎来二次振兴的好时机，因此，景区应该抓住机遇，准确定位，争取早日重树东郊椰林的良好形象。

8.3.11.5 开发对策和建议

（1）加强东郊椰林和文昌卫星发射场航天主题公园、铜鼓岭旅游区、高隆湾旅游区的区域旅游联合，增强整体实力。

（2）加大对景区珊瑚礁的保护力度，统一开发椰林景区，吸引更多的游客。

（3）大力发展特色旅游项目，使其成为海南旅游的品牌。

（4）完善景区的各项公共基础设施建设，提高景区宾馆的服务质量与旅游景点的接待能力。

（5）辟建椰林度假康疗中心。利用其良好的滨海环境和优良的空气质量，为慢性病人进行康复理疗。

（6）禁止在离海 50 m 之内的岸区建设任何人工建筑。

（7）辟建海鲜美食一条街，让游客现场购买新鲜的海鲜，现场加工。

8.3.12 铜鼓岭生态滨海旅游区

8.3.12.1 概述

铜鼓岭生态滨海旅游区位于文昌市龙楼镇东部海滨，以铜鼓岭为中心，南距东郊椰林湾 16 km，北距海口市 90 km。

铜鼓岭是海南的最东角，主峰海拔 338 m，有“琼东第一峰”之称。铜鼓岭绵亘超过 20 km，伴有 18 座大小不同的山峰，群峰竞秀，层峦叠翠，风光旖旎。岭上地貌奇特，自然资源丰富，植被生长繁茂，种类众多，兽类有 20 多种，鸟类有 60 多种，形成了一座天然的生态植物园、百草园和野生动物园。景区有神调、和尚屋、尼姑庵等古迹，有仙殿、仙洞、风动石、银蛇石、海龟石等奇岩异石。特别是风动石，高超过 3 m，重约 20 t，上圆下尖，风吹能动，摇而不倒。海风吹来，微微摇晃呼呼作响，千万年来，历经沧桑，多少个 12 级台风也不能把它吹倒，故得名“风动石”。

岭上顶峰可观日出，可看云海看晚霞。登高远眺，南海碧波，水天一色，渔帆点点，群鸥翱翔；距铜鼓岭 17 n mile 的蓬莱仙境般的七洲列岛，时隐时现，蔚为奇观。岭下，月亮湾海滨沙滩宽阔，松软细白，海湾重叠千层，波峰泛银。距海岸 40 ~ 50 m 的浅海带上长着五光十色的珊瑚礁，光怪陆离的海底世界，形成了一座天然的海底自然公园。朝北望去，宝陵河像一条飘带柔美地飘然入海，银色沙滩蜿蜒远伸，漫无尽头。远眺岭西内陆，青浪如海的椰林掩映着一个个村庄农舍，一道道狭长的水田带绕丘环坡，好一派南国田园风光。

早在 1983 年，铜鼓岭就成立了自然保护区，1988 年建省伊始即成为省级保护区，2007 年升级为国家级保护区，是海南 8 个国家级自然保护区之一。

8.3.12.2 开发条件

铜鼓岭有一些特有的资源。一是热带季雨矮林，一种全世界少见的特殊植被类型，具有重大的科学研究、观赏和保护价值；二是全省最好最丰富的珊瑚礁资源；三是海蚀地貌遗迹类型齐全、清晰，为国内罕见；四是植被层次清晰、动植物种类繁多，形成了从高山到海洋多种生态群落共存的奇妙景观。铜鼓岭地区无疑是海南北部目前最为纯净的原生态滨海区域。

铜鼓岭生态滨海旅游区海岸线绵延超过 20 km，沙滩洁白、柔软、平缓，沙粒均匀。具有开发价值的旅游资源主要有种类繁多的植物资源、海洋渔业资源、“3S” 资源。气候条件适宜，除受台风影响外，其余时间都适宜开展旅游活动。

随着国际旅游岛建设的推进、文昌航天发射基地的建设和文昌滨海大道的建设，文昌旅游业发展迎来了千载难逢的历史机遇。但目前铜鼓岭地区的交通状况还需要改善，难以满足旅游发展的需要。

8.3.12.3 开发方向

2008 年 7 月 25 日，文昌铜鼓岭国际生态旅游区项目启动。该项目协议总投资为 120 亿元人民币，计划用 10 年左右时间，将其建设成为国际知名、国内一流的滨海度假旅游区。项目规划总面积约 86 km^2，海岸线长约 30 km。区内分为铜鼓岭国家自然保护区、淇水湾滨海度假区、月亮湾滨海度假区、宝陵河公共中心区、龙楼旅游风情小镇区、沿海生态保护区、外围生态控制区八大组团。集中了文化体育运动公园、五星级酒店、游艇俱乐部、高档住宅、生态公园、滨海浴场、石头公园、景观大道以及中国最长的滨海景观步行走廊等项目。

8.3.12.4 开发前景宏观评价

国际旅游岛建设极大地提升了海南的旅游形象，文昌是著名的“国母”之乡，也是我国著名的侨乡，文昌航天卫星发射基地建设更使得文昌名声大噪，文昌市委市政府提出了并正在抓紧实施与省会海口产生“同城效应”的理念，大大缩短了与海口的时间距离（正在抓紧建设铺前大桥和清澜大桥）。再加之铜鼓岭独特的资源优势，铜鼓岭的客源市场潜力十分巨大，从目前清澜经济开发区的旅游地产现状足见一斑。

8.3.12.5 开发对策和建议

①妥善处理好旅游开发与生态环境保护的关系。铜鼓岭是 2007 年国务院批准的国家级自然保护区，其保护对象是热带常绿雨矮林生态系统及其野生保护动物、地貌景观（即海蚀地貌）、珊瑚礁及其底栖生物。因此，旅游开发应以生态环境保护为基础和前提。

②妥善处理好旅游业与渔业的关系。铜鼓岭周边海域及其沿岸有一片高位养殖池，也有一个小渔港，因此，旅游开发必须妥善安置渔民。

③与文昌航天城进行联合营销。利用航天卫星发射基地和文昌航天城的知名度，提升铜鼓岭的形象和知名度。

④高起点规划、高规格建设、高标准管理。国际旅游岛建设意味着海南的旅游目标市场必定是高端市场，包括国际游客和国内高端游客，对于自然保护区的旅游开发来说，更要把目标市场定位为高端市场，避免低水平重复建设。

8.3.13 新村港休闲渔业滨海旅游区

8.3.13.1 基础条件

新村港休闲渔业滨海旅游区位于陵水东南部的新村港内。新村港口窄内宽，东西两面由南湾半岛环抱，港内风平浪静，避风条件好，是一个得天独厚的天然良港，1990 年被国家农业部定为国家一级渔港，现已被定为中心渔港，是海南省重点渔港之一。

新村港目前主要为海洋养殖区，港内渔业码头、避风锚地以及大量的麒麟菜和渔排养殖等，沿岸是对虾养殖高位池，具有浓郁的热带海洋渔业风情。新村港还是目前海南岛周遍海草面积最大的海域，海草床附近有大量的海草床伴生生物，海草生态系统良好，可称为“海洋公园”，海底观光条件优越。

8.3.13.2 开发现状与方向

新村港休闲渔业滨海旅游区为规划旅游区，与新村港部分养殖区和锚地区重叠。由于过度的海水养殖不仅大量挤占海草床，影响海草生态系统的发育，还将影响港内水动力和水交换，致使港内海洋环境进一步恶化。因此，应对港内海域统一规划，逐步缩小养殖规模，推广生态养殖与增殖技术，开发海洋观光旅游航线，开展渔业休闲观光旅游和海底观光旅游，积极筹划建设海洋公园。

8.3.13.3 开发前景宏观评价

新村港休闲渔业滨海旅游区有着发展休闲渔业的先天优势条件，同时也是国家一级渔港，区位条件独特。随着国际旅游岛建设深入，特别是陵水县近年来坚持高起点规划，高层次招商引资，高水平开发建设，为该区的发展提供了强有力保证。

8.3.13.4 开发环境影响预测

随着休闲渔业旅游的开展，首先带来的就是固体垃圾以及生活污水对周边海水的污染，降低海水能见度。其次是游客的不断涌入，增加对新鲜鱼类、海鲜的需求，会造成该区生物多样性的减少。最后，基础设施以及接待设施的建设，特别是长期的游客进入，会严重破坏当地的海洋生态平衡。

8.3.13.5 开发对策与建议

①坚持旅游开发与环境保护并重。任何项目的开展都要以保护生态环境为前提，都要有周密的规划和计划，要保证把对环境的影响降到最小。

②要做好该区生态环境承载力评估。要将开发规模和旅游接待量控制在承载力允许的范围之内。

③妥善处理好旅游业与渔业的关系。对区内重叠的部分养殖区和锚地区要给予妥善的安置，让渔民也能享受到旅游业发展给他们带来的好的生活变化。

8.3.14 海口湾游艇码头旅游区

8.3.14.1 基础条件

海口湾背靠海口市，海口市的规划目标为建设成为一流的热带滨海旅游胜地和理想居住地，城市的发展对海口湾具有较大的依赖性。目前，海口湾西起秀英港，东至万绿园的沿岸上建设了高档宾馆、滨海公园、生活区、风情酒吧和高尔夫练球场等项目，根据规划要求，海口湾将是今后海口市的游艇中心。

从建筑用料和整体效果看，海口游艇码头算得上世界一流。根据《海口市核心滨海区控制性详细规划》，美源海口湾将建一个大型的游艇码头，并以此为核心逐步形成与世界顶尖商会互动、云集世界名流的国际俱乐部。

8.3.14.2 开发现状与方向

海口湾游艇码头还在建设中，目前已建好111个泊位，最终将建成300个泊位，水深达到3.5 m，能停靠大型游艇和各类帆船。随着海南国际旅游岛的建设，这里终将成为海口一景。

基于其独特的地理位置，资源配套和海口在整个国际旅游岛的大定位，建设中的美源海口湾国际游艇会不仅是热带海岛旅游、度假、休闲目的地，也是商务、海洋经济产业地，同时更是资本的交流平台。美源国际游艇会主要由六大功能分区组成，分别是休闲中心、游艇销售中心、游艇维修保养干仓、游艇俱乐部、高级私人会所和船舶指挥中心。

通往游艇码头的道路两旁，是颇具热带特色的各类植被。绿化带后面，一栋栋架构鲜明，集英、美、法、意、西和新加坡等国建筑风格于一体的时尚建筑物毗邻而置。游艇码头区水域包括航道、港池、回旋水域、防波拦沙堤、人工岛、贵宾码头、栈桥、加油码头等。

8.3.14.3 开发前景宏观评价

海口发展游艇经济起步虽然晚，但也相应地有了后发优势。借鉴其他城市的发展经验，趁早进行产业规划，以省会中心城市的身份带动环海南岛游艇产业圈的建立和健全，同时以国务院文件中有关“研究完善游艇管理办法，创造条件适当扩大开放水域，做好经批准的境外游艇停泊海南的服务工作”的精神为指导，助力海南国际旅游岛建设的腾飞。

游艇产业具有的高附加值和绵长的上下游产业链，可拉动包括游艇研发、设计、制造、销售、维护保养、修理、码头管理、旅游、航海、餐饮、酒店、房地产等连锁产业效应。游艇产业链条的完善，既有利于助推海口，甚至是海南的旅游产业软件升级，也会对相关周边产业的发展产生积极影响。愈发完整的游艇产业链条将会成为促进国际旅游岛建设的“强心剂”。

8.3.14.4 开发的环境影响分析

海口湾的开发建设使海口湾海域的海洋环境将面临越来越大的环境污染压力。

8.3.14.5 开发对策和建议

加快建设游艇码头各种公共设施；加强培训专业的管理人员；加强海洋文化建设；政府要积极引导招商引资，加快游艇产业链的发展；加快整合海洋资源，对城市污水进行重新整合治理。

8.3.15 陵水湾度假滨海旅游区

陵水湾又名清水湾，位于陵水南部新村港口门外至赤岭之间沿岸近海海域。陵水湾是陵水县最大的海湾，水域宽阔，岸线绵长，超过10 km海岸线均由砂质构成，沙细水清，温度适宜。沿岸陆域已规划为滨海度假旅游区，为满足滨海度假旅游的用海需求，选划海湾近海海域为度假旅游区。宜开展沙滩休闲、海水浴场、水上运动等滨海度假旅游项目。

陵水湾与土福湾一衣带水，南临三亚海棠湾和亚龙湾，地跨新村、英州两镇，涂滩狭长，海岸线长约12 km，是1993年3月海南省政府批准的《陵水海滨风景名胜区总体规划》中"一城两区"赤岭景区中的滨海旅游景区，也是陵水县土地利用总体规划的重点旅游开发景区。景区东邻海南十大景点之一的南湾猴岛及新村港，南与赤岭景区相连，可同时观赏到清水、白沙、奇岭、怪石，旅游度假地理位置优越，具有巨大旅游开发价值。

陵水湾汇集了中国最美的沙滩、最清澈的海洋、最湛蓝的天空，拥有中国最洁净的空气及最完全的度假元素。陵水湾一山、一海、一滩构筑了山海一体化的三维景观，其稀缺的自然资源世界罕见，至今，依然保存着原始的生态。这里长达12 km的海岸线比著名的亚龙湾还要长4 km，这里水清沙白，海水质量达国家一类海洋水质标准，能见度达11 m，沙滩平缓，涉水200 m远，水深也不过2 m，是世界顶级的天然海滨浴场。这里拥有极细腻和均匀的海沙，被誉为"会唱歌的沙滩"，堪与美国的夏威夷、澳大利亚的黄金海岸的生态媲美。在沿海12 km的海岸线上即将落户6家超五星级度假酒店，组成陵水湾顶级滨海酒店长廊，如万豪、希尔顿、奥瑞格、朱美拉、莱佛度假酒店等均已入驻陵水湾。三个国际标准的18洞滨海高尔夫球场，同时配有3个超豪华球会会所、两家贵宾游艇会、临海会所等。

此外，未来还将配套建设风情温泉谷、世界滨海风情商业街、水上运动、海洋体验展览馆、黎苗族风情村、美食酒吧街区等。在一小时旅游圈内，向西有三亚天涯海角、蜈支洲岛、南山景区、大小东海；向东连接分界洲岛、香水湾、吊罗山；向北直达保亭呀咯哒、五指山；向南紧临南湾猴岛。

交通方面，陵水湾紧邻东线高速公路、海榆东线公路，与三亚市区相距不到40 km，到三亚凤凰机场仅40 min车程。2010年即将竣工的海南东环城际轻轨，更将清水湾至三亚和海口的时间缩短为15 min和1 h以内。届时高速公路、城市轻轨、航空线路、全方位的立体交通网络畅达岛内外。因此，陵水湾作为海南重要的潜在滨海旅游资源，具有极大的开发价值和潜力。

8.4　海南省待开发滨海旅游区开发潜力与对策

8.4.1　木兰湾度假滨海旅游区

8.4.1.1　基础条件

（1）区位条件。木兰湾位于文昌市北部铺前镇，形状似三角形，隔琼州海峡与大陆相望，由木兰头、木兰港和30 km^2 的宽阔腹地组成，与七星岭相连，距海口市海上直线49 km，陆地距离90 km。文昌，作为琼北经济区的重要城市，也是北部湾经济区的前沿，对整个区域具有带动作用。

（2）资源环境条件。年平均日照2 000 h以上，年平均气温23℃，森林覆盖率为80%。木兰头东南沿岸林木茂密，风景优美。沙滩平缓宽广，两处沙滩岸线长达2.1 km和3.3 km，沙质洁细，水质优良。

木兰湾深水岸线资源丰富，拥有天然深水航道和锚地资源，岸边海底基础为石质，可停万吨巨轮，距国际航线3 n mile，建港自然条件良好。

木兰湾的东南角有海拔97.2 m高的航标灯塔——木兰塔，堪称亚洲第一，沿海24 n mile范围内的船只都可以见到。

海南角为海南岛最北端，也位于木兰湾度假旅游区。

简言之，海南目前尚未开发的滨海区域中，木兰湾总体条件非常优越。

8.4.1.2　开发现状和方向

目前，木兰湾处于未开发状态。利用优越的自然资源、良好的生态环境加之政策优势，木兰湾应致力于建设一个集疗养、度假、休闲、康乐于一体的综合型旅游度假区，主要吸引国内游客，同时争取国际客源市场。综合其基础条件，海滩可以建设成优良的海滨浴场，除此之外，还可适宜开展海上体育运动、海洋垂钓或娱乐运动中。港口则可打造成国际优良深水港。木兰湾还可以与七星岭游览区进行资源整合，突出集群效果。旅游区要高起点、高标准，突出特色产品和服务（如将服务做精做细），避免重复建设。

8.4.1.3　开发前景宏观评价

木兰湾度假滨海旅游区位于海南最北端区域，地理位置优越。加之良好的资源环境条件，以及旅游区的准确定位，该区旅游开发前景良好。尤其是随着文昌的崛起，木兰湾的区位优势将越来越明显。

8.4.1.4　开发环境影响预测

大量游客涌入，会加大生态环境的压力。污水排放，生活垃圾增多，易造成海水污染、沙滩退化；大量基础设施包括道路、酒店等的建设会破坏海岸动植物资源；一些滨海道路的修建会破坏海岸线及其生物。

8.4.1.5　开发对策与建议

一要合理规划，坚持开发与保护相结合的原则；二要完善基础设施，尤其是要加强道路建设，提高度假区的可进入性；三要加强多语路标建设；四要提高当地人民的积极性和服务意识；五要以政府为主导进行统一对外营销；六要充分做好安全保障措施，确保游客开心而来，感动而归。

8.4.2　日月湾度假滨海旅游区

日月湾度假滨海旅游区位于万宁市礼纪镇南部石梅湾与陵水县分界洲之间。该湾海滩绵长，沙质细腻，海水透明度大，水质良好，为海洋旅游及度假提供了基本条件。适合于开发滨海观光、游泳、海滩活动、海上运动娱乐、休闲度假等旅游活动。

8.4.2.1　基础条件

日月湾，依山傍水，北面有山岭环抱，南濒南海，是个半月形的海湾，海湾沙滩洁白松软细柔，海面风平浪，静海水湛蓝清澈，适宜游泳，是个天然海水浴场。海中有巨石激浪，颇为壮观。境内的茹新河和田头河静静流淌，河流在日月湾内出海，河海水相渗，咸淡互补，水质清净，咸度适中，这里气候宜人，四季如春，风景秀丽，令人流连忘返。海边筑有防潮堤坝，堤边建有淡水游泳池、观海亭和品茶室，游客可安闲地在亭里室内品茶观海，享受休闲之乐。在海边还建有别具风情的小别墅。

8.4.2.2　开发现状和方向

日月湾已部分开发，区内建有金沙滩日月湾度假村、3A级旅游景区——日月湾海门游览区、海南（广州）水上运动训练基地及水上运动度假村。

8.4.2.3　开发前景宏观评价

日月湾介于石梅湾和香水湾之间，与分界洲岛、兴隆亚洲风情园等著名景点之间仅20 min的车程，具有很好的便捷性和互补效应。并随着两家五星级酒店的兴建、观海台石头公园的开发，加上即将完工在日月湾设站的东环铁路，日月湾未来开发潜力日益凸显。

8.4.2.4　开发环境影响预测

随着旅游区的进一步开发，首先会出现的是海水的污染、沙滩的退化。其次，伴随着游客的增多将会带来更多的生活污水和废弃物。最后，随着服务设施以及生活设施的建设完善，原有的自然面貌、植被将会遭到不同程度的改变和破坏。

8.4.2.5　开发对策与建议

第一，要处理好旅游开发与生态环境保护的关系。保证任何项目的上马都要有完善周密的规划，都要有可行性研究。

第二，完善旅游基础设施。首先是要改建进入旅游区的旅游通道；二是新建旅游公共服务设施；三是新建和改造原有停车场；四是新建餐饮设施；等等。

第三，在开发过程中要注意突出自身特色，做到别无我有，别有我优。处理好与周边景区的合作与竞争的关系。

8.4.3 水口港—椰子岛度假滨海旅游区

8.4.3.1 基础条件

水口港—椰子岛度假滨海旅游区位于陵水河出海口及其沿岸海域，包括水口港南北两侧沿岸及椰子岛。

河道蜿蜒曲折，水面风平浪静，河里小船悠悠，岛上椰风习习，外海浪花朵朵。港外南北两侧为顺直的海岸，河口北侧由于有水口岭延伸入海，为礁岩海岸，再往北是与香水湾B区相连的沙滩，河口南侧是沙坝海岸，沙质洁白松软。

椰子岛位于陵水县城椰林镇的边缘，陵水河出海口，由水口岭、下排岛、椰子岛、江蕊岛及陵水河沿岸构成，面积约3 km^2，以椰子树众多而得名。踏上椰子岛，一股股热带丛林清新潮湿的空气扑面而来，沁人肺腑，仿佛置身于天然氧吧。

椰子岛南临碧波万顷的大海，东、西、北被绸缎一般的陵水河拥抱，集山地、沙滩、河流、山林等地理特征于一体，生态环境十分独特。具有热带田园风情，景观资源具有很好的互补性、协调性和生态融合性，是开展绿色生态休闲旅游、养生度假、沙滩休闲度假、滨海垂钓、海上运动娱乐的优良地方。

8.4.3.2 开发现状和方向

目前，陵水椰子岛尚是一处没有开发的小岛。椰子岛景区半以陵水河、椰子岛、入海口、沙坝、礁岩、内海为主要资源特色，建成以自然景观保护区、会议旅游、科研、休闲娱乐、水上体育、乡村文化为主要功能的热带滨海型生态旅游观光目的地。

8.4.3.3 开发前景宏观评价

与香水湾、清水湾、土福湾、陵水河、香水湾—牛岭等被列为陵水县海滨风景名胜，以其独特的自然资源受到投资者的青睐。在国际旅游岛建设中，陵水县是东线的重点开发区域，受到极大关注。水口港—椰子岛度假滨海旅游区特色鲜明，优势明显，具有较好的发展前景。

8.4.3.4 开发环境影响预测

基础设施建设会破坏植被，污染水环境；不同的旅游活动对水体的污染程度是不同的，用于划船、垂钓、打水上高尔夫球的水体受到的污染要比用于景观观赏的水体受到的污染严重；生活污水、固体垃圾污染；旅游开发还间接影响土地利用和植被覆盖率；沙滩清洁降低砂质海岸生物多样性。

8.4.3.5 开发对策与建议

旅游开发要从当地人民的利益出发，增强社区参与程度；加强基础设施建设，改善当地的生活条件；要坚持社会效益、经济效益和环境效益相结合的原则，走可持续发展的道路；汲取以往旅游区开发的经验和教训，从实际出发；加强宣传促销，提升当地的旅游形象。

8.4.4 棋子湾观光滨海旅游区

8.4.4.1 基础条件

棋子湾位于昌江县古昌化城的北部，西接昌化江入海口，东倚昌化岭风景区，距昌化县石碌镇超过50 km，海湾呈现“S”形，湾长超过20 km。海湾水面平静，海水清澈见底，海沙细软且洁白如银；海岸奇峰林立、怪石嶙峋、色彩各异、林木苍翠、山花烂漫、清泉欢畅；沙滩雪白与海天连成一片，有“万亩沙漠落海南”之美称。

8.4.4.2 开发利用方向

目前昌江县已经制定了《棋子湾旅游度假区总体规划》。根据规划，棋子湾旅游度假区规划控制范围西起昌化江入海口东岸，西至马容溪（沙地河），南以昌化胜岭南麓为界，北至北部湾海域，陆地面积约46.2 km^2。通过为游客提供多种探险、野营、运动以及学习等多方面交互式独特体验，形成远离喧嚣、个性鲜明的热带滨海旅游度假区。

棋子湾旅游度假区的规划结构为：“一心多组、一轴一链、细胞分布”。一心：生态与景观核心，即中央森林公园；多组：全区的开发分为多个组团；一轴：在昌化旅游小镇和棋子湾度假中心之间形成一条发展轴线；一链：是各个组团之间的联系纽带，也是区域的主要发展链。

8.4.4.3 开发环境影响预测

在旅游开发中对原有自然面貌的改变和破坏是不可避免的，但也能够通过周密的规划和完善的设计将问题发生的可能性降到最小。从目前棋子湾的现状来看，主要的环境问题有三个方面：

第一，要注意的就是沙漠化问题。棋子湾是热带季风气候区中的热带沙漠地区，由于年降雨量较少，长年气温高，气候干旱，植被难以保护，造林成活率低，造成沿海土地沙漠化的严重问题。自1996年起，经过多年的治理棋子湾沙漠化的保护已取得一定的成果，区内流动沙丘已经得到了很好的控制。这也是未来开发利用中需要得到关注的问题。

第二，棋子湾内“棋子”在逐年减少。棋子湾的“棋子”是由于岩脉入侵引起花岗石错动挤压，产生大量体积较小的石块，经过漫长时间的海水冲刷和自身的相互滚动，最终形成了今天棋子般大小的鹅卵石。“棋子”的形成时间是漫长的，但是随着游客的增多棋子也在慢慢减少。遍地“棋子”的棋子湾已没有了当年美丽的风光，如果按照这样的速度发展下去，棋子湾将再也不复存在。

第三，固体垃圾污染。区内随处可见白色塑料袋、一次性饭盒等白色垃圾，这些使区内优美的环境大打折扣。

8.4.4.4 开发对策与建议

1）坚持保护与开发并重，合理开发，优化利用

良好的滨海旅游资源的永续利用是滨海旅游业可持续发展的主要标志和基本目标。为达到这一目标，在开发建设中，对滨海旅游资源应注意在保护的前提下开发利用。保护和利用，

两者兼顾，并努力争取做到两者的相互促进与良性循环。

2）加强各有关部门之间的协调合作，实现系统优化

滨海旅游业涉及人与人、人与自然之间诸多领域、诸多层面，是一个十分复杂的系统，要妥善地处理滨海旅游业与其他产业之间、旅游业内部局部与总体的关系，近期与长远的关系，保护与开发的关系，游客、居民、投资者与经营者之间利益的关系。通过综合协调，实现系统优化，取得最佳发展效果。

8.4.5 七星岭观光滨海旅游区

七星岭观光滨海旅游区背靠文昌市铺前镇七星岭，地形起伏、峰岭如星、山体森林密布，沿岸分布众多礁石，滩后密植木麻黄、野菠萝、椰子等林木，滩平沙细，浪静风平。水质洁净，环境优美，风光旖旎，适宜开展风景观光旅游。

8.4.5.1 基础条件

七星岭位于文昌铺前镇东北，北面临海，海拔 117.4 m，大小十余峰，其中七峰独高，似“七夕星斗”，隔海和雷州半岛相望。自然风光秀丽迷人，山上野生植物类众多且繁茂。奇花异卉，遍布山岭，一年四季争妍斗艳。盘山公路通达各峰，汽车可以盘旋开上山顶。岭区南面一峰半腰处有一泉水眼，泉水长流不歇，水质清甜，历来佛门道家视为圣水。峰脚下有一庙——“七星圣娘之神庙”，造型古朴别致。主峰脚下东边约 200 m 处有一淡水湖，水深无比。七峰如星，平湖似月，景色奇物秀丽，自古称为七星伴月。七星岭南面超过 1 000 m 处有山岭，俗称大岭。此岭只有一峰，其峰与七星岭主峰并齐，岭巅上有超过 100 m 长的弯弯曲曲的日寇战壕和哨所遗迹。大岭西面连绵起伏，怪石嶙峋，景观别致。

8.4.5.2 开发现状和方向

七星岭已经选划为风景旅游区，可以按照风景旅游区的标准来打造。同时依托其独特的自然环境和优势资源，在其附近沿岸地区发展度假旅游，东北部可以安排发展滨海浴场，北部为海上运动区，在山麓可以发展高尔夫球场。

8.4.5.3 开发前景宏观评价

七星岭位于文昌市。文昌市是著名的侨乡，享有很高的知名度。同时又紧邻海口，有很大的区位优势。七星岭紧邻周边景区，具有互补性，通过联合营销将会极大地提高客流量。

8.4.5.4 开发环境影响预测

对风景旅游区的开发首先是改变原有的自然面貌，不同程度的破坏原有的生态环境和植被。其次是随着风景区的建设、大量游客的进入，会给景区带来大量的生活污水和固体垃圾。最后，会不同程度给原有的生态环境承载力带来压力。

8.4.5.5 开发对策与建议

第一，在开发建设旅游设施时，要注意处理好旅游设施与周围景观环境的协调，要使景区设施的建筑形式应反映出当地的文化特色和民族特点。

第二，妥善处理好旅游开发与生态环境保护的关系。任何设施的建设都要有周密的计划和可行性分析，都要以保护生态环境为出发点和目标。

第三，要加强风景区的规划工作，充分估计旅游接待能力饱和对资源环境的破坏性影响。

8.4.6　莺歌海观光滨海旅游区

8.4.6.1　基础条件

莺歌海观光滨海旅游区位于乐东县西南端，是一个水深条件较好、海面较为开阔的小海湾，岸线及海滩长约 9 km，沿岸是全国著名、华南之冠的莺歌海盐场，始建于 1958 年，总面积 3 793 hm^2，年生产能力 25×10^4 t，最高年产 30×10^4 t，机械化程度达 69%，主要产品有粗盐、日晒细盐、日晒优质盐、粉洗精盐等。其中日晒优质盐 1988 年荣获“轻工业部优质产品”称号，粗盐 1992 年荣获省盐业系统一等奖。海湾所属附近海面有正在开发建设的莺歌海油气田。

8.4.6.2　开发现状

莺歌海观光滨海旅游区尚未大规模开发，目前有少量旅游者慕名而来，主要以欣赏美丽落日和观赏盐场作业为主，鉴于莺歌海盐场较高的知名度，也有国内部分学校组织学生前来开展爱国主义教育和国情教育活动。

8.4.6.3　开发方向

综合考虑基础条件与开发现状，莺歌海观光滨海旅游区未来的开发方向应为工业旅游和教育旅游为主，日落及海滨自然风光观光旅游为辅。

8.4.6.4　开发前景宏观评价

通过工业旅游和教育旅游业的开发和发展，随着国内外游客的纷至沓来，既能促进旅游业增收，也能有效提升莺歌海盐场及所属莺歌海镇乃至整个乐东县的国内外知名度，促进莺歌海盐场制盐业及相关产业及全县整体经济发展，并形成对于海南岛西部金色旅游区区域旅游形象的充实和强化。

8.4.6.5　开发环境影响评价

对于依托莺歌海盐场及其所属海滨开发和发展的工业旅游和教育旅游，鉴于其观赏和体验的性质，对于莺歌海盐场及其附件海岸和海域几乎不会形成任何生态破坏和环境污染；同时工业旅游和教育旅游活动的工业技术和国情知识含量也能在一定程度上促进该地区居民素质的提升和生活条件的改善具有良好的社会意义。

8.4.6.6　开发对策与建议

首先，要加大交通、通信等基础设施建设力度，改善和优化莺歌海滨海观光旅游区的对外交通和通信条件；

其次，要进行工业旅游产品和教育旅游产品的开发和设计，充实和强化旅游区工业旅游和教育旅游的实质与内含；

再次，要科学选择目标旅游市场，加大旅游市场营销力度，彰显自身优势与特色，增强旅游市场吸引力；

最后，要加强软环境建设，提升管理水平和服务水平，形成有利于滨海旅游区工业旅游和教育旅游的优越的社会环境。

8.4.7 东锣—西鼓综合海岛旅游区

8.4.7.1 基础条件

类型：综合海岛旅游区。

区域描述或地理位置：东锣、西鼓也称为东岛、西岛，或称为东州、西州，是两个离岸海岛，位于三亚市与乐东县交界近海海域。东锣面积约2.5 km^2，西鼓面积约1 km^2。属于开发潜力和市场需求较大的海岛旅游区，近期内应投资开发。

区内有西瑁洲和东瑁洲两个海岛，是国家级珊瑚礁自然保护区重要部分，因此海岛旅游开发有一定的限制，必须协调好海洋开发与海洋保护的关系。尤其是东瑁洲，是国家级珊瑚礁自然保护区核心区和部队驻地，暂不具备开发利用的条件。其中西瑁洲为三亚市第一大海岛，海南省第二大海岛，面积2.24 km^2，最高处海拔122.5 m，岛岸曲折，有岩岸、珊瑚礁岸及沙滩，沙质白细，水质优良。岛上有100多只猕猴嬉戏于峰坳丛林之中，还有一石洞称“深藏洞”，常有群燕出入。有3个自然渔村，渔网、渔船、鱼市、渔民组合构成一幅怡然自乐的海岛渔村风情画面。西瑁洲与东面的东瑁洲、鹿回头、西北向的天涯海角风景名胜区融为一体，形成一个各具特色的旅游体系。目前西瑁洲已开发为三亚市著名的海岛度假旅游区。东瑁洲面积0.497 3 km^2，位于西瑁洲东南部，相距约4 km，同样具备丰富的海岛旅游资源。

岸线长度：东锣海岸线长约1.8 km，西鼓海岸线长约1 km。

主要旅游资源：海岛、珊瑚礁、鱼类、海水。

与省海洋经济发展规划的一致性：与海南省和三亚市海洋功能区划以及三亚市海洋经济发展规划保持一致。

8.4.7.2 开发现状

目前仍处于初级开发阶段，潜水是目前比较有吸引力的旅游项目。

海水质量：海水清洁，透明度约10 m。

沙滩质量：东锣沙滩宽度较窄，西鼓为基岩海岸，海岸比较陡峭。

海洋生物质量：海洋生物丰富，种类繁多。

气候环境与适游期：气候适宜，一年内除少数几天受台风影响不宜开展旅游活动外，绝大多数时间都适宜开展旅游活动。

基础设施：作为面积较小的离岸孤岛，旅游开发需要以三亚作为开发基地。

8.4.7.3 开发方向

一是开展海上垂钓；二是开展海底潜水；三是开展海岛露营；四是开发海岛婚礼旅游；五是开发海上游艇线路。

开发前景宏观评价：离岸孤岛这一特殊的地理位置，使人民向往，如能精心开发，以高端游客作为市场定位，必能实现经济效益和生态环境效益的统一，实现人与自然的和谐。

环境影响预测分析：过多的游客进入可能会对珊瑚礁、海岸线产生一定的不可逆转的破坏作用，尤其是潜水活动会对珊瑚礁产生比较明显的破坏。

8.4.7.4 开发对策和建议

一是科学测算游客容量，严格控制游客数量，尤其要严格控制上岛游客数量，实行保护性开发；二是开展对游客的环保意识教育，尤其是开展保护珊瑚礁的教育，使旅游开发建立在环境保护的基础之上。

8.4.8 西沙群岛综合海岛旅游区

8.4.8.1 概述

西沙群岛位于南海中部，海南岛东南方，距离海南省三亚市 337 km（182 n mile），地理位置 15°46′49″（中建岛）～16°58′56″（赵述岛）N，111°11′40″（中建岛）～112°44′22″（东岛）E。西沙群岛具有海岛数量多、单个海岛面积小等特点，高潮时面积超过 500 m^2 的海岛共 32 个，其中，面积大于 1 km^2 的岛屿有 3 个——永兴岛、东岛和中建岛，陆域面积分别为 2.000 8 km^2、1.707 2 km^2 和 1.147 2 km^2。永兴岛是新建的地级市——三沙市政府所在地。

西沙群岛旅游资源丰富多样，最具特色的旅游资源为地貌旅游资源和海洋生物旅游资源以及西沙群岛当地所特有的人文旅游资源。主要旅游资源及其分类见表 8.7，主要旅游资源的空间分布见图 8.1。

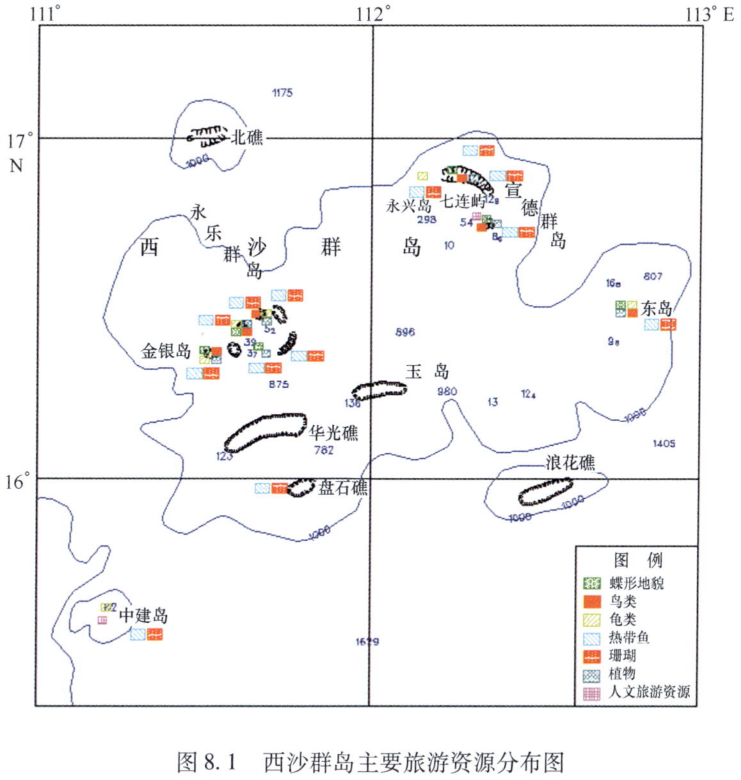

图 8.1 西沙群岛主要旅游资源分布图

表 8.7 西沙群岛旅游资源分类表

主类	亚类	基本类型	主要代表
A 地文景观	AA 综合自然旅游地	AAC 沙砾石地型旅游地 AAD 滩地型旅游地	各岛屿的海滩和沙丘地
	AC 地质地貌过程形迹	ACM 沙丘地 ACN 岸滩	各岛屿的海滩和沙丘地
	AE 岛礁	AEA 岛区 AEB 岩滩	各海岛、火山岩滩、珊瑚岩滩
B 水域风光	BE 河口与海面	BEA 观光游憩海域 BEB 涌潮现象 BEC 击浪现象	整个西沙群岛海域
C 生物景观	CA 树木	CAA 林地 CAB 丛树 CAC 独树	各岛林地
	CD 野生动物栖息地	CDA 水生动物栖息地 CDB 陆地动物栖息地 CDC 鸟类栖息地	整个西沙群岛海域 东岛的野牛和岛类栖息地
D 天象与 气候景观	DB 天气与气候现象	DBC 避寒气候地	整个西沙群岛
E 遗址遗迹	EB 社会经济文化活动遗址遗迹	EBB 军事遗址与古战场 EBC 废弃寺庙	日本旧炮楼 中岛、晋卿岛、琛航岛等岛屿的珊瑚庙
F 建筑与设施	FA 综合人文旅游地	FAB 康体游乐休闲度假地 FAF 建设工程与生产地 FAH 动物与植物展示地 FAG 社会与商贸活动场所	西沙海洋博物馆、永兴岛商业街等
	FD 居住地与社区	FDD 名人故居与历史纪念建筑	收复西沙纪念碑、南海诸岛工程纪念碑
	FF 交通建筑	FFC 港口渡口与码头 FFD 航空港	永兴岛机场、港口
G 旅游商品	GA 地方旅游商品	GAC 水产品与制品	捕获的水产品及其制品
H 人文活动	HA 人事记录	HAA 人物 HAB 事件	

8.4.8.2 开发条件

西沙区域使用性质与海南省海洋功能区划保持一致，但目前旅游业开发还没起步。

1）海水质量

西沙群岛海区具有十分优良的海水化学环境。除部分海区溶解氧、无机磷指标符合二类海水水质标准外，其余海区均符合一类海水水质标准（见表 8.8）。

表 8.8　海水化学要素评价表

项目		溶解氧 /（mg/L）	pH 值	无机氮 /（mg/L）	无机磷 /（mg/L）
水质类型	一类	>6	7.5 ~ 8.4	<0.2	0.015
	二类	>5	7.3 ~ 8.8	0.2 ~ 0.3	0.030
	三类	>4	6.5 ~ 9.0	0.3 ~ 0.4	0.045
含量范围		5.14 ~ 7.11	8.04 ~ 8.28	0 ~ 0.158	0 ~ 0.022

2）生物质量

优良的海洋生态环境使西沙群岛海域栖息着丰富多样的海洋生物。表 8.9 反应了西沙群岛的海洋生物丰度。

珊瑚在西沙群岛各岛屿潮下带均有分布，共有珊瑚种类 43 种，隶属 17 科；贝类资源非常丰富，共有 276 种，隶属 50 科；热带观赏鱼共有 250 种，隶属 12 科。

西沙群岛的陆地生物主要有龟类和鸟类。龟类主要有 4 个品种：海龟、玳瑁、龟、棱皮龟，均为国家二级保护动物，广泛分布于西沙群岛海域，尤以海龟分布密集。西沙群岛鸟类繁多，据资料记载，共有 60 多种。其中数量最多的是鲣鸟，可分为鲣鸟和红脚鲣鸟两种，其中白腹（红脚）鲣鸟是国家二级保护动物。

表 8.9　西沙群岛海洋生物分布数量表

	浮游生物 /（个/m²）	底栖生物 /（g/m²）	潮间带生物 /（个/m²）	游泳生物 /（kg/h）
平均值	10.75×10^4	5.93	27.48	64.91
东岛海区	4.31×10^4	8.13		
永乐群岛海区	13.83×10^4	4.44		132.702
宣德群岛海区	10.69×10^4	5.90		
中建岛海区	7.97×10^4	9.91		

3）气候条件

西沙群岛平均风速一般情况下在三、四级风之间，受热带气旋和冬季风的影响，全年会出现约 33 d 的大风天气。大风天气会对旅游活动造成影响。西沙群岛不仅受热带气旋（台风）影响的次数多，而且影响时间长。据统计，在 1977—1989 年期间，共有 133 个热带气旋影响，平均每年 10.2 个。全年除 2、3、12 月外，其他月份均有热带气旋影响，但主要集中在 6—11 月，其中 8 月份和 10 月份最为活跃。热带气旋常带来狂风和暴雨，天气条件非常恶劣，对旅游活动的开展有严重影响，因此，在热带气旋影响严重的季节，要注意回避灾害性天气的影响。

4）基础条件

西沙群岛总人口约 3 100 人，分别居住在永兴岛、石岛、东岛、甘泉岛、金银岛、琛航岛、珊瑚岛、中建岛等岛礁上。永兴岛是三沙市政府所在地，其建设已初具规模。岛上有医院、商店、邮局、银行、水产站、气象站、雷达站、海洋监测站、电影院等设施；有目前我国自行设计、安装的一座最大的海水淡化站；交通设施齐全，国家投入巨资填海造地，在永兴岛兴建了可起降“波音737”飞机的大型机场和5 000 t级泊位头2个（另在琛航岛建一个5 000吨级泊位码头）；建有20 hm^2 蔬菜基地、冷藏库和1 000 kW火力发电厂各1座；建立了卫星通信站，固定电话和手机均已开通。西沙工委日益重视对永兴岛环境的保护，正在建设垃圾和污水处理设施，预计污染处理能力为垃圾68 t/h和污水2 t/h。

8.4.8.3　开发方向

1）西沙群岛旅游开发应重点开发的区域：

①永兴岛潜水及海底观光游览区。在永兴岛的浅海区（等深线在20 m以内）建设潜水及海底观光游览区。需购置海底观光船和海上交通运输船，将游客从永兴岛运送至游览点，让游客上海底观光船游览，或让游客进行潜水游。

②七连屿空中游览区。在永兴岛以北的七连屿建空中浏览区。七连屿实际为宣德群岛北部的10个岛屿：西沙洲、北岛、中岛、赵述岛、三峙仔、南岛、北沙洲、中沙洲、南沙洲、西新沙洲。10个岛屿连成一串，从飞机上看，像一串珍珠镶嵌在蓝色碧波上，景色非常秀丽。最远的西沙洲距离永兴岛大约18 km，从永兴岛出发乘飞机在七连屿上空浏览一圈，来回只需大约1 h。

③西沙洲海龟观赏区。位于宣德群岛北部的西沙洲沙滩面积较大，海域位置特殊，是海龟游戈和栖息产卵的重要岛屿，与永兴岛的距离较近，适合建立海龟观赏区。

④东岛鲣鸟观赏区。在永兴岛以东大约35 km的地方，有以“鲣鸟天堂”著称的东岛。东岛面积1.707 2 km^2，是西沙群岛第二大岛。东岛上建有鲣鸟自然保护区，岛上鲣鸟众多，最多时达10万只，适合在此建鲣鸟观赏区。

⑤永兴岛垂钓区。在永兴岛的潮间带及近海区域，有大量的热带鱼及经济鱼类，可在此建海上垂钓区，开展休闲渔业游。

⑥永乐群岛海上巡游区。位于西沙群岛西南部的永乐群岛为海上巡游区。永乐群岛各岛屿面积小、相互距离近，岛上回旋余地小，不适于上岛游览，适于从海上观赏各岛屿远景。经过银屿时，可观赏到大量在海面飞翔的海鸥。永乐群岛最北的岛屿——银屿距离永兴岛约100 km，坐船绕行永乐群岛一圈，大约需航行90 km。

2）西沙群岛的旅游产品

根据西沙群岛的资源特色、环境条件以及旅游市场需求和发展趋势，可以设计以下单项旅游产品。

①空中俯瞰游。西沙群岛海域宽阔，岛礁地势平坦，平均海拔只有4～5 m，在任一岛上都难以观赏到西沙海域的全貌。因此，空中俯瞰西沙群岛全貌具有广阔的客源市场。

②海上巡游。一望无际的大海、湛蓝的海水、海中时不时跃出海面的鱼以及天空中飞过的海鸟，构成了独特的热带海洋风光。西沙群岛的许多岛屿具有独特的蝶形地貌，四周高、中间低，四周是形如城墙的砂堤，中间是洼地、潟湖，坐船在海上巡游观赏，景色非常漂亮。因西沙群岛大部分岛屿面积小、岛上陆域回旋余地小，岛上接待条件有限，非常适合开展“岛上游、岛外住”的方式，采用大吨位的豪华游轮，既做去海上巡游的工具，又做海上饭店，解决游客的食宿问题，以减轻岛上淡水、蔬菜的供给压力。

③海底观光和潜水游。西沙群岛各岛屿礁盘附近生长着极其美丽而茂盛的珊瑚，以及色

彩鲜艳、体态万千的热带鱼，共有珊瑚43种、热带观赏鱼200多种。潜入水中，能带你进入一个平生难得见到的神秘空间。一丛丛、一簇簇的珊瑚像盛开的鲜花覆盖着整个海底：有的金黄、有的雪白、有的鲜红，还能与五光十色的热带鱼共舞。西沙海域水质清澈、海水透明度一般为20~30 m，非常适合海底观光游览，在深水区，可采用海底观光船进行观赏，在浅水区，可以潜水的方式观赏。

④休闲渔业游。西沙群岛海域鱼类资源丰富，历来是我国南海重要的渔场。可开展垂钓、近海捕捞等渔业休闲活动。垂钓方式有近岸垂钓、坐船到海中垂钓等。在礁盘区域可根据条件适当开展延绳钓式捕捞、拟饵曳绳钓式捕捞、手钓式捕捞、礁盘围网等捕捞活动，让游客放松心情，享受休闲渔业的乐趣。

⑤海鸟观赏游。西沙群岛海鸟众多，尤其是东岛，海鸟如蚁，野牛成群，仅国家级保护动物鲣鸟就有十余万只之众，无数白色海鸟聚集绿色树枝，树林中还有不少野生动物，成群的野牛是东岛的霸主。东岛已建立自然保护区，保护鲣鸟和野牛。东岛有热带植物20多种，鲣鸟最喜欢栖息在麻疯桐上。在东岛开展海鸟观赏旅游活动，在适当地点建立“观鸟台”，配备高倍望远镜，让旅游者在安全的环境中尽情观赏海鸟及野牛等野生动物的情态，生动而有趣。

⑥海龟观赏游。中建岛、甘泉岛、北岛、西沙洲是海龟的主要繁殖和栖息地，可建成海龟观赏区。海龟平时生活在浅水区和礁盘附近，在繁殖季节，晚上上岛产卵。白天在岛上可看到大量的龟蛋，有时能看到幼小海龟，在浅水区和礁盘附近可看到大海龟。

8.4.8.4 西沙群岛旅游资源开发前景宏观评价

1）旅游投资分析

旅游基础设施和接待设施建设投资总量约为1.4亿元。其中包括：①旅游交通设施投资：购置5 000吨级豪华游轮一艘，投资约3 500万元；小型游船10艘，投资约2 000万元；在东岛和西沙洲各建立简易码头一个，约投资200万元；购置专用西沙旅游飞机1架，约投资1 500万元。②游客接待中心投资：在永兴岛建设一个游客接待中心，无需解决住宿，只解决游客午餐问题，约投资100万元。③能源及通信设施投资：建设天然气运输管道，海南岛三亚市将天然气引入永兴岛，约投资2 000万元；扩大西沙群岛电力，配置2台2×10^4 kW的发电机，约投资2 000万元；提高移动电话和固定电话的通信能力，约投资500万元。④物资贮存设施投资：将现有冷藏库进行改造，使物资冷藏能力提高到1 000 t，约投资200万元；提高淡水储存能力和海水淡化能力，约需投资2 000万元。

旅游项目建设投资约为1 600万元，其中包括：①永兴岛海上垂钓区投资：在永兴岛建设海上垂钓区，约投资500万元。②永兴岛海底世界投资：在永兴岛建设海底世界观光区，需购置透明半潜式观光船1艘和配套设施，约投资1 000万元。③东岛观鸟台投资：在东岛建设观岛台，约投资100万元。

流动资金主要包括管理人员和劳动力工资和培训费、燃油费、维修费、生活用品采购费等项目，每年约需要500万元。

2）旅游效益分析

①经济效益详见表8.10。

②环境效益

主要表现在：旅游开发不仅带来了巨大的经济效益，也能使人们认识到，良好的生态环境和独特的旅游资源能带来巨大的经济利益，从而增强人们自觉保护生态环境和旅游资源的意识，避免曾经有过的例如炸鱼、捕捉海龟和龟蛋等破坏环境的不良行为。而且，旅游开发增加了人们的收入和政府税收，增强了当地政府的经济实力，可以弥补西沙群岛各自然保护区的资金缺口，引进更加先进的管理经验、技术和设施，从而更好地促进自然保护区的保护与管理。特别地，在西沙群岛开展的是生态旅游，遵循的是可持续发展理念，宗旨是旅游经济与环境保护的协调发展，因此，在西沙群岛开展生态旅游，更能促进和推动生态环境的保护。

表 8.10　西沙群岛旅游开发的经济收益估算表

	低位估计	中位估计	高位估计
每艘次游轮载客量/人次	500	600	700
每架次飞机载客量/人次	100	110	120
接待游客的天数/天	150	160	170
全年旅游收入/万元	5 287.5	6 584.0	7 998.5
每年的折旧与流动资金/万元	3 260	3 260	3 260
年均经济利润/万元	2 027.5	3 324	4 738.5
投资回报率/（%）	62.19	101.96	145.35

③西沙群岛旅游开发所带来的社会效益

首先，能提高国民素质。对于游客来说，通过领略西沙群岛独特的自然风光和民俗风情，不仅能够增长知识，缓解紧张的工作和生活所带来的压力，增进友谊，更重要的是可以提高人们的国土意识，有利于培养爱国主义情操。对于当地居民而言，通过与游客的交往，可以增强忧患意识、市场经济意识和环境保护意识，丰富人们的生活方式和生产方式，极大地提高生产能力和劳动生产率。西沙群岛居民的受教育水平普遍较低，通过与高素质的游客接触，不仅可以丰富其知识，更重要的是能提高居民学习科学文化知识的积极性和主动性。

其次，能解决西沙群岛当地渔民的就业问题。旅游业是劳动力的蓄水池。西沙群岛当地居民祖祖辈辈以捕鱼为生，不仅风险大，劳动生产率低，而且对生态环境和生物多样性的破坏非常大。旅游开发将带来大量游客，为西沙群岛当地居民转变生产方式提供了基础，从而促进产业结构的优化和高级化。

第三，能提高西沙群岛当地居民的收入水平。研究和实践表明，旅游开发是扶贫开发的行之有效的重要手段。西沙群岛由于孤悬海外，远离大陆和海南岛，处于相对封闭和原始状态，生产力水平和生产方式相对落后，人们的收入普遍较低。旅游开发将为当地居民提供施展其才华的空间。通过正规就业和非正规就业，将会大大增加当地居民的收入。

当然，过多的游客可能会增大西沙群岛的生态压力，破坏珊瑚礁、破坏海龟、海鸟的生存环境，对此一定要认真研究，妥善解决。

8.4.8.5　西沙群岛旅游资源开发对策和建议

1）建立后方基地

西沙群岛旅游区远离大陆，也远离海南岛，且面积狭窄，生活资源缺乏，旅游者不宜久留，必须建立一个强有力的、功能齐全的后方基地。海南省三亚市与西沙群岛距离最近，已有可通达永兴岛的机场和码头，其本身又是一个具有不少黄金景点的著名旅游城市，在三亚市设置西沙群岛旅游后方基地最为适宜。三亚后方基地应该具有西沙群岛旅游总指挥部、外联部、接待部、运输部等诸多部门，发挥多方面功能。西沙群岛与大陆相距较远，游客往返、物资运输的任务十分繁重，后方基地应做出合理安排。来自天南海北的旅游团不可能从客源地直赴西沙，而是先到三亚中转，分批次去西沙，后方基地应妥善安排其食宿，做好迎来送往工作。后方基地还应具有应付突发事故的能力，如遇到台风、暴雨，三亚、西沙间的航空班机、游轮将不能正常运行，西沙旅游者滞留难回，三亚游客大量积聚，后方基地应有充分的应变准备。

2）组建开发实体

为确保西沙群岛旅游的有序开发，取得社会、经济和生态保护的多重效益，有必要组建或指定一家有实力的开发实体，作为西沙群岛旅游项目法人，由海南省政府和三沙市政府授予一定时限的特许权和经营权，在政府主管部门的宏观指导下，独家开发和经营西沙群岛旅游。开发实体的本部应设在西沙群岛旅游开发的后方基地——三亚市。开发实体要对全局进行调控；按照旅游发展总体规划，制定西沙群岛旅游的阶段性计划并具体组织实施；当客源市场、景区气候发生变化时，及时对原有计划加以调整，使整个系统始终以最佳状态运作。根据不同季节与气候条件，组织各种特色旅游团队及科学安排旅游线路。

3）积极筹措建设资金

西沙群岛旅游开发是一项巨大工程，需投入大量的资金，由于海南省经济基础薄弱，因此，广开渠道筹措资金，是一项重要而艰巨的任务。政府应积极支持，进行政策倾斜，银行进行信贷扶持，采取国家、企业投入等多种融资方式，按照产权明晰、有偿使用的原则，谁投资，谁管理，谁受益。

4）做好对外宣传

西沙群岛虽然有着独特优良旅游资源，但由于长期的军事限制，在国内不为游客所了解。西沙群岛的旅游开发，不仅要在旅游产品上下功夫，努力打造旅游精品，宣传促销也很重要。政府要大力发挥主导作用，积极采取各种宣传措施，如：组织大型宣传活动，着力宣传西沙群岛的海岛旅游特色；参加国内的旅游展销会；到客源地为旅游业界人士举办报告会或专题推介会、讨论会等。

5）重视生态环境保护

优良的生态环境是海岛旅游可持续发展的前提和保证。发展西沙群岛旅游，必须采取集法律、行政、科学技术和宣传教育为一体的生态环境保护措施，以科学的手段和方法防止植被破坏和生态环境质量下降。具体要做到以下几个方面：

①在旅游项目开发方面，遵循环境保护原则。在旅游开发项目审批当中，没有妥善解决环保措施的项目不得进入西沙及其附近海域，游览设施按规划统一设置，做到不破坏景观，不影响观赏；保全文物史迹所处环境和历史地段，尽力保持历史原貌，不任意增添或修改，保证其整体性；严格控制游客流量，切忌盲目扩大开发规模；加强保护生态环境的宣传，使旅游者人人自觉保护生态环境，未经批准不带走岛上的一草一木一石一蛋，彻底杜绝破坏生态环境的违法违章事件。

②建立环境监测系统。为了有效地掌握海岛环境质量状况及其发展趋势，为旅游开发及

管理提供基础资料和科学依据，建议建立陆地和海洋环境监测系统，对西沙群岛环境进行定期采样监测，如出现环境质量下降的现象，及时采取措施，确保西沙群岛优质的生态环境。

③建立自然保护区，以保护西沙群岛的生物旅游资源。西沙群岛现有的旅游资源已因一些渔民的不法行为而遭到一定程度的破坏，为防止游客在旅游过程中，对旅游资源尤其是一些珍稀旅游资源造成破坏，建议建立自然保护区。在东岛鲣鸟自然保护区的基础上，建立一个大的保护区，保护西沙群岛的珊瑚、海龟、森林植被。严格按照自然保护区的旅游开发原则，进行功能分区，分为核心区、缓冲区和实验区。核心区严禁任何人进入；缓冲区只准进入从事科学研究观测活动；实验区才可以开展旅游活动。

④景区实行生态化建设和管理。生态性是生态旅游地的基本特性。生态旅游地的景观建设和管理应充分体现生态性，体现人与自然的协调性。旅游项目和旅游路线尽量亲近自然、体现自然。海上垂钓区必须离海岸 2 km 以上。旅游接待中心的建设要与周围的生态环境相适宜，充分体现海洋特色，建材尽量就地取材，营造一种融入自然、亲近自然的氛围，切忌大肆砍伐树木、建造岛上城市，破坏生态环境。在无可避免地破坏了绿地的情况下，必须通过人工措施，及时为旅游活动造成的裸地覆盖植被等生态恢复工程，以补偿旅游活动对生态环境造成的负面影响。消耗物品的材料选择须遵循环保、节能的原则。禁止废水直接排入大海。发展海水淡化技术，建立起一个独立的自循环系统。以水为例，酒店通过海水淡化设备取得淡水，使用后的废水又集中处理，把废水中的固体物质提取出来，做岛上植物的有机肥料，又把清水循环使用做灌溉用水、卫生间冲洗用水。禁止任何废弃物排入大海。要求游客在特别开辟的专门区域进行垂钓，必须用专门的方式垂钓，禁用渔网。潜水游客要特别注意不能踩、采珊瑚。游客要自觉保护环境，不乱扔垃圾，在西沙洲和东岛旅游时，将垃圾用袋子装好，带回永兴岛或游船上。

6）建立海上事故预警机制，加强安全保障

建立海洋灾害监测预报系统和海上救助系统，预防海上事故的发生，确保在事故发生后游客能得到及时的救助。西沙群岛地处低纬热带，是多热带气旋地区。全年除 2 月、3 月、12 月外，其他月份均受到热带气旋的影响。在热带气旋影响期间，西沙群岛附近海域经常出现巨浪和风暴潮，对港口、码头及其他设施造成很大影响，并常常危及人民生命财产安全，对西沙群岛的旅游业将造成巨大影响。为保证旅游活动的顺利进行，建立海洋灾害监测系统，每天对西沙群岛天气、海浪等情况进行监测和预报，在热带气旋影响西沙群岛之前，停止旅游活动的开展，尽量避免海洋灾害的影响。海洋渔政、渔监队伍与海事监察队伍联合，建立海上救助系统，如出现海上事故，能在最短时间内进行救助，减少游客的生命和财产损失。不设置风险太大的旅游项目，在一些具有一定风险的旅游项目上要设置必要的救生员或医疗机构，以保护游客的健康和生命安全。

8.4.9 七洲列岛综合海岛旅游区

8.4.9.1 基础条件

七洲列岛位于海南文昌市东北海域，由南峙、双帆、赤峙、平峙、狗卵浮、灯峙、北峙等 7 个岛屿组成，自南向北七峰突起，成一条曲线排列，列长 13.2 km，大致分布在 19°52′～20°N，111°11′～111°17′E 的海域范围内，是海南省最东部的海岛。七洲列岛向来被列为文昌八景之一，远观及近览均奇特秀丽，上面鸥鸟成群、云遮雾绕，还有神秘的海上洞穴、斑斓的海底世界，是令人神往的海上仙岛。七洲列岛也是传统的天然渔场，周围地形复杂，离岸不远水深就可达 15 m 以上，鱼种众多，有很多广东湛江的渔船去捕鱼。除了龙虾、海胆外，真鲷、金枪鱼、石斑鱼、乌贼、对虾、炮弹鱼、马鲛鱼等都很常见。在七洲列岛北侧的抱虎湾外，还有人发现天然珍珠贝。

8.4.9.2 开发现状

七洲列岛综合海岛旅游区是文昌市滨海旅游规划中的较为重要的待开发景区。尽管如此，每年仍有不少游客光临此处或观光或捕鱼休闲。

8.4.9.3 开发方向

综合考虑七渊列岛基础条件与待开发现状，七洲列岛综合海岛旅游区未来的开发方向应以海岛观光、海岛科考和休闲渔业为主，鸟类及自然风光观光为辅。

8.4.9.4 开发前景宏观评价

通过海岛观光、海岛科考和休闲渔业的开发和发展，随着国内外游客的纷至沓来，如能合理控制游客容量和实施有效环境保护，既能促进旅游业增收，也能有效提升七洲列岛及所属文昌县的国内外知名度，促进旅游业及全县整体经济发展，并形成对于海南岛东部休闲度假旅游区整体旅游形象的充实和强化。

8.4.9.5 开发环境影响评价

对于依托七洲列岛及其附近海域开发和发展的海岛观光、海岛科考和休闲渔业，在适度控制游客容量和实施有效环境保护的前提下，既能促进附近地区旅游业及整体经济发展，也能为海南岛周边附件海岛的开发利用提供有效参考范例。为全省旅游业向海岛和南海海域的纵深推进积累宝贵经验。

8.4.9.6 开发对策与建议

首先，要加大交通、通信等基础设施建设力度，改善和优化七洲列岛综合海岛旅游区的对外交通和通信条件；

其次，要进行海岛观光、海岛科考和休闲渔业旅游产品的开发和设计，充实和强化综合海岛旅游区工业海岛观光、海岛科考和休闲渔业的实质与内涵；

再次，要科学选择目标旅游市场，加大旅游市场营销力度，彰显自身优势与特色，增强旅游市场吸引力；

最后，要加强软环境建设，提升管理水平和服务水平，形成有利于综合海岛旅游区海岛观光、海岛科考和休闲渔业发展的优越的社会环境。

8.4.10 铺前港休闲渔业滨海旅游区

8.4.10.1 基础条件

铺前港位于文昌市铺前镇以西的一带海域。铺前镇位于文昌市的最北部，面积134.7 km^2，东、西、北三面环海，海岸线长38 km，是文昌市的侨乡、鱼米之乡。铺前镇有木兰港、铺前港、新埠港3个自然良港。铺前港的港湾水清潮稳，沙滩平坦宽阔，沙质细白柔软，是游泳、日光浴的好地方。

8.4.10.2 开发现状和方向

目前，铺前港基础设施简单，主要以渔业为主，旅游业还未得到深度发掘与开发。铺前港看起来极为普通，但铺前港历史悠久，早在明代此处就设水军重寨，清末民初成为海南移民进出新加坡、泰国、马来西亚等东南诸国的主要港口。铺前镇胜利街南洋风格的骑楼，是海南第二大骑楼老街，仅次于省城海口骑楼老街。1988年海南省政府批准其为进出口货物装卸点。

铺前港离国际航道不到10 n mile，建港条件优越，能建多个3万~5万吨级泊位码头。加之，铺前镇集人文景观与自然景观于一体，因此，铺前港适合发展休闲渔业、远洋贸易、海运、避险、海上补给和远洋轮停泊等港口产业。

8.4.10.3 开发前景宏观评价

铺前镇由于地理位置优越。100多年前，它以依靠港口船舶的往来，以木帆船开往东南亚各国经商贸易，沟通异域信息，而现在铺前镇居海外的华侨就繁衍3万多人，他们分别住在新加坡、泰国、澳大利亚、美国、越南、加拿大等14个国家和地区。此镇不仅华侨多，而且这里的华侨也特别重乡情，捐款修路建桥、兴建校舍。因此，当地政府应加强与华侨联系，共同搞好旅游开发。

8.4.10.4 开发环境影响预测

从考察时的情况看，目前铺前镇游客较少，加之当地居住人口较少，因此，还没有产生明显的环境污染问题，而古朴的民风、独特的人文景观、渔港特有的风情，给人一种心旷神怡的感觉。

8.4.10.5 开发对策和建议

第一，铺前港区位独特，风景旖旎。所处的地区是锥形半岛状向琼州海峡凸出，三面环海，自然形成一个相对独立的半封闭式的区域，可利用的陆地和滩涂面积较宽，适合发展区域性经济，带动旅游业发展。

第二，该区周边分布大量优质的石英砂，具备建设大型玻璃生产基地。依托资源优势，港口条件及公路建设等配套基础设施，开发区适合建设以玻璃制品为主的建材工业加工区，发展工业旅游。

第三，距离铺前港不远的还有个木兰湾，木兰湾的木兰头灯塔是我国乃至亚洲最高的灯塔，灯塔整体高度 73 m，海拔高度 97 m，堪称亚洲最一。开发以“海南角”为重要主题的旅游资源，与开发铺前港休闲渔业滨海旅游区相结合，以共同建设国家级旅游度假区。

第四，建议因地制宜开发各种形态和类型的休闲渔业，对游钓渔业、体验渔业、观赏渔业、海洋科普、渔业文化等休闲项目进行设计策划。同时，在发展休闲渔业的过程中要注意政策、管理、配套、组织、培训、生态等问题。

8.4.11　冯家湾—宝峙湾度假滨海旅游区

冯家湾（三更峙）位于文昌市会文镇冯家湾海滨，距文城镇 30 km，是一座 50 m 高的小山包，三面临海，山藤野树青翠葱茏，曲径回旋通上峙顶。登顶观望，能尽览南海日出和椰林晚霞。临海三面峙脚，超过 200 m 长的石滩连成半圆形。滩上石头颇具特色，大的如屋，小的如拳，形态多样，错落有致。

峙的东北边是冯家湾，这里沙质白净松软，水浅滩宽，沿岸 100 m 内不没人头，200 m 以内海水深度不超过 2 m，波平浪静，常年阳光充足，水温宜人，岸滩绵长，宽阔平坦，茂密的椰子树，荫翳蔽日的木麻黄林带，是夏日时节天赐予游人的“太阳伞”。沿岸浅海海底发育珊瑚礁，海底景色迷人。本区适合于发展滨海观光、游泳、海滩活动、海上运动娱乐、休闲度假等旅游活动。

北京龙脉集团在文昌市投资开发的冯家湾滨海旅游度假区，是中国第一家海底酒店旅游项目及滨海旅游产业，设计为 5A 级景区，建设海中的旅游王国。

宝峙湾地处文昌市会文镇的东部海岸，北面据文昌市 31 km，离省会海口 90 km，南离琼海市 45 km，占地约 400 hm^2，它北接清澜港高隆湾旅游度假区和东郊椰林旅游度假区，南临冯家湾旅游度假区。琼文高速公路在会文镇有出入口，到 2010 年建成的东线快速铁路在文昌竹林有站台。

宝峙湾周边滨海旅游区的情况：北面有铜鼓岭“琼东第一峰”石景公园，度假生态旅游区；有东郊椰林度假观光旅游区。南面有冯家湾泉侨乡风光度假区，博鳌亚洲论坛会址，国际会议中心，博鳌水城度假区。

该旅游区海岸沙滩资源利用上突出“层”的概念，满足不同度假层次的需求；不同度假类型有不同的需求，短期度假（以酒店、度假村）为主，需要尽量亲近大海，方便的使用沙滩。长期度假并不希望太靠近海滩，但能欣赏到海景，与海滩能方便的联系。拟建湿地公园、水上乐园、富豪水庄、内湖水域、华侨新村、海岸度假村等。目标是将其建成一个回归自然的生态型水城，一个富有魅力的滨海区，一个清新和谐的度假海湾。

8.4.12　海南省其他待开发滨海旅游区简介

8.4.12.1　*角头湾度假滨海旅游区*

角头湾度假滨海旅游区位于三亚市崖城镇梅山角头西北至与乐东交界处沿岸海域。海水洁净，符合《海水水质标准》（GB 3097－1997）第一类标准。沿岸沙滩丰富，坡度平缓。已规划建设，与海南省海洋功能区划、三亚市海洋经济发展规划及三亚市旅游发展总体规划等保持一致。宜开展滨海生态旅游，可建设简易旅游码头，为东锣、西鼓海岛旅游开发提供沿岸依托。

8.4.12.2 潮滩鼻度假滨海旅游区

潮滩鼻度假滨海旅游区位于文昌市东北部锦山镇东部沿岸。沿岸沙滩洁白而宽广，海滩宽度可达100 m；近岸海域为基岩海岸湿地，有珊瑚礁生长发育。宜开展滨海度假、沙滩娱乐、休闲渔业等滨海旅游项目。

8.4.12.3 保定湾度假滨海旅游区

保定湾度假滨海旅游区位于万宁市乌场港至东澳后海之间岸段，沙滩平缓绵长，水质优良，部分岸段避风条件好，适合开展休闲度假活动，随着大洲岛以北地区深水养殖的发展，还可以开展休闲渔业旅游。

8.4.12.4 龙栖湾度假滨海旅游区

龙栖湾度假滨海旅游区位于乐东南部至与三亚市交界处的沿岸海域，与三亚西部的角头湾度假旅游区相连。该旅游区岸线曲折，中部为岭头洋沿岸，是礁岩海岸，其余为沙坝海岸，沙滩宽阔，沙质细腻，坡度平缓，海水洁净，水温适宜。遥望茫茫大海，东锣岛和西鼓岛若隐若现，虚无缥缈，增加许多热带海岛情趣。区内岭头洋北端还有一个天然小渔港，是龙栖湾渔港，渔船、渔网、渔具、渔民构成一幅热带渔村景观。在旅游开发中可保留原有渔港，并在此基础上扩建旅游码头，建设大型滨海休闲度假渔村，开展滨海度假休闲、海洋渔业体验和海岛观光等旅游项目。

8.4.12.5 太阳城度假滨海旅游区

太阳城度假滨海旅游区位于乐东县西南部白沙港和莺歌海之间沿岸海域。该岸段岸线顺直，沙滩宽阔，坡度平缓，河海交会，资源交加，海水洁净，水温适宜。可开展沙滩休闲、海水浴场、海上运动、休闲渔业等活动。宜建设滨海休闲度假项目。

8.4.12.6 潭门—福田度假滨海旅游区

潭门—福田度假滨海旅游区位于琼海潭门到福田沿海。随着博鳌旅游品牌的效应，博鳌旅游向周边辐射发展是必然趋势。潭门中心渔港的开发建设，海洋休闲渔业旅游会带来极大的发展。从潭门到福田沿岸海域，有着极为丰富的海底生物资源，是开展海洋旅游的理想场所。从自然属性、开发现状和今后的社会发展需求来看，该岸段海域适合发展度假旅游。

8.4.12.7 赤岭度假滨海旅游区

赤岭度假滨海旅游区位于陵水西南部，由赤岭、小赤岭和第三岭及其沿岸海域组成。赤岭高度125 m，小赤岭高度41 m，第三岭高度21 m，三座山峰由西向东高低有序排列，直插入海，形成悬崖峭壁，山峰之间形成小海湾，湾顶有沙滩发育，为滨海旅游提供了很好的基础条件。宜建设滨海度假村，开展游泳、海上运动娱乐、垂钓等滨海旅游活动。

8.4.12.8 内六村—月亮湾度假滨海旅游区

内六村—月亮湾度假滨海旅游区位于文昌市翁田镇东部内六村—月亮湾东部沿岸海域。

岸线顺直，沙滩宽阔洁白，由于多条小河流入海而形成多个小港湾，开展休闲渔业旅游条件优越。

8.4.12.9 山钦湾度假滨海旅游区

山钦湾度假滨海旅游区位于万宁市龙滚镇东部沿海岸段，沙滩平缓绵长，水质优良，特别是具有靠近博鳌旅游景区的地理优势。随着“博鳌亚洲论坛”的深入开展，山钦湾旅游区有望成为博鳌旅游区的辐射区域。

8.4.12.10 后水湾度假滨海旅游区

后水湾度假滨海旅游区位于儋州市光村镇和木棠镇北部沿岸，与临高比邻，对面有邻昌礁，旅游区沿岸有大规模沙滩分布，宽约20~30 m，滩面平缓，沙质洁白、细软，气候温和、舒适，海水温暖、洁净，是条件较好的沙滩休闲、海上运动娱乐和海水浴场；后水湾东南部分布着大片长势良好的红树林，宜开展红树林生态观光旅游。

8.4.12.11 双帆石综合海岛旅游区

双帆石度假滨海旅游区位于陵水县黎安镇东部外海海域。双帆石为离岸海岛，离黎安沿岸约7 km，主要组成物质为花岗岩，陆地面积0.016 km^2，海岸线长0.7 km，为礁岩海岸，最大高程44.3 m。由于远离海南本岛，长期受到波浪冲刷，海蚀地貌发育，海蚀崖、海蚀槽沟、海蚀洞穴等地貌景观随处可见。海岛周围水质清新，海洋生物丰富。利用海岛不会变动的特点，建立海洋旅游开发平台，开展海岛地貌观光、海洋垂钓、天体浴场、海底观光等海洋旅游活动。

8.4.12.12 青葛—冯家湾休闲渔业滨海旅游区

青葛—冯家湾度假滨海旅游区位于琼海市冯家湾到青葛沿海，处于琼海与文昌结合部，离琼海市和文昌市均约半个小时的车程，距海口市也仅有一个半小时车程，具有优越的郊区观光休闲旅游的条件。沿岸海域有丰富的珊瑚礁、海草和热带观赏鱼资源，生态系统相对完善，其外海 -30 m深左右海域范围为上升流区，具有丰富的海洋渔业资源，具有发展休闲渔业的优越条件。结合海洋资源及热带田园风光，依托青葛渔港，宜开展休闲渔业、餐饮、观光、度假、避暑等多功能的旅游活动。

8.4.12.13 八门湾休闲渔业滨海旅游区

八门湾度假滨海旅游区位于文昌八门湾内。八门湾红树林是海南省著名的红树林景观，有“海上森林公园”之美称。文昌八门湾红树林现有18个科30余类，占目前全世界红树品种81种的40%，是我国红树品种最多的地方。八门湾红树林风光旖旎，千姿百态，可以开展红树林观光旅游。与此同时，可利用渔业比较发达的优势，开展休闲渔业旅游。

8.4.12.14 中沙群岛旅游区

中沙群岛位于我国南海诸岛的中部，西沙群岛的东南方，由中沙大环礁、黄岩岛（民主礁）、中南暗沙、宪法暗沙，以及一统暗沙和神狐暗沙等40余个礁、滩、沙组成，大部分岛礁淹没在水下，黄岩岛是中沙群岛唯一有礁石露出水面的珊瑚礁。

中沙群岛是穿越南海航道的必经之地，与西沙群岛的永兴岛相距约220 km；西北距海南岛榆林港超过570 km。

中沙群岛行政隶属西、南、中沙群岛办事处。

8.4.12.15　南沙群岛旅游区

南沙群岛是我国南海四大群岛中分布最广，位置最南的群岛，地理上位于3°50′～11°30′N和109°30′～117°50′E之间，有230多个岛屿、礁滩和沙洲，东西长约905 km，南北宽约887 km，海域面积为88.6×10^4 km^2。岛屿陆地总面积不到3 km^2，主要岛屿有太平岛、南威岛、中业岛、郑和群礁、万安滩和曾母暗沙等。

南沙群岛行政隶属三沙市。现我国驻军的岛屿共7个，包括永暑礁、赤瓜礁、东门礁、南薰礁、渚碧礁、华阳礁、美济礁；现我国台湾驻军的岛屿共1个，即太平岛。

8.5　海南省潜在滨海旅游区开发时序安排

根据潜在滨海旅游区评价与选划技术要求，潜在滨海旅游区是指适于发展旅游项目，但目前尚未开发或开发程度较低的滨海空间或地域。据此，在本研究中，现状旅游区包括上文提到的开发较成熟的旅游区、初步开发的旅游区和正在建设的旅游区，共计37个现状旅游区；潜在滨海旅游区包括上文中提到的初步开发的旅游区、正在建设中的旅游区和待开发的旅游区，共计50个潜在滨海旅游区。

根据客源市场、旅游业在当地社会经济发展中的意义、旅游开发对海南国际旅游岛建设作用、旅游资源和旅游产品的互补性等条件，设置潜在滨海旅游区的开发时序和不同潜在滨海旅游区的重要程度（见表8.11）。

表8.11　潜在滨海旅游区开发时序和重要程度

序号	旅游区名称	综合得分	所属区域	开发状况	开发时序
1	海棠湾度假滨海旅游区	143.31	三亚市	正在建设	近期
2	西沙群岛综合海岛旅游区	103.5	三沙市	待开发	近期
3	东寨港生态滨海旅游区	159.38	海口市	初级开发	近期
4	金沙湾—盈滨半岛度假滨海旅游区	134.46	海口市	初级开发	近期
5	海口美丽沙邮轮码头旅游区	133.5	海口市	正在建设	近期
6	铁炉港度假滨海旅游区	123.98	三亚市	正在建设	近期
7	海口湾游艇码头旅游区	122.71	海口市	初级开发	近期
8	东郊椰林生态滨海旅游区	112.98	文昌市	初级开发	近期
9	铜鼓岭生态滨海旅游区	105.82	文昌市	初级开发	近期
10	神州半岛度假滨海旅游区	100.01	万宁市	正在建设	近期
11	石梅湾度假滨海旅游区	106.59	万宁市	初级开发	近期
12	香水湾度假滨海旅游区	101.57	陵水县	初级开发	近期
13	海口东海岸度假滨海旅游区	132.51	海口市	初级开发	近期

续表 8. 11

序号	旅游区名称	综合得分	所属区域	开发状况	开发时序
14	东锣—西鼓综合海岛旅游区	126. 13	三亚市	待开发	近期
15	红塘湾度假滨海旅游区	108. 99	三亚市	初级开发	近期
16	角头湾度假滨海旅游区	104. 95	三亚市	待开发	近期
17	棋子湾观光滨海旅游区	95. 45	昌江县	待开发	近期
18	洋浦度假滨海旅游区	89. 77	儋州市	初级开发	近期
19	龙沐湾度假滨海旅游区	76. 39	乐东县	正在建设	近期
20	高隆湾度假滨海旅游区	75. 47	文昌市	初级开发	近期
21	分界洲综合海岛旅游区	98. 48	陵水县	初级开发	近期
22	南燕湾度假滨海旅游区	91. 98	万宁市	初级开发	近期
23	春园湾观光滨海旅游区	91	万宁市	初级开发	近期
24	陵水湾度假滨海旅游区	83. 41	陵水县	初级开发	近期
25	九龙湾度假滨海旅游区	82. 56	东方市	正在建设	近期
26	八所度假滨海旅游区	82. 3	东方市	初级开发	近期
27	新村港休闲渔业滨海旅游区	75. 72	陵水县	初级开发	近期
28	潭门—福田度假滨海旅游区	89. 04	琼海市	待开发	中远期
29	木兰湾度假滨海旅游区	83. 78	文昌市	待开发	中远期
30	内六村—月亮湾度假滨海旅游区	79. 98	文昌市	待开发	中远期
31	莺歌海观光滨海旅游区	79. 35	乐东县	待开发	中远期
32	七洲列岛综合海岛旅游区	87. 18	文昌市	待开发	中远期
33	赤岭度假滨海旅游区	86. 73	陵水县	待开发	中远期
34	双帆石综合海岛旅游区	84. 52	陵水县	待开发	中远期
35	七星岭观光滨海旅游区	79. 82	文昌市	待开发	中远期
36	日月湾度假滨海旅游区	79. 52	万宁市	待开发	中远期
37	老爷海休闲渔业滨海旅游区	78. 02	万宁市	待开发	中远期
38	山钦湾度假滨海旅游区	77. 41	万宁市	待开发	中远期
39	水口港—椰子岛度假滨海旅游区	77. 34	陵水县	待开发	中远期
40	后水湾度假滨海旅游区	76. 14	儋州市	待开发	中远期
41	龙腾湾度假滨海旅游区	75. 45	乐东县	待开发	中远期
42	小海休闲渔业滨海旅游区	73. 95	万宁市	待开发	中远期
43	冯家湾—宝峙湾度假滨海旅游区	73. 76	文昌市	待开发	中远期
44	潮滩鼻度假滨海旅游区	73. 76	文昌市	待开发	中远期
45	保定湾度假滨海旅游区	73. 51	万宁市	待开发	中远期
46	龙栖湾度假滨海旅游区	71. 97	乐东县	待开发	中远期
47	青葛—冯家湾休闲渔业滨海旅游区	71. 51	文昌市	待开发	中远期
48	八门湾休闲渔业滨海旅游区	71. 18	文昌市	待开发	中远期
49	太阳城度假滨海旅游区	67. 24	乐东县	待开发	中远期
50	铺前港休闲渔业滨海旅游区	59. 78	文昌市	待开发	中远期

从表 8. 11 可见，海南省近期重点开发 12 个潜在滨海旅游区。海棠湾度假滨海旅游区和

西沙群岛综合海岛旅游区这两个潜在滨海旅游区对海南国际旅游岛建设具有最为重要的意义，应当重中之重优先重点开发；东寨港生态滨海旅游区、美丽沙邮轮码头旅游区等 10 个潜在滨海旅游区对海南国际旅游岛建设也具有非凡的意义，应是海南近期内重点开发和建设的滨海旅游区。要在近期内通过重点开发这 12 个潜在滨海旅游区，实现海南滨海旅游区跃上新台阶的战略目标。在这 12 个近期重点开发的潜在滨海旅游区中，度假滨海旅游区占 6 个，生态滨海旅游区占 3 个，游艇、邮轮码头旅游区占 2 个，综合海岛旅游区 1 个，通过这些潜在滨海旅游区的开发，不仅对实现观光型向度假型转变、实现旅游开发和环境保护具有重要意义，而且能够充分体现海南海洋面积宽广的优势，促进海洋旅游和海洋经济的发展。

第9章 海南省潜在滨海旅游区开发案例

本章介绍海棠湾旅游发展总体规划，旨在为潜在滨海旅游区开发与建设提供参考和借鉴。

9.1 海棠湾概况

9.1.1 海棠湾地理区位

海棠湾位于海南岛南端、三亚市东部，距市区28 km，与亚龙湾、大东海、三亚湾、崖州湾并列三亚五大名湾，具有较好的旅游资源区位条件。规划范围南起亚龙岭，北至三亚市界，西起东线高速公路，东至海边，包括南田温泉和蜈支洲岛，总面积98.17 km^2，海岸线总长21.8 km。

9.1.2 海棠湾自然状况

9.1.2.1 气象特征

海棠湾气候属于热带季风气候，具有海洋性特征。1—6月为东北季风期，6—12月为西南季风期，30年平均气温25.8°（1971—2000年），没有严重的低温。5—10月半年雨量占全年雨量的90%，为雨季；11—翌年4月，降水量仅为全年的10%，为干季。6—11月受热带气旋影响较多。气候特征可以总结为：长夏无冬，秋春紧接，阳光充足，蒸发量大；干湿各半，雨骤旱酷；台风较多，雨急风大。

9.1.2.2 海棠湾地形地貌

海棠湾为一开口东南的耳形海湾，属海蚀—海积型港湾，海岸地貌类型为沙坝潟湖海岸和沙质海岸构成。海滩分布沿岸呈“L”型，朝向东南，沙滩连绵长达18 km，沙滩洁白，沙滩后缘为高大沙坝，海岸地形平坦。规划区域地势自西北向东南倾伏，大部分地区海拔在100 m以下，东部沿海地区多在10～30 m。区域内地形较为平缓，大部分地区坡度在15°以下，仅在东南部山区边缘地区达到25°左右。规划区域周边地区为山地地区，坡度相对较陡。

9.1.2.3 暗滩类型及泥沙运动

由于受偏东向海浪的作用，海棠湾沿岸普遍堆积有与岸线平行的沙堤，沙堤内侧向海积阶地逐渐过渡。由于该岸段风浪作用分布均匀，整个岸段泥沙侵蚀与淤积处于动态平衡状态，岸线相对比较稳定。湾内有藤桥河入海，是湾内泥沙的主要来源之一。泥沙运动形式主要表现在风浪作用下沿岸输移。海棠湾开口东南，夏季受 S—SE 向浪作用，冬季受 E—ENE 向浪作用，常、强浪向均为 ENE 向，沿岸净输沙方向为由北至南。后海码头所处海岸泥沙主要来源于沿岸侵蚀来沙，输沙方向也是至北向南。

9.1.2.4 波浪特征

本海区波浪以风浪为主，由于受季风影响，近岸波浪方向亦随季节变化。冬春季主要盛行 E—ENE 季风，浪向以 E—ENE 为主，而夏、秋季盛行 S—SW 风，浪向则以 S—SW 向为主。根据蜈支洲岛南部的亚龙湾一年的波浪观测资料分析，本区全年各向平均波高以 E—ENE 向最大，平均值为 0.6 ~ 0.8 m，而 S—SSE 和 NW 向较小，均为 0.3 m，其余各向平均值在 0.4 ~ 0.5 m 之间。实测最大波高以 E—NE 向较大，其值为 2.2 ~ 3.6 m，而 SSW 向最大值为 0.3 m，其余各向最大波高在 0.5 ~ 1.7 m 之间。

9.1.2.5 潮汐类型

根据新村、榆林潮位站一年观测资料进行调和计算分析得出，本区潮汐性质为不正规日潮混合潮型，以日潮为主，每月 14 d 为日潮，其余为不正规半日混合潮。根据实测潮位统计，该海域年平均潮差为 86 cm，属于弱潮区，这对开展海洋旅游活动是有益处的。其年变化表现为：2—4 月及 8—11 月的平均潮差低于年平均，其中 3、9 月的平均潮差最小，为 78 cm；其余月份平均潮差则高于年平均，其中 6、12 月最大，为 96 cm，年变幅为 17 cm。

9.1.2.6 潮流特征

本海区的海流主要受风场和密度控制，也受外海环境及地形影响，流场特征较复杂。本区潮流有以下特征：①流速较小；②流速自表层向下逐渐减小；③涨潮流大于落潮流；④涨潮流流向基本在 NNW—ENE 范围，落潮流流向基本在 S—SSW 范围，底层流流向不稳定；⑤潮流为往复流。由此可见，周围海域潮流普遍较弱，属于弱流区。

9.1.2.7 自然灾害

海棠湾所处区域容易受到严重气候灾害（台风、暴雨和洪涝）的影响。这些灾害带来的强风和洪水可给附近社区带来危险的洪涝破坏。同时本区域是三亚市雷电灾害多发区之一。虽然灾害不能全部避免，但是重建的海滩生态系统将有助于保护基地免受突如其来的大灾祸袭击。

9.1.3 海棠湾人文状况

海棠湾现有人口 38 365 人，其中城镇人口 9 074 人，农业人口 29 291 人，包括汉、黎、回、苗等多个民族，拥有浓郁的乡土气息，多姿的民族风情和多彩的民族艺术。海棠湾原有藤桥镇、林旺镇两座小城镇。藤桥镇建设用地主要在环岛东线高速公路以西的海榆东线公路两旁，建成区面积 98 hm^2，是地区性农副产品批发和加工的商贸小城镇，现有人口 6 300 人，镇区现有建设用地总面积 105 hm^2，镇区范围包括龙楼、东溪、藤桥村委会所在地居民点及其管辖的一些村庄，现有人口 1 774 人。

海棠湾用地范围内分布着多处文物遗迹和人文景观：包括藤桥河东土福湾区域内两处伊斯兰古墓群、藤桥镇内百年老街、用地中部高速公路西侧烈士纪念碑，以及蜈支洲岛上妈祖庙。此外，场地内现存有大量渡槽，架空与地面之上，少则 1 m，多则 4 ~ 5 m，这些渡槽既是当地居民用于农业生产的重要措施，也是进行农业观光旅游的重要资源。

9.1.4　海棠湾资源条件

海棠湾有沙滩、潟湖、湿地、山地、河流、湖泊、海岛等众多优质的旅游资源，其中沙滩、潟湖、藤桥河三角洲的椰林岛是在周边旅游度假区中具有明显的比较优势。

海岸——海棠湾的海岸类型包括了沙岸、岩岸和生物海岸，具有海岸的所有特点。南部是岩岸，北部是沙岸，铁炉港内是生物海岸。

沙滩——长度 21.86 km，局促、陡峭，中部的凸出，是风、海、沙运动的结果，目前处于相对稳定状态。

铁炉港潟湖——是三亚市为数不多的适合停靠游艇的自然港湾，可以用于建设游艇社区。

植被、林地——原生植被已经遭到破坏，海岸上的防风林也部分被破坏。

椰林岛——由 17 个小岛组成，岛上椰树密布，防洪和大潮同时发生的时候会被淹没。

指状湿地——主要分布在大、小龙江塘边缘及其北侧指状低地内部。

淡水湖——用地中部的龙江塘。

果园——主要为芒果园。

岛屿——蜈支洲岛位于场地中部海域，岛东西长 1 500 m，南北宽 1 100 m，面积 1.12 km^2。岛上旅游资源丰富，周边海水清澈度高，属国家一类海水资源。

阳光——四季皆夏。

稻田——总面积 1 477.47 hm^2，占农业用地总面积的 14.36%。

山地——海棠湾南部、西部和北部群山环抱，自然景观优美。铁炉港中部的薄尾岭山形优美。

温泉——区内有南田和湾坡两处温泉。南田温泉位于三亚市区东北面的南田农场内，平均水温 57℃，属低温温热矿水；出水量可达 10 000 m^3/d，属于大型医疗热矿水田。湾坡温泉位于海棠湾林旺湾坡村，该温泉出水量大，水温约 70℃，含有多种矿物质，温泉浴具有消除疲劳、舒筋活络、强身健体功效。

水库——海棠湾镇区共有水库 9 座，其中镇管水库 8 座，市管赤田水库是三亚市主要饮用水源，水域面积为 3.8 km^2。

河流——区内北部河流密布，主要河流为藤桥东、西河，以及它们的支流。南部河流较少，主要有发源于西部山地、从铁炉港入海的铁炉河。

河口三角洲——藤桥河分为藤桥东河和藤桥西河，在海棠湾镇东部入海，其入海口处冲积成风景区独特的椰子洲。

城镇——藤桥镇、林旺镇两座小城镇。

村庄——从事农业、海洋捕捞的特色农庄。

古迹——藤桥河东侧土福湾区域内有两处伊斯兰古墓群，其中南部的古墓群已经被列为国家级文物保护单位。藤桥镇内有百年老街，蜈支洲岛上有妈祖庙。

虾塘——规划范围内虾塘总计 515.32 hm^2，占总用地比例 5.10%。

坟地——坟地主要分布在村落外围及沙坝等高岗地带，海棠湾地区规划范围内共有坟墓 6 000 座。

9.2 海棠湾旅游度假区规划目标与原则

9.2.1 海棠湾旅游度假区规划背景

2005年海南省政府、三亚市政府提出开发海棠湾旅游度假区设想，受到中国数家大型企业的认同和参与，海棠湾开发的前期工作正式展开。2005年5—8月，三亚市组织了海棠湾概念性总体规划国际竞赛，评审后委托美国EDSA公司编制概念性总体规划综合方案，2006年4月，海南省规委原则通过概念性总体规划综合方案。

概念规划达成4个共识：

总体定位："国家海岸"——国际休闲度假区；

国际品牌：世界级品牌的引入；

开发理念：生态保护与开发建设双赢；

规定三区：划定北、中、南三区。

9.2.2 海棠湾旅游度假区规划目标

海南省和三亚市期望通过海棠湾的规划、开发，整合琼南热带滨海旅游资源，创建国际一流的热带滨海旅游休闲度假区，打造世界性品牌；创造新的带有示范意义的开发模式，提升海南省、三亚市国际旅游形象，建设可持续发展的度假区；满足中国人对热带滨海休闲度假旅游的巨大需要，为三亚市提供持续的税收，促进三亚市的经济社会发展。

规划必须达到以下总目标：

第一，对海棠湾的未来发展进行多视角战略性研究，明确城市发展宏观定位，确定海棠湾在未来中国与世界旅游经济区域竞争格局中的地位；

第二，梳理和整合现有资源，理顺开发与生态环境保护的相互关系，确定合理的开发规模，保护重要的敏感生态资源；

第三，总体把握海棠湾整体空间形态和功能结构，宏观确立未来城市设计的总体框架和思路，为下一步具体项目的引入、建设和管理提供指导和依据；

第四，整体性策划海棠湾的目标行动计划与项目实施计划，确定具有现实操作性的近、远期建设时序和各阶段开发控制目标策略，探索并建立具有全国性影响作用和地域特色鲜明的海棠湾模式；

第五，协助三亚逐步建立具有地方特点的并适应未来区域市场变化的土地利用与开发控制的动态管理机制，把海棠湾建设成为区域中具有世界影响力的示范地区。

9.2.3 海棠湾旅游度假区规划原则

9.2.3.1 生态优先原则

协调处理好旅游开发与生态环境的关系，统筹安排海棠湾生态资源的保护和利用，严格限定禁止开发的区域。

9.2.3.2 区域协调原则

处理好海棠湾旅游与琼南旅游经济圈发展的关系，处理好与三亚市其他旅游区发展的关系，处理好旅游业发展与海棠湾城镇建设及其他产业之间的关系。

9.2.3.3 紧凑布局原则

在节约用地的基础上，合理安排完善旅游度假配套设施和项目，创造高质量的度假休闲环境。

9.2.3.4 和谐发展原则

注重当地群众利益和民生问题，把旅游发展和社区发展结合起来，以旅游带动当地经济的发展。

9.2.4 规划的指导思想

第一，从宏观入手，整体确立区域开发建设的刚性和弹性控制条件，协调区内开发建设中的各种矛盾，保证区内各项目建设的协调统一。

第二，注重微观的开发建设控制，构建分层控制体系，提出详细的规划设计条件，方便规划管理操作。

第三，以近期建设项目为重点，严格限定用地建设条件，明确景观风貌控制和公共配套原则，为近期项目引进和开发建设创造条件。

第四，强调远景规划研究，确保区域内重要公共资源的提前控制，对区域远景协调发展提出指导意见。

第五，树立特色、精品意识，打造世界级品牌，把创造特色作为海棠湾建设的生命，强化旅游产业与文化产业的联动魅力。

9.3 海棠湾旅游度假区定位及发展战略

9.3.1 总体定位

根据海棠湾概念总体规划、海南省规委批复、三亚市城市总体规划以及中规院关于海棠湾定位的主题研究，海棠湾定位为："国家海岸"——国际休闲度假区。

主要功能：世界级度假天堂，面向国内外市场的多元化热带滨海旅游休闲度假区，国家海洋科研、教育、博览综合体。进而把海棠湾建设成为"国际顶级品牌滨海度假带"。

9.3.1.1 基本功能

海棠湾的基本功能是热带滨海旅游休闲度假。

（1）符合三亚市发展战略的要求：三亚市城市总体规划确定三亚市城市性质为"国际性热带海滨风景旅游城市"。海棠湾的开发是实现三亚市国际性热带海滨风景旅游城市发展目标的重要组成部分。

（2）符合国家需要：中国缺少优质的适于旅游休闲度假的海岸，中国缺少真正的滨海城市，中国缺少滨海旅游度假区，中国更缺少热带滨海旅游休闲度假区。三亚是中国唯一的热带滨海旅游城市，三亚的五大海湾目前只有海棠湾没有系统的大规模的开发，同时，区位和场地资源特性决定了它的基本功能必然是热带海滨旅游度假区，必须建设成为国家级、世界级的旅游休闲度假区，成为国家品牌，承载国家热带滨海旅游形象。

（3）符合世界潮流：滨海旅游休闲度假是世界性的潮流，而且是永恒的主题之一。

（4）富有挑战：要实事求是和清醒地看到，三亚市、海棠湾的热带滨海旅游度假资源的唯一性和稀缺性是相对于中国大陆来说的，在世界上并非唯一和稀缺。在赤道至30°N以南、特别是北纬18°附近的地带，分布有很多著名的滨海旅游度假区，特别与三亚市相邻的东南亚，作为赤道附近的滨海旅游度假地，是三亚市、海棠湾的重要竞争对手，海棠湾开发必须拥有自己的特色。

9.3.1.2 核心功能

规划确定海棠湾应该具有三大核心功能：

（1）国际顶级品牌滨海酒店带——由20～30个滨海高级酒店组成的滨海酒店带，国际组织会议中心、国家俱乐部。

（2）世界级的游艇休闲社区——铁炉港热带游艇港、游艇社区、游艇俱乐部、高尔夫。

（3）国家级海洋研究、教育、博览中心——建设世界第一的热带水族馆、海洋公园（海上迪斯尼），建设国家海洋研究院、国际海洋科学中心、国家海岸湿地公园。

9.3.2 旅游产品定位

旅游资源、开发定位是旅游产品定位的基础。根据对海棠湾旅游度假资源和对国际旅游度假产品的分析，提出以下13项旅游产品：

（1）热带滨海度假——在海棠湾建设系列酒店群，包括四星、五星、七星级饭店。

（2）热带游艇基地——在铁炉港建设游艇基地。

（3）高尔夫——结合旅游度假，在区内建设山地高尔夫、湿地高尔夫、滨水高尔夫等特色高尔夫群体。

（4）娱乐中心——娱乐是旅游度假区的重要功能，也是三亚市一些旅游度假区相对缺乏的功能，在海棠湾要建设多元化、综合性娱乐中心。

（5）主题公园——建设国家海洋公园（海上迪斯尼）、世界最大的热带水族馆、椰子洲湿地公园、热带植物园、动物园、影视城，形成一系列世界级的旅游吸引物。

（6）会议中心——建设国际社区、国际会议中心。

（7）博物展览——保护好伊斯兰古墓群，建设古船博物馆、香水博物馆等。

（8）大型购物——为集聚的大量人口提供大型购物场所。

（9）特色餐饮——建设一流的国际美食街。

（10）教育、科研、培训——建设国家海洋研究院、国际海洋交流中心，旅游学院、旅游培训中心。

（11）温泉度假区——依托南田温泉、湾坡温泉建设温泉度假区。

（12）水上游览廊道——依托丰富的水系开辟水上巴士、水上游线。

（13）夜旅游产品——在热带滨海，夜晚应该是更有魅力的时段，规划提出夜旅游概念，其内涵是将各种夜生活产品（如餐饮、文化、娱乐、交友等）整合成为一个完整的产品群，成为旅游收入新的增长点，将海棠湾打造为夜明珠、不夜城。

9.3.3　发展目标

（1）战略目标：把海棠湾建设成为集热带滨海旅游度假、国家科教博、自然与人文生态交相辉映的多元化发展的国际热带滨海旅游度假胜地。从而形成很高的世界知名度，成为中国热带滨海旅游度假的最高品牌和国家热带海洋科教博综合体，成为海南省的名片之一和三亚市的支柱品牌。

（2）社会目标：树立海棠湾的国际形象，扩大对外交流，提高海棠湾的知名度，增强海棠湾居民的凝聚力和荣誉感，提高居民的素质，创造大量的就业机会。

（3）文化目标：保护海棠湾的历史与自然文化遗产，进一步挖掘的文化旅游资源，推动形成个性鲜明、内容丰富、具有强大吸引力的海棠湾旅游文化。

（4）环境目标：海棠湾生态环境质量不断改善，建成一系列的自然保护区、风景区、公园，提高森林覆盖率。

9.3.4　发展战略

旅游要大发展，确立大旅游观念是前提，政府主导是关键，社会联动是支撑，政策是手段，市场是杠杆，项目是载体。具体要实施以下战略：

（1）规划引领战略：树立“规划是财富”的观念，海棠湾规划要杜绝低水平。要把观念创新付诸规划和发展的具体行动中，用规划来协调和引导投资的集聚，形成思路出规划、规划出项目、项目引资金、资金出建设、建设出效益、效益出发展、发展出思路的良性循环格局。

（2）龙头带动战略：选择具有比较优势和投资吸引力明显的项目，选择有可能领导市场，提升海南、代表三亚、闻名全国的品牌性的战略项目，或是有条件成为市场高端的创新型项目，通过龙头带动作用提高产业聚合力和财富吸纳力，突出重点、保证重点、以点带面，拉动相邻和游线上的其他景区、景点共同发展。五大龙头项目：顶级酒店、中国第一游艇社区、世界级海洋公园、国家海岸湿地公园、国际会议中心。

（3）整体联动：以滨海旅游度假业为中心，协调好各种项目、产品的关系，形成合力效应，拓宽旅游发展的新空间，承接新增量，培养新产业，营造新布局，创造新优势。要站在提升三亚旅游业整体发展的高度，主动推进旅游协作，打造琼南热带滨海特色旅游圈，并与周边地区联合营销，实现双赢、多赢的共同发展局面。

（4）创新升级：旅游设计和开发要以人为本，突出重点，标本兼治，从思路、产品、体制、管理、营销、游线等方面全面创新升级，加快海棠湾建设步伐。具体措施有：

①不断提高海棠湾的旅游产品开发水平和管理服务水平；

②要坚持开发与保护并重，促进海棠湾的可持续发展；

③坚持标本兼治，建立海棠湾规范管理的长效机制；

④突出特色，不断塑造和提升海棠湾的品牌和形象；

⑤坚持以改革为动力，创新海棠湾管理体制和经营机制；

⑥坚持安全第一，切实抓好海棠湾的安全工作和卫生健康工作。

9.4 海棠湾旅游度假区功能分区

通过对海棠湾区域发展条件的分析，综合各方面影响因素，海棠湾用地布局形成围绕海湾的带状组团式布局结构，概括为："一点、一带、三区、六片、五楔"。其中：

"一点"：蜈支洲海岛区域构建成为具有观光、游览功能的海岛热带雨林公园，形成海上的核心观光点。

"一带"：沙坝区域打造成为世界顶级品牌的滨海度假酒店及海滩公共设施集中地带。

"三区"：分为南、中、北三个区。南区南起铁炉港，北至林旺北高速联络线，功能定位为综合休闲旅憩区（游艇港、高档酒店、旅游小镇、山前度假、天堂度假村等）；中区包括大小龙江塘和指状湿地范围，功能定位为高端休闲度假区（顶级酒店、国际俱乐部、游艇社区等）；北区南起指状湿地，北至三亚市界，功能定位为多元文化度假区（本土与异域文化主题酒店、椰洲观光、温泉度假、传统旅游小镇、国际海洋科技交流中心）。

"六片"：指从南到北结合场地特征划定的各个功能区，分别是：

铁炉港片区：区域公共服务休闲中心；

林旺片区：现代旅游服务小镇区；

龙江塘片区：高档国际社区；

风塘片区：主题度假生活区；

椰洲片区：生态游览区；

土福片区：教育、博览中心。

"五楔"主要指顺应山势、通向海滨的五条楔形绿化带，形成保障各度假组团有效的绿化生态通廊。

9.5 海棠湾旅游度假区道路交通规划

海棠湾旅游度假区道路交通规划坚持以下"7个原则"：

（1）建设安全、优美、方便、高效、具有热带海滨旅游区特点的高质量的交通网络。

（2）充分考虑热带气候对游客交通的影响，以人为本、处处关怀和满足旅游者的需求。

（3）路网结构与用地布局、场地景观规划相结合，避免交通瓶颈，创造优美的景观。

（4）道路分工明确，妥善处理各种交通形式的关系，避免相互干扰。

（5）充分结合自然地形、自然景观条件，进行道路选线及布局。

（6）结合旅游区特点，优先发展无污染的公共交通系统。

（7）充分关注旅游区的水上交通布局，创造优美的水上景观交通廊道。

9.5.1 海棠湾对外交通规划

以航空、高铁为主体，多种交通方式相互衔接，形成多元化的对外交通体系，满足海棠湾对外交通需求。

航空：海南旅游业对航空具有强烈的依赖性，优质高效的航空交通是度假区发展的前提条件。

高铁：东环高铁的通车使高铁沿线的旅游区和现有机场有更方便的联系，对海南旅游业的发展具有巨大的促进作用。

高速公路：在海棠湾沿线增设两个出入口。一个在林旺，服务海棠湾南部和中部。一个在北部陵水县境内，服务海棠湾北部。

国道：按照海南省交通厅的规划，海榆东线国道海棠湾路段将会拓宽、截弯取直，铁炉港南部的山路可能会改为隧道，有利于加强海棠湾和三亚市区的联系。

海上交通：在铁炉港、藤桥河口、蜈支洲岛与三亚市区以及周边其他海湾、旅游港之间开辟海上旅游观光交通线。

出入口、客运中心、货运中心：未来海棠湾将有3个海上出口（铁炉港、藤桥河口、蜈支洲岛），8个陆上出入口（高铁客运1个出入口、高速公路3个出入口、海榆东线4个出入口）。设置2个客运中心——分别布置在林旺镇和藤桥镇。设置1个货运中心——藤桥物流中心。

9.5.2　海棠湾内部交通规划

9.5.2.1　规划路网结构："三纵九横"

"三纵"指团间联系道路、滨海景观大道、滨海步行观光路。组团间联系道路位于基地内部，贯穿南北，便捷联系各个组团、加强片区的功能联系。滨海景观大道是沙坝酒店带上重要联系通道。南段位于酒店带和海滩之间。

"九横"指高速公路联络线、海榆东线联络线。高速公路联络线垂直于东线高速公路通向海滨，与高速公路通过立交联系。海榆东线联络线垂直于海榆东线通向海滨。这些呈鱼骨状分布的道路有效地提高了海滨区域的可达性。

9.5.2.2　道路断面设计

道路断面设计坚持以下基本原则：

旅游区道路断面不宜过宽——以免造成景观不协调和非人性化。参照国际旅游度假区道路设计标准、满足交通流量要求、考虑中国国情设置。

可变——道路断面形式可根据地形特点灵活布置。标高、断面、红线宽度适应地形是可变的。

必须设置道路绿化带——作为热带旅游区，灼热的阳光和辐射是对游客最大的威胁，因此所有道路必须设置以乔木为主、有效遮荫的绿化带。

道路断面设计的主要内容如下：

入口道路：两块板——双向四车道，红线宽度25~40 m，全封闭路段，两侧各加50 m绿化带。

主干路：两块板，红线宽度20~35 m，两侧各加20 m绿化带。

次干道：两块板，红线宽度12~20 m，两侧各加10 m绿化带。

支路：一块板，红线宽度9~15 m，两侧各加5 m绿化带。

9.6 海棠湾公共设施规划

9.6.1 海棠湾公共设施建设原则

海棠湾公共设施建设规划坚持以下基本原则：

第一，公共设施的类型、级别、档次、数量、布局要和海棠湾国家性热带滨海旅游休闲度假区、国家海岸的定位相适应，应布局合理、结构清晰、交通便捷，有利于游客和当地居民使用。

第二，海棠湾属于大型旅游区，场地南北狭长，公共设施和布局应分散和集中相结合。

第三，充分尊重滨海自然环境，将公共设施与场地自然条件结合，创造有场地特色、有活力的、环境宜人的公共设施中心。

第四，以人为本，以旅游度假为中心，充分考虑到热带气候对游客和当地居民的影响，充分考虑游客和当地居民的使用需求，提供高质量的公共活动空间，给人以明确的场所感和认同感。

第五，公共设施配置要为未来整个海棠湾和周边地区服务，成为区域性中心。

9.6.2 海棠湾公共设施布局

景区公共设施用地总面积控制在 1 750 hm^2 左右，占海棠湾远景建设用地 34%。公共设施用地结构为“一带六心多核”的结构，按国家级、区域级和组团级三级进行布置，公共设施布局与旅游人口和居住人口的分布与集聚相适应。

9.6.2.1 公共设施分级

国家级公共设施：是具有国家、国际意义的公共设施。在滨海地带和三大片区中，分布有滨海酒店带、海洋公园水族馆、海洋大学、海洋研究院、国际交流中心、国际会展、游艇社区，为国家级公共设施用地。

区域级公共设施：是服务周边区域和区内的公共设施用地，藤桥和林旺是两大安置集聚区，分别是南部、北部的区域性公共中心，除了服务区内，还要服务周边区域。

组团级公共设施：主要服务各个单元组团，与单元相关的、相配套的公共设施用地。在每个单元组团都有分布。

9.6.2.2 用地结构：一带、六心、多核

“一带”：滨海公共酒店带，包括酒店及商业、文化、娱乐等旅游公共设施。

“六心”：各个片区的服务核心包括铁炉港游艇社区中心、林旺镇旅游服务中心、龙江塘国际会议中心、海棠湾镇旅游服务中心、藤桥河北海洋科教博中心。

“多核”：服务各个单元组团来的公共中心。

9.6.2.3 行政办公用地

海棠湾镇政府及相关办公机构以及海棠湾开发管理部门用地布置在海棠湾镇区。用地面

积为 1.47 hm^2。

9.6.2.4 商业、金融业、服务业用地

远景商业用地控制在 480 hm^2 左右，大型商业中心主要分布在铁炉港、林旺镇、龙江塘、海棠湾镇。除了为旅游者提供一般的、基本的商业服务，海棠湾商业要向特色化、国际化、高品质靠拢，以国际连锁免税店为主体构筑海棠湾大型特色商业体系。

酒店：酒店用地控制在 360 hm^2 左右，主要分布在沿海沙坝地带，可以分为 6 个酒店群，每个酒店群应根据环境特征确定适宜的开发主题。

旅游度假用地：旅游度假用地控制在 125 hm^2 左右，该类用地可以兼容商业、酒店、度假村等功能，主要分布在铁炉港周边山前地带、湾坡温泉和南田温泉区域。

服务业：建设国际美食城、酒吧街。

城镇商业服务业：完善海棠湾镇蔬菜批发贸易市场，建设成为区域级的市场。在海棠湾镇区和林旺布置农贸市场，为当地居民服务。

9.6.2.5 文化娱乐用地

文化、娱乐是形成度假区品牌的基本要素，海洋文化、生态文化、科技文化是海棠湾旅游文化的三大要素。三亚要实现国际化的目标，需要在旅游文化上注入更多的智慧。

规划项目包括世界最大的建在海中的水族馆、文化活动中心、艺术培训中心、剧院、音乐厅等。

9.6.2.6 体育用地

高尔夫在海棠湾的旅游度假开发中扮演着重要的角色，对东北亚具有很大的吸引力。规划在海棠湾设置 3 个高尔夫，并设置 1 ~ 2 个国内最热门、最有人气的体育项目的训练基地。体育用地总面积控制在 280 hm^2 左右。

9.6.2.7 医疗卫生用地

根据人口规模 3 ~ 4 床位/千人标准，规划区规划区远景应安排 750 ~ 1 000 床位的医院。其中：

新建中心综合医院 1 处，位于藤桥镇，350 张床位，占地 3.6 hm^2。

新建中心综合医院 1 处，位于林旺镇，250 张床位，占地 2.5 hm^2。

新建国际综合医院 1 处，位于龙江塘片区，占地 4.1 hm^2。

医疗卫生用地总面积控制在 10 hm^2 左右。

建设高效的急救系统。在林旺、海棠湾镇、龙江塘片区分别配置急救中心。同时，建设高质量的卫生防疫系统，结合度假村服务中心的规划设置社区级医疗卫生设施，服务范围为步行 15 min 的距离。

9.6.2.8 教育科研设计用地

把教育、科研、博览结合起来，建设“三位一体”的国家海洋科教博综合体。把教育科研博览作为优势旅游产品、旅游吸引物，通过承担国家功能，塑造独特的国家、国际品牌，

来提高海棠湾的重要性和知名度。

国际海洋中心：面积约 20 hm^2，在藤桥东河东侧。

国家海洋研究院：面积约 15 hm^2，在藤桥东河东侧。

藤桥镇和林旺镇集中设置职业技术培训学校。

9. 6. 2. 9 文物保护用地

位于藤桥东河东侧的伊斯兰古墓群，是场地中唯一的国家级文物保护单位，规划围绕古墓群遗址保护区建设伊斯兰古墓遗址公园，形成一道优美的古山水气质的历史文化风景，在不改动自然地形、地貌的前提下，打造历史文化吸引物。

9. 7 海棠湾绿地系统规划

9. 7. 1 海棠湾绿地系统规划原则

海棠湾绿地系统规划坚持以下原则：

（1）保护、修复与建设相结合，构建系统、完善的热带滨海旅游度假区绿地系统。

（2）绿地系统要与场地的山、水、地形要素相结合，加强热带滨海旅游度假区绿化特色的营造。

（3）绿地系统应作为旅游区公共空间的重要组成部分。

（4）绿地系统的规划应注重场所环境的塑造，以利于旅游区活动的组织与延续。

（5）绿地规划设计要贯彻以人为本的精神，充分考虑热带气候特点，道路、广场、室外公共空间一定要有充足的绿化遮阴。

（6）绿化植物以本土植物为主，适当引进适宜的植物。

（7）三亚市现状城市绿化对花卉的运用不足，在海棠湾应该充分应用鲜花和香草塑造海棠湾的个性。

9. 7. 2 海棠湾绿地系统规划

海棠湾远景绿地面积控制在 2 000 hm^2 左右，占远景城市建设用地 38%。

9. 7. 2. 1 生态旅游公园

椰子洲海岸湿地公园：椰子洲位于藤桥河口，由十几个小岛组成，岛上有茂密的椰林，构成独特的海岸湿地椰林景观。

薄尾岭岛屿山地公园：薄尾岭周边拥有海棠湾地区最独特的山水格局，是海棠湾重要的、稀缺的自然吸引物。

蜈支洲海岛热带雨林公园：蜈支洲岛是海棠湾唯一的岛屿，是热带植物宝库，是海棠湾海岸重要的视觉吸引物。

海洋公园：作为大型滨海旅游度假区，海洋公园是必不可少的。海洋公园由陆上和海上两部分组成，陆上部分主要是绿化公园和表演场所，海上部分是海中水族馆。

后海山半岛山地公园。

9.7.2.2 滨水绿地

滨水绿地是独具特色的旅游绿化休闲带，可在该绿化带上结合地形安排各种休闲娱乐设施和主题公园。

海岸绿地：海岸绿地由防护林和景观林构成，在海岸控制100～200 m的绿带、开敞空间。

滨海绿地：在滨河两岸控制50～80 m宽的绿地开敞空间。

滨湖绿地：在铁炉港潟湖沿岸控制80 m宽的公共绿化带、开敞空间，在大小龙江塘沿岸也要留出足够的开敞空间和绿地。

9.7.2.3 水体、湿地的生态修复

铁炉港：铁炉港应适当清淤，制定清淤方案一定要考虑到对生态的影响，边岸尽可能恢复自然状态，禁止兴建大量硬岸。

内河沟通：规划将南北内河重新予以沟通，激活海棠湾内湾水系统，形成内河水上游览廊道。

指状湿地：中部的指状湿地是海棠湾重要的特色自然景观资源，南北内河沟通以后，指状湿地是清淤通水还是维持自然状态要根据地形高低、工程量大小予以确定，建议作进一步的生态可行性研究。

9.7.2.4 旅游区道路绿化

道路宽度、树种、绿化布置要充分考虑形成良好的遮荫系统。道路绿化注重丰富性，形成草、灌、乔相结合，花、叶、果相映衬的立体景观效果。

9.7.2.5 城镇绿地

综合公园：在规划区内安排综合性城镇公园3处，分别位于林旺镇和藤桥镇。

滨水系列公园：在滨河绿化带较为开敞的地段安排一系列小型主题公园，如夕阳红公园（老年公园）、神秘城堡（儿童公园）、嘉年华公园（青年公园）、冒险悬崖（攀岩俱乐部）、中心花园等。

沙坝系列公园：在沙坝上结合主要人流集中区域及开敞空间设置系列主题公园，加强滨海地区的公共性，公园设计结合原有沙坝防护林带，注重保护沙坝地带的生态环境，规模结合实际情况适当调控。

居住区绿地：结合地形和住宅组团进行规划设计。强调服务半径的合理性以及功能服务的综合性，最低标准应满足人均2 m^2 的标准。

街头绿地：在道路交叉口处、商业区、广场等处规划街头绿地。街头绿地沿街均匀分布，成为绿地系统中与居民日常生活最为接近的休闲设施。

9.7.2.6 花卉与花园

鲜花是旅游区绿化环境的要素，三亚的气候，有利于一年四季鲜花盛开，但三亚市现状花卉景观比较缺乏。海棠湾绿化要充分建设花卉景观，花卉景观要突出自然化、生态化，避

免过多的人工雕凿的痕迹。

9.7.2.7 生产与防护绿地

规划在对外交通流量较大的高铁、高速公路、国道路段两侧设计绿化隔离带，以最大限度地减少对外交通道路上的噪声以及粉尘污染对旅游区造成的不利影响。

在水厂、污水处理厂外围按照规范布置防护绿地。

9.7.2.8 生态观光农业绿地

区内农业实行生态化、观光化的模式。海棠湾度假区需要大量无污染的粮食、蔬菜、水果、鲜花，海棠湾农业可以通过为度假区提供以上产品获得稳定的收入及就业岗位。

9.7.2.9 专用绿地及其绿化设施

体育中心、海洋大学、海洋研究院等用地占地较大，将成为海棠湾绿地系统中独具特色的重要组成部分。

公共开敞空间，如广场与步行街等越来越与绿地难于区分，其中的绿化建设不可或缺。城镇广场与步行街应与整个绿地系统统一考虑，加强彼此的联系与旅游活动的延续使其成为镶嵌在绿化网络上的明珠。

9.8 海棠湾旅游度假区景观系统规划

9.8.1 海棠湾旅游度假区景观系统规划原则

加强对现状山、海、河、湖、沙滩的保护和利用，形成融山、海、河、湖、沙滩等优质旅游景观资源于一体的海棠湾热带海滨特色度假区。

根据各区的景观特质，形成特色分明的景观区域。

公共利益优先，城市公共活动空间的设计突出系统性与序列感。

建立整体景观系统，突出景观塑造的核心和重点。

9.8.2 景观设计框架

远景海棠湾区域总体景观框架形成“三轴、三带、六区”的结构。

“三轴”：贯穿场地南北的重要景观轴，分别是滨海大道景观轴、海棠大道景观轴、高速及国道景观轴。

“三带”：“三带”分别是沙坝景观带、滨水景观带和农田景观带。

“六区”：根据功能侧重的不同以及风貌特征的各异划分为铁炉港潟湖景观区、林旺特色小镇区、龙江塘及指状湿地景观区、风塘景观区、椰洲湿地公园及温泉小镇景观区和海洋科博景观区6个景观风貌区。

9.8.2.1 主要游览区

游览区是度假区内景观要素精华等地集中体现、特色人文景观的集中展示，规划在度假区内设置多处游览区。包括薄尾岭游览区、后海山游览区、蜈支洲岛游览区、海洋公园游览区、龙江塘游览区、影视城游览区、椰洲湿地游览区、湾坡温泉游览区和南田温泉游览区等。

9.8.2.2 景观节点

规划重点设置14处重要景观节点。其中沿铁炉港设4个景观节点；林旺景观风貌区设2个重要景观节点；龙江塘片区设4个重要景观节点；其他4处景观节点分别位于风塘片区和海洋科博区。

9.8.2.3 景观标志

规划确定主要景观标志6处，次要景观标志8处，分别位于各个片区。主要景观标志包括龙楼岭、蜈支洲岛、七星级酒店、薄尾岭、田岸后大岭及牙龙岭。次要景观标志包括铁炉港、指状湿地、烈士纪念碑等。

9.8.2.4 视线通廊

主要分为通海景观视廊和一般景观视廊两类。

通海景观视廊：规划在海棠湾度假区设多条通海视廊。一条位于林旺南联络线，结合生态绿楔和开敞空间布局设计，呈东西向，是游客进入铁炉港区的景观廊道。

一般景观视廊：典型的如铁炉港风貌区内的通湖视廊和龙江塘指状湿地的水上景观廊道。其他景观视廊如龙楼岭景观视廊、海洋科博公园景观视廊等。

9.8.2.5 出入口空间

场地内出入口空间分为高速公路出入口和国道出入口，应当强化出入口区域的景观环境建设，形成鲜明的标志性特征区域。

9.9 海棠湾旅游度假区开发管控措施

9.9.1 海棠湾旅游度假区总体管控规则

9.9.1.1 公共资源的保护和利用

对公共资源的保护和利用是形成生机勃勃、可持续发展的度假区的前提。沙滩、水体、绿地、自然保护区、山体都是海棠湾的公共资源，要保持其公共性和开放性。

规划强调对海域、沙坝区、内河水流、潟湖、湿地、蜈支洲岛、椰子洲岛、山体等重要的公共资源进行全面的开发管控。

9.9.1.2 空间管制规划

规划引入空间管制和空间准入制度，根据场地特征分析、开发建设条件评价和整体规划结构将规划用地划分为禁止建设区、一级限制建设区、二级限制建设区和适宜建设区4种用地类型。

1）禁止建设区

禁建区总面积47.17 km^2，包括：

山体：根据《三亚市山边河边海边景观控制管理规定》，本区内坡度大于25%、25 m等高线以上，坡度小于25%、35 m等高线上用地不得建任何建筑物。

水域：南北内河：必须保证本次规划确定的160 m内河廊道的南北贯通，其中内河水面宽度不得小于60 m，水面两侧必须保证单侧不小于30 m的连续公共开放空间。

藤桥河：藤桥河水域及河岸外侧30 m范围内为禁止建设区。

铁炉港：铁炉港沿岸后退80 m范围为禁止建设区，由绿地、广场、濒水散布道等组成连续开敞空间，仅可以安排少量的公共服务设施。

龙江塘：沿岸后退50 m范围为禁止建设区，由绿地、广场、濒水散布道等组成连续开敞空间，仅可以安排少量的公共服务设施。

铁炉港沿岸河流水系：本次规划确定这些水系两侧各15 m范围内为禁止建设区。

沙滩沙坝：为维护沙坝生态系统的平衡，保证区域的公共安全，本次规划确立后退最高潮位线100~200 m区域为禁止建设区。

生态廊道：根据总体规划结构，海棠湾区域共有5条大地生态绿楔从外围山体顺势而下，区域内禁止任何形式的开发建设。

交通廊道：高速公路、高速铁路两侧120 m范围内，海域东线两侧160 m范围内为禁止建设区。

生态保护区：椰子洲岛、蜈支洲岛和薄尾岭北端为规划严格控制的原生态保护区，禁止任何形式的开发建设。

历史景观资源：位于藤桥河北部的伊斯兰古墓群为国家级文物保护单位，其核心保护区为禁止建设区。

基本农田保护区：本次规划确定海棠湾南部海榆东线潟湖段两侧区域，中部海榆东线和高速公路相夹三角区域，北部海榆东线以西区域为海棠湾的基本农田保护区域。

禁建区政策：严禁各种开发建设活动（有特殊规定的除外），仅允许设置临时性的服务设施（如销售亭、遮阳伞、游艇码头等）；可进行各种游憩、休闲活动，但禁止进行对环境有不良影响的活动。

2）一级限制建设区

一级限制建设区总面积10.31 km^2，包括：

大型开敞绿地：区域内主要公园及大型开敞空间。

绿化及开敞空间廊道：主要控制视廊、次要联系道路、主要公共区域联系通道。

滨河或滨湖的公共资源控制区域。

一级限建区政策包括：以公园或自然绿地特征为主，在提供了可以进行各种游憩、休闲活动的公共开敞空间的前提下，可以适当的建设公共服务性设施，但必须满足以下各项条件：①建筑性质为公共性服务；②严禁非公共性的住宅、酒店、度假村等功能；③用地规模、建筑形态、体量和色彩需经过严格的规划论证。

3）二级限制建设区

二级限建区为本次规划确定的公共绿地及开敞空间用地，总面积15.4 km^2。

二级限建区政策：原则上以公共绿地或自然绿化特征为主，可以少量建设公共配套及服务实施；可以与适宜建设用地等量置换进行开发建设活动，但建筑规模、形态、体量和色彩需经过严格的规划论证。

4）适宜建设区

适建区为本次规划总体用地布局确定的可开发建设用地及其他为城镇发展提供支撑的基础设施建设用地，总面积25.9 km^2。

9.9.1.3 核心功能区落位

海棠湾的三大核心功能是国际顶级品牌滨海酒店带、世界级游艇休闲社区和国家级海洋科研、教育、博览中心，核心功能在各开发单元的位置和用地必须得到保障和落实。

9.9.1.4 开发总量控制

在场地资源综合评价基础上，通过对国内外著名滨海旅游度假区的总体密度指标比较，结合对海棠湾总体开发成本和投资收益的详细测算，综合确立场地适宜的总体开发强度、建筑总量和各分区的建筑总量，规划期内区域内开发建设总量为$1\,100\times10^4$ m^2左右，建设用地毛容积率0.21。

9.9.1.5 建筑高度控制

规划区内建筑高度控制分为5个层次，包括：9 m以下高度控制区；12 m以下高度控制区；15 m以下高度控制区；20 m以下高度控制区和30 m以下高度控制区。场地内具有标志性意义的重要建筑物可以根据规划要求提高建筑高度。区域中部七星级酒店区域确定为高度特别限定区，在明确为区域标志性品牌项目的情况下，标志性建筑高度可以不设高限，但必须经规划管理部门认可同时满足工程及防灾的各项要求。

9.9.2 海棠湾旅游度假区单元管控原则

9.9.2.1 北区

海棠湾北区南起盈科用地北侧边界，北至三亚市界，功能定位为多元文化旅游社区，包括风塘、椰洲和土福等3个主要功能片区，总用地面积32.05 km^2。该区的总体控制要求如下：

1）公共性控制要求

任何建设不得侵占区内主要交通、绿化和水系廊道，必须保证廊道的贯通和连续性；滨湖滨海和滨海区域应当保证公共性、开放性，并提供多条通向滨水地带的公共性廊道。

2）生态保护要求

保护并修复场地内自然生态系统，尊重原有的地形和地貌特征，不能对基地进行破坏性的开挖、填土或平整；严格保护沙滩和第一道沙坝，保护沙坝上原生植物群落和周边的自然环境，建筑依据规划要求后退最高潮位线；藤桥河下游应采用自然形式边岸，不得采用硬岸，维护椰洲的原生环境特征。

9.9.2.2 中区

海棠湾中区南起林旺高速公路联络线，向北至盈科用地北边界，功能定位为高端休闲旅游社区。包括蜈支洲岛、龙江塘片区和高速公路与国道之间的生态农业地带，总用地面积20.9 km^2。该区的总体控制要求如下：

1）公共性控制要求

任何建设不得侵占区内主要交通、绿化和水系廊道，必须保证廊道的贯通和连续性；沟通南北内河水系，滨湖、滨河和滨海区域应当保证公共性、开放性，并提供多条通向滨水地带的公共性廊道。

2）生态保护要求

保护并修复场地内自然生态系统，尊重原有的地形和地貌特征，不能对基地进行破坏性的开挖、填土或平整；严格保护沙滩和第一道沙坝，保护沙坝上原生植物群落和周边的自然环境，建筑依据规划要求后退最高潮位线；恢复龙江塘自然边岸，非必要不得采用硬岸形式；保护海岛山体的原生植被和地形地貌特征，严格遵守三亚市三边管理规定的相关要求。

9.9.2.3 南区

海棠湾南区南起铁炉港，北至林旺北高速联络线，功能定位为综合休闲旅憩服务区。包括铁炉港和林旺两个主要功能片区，总用地面积45.76 km^2。该区总体控制要求如下：

1）公共性控制要求

任何建设不得侵占区内主要交通、绿化和水系廊道，必须保证廊道的贯通和连续性；沟通南北内河水系，滨湖、滨河和滨海区域应当保证公共性、开放性，并提供多条通向滨水地带的公共性廊道。

2）生态保护要求

保护并修复场地内自然生态系统，尊重原有的地形和地貌特征，不能对基地进行破坏性的开挖、填土或平整；严格保护沙滩和第一道沙坝，保护沙坝上原生植物群落和周边的自然环境，建筑依据规划要求后退最高潮位线；铁炉港岸边恢复自然边岸，非必要不得采用硬岸形式，维护潟湖自然生态环境；保护山体的原生植被和地形地貌特征，严格遵守三亚市“三边”管理规定的相关要求。

参考文献

安应民. 2007. 旅游学概论［M］. 北京：中国旅游出版社.

陈扬乐. 2009. 海洋旅游导论［M］. 天津：南开大学出版社.

陈扬乐. 2009. 旅游策划：原理、方法与实践［M］. 武汉：华中科技大学出版社.

国家旅游局. 2007. 中国旅游统计年鉴［M］. 北京：中国统计出版社.

国家旅游局. 2008. 中国旅游统计年鉴［M］. 北京：中国统计出版社.

国家旅游局. 2009. 中国旅游统计年鉴［M］. 北京：中国统计出版社.

国家统计局. 2009. 中国统计年鉴［M］. 北京：中国统计出版社.

海南省统计局. 2006. 海南省统计年鉴［M］. 北京：中国统计出版社.

海南省统计局. 2007. 海南省统计年鉴［M］. 北京：中国统计出版社.

海南省统计局. 2008. 海南省统计年鉴［M］. 北京：中国统计出版社.

海南省统计局. 2009. 海南省统计年鉴［M］. 北京：中国统计出版社.

海南省政府网站.

李天元. 2006. 旅游学概论（第五版）［M］. 天津：南开大学出版社.

李应济，张本. 2007. 海洋开发与管理读本［M］. 北京：海洋出版社.

李永文，陈扬乐. 2007. 旅游经济学［M］. 北京：中国旅游出版社.

李永文. 2004. 旅游地理学［M］. 北京：科学出版社.

马耀峰等. 2005. 旅游资源开发［M］. 北京：科学出版社.

魏成元. 2007. 旅游市场营销［M］. 北京：中国旅游出版社.

邹统钎. 2001. 旅游开发与规划［M］. 广州：广东旅游出版社.